Arroz integral
Centeno
Cebada
Café
Chocolate
Alubia negra
Alubia roja
Alubia blanca
Lenteja
Trigo sarraceno
Avena
Maíz
Miel
Tomate
Granada
Arándano rojo
Grosella espinosa
Lichi
Flor de saúco
Baya de saúco
Ciruela
Almendra
Ciruela pasa
Pasa
Tamarindo
Dátil
Vainilla
Boniato
Coco
Plátano
Membrillo
Manzana
Yogur
Acedera
Limón
Lima
Yuzu
Naranja
Papaya
Fruta de la pasión
Nabo
Rábano
Kale
Coliflor

Caramelo tostado

Leguminosos

Flores y prados

Afrutados florales

Prunus

Frutas desecadas

Afrutados cremosos

Afrutados amargos

Crucíferos

El primer libro de Niki Segnit, *La enciclopedia de los sabores*, ganó el Premio André Simon al mejor libro de cocina y el Guild of Food Writers Award al mejor debut. Se ha traducido a quince idiomas. Su segundo libro, *Cocina lateral*, ha sido calificado de «logro asombroso» por Nigella Lawson, de «libro de la década» por Elizabeth Luard y de «extraordinario y adictivo» por Brian Eno. Se ha traducido a nueve idiomas. La autora vive en Londres con su marido y sus dos hijos.

Instagram: @nikisegnit

LA ENCICLOPEDIA DE LOS *sabores*

VOL. 2

*Más combinaciones con vegetales, nuevas recetas
y deliciosas ideas*

LA ENCICLOPEDIA DE LOS *sabores*

VOL. 2

*Más combinaciones con vegetales, nuevas recetas
y deliciosas ideas*

NIKI SEGNIT

Traducción de
ANA ALCAINA PÉREZ
Y LAURA MARTÍN DE DIOS

Papel certificado por el Forest Stewardship Council®

Título original: *The Flavour Thesaurus: More Flavours*

Primera edición: noviembre de 2023

Printed in Spain – Impreso en España

ISBN: 978-84-19642-18-9
Depósito legal: B-15.686-2023

Compuesto en M. I. Maquetación, S. L.

Impreso en Limpergraf
Barberà del Vallès (Barcelona)

C 6 4 2 1 8 9

A Edie y Raff

ÍNDICE

En parte, la creatividad es una cuestión de asociación de ideas. Cuando froto unas hojitas de geranio entre los dedos, por supuesto que huelo a geranio, pero también a trufa negra, que a su vez evoca el sabor del aceite de oliva, y este me recuerda el olor del castóreo, que posee los aromas ahumados de la madera de abedul. La asociación entre el abedul y el geranio establece unas conexiones interesantes. Las asociaciones más remotas suelen ser también las más interesantes.

JEAN-CLAUDE ELLENA, *Perfume: The Alchemy of Scent*

INTRODUCCIÓN

Poco después de la publicación de mi primer libro, *La enciclopedia de los sabores*, la gente empezó a preguntarme cuándo iba a ampliarlo para incluir más sabores. Lo primero que pensé fue: «¿Y si os digo que nunca?». Después de pasar tres años escribiendo sobre qué alimento combinaba con qué otro, ya estaba lista para escribir un libro sobre submarinos del siglo XIX o sobre los bailes rurales escoceses. Al final me centré en los distintos métodos de cocinar esos alimentos y en las relaciones básicas de parentesco entre platos. El resultado fue mi segundo libro, *Cocina lateral*. Sin embargo, la demanda popular de una secuela de los sabores siguió creciendo. En las presentaciones y actividades en torno al libro y en los festivales gastronómicos, los fans de las lentejas y los forofos de los puerros me abordaban para mostrar su malestar por la omisión de sus ingredientes favoritos en *La enciclopedia de los sabores*. Más de un aficionado a los huertos urbanos me echó en cara que no hubiese incluido los calabacines. No sabía qué responderles. Les decía que estaban en la lista original, pero que al final no encontré ocasión de incluirlos. Era difícil no dar la impresión de que los muchos sabores que no aparecían en el primer libro se habían omitido..., bueno, de manera un poco arbitraria.

Puede que hubiera algo de cierto en eso. Una tarde de enero de 2018, estaba en un acogedor pub del este de Londres celebrando que acababa de presentar mi declaración de la renta. Mi marido había ido a la barra para pedir nuestro almuerzo y, mientras un rayo de sol invernal atravesaba la vidriera de colores del pub, decorando nuestra pequeña mesa redonda con un despliegue de los amarillos y los verdes propios de cualquier frutería, se me ocurrió pensar: ¿Y por qué no escribir sobre los calabacines? ¿O sobre las grosellas? ¿O sobre las alubias negras, las judías verdes, la ocra y la achicoria, una proporción saludable, al menos, de los muchos ingredientes que había omitido en el primer libro por la sola razón de proteger mi salud mental? De repente, la agobiante perspectiva de tener que escribir «otro gran libro» me pareció una tentadora sucesión de miniproyectos de investigación. De pronto me entusiasmé: ¡quería aprender más cosas sobre el tofu!

Mi idea original era que el libro fuera exclusivamente vegano: *La enciclopedia de los sabores verdes*. Por alguna razón, muchos de los ingredientes omitidos en la primera *Enciclopedia de los sabores* eran de origen vegetal, y dado el progresivo avance del veganismo hacia el *mainstream* dominante —además del hecho de que, después de las preguntas sobre los ingredientes específicos que había omitido en el primer libro, muchos lectores me preguntaban cuándo iba a sacar una versión más vegetariana—, evitar los productos de origen animal parecía la mejor opción. Sin embargo, no tardaron en surgir las primeras dificultades. Incluir solo plantas implicaba que el libro se tropezara una y otra vez con los (considerables) tecnicismos de la cocina vegana: todas las sustituciones que, por muy ingeniosas y satisfactorias que fueran de dominar, quitaban protagonismo a mi tema principal, el sabor, y convertían en una tarea titánica escribir las recetas breves y ágiles, repletas de alusiones, y las sugerencias de cata que habían caracterizado la primera *Enciclopedia de los sabores*.

Así pues, relajé las normas y admití los huevos, el queso, la miel y el yogur. La carne y el pescado también podrían mencionarse, aunque en un segundo plano. El libro no sería vegano, ni siquiera vegetariano, sino más bien orientado a la alimentación vegetal pero de una forma flexible, indulgente y no dogmática, o incluso flexitariano o como se lo quiera llamar, una postura que al menos tenía la virtud de reflejar cómo me gustaba comer. Me puse como referente ideal los menús del maravilloso restaurante Jikoni de Ravinder Bhogal, en Marylebone, que invierten la norma de ofrecer un plato vegetariano o vegano por menú brindando una amplia selección de platos veganos y vegetarianos asombrosamente creativos, además de una opción de carne o pescado.

Dicho esto, *La enciclopedia de los sabores. Vol. 2* no entra en los argumentos habituales a favor de comer menos carne y más alimentos de origen vegetal. Los beneficios para la salud y el medioambiente de una dieta basada en plantas ya han sido ampliamente explicados por autores mucho más cualificados que yo en dichos ámbitos. Pero espero que, si el libro ha de contribuir de algún modo a animar a la gente a reducir su consumo de carne, sea para despertar el apetito por su alternativa. Un estudio realizado en 2019 por el Instituto de Recursos Mundiales ha demostrado que el uso de descriptores sensoriales del sabor puede marcar una gran diferencia en la percepción que tienen los consumidores de los alimentos veganos y vegetarianos. Los autores descubrieron que las palabras más utilizadas para describir platos de carne y pescado, como «jugoso» o «ahumado», apelaban explícitamente al apetito, mientras que, en comparación, el lenguaje aplicado a los alimentos de origen vegetal era más pragmático: las opciones vegetarianas y veganas se presentaban de forma habitual como «saludables», «nutritivas» o «sin carne». Cuando los alimentos de origen vegetal se definían en términos más sensoriales, la aceptación era mucho mayor. Elegir qué comer no es una decisión puramente racional, para nada. Adoptando el mismo enfoque sensorial y en gran medida subjetivo de las combinaciones vegetales que utilicé para los ingredientes de la primera *Enciclopedia de los sabores*, mi objetivo es conseguir que la coliflor asada con salsa de granada abra el apetito con la misma intensidad que cualquier plato de kebab *chelow* o un buen solomillo Wellington.

Otra posible ventaja es reducir el desperdicio de alimentos. Una de mis intenciones con la primera *Enciclopedia de los sabores* era ayudar a reducir este desperdicio proponiendo buenos usos para las sobras que se acumulan en la nevera. En todo caso, la consigna es aún más urgente en el caso de los alimentos de origen vegetal. A pesar de que la fruta y la verdura suelen tener una menor huella de carbono que la carne, una proporción mucho mayor de ellas acaba en la basura. Simplemente, las plantas se consideran más desechables que la carne: piense en esas bolsitas de ensalada que vienen con el curri para llevar. (Si hasta parecen bolsas de basura en miniatura). Las patatas, el pan y la ensalada en bolsas se tiran en cantidades asombrosas. En el Reino Unido, la costumbre de vender los productos frescos en paquetes sellados en lugar de hacerlo sueltos —unida a nuestra rígida dependencia de las recetas en lugar de cocinar siguiendo nuestra intuición— crea el caldo de cultivo perfecto para que se desperdicien las sobras. Todo indica que este problema tiene fácil solución. Un estudio sobre el desperdicio de alimentos en los hogares en noviembre de 2019 descubrió que de los cuatro alimentos básicos de una despensa incluidos en la investigación, el 24 por ciento se tiraba a la basura. Curiosamente, en abril de 2020, durante el primer confinamiento por la COVID-19, la cifra se redujo casi a la mitad. Según el estudio, esto se debió a un aumento del número de personas que aprovechaban las sobras y planificaban las comidas en torno a los alimentos perecederos con un periodo de caducidad limitado. También aumentó significativamente la cifra de quienes preparaban comidas con combinaciones de ingredientes que no conocían. Cuanto más dispuestos estamos a cocinar algo delicioso con lo que tenemos, menos tiramos, y yo diría que hasta nos volvemos más seguros y creativos como cocineros.

• • •

La enciclopedia de los sabores. Vol. 2 pretende acudir en su ayuda. Supongamos que en una receta se pide un puñado de nueces pecanas y usted ha comprado una bolsa entera. Las pecanas suelen ponerse rancias enseguida. ¿Qué hacer con el excedente? Aquí es donde entra en juego el libro. Consulte el índice de combinaciones al final del volumen, donde los ingredientes están ordenados alfabéticamente. Bajo «nuez pecana» encontrará una lista de posibles combinaciones con ese ingrediente: con la manzana, por ejemplo. En algunos casos, lo único que necesita es simplemente la lista. ¿Qué le parece la combinación de nueces pecanas y manzana en una ensalada? Si, por el contrario, quiere saber más, consulte el número de página de cada combinación. En «Nuez pecana y manzana» encontrará una nota de cata, una breve historia de la «tarta Huguenot» y una receta del pudin de nueces pecanas y manzana. Puede dejarlo ahí o, si lo prefiere, puede seguir leyendo y pasar por «Nuez pecana y achicoria» y «Nuez pecana y chocolate» hasta llegar a «Nuez pecana y miso», y así hasta el siguiente sabor, «Jarabe de arce», y luego al siguiente, que aparece cinco páginas después en «Fenogreco».

Así pues, el texto principal es una secuencia de relaciones de sabores que se puede consultar para un maridaje concreto o seguir a medida que se va desarrollando. De nuevo, como en el primer libro, este se divide en categorías o «familias de sabores»: «Caramelo tostado», «Leguminosos», «Flores y prados», etc., mientras que el primer libro abarcaba «Bayas y hierbas aromáticas», «Carnes», «Terrosos», etc. Los lectores del primer libro estarán familiarizados con esta idea, pero en caso de que sea nueva para usted, debo aclarar que los sabores de cada familia tienen ciertas características en común. A su vez, cada familia está vinculada de algún modo a la adyacente, de modo que, en total, suman un espectro de 360°, representado en las guardas como una rueda de sabores.

Tomemos como ejemplo la familia «Amaderados dulces». Esta abarca aromas como los piñones, la nuez pecana y el jarabe de arce. El jarabe de arce, a su vez, tiene compuestos aromáticos en común con el fenogreco, que es el primer sabor de la siguiente familia, los «Verdes oscuros». Y así sucesivamente, como digo, avanzando alrededor de la rueda, con un sabor que lleva a otro sabor, familia a familia. Muchos lectores del primer libro me han dicho que les gusta abrirlo al azar, solo para poner en marcha la corteza frontal del cerebro. Otros lo leen de cabo a rabo. Sea cual sea la forma en que decida usarlo, este volumen, como el primero, está pensado para que sirva de fuente de inspiración.

Una vez más, al igual que su predecesor, *La enciclopedia de los sabores. Vol. 2* se ocupa de los temas sutilmente diferentes del sabor y el gusto, por lo que, de nuevo, aun a riesgo de autoplagiarme, merece la pena reiterar la distinción. El gusto se limita a los cinco atributos detectables en la lengua y otras partes de la boca: dulce, salado, ácido, amargo y umami. En cambio, la capacidad de detectar el sabor se debe principalmente al olfato, es decir, a los receptores olfativos. Si nos tapamos la nariz, sabremos si un ingrediente es dulce o salado, pero no cuál es su sabor. El sentido del gusto nos da una idea aproximada de cómo es un alimento concreto: el sabor nos da los detalles.

La enciclopedia de los sabores. Vol. 2 incluye 66 sabores nuevos y 26 sabores que también estaban en el original, aunque cabe señalar que todo el material es nuevo. (Obsérvese también que, en el caso de los sabores sobre los que ya he escrito antes, no he incluido ninguna combinación que figure ya en el primer libro). Mi enfoque a la hora de elegir las combinaciones es el mismo que la última vez. He recopilado una larga lista de ingredientes y los he ido analizando pareja por pareja, eligiendo tanto las combinaciones clásicas como las más intrigantes. Al igual que en la primera *Enciclopedia de los sabores*, he recurrido a la sabiduría colectiva de chefs, escritores gastronómicos, historiadores y científicos del sabor, además de añadir mis propias notas de cata y recordar los momentos y lugares en los que he experimentado algunos maridajes de sabores notables. Mis notas de cata no siempre coincidirán con las suyas: la percepción de los sabores es inevitablemente subjetiva. No obstante, tanto si le parecen acertadas como si no, espero que las entradas le inspiren (o provoquen) lo suficiente para llevar a cabo sus propios experimentos.

· · ·

En *La enciclopedia de los sabores* original escribí que esperaba que se convirtiera en una especie de Gran Teoría Unificadora de los Sabores. No fue así, y el nuevo libro no me ha acercado a ella. Lo que sí me ha aportado es un entusiasmo renovado por los alimentos de origen vegetal y una nueva tolerancia hacia las formas de comer que rechazan el acatamiento ciego en favor del disfrute sensual, y aun así consiguen ser beneficiosas para el planeta y nuestro cuerpo. También ha confirmado mi incipiente admiración por la cocina india como fuente de ingenio e inventiva, y me ha recordado la cantidad de opciones de la gastronomía italiana y china en cuanto a platos que a veces te hacen preguntarte por qué iba alguien a querer comer carne (aunque entonces mi marido asa un pollo y me acuerdo). Gracias a este libro me he asomado a la asombrosa creatividad de los restaurantes cuyas cartas se basan en alimentos de origen vegetal, como Ottolenghi, Jikoni, The Gate y Mildreds en Londres, y Superiority Burger, Xyst, Dirt Candy y abcV en Nueva York. Durante mi breve fase vegetariana cuando era adolescente, mientras sacaba los champiñones de otra insulsa *pizza giardiniera*, no podía ni soñar con la variedad y el despliegue de sabores que se pueden encontrar ahora que las verduras y los cereales se convierten en platos ligeros, sabrosos y magníficamente diferenciados. Espero que *La enciclopedia de los sabores. Vol. 2* le ayude a trasladar parte de ese espíritu a su cocina.

Niki Segnit
Londres, noviembre de 2022

CARAMELO TOSTADO

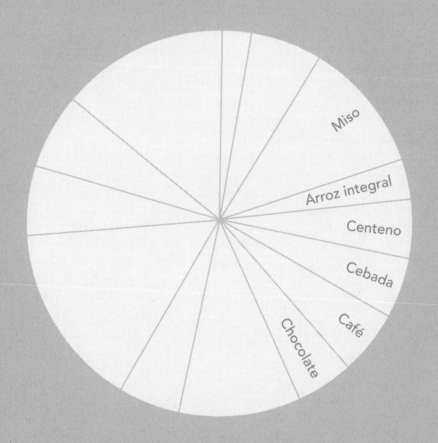

Miso

Arroz integral

Centeno

Cebada

Café

Chocolate

MISO

El miso es una pasta elaborada a partir de la soja fermentada. El miso de arroz o *kome miso*, el más popular, se hace con soja, agua, sal y arroz previamente inoculado con las esporas de un hongo llamado *koji*. En el miso de cebada o *mugi miso*, el arroz se sustituye por cebada con *koji*. Pero la diferencia más obvia entre los distintos tipos de miso es su aspecto: pueden ser de color claro como la paja o casi negros, y de textura fina o con grumos. Por regla general, cuanto más claro sea el miso, más dulce y ligero será su sabor. Algunas de las mayores autoridades en miso sostienen que la complejidad de su sabor hace que a los occidentales nos resulte difícil describirlo. Yo discrepo. Difícil es describir el sabor de un calabacín, pero el miso tiene tantísimo que lo difícil es, precisamente, no describirlo: podemos detectar notas de granja, frutos secos, mantequilla tostada, caramelo, frutas tropicales (plátano, mango, piña), aceitunas, salmuera, alcohol o castañas. El miso combina sobre todo con sabores rústicos como las aliáceas, los tubérculos y las algas. Además de en forma de pasta, el miso puede adquirirse liofilizado, normalmente como sopa instantánea, aunque el chef Nobu Matsuhisa ha creado una mezcla de miso rojo y blanco liofilizados que puede utilizarse como un condimento más para adobos o para aliñar pescados y ensaladas.

Miso y ajo: Véase *Ajo y miso*, p. 316

Miso y alga: En la cocina de los monasterios budistas zen (*shojin ryori*), se prepara un caldo para la sopa de miso —y muchos otros platos— únicamente con algas *kombu*, prescindiendo de las habituales virutas de bonito. La preparación de las *kombu* no podría ser más sencilla: se extraen del mar y se secan en la playa antes de cortarlas en tiras y envasarlas, listas para su comercialización. La *kombu rishiri*, del norte de Hokkaido, es especialmente apreciada, y se puede comprar fresca o en la forma sometida a maduración adicional conocida como *kuragakoi kombu*. En este último caso, la *kombu* se conserva en bodega durante varios años, ganando en umami a expensas de parte de su típico sabor a alga marina. Es esencial que el alga *kombu* se mantenga a menos de 65 °C durante la cocción, ya que por encima de esa temperatura empieza a desprender aromas que no resultan tan apetitosos. El *wakame* es el alga que se utiliza tradicionalmente en la sopa de miso: es más o menos dulce y suave, con una textura algo correosa y un punto picante.

Miso y alubia blanca: Véase *Alubia blanca y miso*, p. 62
Miso y arroz integral: Véase *Arroz integral y miso*, p. 28
Miso y berenjena: Véase *Berenjena y miso*, p. 454

Miso y cebada: El *mugi miso*, o miso de cebada, es una propuesta más profunda que el miso de arroz. Puede considerarse una alternativa integral al miso de arroz blanco, más dulce. El *mugi* es más popular en las zonas rurales y en invierno. Sabe a tostada untada con Marmite, la pasta elaborada con extracto de levadura, acompañada con una taza de chocolate negro caliente. Mezcle 4 cucharadas de *mugi miso* con una cucharada de miel y unte con la mezcla algunos tubérculos unos 10 minutos antes de que terminen de asarse; no caiga en la tentación de añadir el miso antes, por si se quema.

Miso y cebollino: Véase *Cebollino y miso*, p. 321

Miso y chile: El *doenjang* es el equivalente coreano del *hatcho miso*, elaborado únicamente con soja, sin arroz ni cebada. Tiene un fuerte olor a queso y un sabor intenso y delicioso. Mezclado con *gochujang*, una pasta de guindilla roja en polvo, arroz, jarabe y pasta de soja, forma la base del condimento conocido como *ssamjang*, o «salsa para envolver», llamada así porque se suele añadir a alimentos que luego se envuelven en hojas de lechuga. Sin embargo, sus aplicaciones son bastante amplias. Para prepararla, se añade *gochujang* al *doenjang* hasta alcanzar el grado de picante deseado (hay varias intensidades de *gochujang*), luego se agrega aceite de sésamo, semillas de sésamo, miel, ajo, mirin, cebolleta y agua al gusto.

Miso y chocolate: Véase *Chocolate y miso*, p. 47
Miso y cúrcuma: Véase *Cúrcuma y miso*, p. 262

Miso y guisante seco: Es jamón vegano con guisantes (sin ánimo de rebajarlo de categoría, para nada). La sopa de miso tiene el dulzor salado y la textura carnosa del caldo de jamón. Prepare una sencilla sopa de guisantes secos con agua y una pizca de sal. Cuando esté lista, disuelva un poco de pasta de miso rojo —aproximadamente una cucharadita por ración— en un cucharón del caldo caliente, sin dejar de batir. Tenga en cuenta que si añade el miso directamente a la olla, no se disolverá bien. Vuelva a introducir el cucharón de miso y caldo en la sopa y ponga a calentar a fuego lento. No deje que hierva; al miso no le sienta bien la ebullición. Véase también *Guisante seco y cebada*, p. 283.

Miso y huevo: Los *misozuke* son alimentos encurtidos en miso que suelen servirse como aperitivo o guarnición de una comida. Son populares las zanahorias, los rábanos, la calabaza japonesa y la coliflor. Esta técnica también se utiliza para la carne y el pescado, pero mi *misozuke* favorito son los huevos cocidos, que saben como si los hubieran encurtido en salsa hecha con el jugo de la carne. A su lado, los típicos huevos en escabeche de los puestos de *fish and chips* ingleses se presentan como los matones calvos y avinagrados que son en realidad. Ponga a hervir 4 huevos durante 5-6 minutos y deje que se enfríen antes de pelarlos. Mezcle 200 g de miso con 50 ml de mirin y endúlcelos con una cucharada de azúcar. El objetivo es obtener una consistencia lo bastante suave para recubrir el huevo fácilmente; si le parece demasiado espesa, añada un poco de agua o sake. Vierta la mezcla en una bolsa de congelación y, seguidamente, introduzca los huevos. Déjela en el frigorífico entre medio día y dos días, palpándola de vez en cuando con cuidado. Diga a sus seres queridos que es para asegurarse de que los huevos quedan bien recubiertos, aunque usted y yo sabemos que es porque la sensación de palparlos da mucho gustito.

Miso y jengibre: Una pizca de jengibre fresco en la sopa de miso se agradece tanto como un chorrito de zumo de limón en el pescado frito. El jengibre rebaja la intensidad del miso al tiempo que acentúa sus sabores distintivos. Si rallar jengibre le resulta pesado, puede pasar varios trozos por la picadora, introducir el resultado en una bolsa de congelación y aplastarla con la mano hasta formar una especie de hoja de tamaño A5 de jengibre triturado. Después se puede congelar e ir sacando trozos a medida que se necesiten; cuando vaya a preparar una sopa, un curri, un salteado o un té, por ejemplo. El vinagre del jengibre encurtido también va fenomenal en una vinagreta hecha con miso.

Miso y judía verde: Véase *Judía verde y miso*, p. 447

Miso y maíz: El maíz dulce se ha vuelto tan y tan dulce que el maíz propiamente dicho no es más que un lejano recuerdo, sobre todo para los estadounidenses de cierta edad que echan de menos el sabor de antaño y la textura tierna de unos granos que explotaban al morderlos en lugar de tener que masticarlos machaconamente una y otra vez. Todavía se pueden comprar variedades más tradicionales, como la Silver Queen, con perfiles de sabor más complejos asociados al polisacárido fitoglicógeno. Esta variedad posee una textura lechosa y suave que da muy buen resultado en la crema de maíz, pero el excesivo dulzor del maíz normal siempre se puede compensar con miso salado al preparar esta receta. Como alternativa, para untar una mazorca de maíz también se puede mezclar miso con mantequilla, aceite o mayonesa. El toque a cereal y fermentado del miso es lo que se percibe primero, antes de que se manifieste el dulce, ya que la sal consigue realzar los sabores del maíz, que, de otro modo, quedarían tan dulces que resultarían imposibles de detectar. O también se puede probar el ramen de miso con un puñado de relucientes granos de maíz sobre los fideos. La experiencia no resulta menos agradable por ser menos intensa.

Miso y miel: Utilizado como aliño o condimento, el *neri miso* es una combinación de miso, miel (o azúcar) y agua (o sake) cocidos a fuego lento durante un breve periodo de tiempo. Sus dulces y salados están tan equilibrados que es como si las papilas gustativas se hubieran colocado en una postura de yoga dolorosa, pero profundamente relajante. Para preparar la versión más básica, ponga a hervir a fuego lento 5 cucharadas de miso rojo o blanco, 2 cucharadas de miel y una cucharada de sake o agua en una cazuela pequeña durante 2 minutos, removiendo con una cuchara de madera hasta que la mezcla espese pero pueda verterse todavía sin problemas. También puede añadir 2 cucharadas de mirin. Prepare una buena cantidad y experimente añadiendo aderezos populares como frutos secos, semillas, hortalizas y marisco; los cacahuetes y el sésamo son una combinación muy apreciada en Japón. Según el experto en miso William Shurtleff, se puede recrear un tipo más suave de miso blanco dulce llamado *saikyo* combinando dos partes (en volumen) de *shiro miso* con una parte de miel y una parte de agua. El auténtico miso *saikyo* es una especialidad de Kioto. Se elabora con una elevada proporción de *koji* como cultivo iniciador en relación con las semillas de soja, contiene menos sal que la mayoría de los demás misos y es relativamente rico en carbohidratos. Se fermenta rápido y se deja curar poco tiempo. Cuando probó el *saikyo* por primera vez, Bonnie Chung, elaboradora de miso, lo describió «como una masa caliente de galletas con sabor a natillas». Cuando mezcle miel con miso, no racanee con la calidad: si encuentra miel de diente de león silvestre, no lo dude y opte por ella, ya que suele tener una fragancia increíblemente parecida a la del miso. No obstante, lea la etiqueta con atención: también llaman miel de diente de león a un brebaje vegano a base de semillas de diente de león, limón, azúcar y agua.

Miso y mostaza: Véase *Mostaza y miso*, p. 252
Miso y nuez pecana: Véase *Nuez pecana y miso*, p. 428

Miso y plátano: El *Wall Street Journal* publicó en 2014 un artículo sobre el sorprendente uso del miso en los postres. Sin embargo, basta con leer las notas de cata del miso blanco dulce y lo sorprendente es que eso haya sorprendido a alguien. Destacan entre ellas las notas de frutas tropicales como el plátano, así como de caramelo y natillas. La primera mención en inglés que encontré de un postre a base de miso y plátano fue en una entrada de 2011 del blog *Olives for Dinner* en la que se describían unos buñuelos de plátano al estilo chino servidos con una crema de anacardos aderezada con miso. Desde entonces, la combinación parece haberse puesto de moda. El pastel de plátano con caramelo de miso y el *kulfi* de ovaltina que Ravinder Bhogal sirve en su restaurante londinense, Jikoni, le harán alegrarse de que así sea.

Miso y pimienta en grano: Véase *Pimienta en grano y miso*, p. 413

Miso y puerro: Se elabora una deliciosa pasta mezclando miso con el fino puerro japonés conocido con el nombre de *negi*. El resultado se utiliza para cocinar marisco o se sirve con patatas asadas. El *hatcho miso* se elabora solo con soja, sal y *koji*, sin arroz ni cebada. En Okazaki, ciudad de la prefectura central de Aichi, la empresa Maruya Hatcho Miso lleva elaborándolo de la misma forma desde 1337, envejeciéndolo durante dos años en enormes barriles de cedro. El *hatcho miso* se utiliza en el *miso nikomi udon*, una sopa contundente y oscura a base de fideos gruesos de trigo cubiertos con *negi*, huevo crudo y tal vez un poco de tofu frito.

Miso y sésamo: Véase *Sésamo y miso*, p. 347
Miso y tofu: Véase *Tofu y miso*, p. 336
Miso y tomate: Véase *Tomate y miso*, p. 106
Miso y tupinambo: Véase *Tupinambo y miso*, p. 276

Miso y vainilla: La combinación de miso blanco dulce y vainilla en las natillas sabe a *butterscotch* con un punto subido, como si llevara mantequilla. Siga una receta estándar para preparar las natillas de vainilla, utilizando 500 ml de leche o una mezcla de leche y nata. Cuando hayan espesado lo suficiente para adherirse al dorso de una cuchara, retírelas del fuego, pase un cucharón a un cuenco y añada 2 cucharaditas de miso blanco dulce y una cucharadita de extracto de vainilla, sin dejar de batir. Incorpore esta mezcla a las natillas y páselas por el colador. Si va a hacer helado, tal vez deba aumentar las cantidades de miso y vainilla, ya que el frío mitiga los sabores.

Miso y yogur: «El miso con tahini es un clásico vegetariano —escribe el experto en fermentación Sandor Katz—, pero las combinaciones de miso con mantequilla de cacahuete o de miso con yogur están igual de deliciosas». Aquí la grasa es la clave. Según afirma, esta actúa como catalizador del «denso sabor salado» del miso. Katz calcula 4 partes de ingrediente graso por cada una de miso, con un poco de acidez para equilibrarlos (él usa kimchi o licor de chucrut). Aunque no le gusten, al menos podrá matar de aburrimiento al personal hablando de sus bacterias intestinales.

Miso y yuzu: Véase *Yuzu y miso*, p. 219
Miso y zanahoria: Véase *Zanahoria y miso*, p. 269

ARROZ INTEGRAL

El término «arroz integral» puede aplicarse tanto al arroz rojo y negro como al moreno. Significa que se ha descascarillado el grano, pero no se ha molido ni pulido, por lo que la capa de salvado y el germen permanecen intactos, lo cual se considera bueno para la salud. Sin embargo, no es tan bueno para su conservación, ya que la presencia del germen, rico en aceite, hace que el arroz sea más propenso a estropearse. La capa de salvado aporta masticabilidad y un sabor pesado y dulce, con un toque áspero a frutos secos. El arroz integral es muy diferente de su homólogo blanco, suave y ligero al paladar. Los arroces rojos y negros suelen tener un sabor más afrutado, con un toque floral.

Arroz integral y acedera: El arroz integral era un alimento básico de un restaurante de comida saludable al que solía ir en Southampton. El local olía a pachulí y fenogreco, y siempre veía al mismo hombre, sentado completamente en silencio en la mesa cinco, con la mirada fija a lo lejos como si hubiera alcanzado el nirvana y no le impresionara demasiado. Si el arroz integral es un ingrediente que no suele encontrarse en los restaurantes tradicionales, el arroz integral con pesto de acedera es una considerable excepción. Pero era uno de los platos estrella de Sqirl, el legendario café de Los Ángeles, aunque el propietario y los chefs no se ponían de acuerdo sobre quién era el verdadero artífice de dicha receta. Pruébelo usted mismo combinando arroz integral de grano medio cocido con eneldo, cáscara de limón en conserva finamente picada y un «pesto» hecho con acedera, kale, aceite de oliva y zumo de limón. Todo aderezado con salsa picante, feta, rodajas de rábano aliñadas con vinagreta de limón y un huevo escalfado.

Arroz integral y aguacate: Ponga los pies encima del sofá y dé cuenta de un paquete de doce makis de aguacate como si fuera una caja de bombones. Atraviese la capa de algas y deje que sus dientes se hundan a través del arroz sazonado hasta llegar al suave y tierno centro de aguacate. Hay quienes aseguran que los makis no pueden hacerse con arroz integral, ya que este no posee ni la elasticidad ni el dulzor simple del arroz blanco para sushi, pero el arroz *haiga mai* («semipulido») tiene una textura mucho más suave que el arroz integral estándar y solo un toque a frutos secos, lo que hace que con él se obtengan unos makis y unos temakis excelentes. Liberado de la faja de algas, el arroz integral establece una marcada afinidad con el aguacate, pongamos, por ejemplo, en uno de esos coloridos *buddha bowls*, con alubias negras, cebollas rojas y guindillas encurtidas.

Arroz integral y alga: El *furikake* es como un popurrí comestible. Se utiliza como condimento para el arroz cocido. Siempre contiene algas secas (*wakame*, nori o *hijiki*), pero también hay variaciones que incluyen hojas secas de *daikon*, virutas de bonito e incluso tortilla seca. Según el biofísico danés Ole G. Mouritsen en su fascinante libro *Seaweeds*, las algas «desprenden un aroma fabuloso cuando se ablandan al entrar en contacto con la humedad del arroz caliente». Mouritsen se declara un auténtico fanático del *furikake*, hasta el punto de que siempre se lleva un poco en la maleta cuando viaja. Esto puede acarrearle problemas en la aduana, sobre todo cuando le piden que declare que se trata de un vegetal. «Pues claro que no lo es —señala—. Rotundamente no: las algas no son plantas». En mi experiencia, las autoridades aduaneras del aeropuerto de JFK se muestran siempre muy pacientes con estas distinciones taxonómicas. Mouritsen también señala que merece la pena probar el *furikake* con la fruta fresca.

Arroz integral y alubia negra: Véase *Alubia negra y arroz integral,* p. 53
Arroz integral y alubia roja: Véase *Alubia roja y arroz integral,* p. 58

Arroz integral y anacardo: Una de mis primeras adquisiciones cuando me fui a vivir a Londres fue *Entertaining with Cranks*, el segundo libro de Cranks, la ya desaparecida cadena de restaurantes vegetarianos. Estoy segura de que el único plato de ese recetario que he preparado ha sido el risotto de arroz integral y anacardos, para una amiga mía vegana y su nuevo novio. Además de lo obvio, los únicos ingredientes eran pimientos y cebollas fritos en margarina. La siguiente vez que los vi a los dos fue al mirar por la ventana de nuestro Burger King local: digamos que no estaban allí por los nuggets vegetales. El error que cometí fue muy simple. No se puede hacer un risotto con arroz integral, como tampoco se te ocurriría tejer una bufanda con él. Sin embargo, con el arroz basmati integral se preparan unos pilafs excelentes. Sabe a palomitas de maíz, lo que lo convierte en una base ideal para almendras y anacardos tostados, cebolla caramelizada y especias cálidas y dulces. Hay quienes dicen que el basmati integral no tiene el característico aroma a palomitas de maíz del basmati blanco, ya que se queda atrapado en el salvado, pero no es así. Solo es un poco más sutil, como el olor que desprende una bolsa de palomitas al abrirla, y no como el que se respira en el vestíbulo de un cine.

Arroz integral y coco: Véase *Coco y arroz integral*, p. 180
Arroz integral y cúrcuma: Véase *Cúrcuma y arroz integral*, p. 259
Arroz integral y espinaca: Véase *Espinaca y arroz integral*, p. 460

Arroz integral y garbanzo: Según Waverley Root, el plato piamontés *riso e ceci* es «el tipo de comida campestre acorde con la tradición montañesa: arroz y garbanzos, sazonados con salsa de tomate y especias picantes». Los garbanzos y el arroz constituyen una guarnición muy digna, pero no le aconsejo un risotto de garbanzos: necesitaría la salsa de tomate picante de Root para darle un poco de vida a su *ennui* beis. El mismo principio sirve para el *koshari*, el fantástico plato egipcio que se vende en los puestos callejeros. La base es una mezcla de garbanzos, arroz, fideos, macarrones y lentejas a la que una cucharada de salsa de tomate, aceite de chile y cebolla frita consigue devolver la gracia bajo su aparente carácter insulso.

Arroz integral y haba: Véase *Haba y arroz integral*, p. 299
Arroz integral y hoja de laurel: Véase *Hoja de laurel y arroz integral*, p. 405

Arroz integral y huevo: En *Seductions of Rice*, Jeffrey Alford y Naomi Duguid señalan que el arroz integral de grano largo vaporizado se diferencia del no vaporizado en que sus granos quedan sueltos, cosa que lo hace ideal para el arroz frito tailandés. En el libro ofrecen una receta sencilla con ajo y champiñones, y sugieren servir un huevo frito encima. Pruebe también a usar arroz integral vaporizado para preparar arroz frito con huevo; creo que su mayor ventaja aquí sobre el blanco es que me deja más llena. El arroz blanco frito con huevo es uno de esos platos (me pasa lo mismo con el *kedgeree*) que, al parecer, consiguen darle esquinazo a la parte de mi cerebro que controla la sensación de saciedad.

Arroz integral y jarabe de arce: Lo único que tiene de salvaje la mayoría del arroz salvaje es su precio, pues casi todo procede de cultivos y ni siquiera es arroz. De hecho, tampoco está emparentado con el arroz, sino que es el grano que se obtiene de una de las gramíneas acuáticas del género *Zizania*. Prácticamente todo el arroz salvaje se planta a máquina en otoño, antes de que llegue la primavera y se inunden los campos, cuyos niveles de agua se mantienen por medios mecánicos. En agosto, estos se drenan y se cosechan los granos. Para obtener un arroz auténticamente salvaje, las plantas procedentes de semillas diseminadas de forma natural deben recogerse en canoa. Los granos se secan, se curan, se trillan y se aventan en parte, lo que les confiere un delicado sabor terroso y ligeramente ahumado. Los indios nativos norteamericanos tenían la costumbre de condimentar el arroz salvaje con jarabe de arce, bayas o grasa de oso. Gran parte de esta variedad original crece en Minnesota. Si bien fuera de Norteamérica es difícil de encontrar, merece la pena probar el cultivado. Me parece que tiene un sabor muy parecido a la mermelada de frambuesa. El chef Wolfgang Puck se topó por primera vez con el arroz salvaje auténtico en el restaurante Maxim's de París, donde lo servían con salmón en salsa de champán. Hasta él suele utilizarlo ahora en suflés y tortitas. Se puede pensar en el arroz salvaje como un ingrediente para espolvorearlo más que para comerlo en grandes cantidades, una máxima que bien podría aplicarse, ahora que lo pienso, a todos los correosos arroces morenos, rojos y negros.

Arroz integral y lenteja: Es como comer un plato en código morse. Con él se puede descifrar un *kitchuri*, la clásica mezcla india de arroz y *mung dal*, o el plato árabe a base de lentejas y arroz llamado *mujadarra*, que obtiene gran parte de su sabor de la enorme cantidad de cebolla caramelizada que lleva, así como de la cucharada de yogur que lo acompaña. Yasmin Khan utiliza arroz integral y lentejas pardinas en la versión que ofrece en *Zaitoun: Recipes and Stories from the Palestinian Kitchen*.

Arroz integral y miso: Al igual que el miso estándar, el *genmai miso* se elabora con soja, pero con arroz integral (*genmai*) en lugar del arroz blanco habitual. Según William Shurtleff y Akiko Aoyagi en *The Book of Miso*, tiene un «delicioso sabor natural, profundo y suave, y un aroma más que satisfactorio». También se percibe en él el característico sabor a frutos secos del arroz integral. La elaboración del *genmai miso* es un proceso harto meticuloso: el arroz se pule un poco para que las esporas de *koji* puedan penetrar en él, pero muchos organismos no deseados también se sienten atraídos por los nutrientes adicionales del arroz integral y es necesario excluirlos.

Arroz integral y pasa: Véase *Pasa y arroz integral*, p. 154
Arroz integral y perejil: Véase *Perejil y arroz integral*, p. 368
Arroz integral y pimienta de Jamaica: Véase *Pimienta de Jamaica y arroz integral*, p. 400

Arroz integral y queso: El arroz rojo es un alimento básico en Bután, donde acompaña al plato nacional del *ema datshi*. *Ema* significa «guindillas frescas» —lleva muchísimas— y *datshi*, «queso de yak». Delia Smith da más alegría a la ensalada de arroz rojo con queso feta de su *Summer Collection* con una pizca de pimienta negra y unas hojas de rúcula. El arroz rojo que utiliza en ella procede de la Camarga, que, a pesar de su larga historia arrocera, solo cultiva arroz rojo desde la década de 1980. Como muchos arroces integrales, esta variedad tiene sabor a frutos secos, lo que le confiere una afinidad natural con el queso.

Arroz integral y sésamo: El *mochi* japonés es una pasta de arroz integral que se elabora con arroz glutinoso de grano corto cocido, bien machacado hasta formar una especie de masa (no confundir con los dulces abombados también llamados *mochi*). Suele venderse en bloques envasados al vacío, listos para cortarlos, asarlos al grill y servirlos con una salsa para mojar; la masa suele hincharse al cocinarla. La variedad dulce de arroz moreno a veces se aromatiza con sésamo o artemisia. Se parten pequeños trozos y se rebozan en semillas de sésamo, pasta de judías rojas o harina de soja para hacer dulces. Los pasteles de arroz integral, esponjosos y del tamaño de un snack, se suelen aderezar con sésamo y quizá un toque de tamari.

Arroz integral y seta: Véase *Seta y arroz integral*, p. 339
Arroz integral y té verde: Véase *Té verde y arroz integral*, p. 466

Arroz integral y vainilla: El arroz integral tiene un suave sabor a frutos secos que invita a combinarlo con vainilla, esos mismos frutos secos y especias. Al igual que ocurre con la polenta, su textura es un tanto granulosa y crea división de opiniones. Sustituya en sus recetas hasta un tercio del peso de harina normal por harina de arroz integral, pero tenga en cuenta que la ausencia de gluten hará que la masa para galletas y la masa quebrada sean algo menos esponjosas y crujientes. Durante la cocción, la variedad de arroz negro integral llamada Venus desprende un aroma a pan recién horneado, según los productores de arroz Riso Gallo. Junto con sus sublimes aromas a frutos rojos y especias cálidas, la textura blanda y suave de los granos cocidos los hace ideales para espolvorearlos sobre un postre, como alternativa sin gluten a un *crumble* o unas migas de galleta.

CENTENO

El centeno tiene una fuerte personalidad. Es agridulce, salvaje y rústico, todo a la vez. Eso suponiendo que se trate de centeno integral o apto para elaborar *Pumpernickel*, el pan alemán. Como ocurre con otros cereales, existen versiones más suaves, como la harina de centeno blanca, a la que se le ha eliminado todo el salvado y el germen. Con la harina de centeno semiintegral, que solo ha sido cernida en parte, es cuando las cosas empiezan a ponerse interesantes: utilícela para elaborar una masa que no resulte del todo amenazadora. El centeno integral parece ceniza. No es un ingrediente propenso a codearse con los productos frescos, sino que prefiere la compañía de alimentos robustos como el pastrami, el marisco ahumado y la col. Las proteínas y enzimas presentes en la harina integral de centeno hacen que se comporte de forma muy distinta a la harina de trigo cuando se mezcla con agua. Su menor contenido en gluten también da como resultado un pan más denso, y su elevado nivel de azúcares complejos llamados pentosas produce una masa sedienta que puede resultar pegajosa si no se manipula con cuidado. Sin embargo, el centeno no plantea problemas si se utiliza en pequeñas cantidades, y la sustitución de un 5-10 por ciento de harina de trigo por la de centeno mejorará el sabor del pan.

Centeno y aguacate: Es tentador renegar de las tostadas con aguacate simplemente por su inmensa popularidad. Es evidente que nada tan instagrameable puede ser bueno, ¿no? Su éxito se debe en parte al furor actual por el pan de masa madre y la alimentación vegana, aunque no es solo eso: en lo que a textura se refiere, es como una tostada untada con una gruesa capa de mantequilla. Además, el aguacate ayuda a mitigar el lado más rudo y áspero del centeno. Tiene el mismo efecto en otros platos, como en el sándwich caprese, de mozzarella y tomate, o en una ensalada de cogollos Little Gem con crujientes picatostes de centeno.

Centeno y ajenuz: Véase *Ajenuz y centeno*, p. 387
Centeno y ajo: Véase *Ajo y centeno*, p. 314
Centeno y alcaravea: Véase *Alcaravea y centeno*, p. 377
Centeno y alga: Véase *Alga y centeno*, p. 470

Centeno y arándano rojo: La forma idiomática de traducir *rupjmaizes kartojums* es «*trifle* letón». El traductor automático lo traduce como «arreglo de pan de centeno», expresión que prefiero, ya que «arreglo» da la nota adecuada de formalidad, pues el centeno es un sabor muy muy serio y formal. El *rupjmaizes kartojums* se elabora con capas alternas de migas de centeno, compota de frutas y nata montada. Posee una deliciosa mezcla de amargor y acidez, y el uso de arándanos rojos para la compota complementa —sin llegar a imponerse— el sabor a frutos negros del pan. El vodka de centeno y el arándano rojo también se mezclan en el cóctel conocido como Cape Cod, hermano del más famoso Sea Breeze (en el que se añade zumo de pomelo a la combinación). El vodka elaborado con centeno —como el Belvedere, que se presenta en su variedad Single State— tiene un sabor a pimienta seco y descarnado, en contraste con las notas más redondeadas y terrosas del vodka de patata, o el sabor dulce de algunos elaborados a partir del maíz. El Smogóry Forest Rye, de Belvedere, tiene aromas de pimienta blanca, caramelo salado y pan fresco. Las notas de cata de su Lake Bartezek Single Estate Rye incluyen «un toque de gachas de avena» y «manzanas verdes».

Centeno y baya de saúco: Deje el vodka para las frutas más suaves. El saúco se apoya sobre la barra y pide un buen vaso de whisky. Uno de los compuestos aromáticos característicos del saúco es la beta-damascenona, que también está muy presente en el bourbon de Kentucky.

Centeno y chocolate: Véase *Chocolate y centeno*, p. 46

Centeno y ciruela: Combinación no apta para golosos. El trigo es el medio ideal para que el azúcar y la mantequilla se luzcan dando lo mejor de sí, pero el centeno no posee ni un gramo de la frivolidad de la alta repostería, sino que impone su ceñuda actitud sobre los postres al igual que un padre victoriano sobre su familia. En el terreno de los dulces, el centeno guarda más afinidad con el chocolate o el jengibre, pero su adusto sabor también combina bien con frutas ácidas como las ciruelas. Pruébelo con un pastelillo o una *galette*. Con harina de centeno semiintegral (es decir, que incluya parte del salvado y el germen) se consigue una masa de pan decente, aunque será más fácil trabajarla si se sustituye parte del peso total (25-35 por ciento) por harina de trigo. Con el mismo tipo de harina de centeno se puede hacer una cobertura de *crumble* utilizando la proporción típica de 2:1:1 para la harina, el azúcar y la mantequilla, pero tenga en cuenta que quedará más bien arenosa.

Centeno y guisante seco: Véase *Guisante seco y centeno*, p. 284

Centeno e hinojo: La empresa ecológica Doves Farm describe el sabor de su pan de centeno como «continental». En algunas zonas del norte de Italia, donde las condiciones son desfavorables para el cultivo del trigo, el centeno se utiliza para elaborar tortas, a menudo aderezadas con anís o hinojo. Una mezcla de hinojo, anís y cilantro es un clásico del pan de centeno en Alemania.

Centeno y huevo: Véase *Huevo y centeno*, p. 294
Centeno y jengibre: Véase *Jengibre y centeno*, p. 266

Centeno y maíz: *Rye 'n' injun* es el viejo nombre norteamericano para la combinación de centeno con maíz. En *La casa de la pradera*, la madre utiliza esta mezcla para hacer tortitas, al igual que Henry David Thoreau en *Walden*. Es una combinación deliciosa, y el dulzor del maíz atenúa en cierto modo la acidez del centeno, aunque también aporta una textura arenosa que no es del gusto de todos. Este maridaje también se utiliza en una masa fermentada para hacer pan, que solo subirá discretamente, nada que ver con la duplicación de tamaño que se espera del pan de trigo (el centeno tiene poco gluten, y el maíz no tiene en absoluto). El truco consiste en vigilar la masa hasta que la superficie se agriete y hornearla más tiempo que la mayoría de los panes. La versión gallega de este pan se llama «pan de maíz y centeno». Se espolvorea con harina y sus profundas grietas lo hacen parecer una galleta *amaretti* gigante. El pan negro de Boston se elabora con centeno, maíz y trigo a partes iguales. Se fermenta con levadura en polvo o bicarbonato sódico en lugar de levadura fresca, se aderza con melaza y especias, y se cuece al vapor, muchas veces en un molde formado por una lata grande de café. Una vez desmoldado y cortado en rodajas, podría confundirse con una morcilla gigante, sobre todo si se sirve con alubias cocidas de Boston.

Centeno y manzana: Según Dan Lepard, el centeno posee una acidez «que combina bien con el chocolate o la manzana». Los panaderos de la provincia italiana del Tirol del Sur están de acuerdo. El *Früchtebrot* es una especie de bizcocho de frutas hecho con centeno, manzana desecada y canela. Sabe tanto a finales de otoño que casi se oye el susurro de las hojas al masticarlo. El pastel de manzana, centeno y sidra de la chef Gill Meller es más bien una creación de principios de otoño, perfecto para un último pícnic antes de que llegue la época de lluvias. Las gachas nórdicas de centeno pueden mezclarse con compota de manzana o incluso con arándanos rojos azucarados. Sea como sea, pueden prepararse con copos de centeno, pero es más tradicional utilizar harina de centeno.

Centeno y miel: Por mucha miel que se le añada, el centeno siempre conservará el olor a humedad de un sótano de piedra. En cuanto a la textura, tiene una firmeza similar al yute. El sabor del centeno se aprecia a la orilla de un río o al subir una montaña. La miel de trigo sarraceno, con sus propios aromas de levadura y malta, combina muy bien con el pan de centeno con mantequilla untada. Algunos de ellos, de hecho, se elaboran con miel, aunque los panes más oscuros y gruesos pueden requerir emulsiones más potentes como la malta o la melaza de cebada. Mezclado con pasas y limón, el pan de centeno tostado y la miel se utilizan para hacer *kvas*, una bebida de fermentación natural muy popular en los países bálticos y eslavos.

Centeno y mostaza: Véase *Mostaza y centeno*, p. 250

Centeno y naranja: El *limpa* sueco es un pan de centeno especiado, a menudo aromatizado con ralladura de naranja e hinojo. Tiene cierto sabor a almizcle y mermelada, y se come en Navidad con conservas o embutidos. El *øllebrød* son las gachas danesas hechas con pan de centeno duro, malta de cerveza y, a veces, ralladura de naranja. Intenté prepararlo con los ingredientes que pude encontrar en Londres, y sabía al suelo de la sala CBGB a la mañana siguiente de un concierto de los Ramones. La cerveza añadía un toque tostado y amargo al centeno, que recordaba un poco al tabaco de Virginia rancio; y la ralladura de naranja solo acentuaba el punto amargo. Espero que el *øllebrød* tenga un sabor menos agresivo si se hace en casa por una mano experimentada. La versión elaborada en el Noma, el famoso restaurante de René Redzepi en Copenhague, se sirve con espuma de leche, *skyr* (el suave yogur islandés) y granos de centeno tostados; más hípster y no tan de andar por casa.

Centeno y pasa: Tenía en casa una barra de pan de centeno de la panadería Poilâne que había vivido tiempos mejores, así que lo desmigué, tosté las migas con azúcar moreno, las añadí a una base para natillas de vainilla y lo metí todo en la heladera. Hacia el final del proceso, añadí un puñado de pasas secas que había dejado en remojo en ron añejo de la marca Havana Club. Centeno, ron y pasas. Era como estar comiendo dos bolas de helado: una de sabor a pan moreno y otra de sabor a Málaga, o más bien los restos de ambos, cuando ya se han deshecho y fundido en una sola emulsión riquísima de helado.

Centeno y patata: Masticar centeno integral, con su profundo sabor a frutos secos y malta, es como estar comiendo la piel de una patata asada. La primera vez que descubrí en un libro las empanadas finlandesas de Carelia, con su corteza de centeno y su relleno de puré de patata, me pregunté si no sería cuestión de invertir noventa minutos en reinventar la patata asada. Aun así, me puse manos a la obra y preparé una tanda. Los sabores son parecidos, pero el centeno es más dulce, el puré más suave y el conjunto indiscutiblemente más mantecoso que la patata más harinosa. Extienda la masa en discos muy finos. Coloque el relleno de puré de patata en el centro, dándole forma de almendra, y, con ayuda de los dedos, doble la masa sobre el relleno y empiece a crear ondas desde la mitad hacia los extremos, pero sin dejar que se junten. Si clavásemos una aceituna negra en el centro, parecería un ojo: sería como si la empanada nos estuviera diciendo «¡cucú!». (P. D.: no ponga ninguna aceituna en el centro, eso sería llevar demasiado lejos la falta de autenticidad). Una vez horneadas, las empanadas se glasean con una mezcla de leche y mantequilla, lo que les confiere una textura crujiente, pero no seca. Antiguamente, la cebada cocida en leche era un relleno alternativo típico, aunque ahora ha cedido el paso al arroz hervido. Todas las variedades se comen con mantequilla de huevo, que es, como su nombre indica, huevo duro picado mezclado con mantequilla. El *sklandrausis* letón es otra tarta con masa de centeno rellena de puré de patata, pero también con puré de zanahoria, y a menudo ligeramente azucarada. La masa no se baña en leche con mantequilla, por lo que tiene una textura seca, parecida a la de una galleta de avena.

Centeno y queso: En Roquefort, era tradición dejar que las hogazas de pan de centeno se enmohecieran en las cuevas de Combalou donde se ponían a madurar los quesos. Al cabo de un mes, se retiraba la capa de *Penicillium roqueforti* del pan, se pulverizaba y se transfería al queso, que desarrollaba sus famosas vetas azules. La popular marca de roquefort Papillon sigue fabricando su propio pan, pero hoy en día a esta variedad de queso se le inyecta moho cultivado en laboratorio. El origen del roquefort se remonta a un pastor que se resguardó a comer en una de las cuevas. Estaba a punto de hincarle el diente a su hogaza de pan de centeno con queso cuando una pastora que pasaba por allí atrajo su atención. El hombre salió en pos de ella y, cuando regresó —al cabo de lo que las nociones más básicas de microbiología indican que fueron varios días de vigorosas relaciones amorosas—, la comida se le había enmohecido. En ese momento, la historia da un audaz giro narrativo y se centra en él comiéndose el almuerzo echado a perder. (¿Fue acaso un deseo de muerte por parte del pastor, provocado por el mal de amores? ¿Había sido el acto amoroso tan perfecto que nada podría igualarlo? ¿O estaba tan enamorado que simplemente no se dio cuenta de que el queso se había enmohecido? Descúbralo en mi trepidante best seller internacional, *El pastor de Roquefort*). En fin, para resumir una ligera epopeya de 900 páginas, al pastor le gustó tantísimo su aperitivo enmohecido que dio lugar a la fabricación a gran escala de un queso que actualmente está más protegido que el presidente de Estados Unidos. Es una combinación perfecta comer roquefort con pan o galletas saladas de centeno. Este cereal casa bien con todos los quesos rústicos y ásperos, y está excepcional con el queso fresco.

Centeno y rábano: Véase *Rábano y centeno*, p. 239
Centeno y seta: Véase *Seta y centeno*, p. 339

CEBADA

Rica y terrosa, con un punto suave de dulzor, la cebada se ha visto sustituida por el trigo en muchas zonas. Esto se debe, en parte, a que el trigo tiene un sabor menos controvertido, irresistiblemente sencillo, pero también puede atribuirse a su contenido en gluten, que es mágico: da aire para que suba el pan, consistencia a la masa para pasta y una miga esponjosa a los pasteles. No es que la cebada no sea popular: es el décimo cultivo mundial por tonelaje y se utiliza para fabricar malta, con la que, a su vez, se elabora cerveza, whisky, productos lácteos malteados y sirope. En su forma integral, sin descascarillar y conservando el germen, la cebada no está malteada y se conoce como cebada mondada; la cebada perlada, en cambio, ha sido pulida y es más blanda, de color más claro y se cuece más rápidamente. Este cereal crece en lugares donde no lo hace el trigo, como en el Tíbet, donde se elabora el sampa tostando la cebada —mediante una ingeniosa técnica en la que se utiliza arena caliente para que se dore de manera uniforme— y moliéndola hasta convertirla en harina. Con el sampa se preparan bebidas, gachas y tortas. Si le quedaba alguna duda sobre la resistencia de la cebada, sepa que la fábrica de cerveza japonesa Sapporo la ha cultivado incluso en el espacio.

Cebada y alga: Véase *Alga y cebada*, p. 470

Cebada y almendra: El orgeat, el sirope de consistencia turbia que aporta aroma de almendra y agua de azahar a muchos cócteles, se elaboraba originalmente con cebada y almendras hervidas en agua a fuego lento. En su *Encyclopédie*, Diderot afirma que los maestros boticarios eliminaron la cebada porque estropeaba el sabor sin aportar ningún beneficio apreciable. Yo preparo este sirope disolviendo 4 cucharadas de azúcar en 4 cucharadas de leche de almendra sin edulcorantes caliente, antes de añadir unas gotas de agua de azahar. Utilícelo en un Mai Tai o en un batido.

Cebada y arándano rojo: En el norte de Finlandia es tradicional untar mermelada de arándanos en la *ohrarieska*, un pan hecho con cebada perlada, harina de cebada, *buttermilk* y bicarbonato sódico. Este cereal también se utiliza para fabricar Finlandia, la conocida marca de vodka del país, que sacó al mercado su primera variedad aromatizada, de arándanos rojos, en 1994. Tras su éxito, empezaron a elaborarse variedades menos locales, como las de mango y lima.

Cebada y avena: Son superresistentes. Al cultivo mixto de avena y cebada que se utiliza en Gran Bretaña para la alimentación animal se le denomina «dragar» (*dredge*), y ambos cereales comparten la tolerancia a las inclemencias del tiempo. La cebada carece del sabor dulce y reconfortante de la avena, y da a las gachas un toque más salvaje que esta. Su combinación también aporta textura y sabor a los panes de trigo. Dan Lepard sugiere añadir cebada perlada cocida a la masa para obtener un ligero regusto a frutos secos y una «delicada» textura integral. La mezcla de cebada tostada, avena, trigo, centeno y guisantes se muele para elaborar una harina que recibe diversos nombres —*kama* en Estonia y *talkkuna* en Finlandia— y con la que se preparan gachas o bebidas con *buttermilk*. En Estonia, cuando el precio del chocolate se volvió prohibitivo, a finales de los años setenta, se mezclaba con café y azúcar para obtener una barrita de confitería llamada Kamatahvel («barra de *kama*»).

Cebada y café: Véase *Café y cebada*, p. 42

Cebada y chocolate: Sobre esta combinación se levantó un imperio multimillonario. La malta se obtiene secando y tostando granos de un cereal germinado, normalmente cebada, y la cebada malteada molida puede mezclarse con harina de trigo y leche evaporada en polvo para elaborar leche malteada. Para potenciar el sabor de los refrescos y bebidas dulces de barril que se servían en las antiguas cafeterías norteamericanas se les añadía leche malteada. Las de fresa, plátano y vainilla siguen siendo habituales en los restaurantes, pero fue la bebida malteada de chocolate de un *drugstore* de Chicago la que sirvió de inspiración a Forrest Mars sénior para crear una versión portátil de esta sabrosa y adictiva combinación en forma de barritas con sabor a malta y recubiertas de una capa de chocolate como son las chocolatinas Milky Way y Mars. En mi opinión, la combinación alcanzó su apoteosis con los Maltesers, cuya cobertura de chocolate con leche, tan dulce y sedosa, hace que el malteado del centro resulte casi un alivio, sobre todo porque la masa es ligeramente salada y aporta una textura granulada y seca al adherirse a la lengua. Anterior a las chocolatinas Milky Way en al menos una década, la ovaltina era originalmente una mezcla en polvo a base de malta de cebada, leche, huevos y cacao.

Cebada y comino: Al pan rápido de cebada estonio llamado *odrajahu karask* a veces se le añade comino en su elaboración para contrarrestar parte del dulzor de la cebada. Mezcle 180 g de harina de cebada, 90 g de harina integral de fuerza, ½ cucharadita de bicarbonato sódico, ½ cucharadita de sal, una cucharadita de azúcar y una cucharadita de comino molido. Añada un huevo batido, 240 ml de *buttermilk* (o kéfir) y una cucharada de aceite para ligar la masa. A continuación, transfiérala a un molde rectangular para una hogaza de medio kilo y hornéela a 200 °C (marca 6 del gas) durante 30-40 minutos. Tenga en cuenta que esta masa contiene, en proporción, más harina de cebada que de trigo de lo que recomiendan los libros de panadería modernos para los panes leudados químicamente; se sugiere una proporción de 1:1 para que el pan suba lo suficiente y obtener una textura decente. En el caso de los panes con levadura, la proporción es de 1:3.

Cebada y guisante seco: Véase *Guisante seco y cebada*, p. 283

Cebada y haba: La dieta de los gladiadores. Galeno, médico de la cuadrilla de gladiadores de Pérgamo, cuenta que los alimentaba con cebada hervida y habas. («Me llamo Máximo Décimo Meridio, y me comeré mi cebada hervida, en esta vida o en la otra»). La dieta, señala Galeno, volvía a los hombres rollizos, no les hacía desarrollar un cuerpo compacto y denso como el de los cerdos, sino que se volvían flácidos. Sería lógico creer que eso habría supuesto el despido fulminante para Galeno, pero algunos cronistas han sugerido que un poco de cebada cocida protegía de las heridas. El relato del médico se vio corroborado cuando, en 1993, se descubrieron los esqueletos de sesenta y ocho gladiadores en un cementerio entre las ruinas de Éfeso. Si aspira a tener el cuerpo de un gladiador, prepare un *orzotto* a base de cebada y habas, no muy distinto del más famoso plato de arroz y guisantes *risi e bisi*, solo que más terroso, sobre todo si prepara un caldo con las pieles de las habas, algunas vainas, leche, agua, tallos de perejil y apio. También se puede echar al caldo un puñado de habas secas. Sírvalo con parmesano rallado.

Cebada y limón: En 1788 apareció una receta de agua de cebada con limón como alternativa al agua de cebada con jalea de grosella y al agua de cebada con vino blanco. El resultado de hervir a fuego lento la cebada perlada confería a la opaca y almidonada bebida un sabor más intenso y un peso satisfactorio. El prolongado vínculo con el campeonato de tenis de Wimbledon se forjó en 1834, cuando los fabricantes de la cebada en polvo Robinson y Bellville (los precursores de la marca actual, Robinson's) combinaron su producto con zumo de limón y azúcar. Se hizo tan popular que en 1835 empezaron a vender la mezcla en forma de refresco. Pronto se lanzaron variantes de lima, naranja y, en 1942, ruibarbo. (El patrocinio de Robinson's del torneo de Wimbledon terminó en 2022). Los caramelos de azúcar de cebada se elaboran hirviendo un almíbar con una decocción de este cereal y mezclándolo después con esencias de limón, bergamota, rosa o agua de azahar. Si se encuentra de visita en Francia algún día, busque los pirulís bañados en azúcar de cebada, de color azafrán, especialidad de Moret-sur-Loing.

Cebada y miso: Véase *Miso y cebada*, p. 20

Cebada y pasa: Pan de malta: de lo más triste en cuestión de pasteles. Es de un desangelado color marrón mate, salpicado de relucientes pasas como si fuera una cara con acné. Es imposible de cortar. Se pega al paladar aunque se unte con abundante mantequilla. Su dulzor se ve perturbado por el desconcertante sabor salado procedente del jarabe de malta de cebada, un ingrediente clave. Este puede diluirse en leche caliente para preparar una bebida malteada. El regusto inicial a fruta (sobre todo a plátano maduro) y a cacao da paso al del miso y el Marmite, ambos productos relacionados con la cebada.

Cebada y patata: Véase *Patata y cebada*, p. 279
Cebada y plátano: Véase *Plátano y cebada*, p. 184

Cebada y queso: La cebada Bere es una antigua variedad local de las islas Orcadas; esto es, una especie tradicional que se ha adaptado a las condiciones del lugar. El grano se seca sobre un fuego hecho con turba antes de molerlo, lo que le confiere un sabor oscuro y ahumado. La harina resultante, o *beremeal*, se utiliza para hacer *bannocks*, unas tortas que se comen con mantequilla o queso. En Italia, los pastores elaboraban tradicionalmente una torta de cebada muy básica y dura, la *carpesina*, que reblandecían mojándola en vino o vinagre antes de comerla con queso y tomate.

Cebada y seta: El clásico acompañamiento salado de la cebada son las setas. En la República Checa, se prepara el *cerny kuba* («kuba negro»), un plato sin carne que se toma en Nochebuena: una mezcla de granos de cebada cocidos con una variedad oscura de seta, de ahí lo de «negro». El plato italiano *orzotto* es similar: una versión de risotto con granos de cebada.

Cebada y tomate: Las mesas estaban colocadas en un triangulito de la playa de guijarros, bajando un par de escalones de hormigón desde el arcén. El restaurante propiamente dicho estaba al otro lado de la carretera, así que el camarero no tuvo más remedio que esquivar el tráfico de *quads* y carros tirados por caballos para servir las sardinas de los niños y mi *dakos*. En otras islas se llama *paximadia*, pero en Spetses el *dakos* es un pan crujiente de cebada que hay que comer únicamente si una se siente muy segura en el sentido odontológico del término. Si hubieran construido el Partenón con él, aún estaría intacto. Mi *dakos* venía cubierto de tomate rallado, un poco de queso feta desmenuzado y orégano seco. Lo dejé a un lado mientras retiraba las espinas de las sardinas de los niños, que probaron casi a regañadientes para luego ponerse los flotadores y salir corriendo al agua. Reconocí, a mi pesar, que estaba bien dejar que fueran a bañarse. Ahora podía comerme el *dakos*, que había tenido tiempo de absorber el zumo del tomate. Su dulce sabor a malta estaba atenuado gracias a la acidez de las pepitas del tomate y a lo salado del queso. Así que me quedé allí sentada, comiendo y masticando, mientras los niños cabeceaban en el agua, y me di cuenta de que parecía que fue ayer cuando les tenía que reblandecer a ellos los biscotes de pan para que pudieran comérselos porque apenas tenían los dientes de leche...

Cebada y yogur: Véase *Yogur y cebada*, p. 199

CAFÉ

Durante el proceso de tueste, los granos de café emiten dos sonoros crujidos o crepitaciones, la primera vez al alcanzar los 196 °C de temperatura y la otra, a unos 224 °C. Con el primer crujido, lo que era un grano verde bastante simple con aromas vegetales empezará a emanar el olor propio del café. Algunos tostadores detienen el proceso tras oír el primer crujido para conservar algunas de las características frescas y naturales del grano. Este tipo de tueste también es adecuado para los consumidores de café que prefieren un punto de acidez. A medida que los granos se acercan al segundo crujido, van cogiendo un color más oscuro y caramelizándose. Su superficie adquiere un brillo oleoso y los aromas inherentes a los granos dan paso a fuertes notas tostadas y a un elemento ahumado. Hay varias formas de imitar el sabor del café tostado sin conservar la cafeína: véase *Achicoria y café*, p. 326, y *Café y dátil*, p. 43.

Café y achicoria: Véase *Achicoria y café*, p. 326

Café y alubia negra: Es impresionante el fuerte sabor a café molido que pueden tener algunas alubias frescas. Yo lo detecto en las alubias borlotti, pero también es patente en muchas variedades autóctonas. Tome esto como un consejo y añada uno o dos pellizcos de gránulos de café a una cazuela de alubias, igual que añadiría una onza de chocolate negro a cualquier guiso con base de tomate. Tampoco se pase. Basta con lo justo para darle un evocador toque tostado y contrarrestar el dulzor que pueden tener los platos con abundantes vegetales. También puede añadir una cucharada de gránulos de café a los brownies que aparecen en *Alubia negra y chocolate*, p. 53.

Café y arándano rojo: Véase *Arándano rojo y café*, p. 113

Café y cebada: En Italia, durante la Segunda Guerra Mundial, la escasez de café en grano hizo que se popularizara el *caffe d'orzo* («café de cebada»). La similitud entre el sabor de la cebada y el del café también es evidente en el llamado café de malta, que se elabora con una de las maltas de cebada más oscuras, porque el grano tostado tiene un pronunciado aroma torrefacto. La siguiente fase del malteado es la malta negra, en la que se desarrolla un sabor a chocolate amargo. Ambas se utilizan para la elaboración de las cervezas negras. La combinación de malta con chocolate es todo un clásico, pero resulta extraño que nunca haya tenido demasiado éxito con café. Algunos restaurantes estadounidenses ofrecían un batido hecho con sirope de café, nata, leche malteada, un huevo y un chorrito de soda.

Café y ciruela pasa: El chef de origen francés Jacques Pepin recuerda a su madre escalfando peras en posos de café azucarado diluidos en agua. Una vez que las peras se habían reblandecido completamente, reducía el resto del líquido y lo revivía con un poco de Kahlua. Apliqué el mismo principio a varias frutas distintas y las ciruelas pasas fueron las triunfadoras absolutas. Su riqueza en aromas especiados, de frutos secos y afrutados amplificaba las notas generadas durante el proceso de tostado del café (se dice que el de Haití y Tanzania posee un carácter que evoca las frutas de hueso). Pero el uso del café como medio para hacer escalfados no está exento de dificultades. Aunque se le añada azúcar, el amargor puede llegar a ser muy cargante y, en términos de sabor, el café puede resultar un poco austero. Al igual que con las ciruelas pasas escalfadas en té, plantéese la posibilidad de añadir otros aromas, como cardamomo o piel de naranja, para darle un toque más redondo.

Café y cúrcuma: La tienda Algerian Coffee Stores de Old Compton Street, en el Soho, vendía hace algún tiempo una edición limitada de café especiado con cúrcuma. Contenía una mezcla de cúrcuma, canela, jengibre y pimienta negra con granos de café etíope e indio totalmente tostados. La combinación de especias recordaba al *haldi doodh*, la leche dorada india (véase *Cúrcuma y pimienta en grano*, p. 262), pero en el café sabía a galleta *spéculoos* mojada en café con leche. Al igual que la leche dorada, el café con cúrcuma se endulzaba con un poco de miel.

Café y dátil: Añada un poco de café tostado a la crema de dátiles para darle un toque acaramelado. Antes se elaboraba un sucedáneo de café con huesos de dátil: se lavaban, se secaban, se tostaban y se molían, y luego el resultado se aromatizaba con cardamomo. Los saudíes beben un café muy poco tostado que tiene un ligero sabor a pan. Suele servirse en pequeñas cantidades, con dátiles como acompañamiento. Véase también *Menta y dátil*, p. 381, y *Dátil y ciruela*, p. 164.

Café e hinojo: El sirope de hinojo o un chorrito de ouzo hacen revivir al café frío. El toque dulce del anís no solo contrarresta su amargor y acidez, sino que también compensa la pérdida de sabor. Muchos de los aromas del café caliente se pierden al enfriarse. Los catadores profesionales suelen volver a probar el café que se ha dejado a temperatura ambiente para comprobar si es tan bueno como parecía cuando estaba caliente. Según mi obsoleto ejemplar de la guía de Grecia de Lonely Planet, la combinación de café y ouzo se conoce como *frappouzo*. La mezcla no tiene por qué limitarse a las bebidas, aunque parece que está mejor fría: en un sorbete o granizado, por ejemplo; en un almíbar para un babá, o como crema pastelera al café en una lionesa de hinojo.

Café y jarabe de arce: El café y el jarabe de arce tienen muchas moléculas de sabor en común, pero cuando se combinan en una sola taza, puede resultar difícil distinguir las mejores cualidades del segundo. Como la mayoría de las mezclas de azúcar moreno y jarabe de arce, la combinación evoca el sabor del *fudge* de café. Para dar a ambos sabores el reconocimiento que se merecen, vierta jarabe de arce sobre un flan de café, en lugar del caramelo. Para 2 raciones, vierta 250 ml de leche entera caliente sobre una cucharada de gránulos de café y remueva hasta que estos se hayan disuelto. En una jarra lo bastante grande para que quepan todos los ingredientes, bata 2 huevos con 2 cucharadas de azúcar caster y, a continuación, añada poco a poco el café con leche. Cuele la crema y repártala de manera uniforme en dos ramequines. Colóquelos en una bandeja de horno con agua caliente suficiente para que les llegue hasta la mitad por los lados, luego cúbralo todo con una hoja suelta de papel de aluminio y hornéelo durante 25 minutos a 150 °C (marca 2 del gas). Compruebe que los flanes han cuajado, y cuando aún tiemblen un poco en el centro, sáquelos y déjelos enfriar antes de meterlos en el frigorífico. Para servir, pase un cuchillo por el borde de cada ramequín para que el flan se despegue y, a continuación, cúbralos con un plato pequeño, deles la vuelta y zarandéelos con fuerza como si quisiera hacerles entrar en razón. Levante el ramequín y el flan debería salir sin problemas. Vierta un poco de jarabe de arce por encima.

Café y nuez pecana: Es difícil no comparar esta combinación con la de café y nueces normales. Estas tienen un amargor en la piel que se impone ligeramente sobre su sabor, y una textura como la de la pieza de un rompecabezas tridimensional. Si se combinan con café, esa complejidad se traduce en unas tartas y pasteles deliciosamente sofisticados. Para empezar, las nueces pecanas se parecen más a los dulces. Sus aromas a azúcar y lácteos suavizan la acidez del café, igual que la leche y los siropes amansan a un *latte* helado. Y, además, superan con creces a las nueces de California cuando entramos en el dominio de los helados: nueces pecanas confitadas en un helado de café, galleta de pecana rellena de helado de café o el helado de mantequilla de pecana con un chorrito de expreso en un clásico *affogato*.

Café y sésamo: Véase *Sésamo y café*, p. 343

Café y yogur: En Estados Unidos la combinación de café con yogur es bastante popular, aunque genera cierta división de opiniones. En el Reino Unido, la gente se inclina a favor del «no, gracias». A pesar de la avalancha semanal por parte de las cadenas de cafeterías de nuevas formas aberrantes de café con helado, los yogures de capuchino descremado, de expreso y de café con leche nunca han llegado a funcionar. La heladera estadounidense Jeni Brittan explica por qué nadie encontrará yogur helado con sabor a café en sus tiendas: a pesar de la acidez del café, sus sabores chocan con los del yogur. Yo estaba de acuerdo hasta que probé una esencia dulce de café con un espeso yogur griego. Me recordó al clásico postre italiano de ricota y café, pero con una acidez más pronunciada. Si le gusta el yogur de avellana o grosella negra, el de café le encantará.

CHOCOLATE

Al igual que el café, el chocolate comienza su ciclo natural en forma de grano amargo. Las habas de cacao deben fermentarse, tostarse, descascarillarse, triturarse y pasarse por la conchadora para obtener una tableta suave. Hasta hace poco, las tres principales variedades de cacao eran criolla, forastera y trinitaria, esta última un híbrido de las dos primeras. El consenso general parece ser que la variedad forastera es un cultivo robusto y fiable y no demasiado interesante; se utiliza para hacer el chocolate de consumo masivo. La criolla, de color claro y aroma delicado, es para los entendidos y solo representa el 3 por ciento de la producción mundial de cacao. Hay quienes dicen que su estatus tiene más que ver con el valor de su reducida producción que con su aroma. La trinitaria también se considera de buena calidad y tiene un sabor más intenso a chocolate, con notas secundarias de fruta, melaza, pasas, caramelo y especias. En 2008, un genetista que trabajaba para Mars utilizó técnicas de análisis de ADN para identificar diez grupos genéticos en 952 muestras de cacao, e ideó una clasificación más sutil que tenía en cuenta la hibridación cruzada entre las tres variedades principales. Algunas de las notas que se pueden detectar en el complejo aroma del chocolate negro son: fruta fresca, fruta desecada, frutos secos, vino, malta, ahumados, setas, jazmín, achicoria, azúcar moreno, café, cítricos y pimienta de Jamaica.

Chocolate y alubia negra: Véase *Alubia negra y chocolate*, p. 53

Chocolate y berenjena: El postre conocido como *melanzane al cioccolato* es una sorprendente y deliciosa combinación de berenjena y chocolate originaria de Sorrento, en el sur de Italia. En una de sus variantes, las rodajas de berenjena se hacen al vapor, se untan con una mezcla de ricota, se enrollan, se cubren con una salsa de chocolate y se sirven calientes. En otra, las tiras de berenjena se fríen, se sumergen en una mezcla de almíbar y pan rallado una vez enfriadas, se cubren con salsa de chocolate, cítricos confitados y piñones tostados, y se sirven a temperatura ambiente. Alguien podría decir que con suficiente chocolate, ricota, frutos secos y piñones tostados cualquiera se podría comer hasta unas Birkenstock hervidas, pero hay que reconocerle el mérito a la berenjena. Frita, adquiere una textura sedosa, y su suave sabor, realzado por la sutil salinidad que le aporta el proceso de espolvorearlas con sal para quitarles la humedad, contrasta muy bien con el agridulce del chocolate. En mi versión, las rodajas de berenjena se rebozan en harina y huevo antes de freírlas, lo que les confiere aspecto de tortitas, y el resultado es un cruce entre una crepe untada con Nutella y un pastel de chocolate refrigerado. Para 4 raciones, corte 12 rodajas de berenjena de 1 cm de grosor. Espolvoréelas con sal y déjelas en un escurridor en el fregadero durante aproximadamente una hora; después, enjuáguelas, exprímalas con suavidad y séquelas dándoles ligeras palmaditas. Por tandas, reboce las berenjenas por ambos lados en harina, páselas por huevo batido y fríalas en una sartén con 2,5 cm de aceite vegetal hasta que estén doradas y tiernas. Escúrralas sobre papel de cocina. En un cazo, lleve a ebullición 150 ml de nata líquida y retire del fuego. Añada 100 g de chocolate negro al 70 por ciento partido en trozos pequeños, espere unos minutos a que se derrita y remueva hasta que la mezcla esté oscura y brillante. Reserve para que se enfríe un poco. Para montar el plato, divida las berenjenas en 4 grupos de 3 y rellene cada uno con parte de la salsa de chocolate. Eche el resto por encima y por los lados y alise la salsa con una espátula hasta que no se vea ninguna parte de berenjena. Espolvoree con una mezcla de piel confitada, piñones tostados y pasas al ron.

Chocolate y cebada: Véase *Cebada y chocolate*, p. 37

Chocolate y centeno: Una de las notas aromáticas del centeno es el cacao. Por eso, al añadir un poco de chocolate al pan de centeno, los panaderos no hacen más que realzar lo que ya está ahí de forma natural. Además, el cacao intensifica el color del pan. Utilice unas 2 cucharadas de cacao en polvo tamizado por cada 500 g de harina. No le resultará tan sumamente reminiscente a chocolate como para echar en falta la crema de mantequilla. O si lo hace, tenga en cuenta que en el periodo de entreguerras las amas de casa estonias mezclaban miga de pan de centeno con chocolate rallado y crema agria para hacer un postre. Más recientemente, el chef estadounidense Chad Robertson ha maridado el cacao y el centeno en una pasta *choux*, y Dan Lepard los combina en brownies con avellanas.

Chocolate y ciruela pasa: Véase *Ciruela pasa y chocolate*, p. 148
Chocolate y fruta de la pasión: Véase *Fruta de la pasión y chocolate*, p. 225

Chocolate y maíz: Véase *Maíz y chocolate*, p. 86

Chocolate y miel: Véase *Miel y chocolate*, p. 92

Chocolate y miso: Seguramente, el brownie de miso se concibió en torno al año 2014 (véase *Miso y plátano*, p. 23). Las recetas de este postre suelen incorporar una pequeña cantidad de miso blanco dulce, que apenas si hará mella en los receptores especializados en detectar el chocolate salado. El miso rojo aportará un acentuado sabor a fermentado, que ya resulta agradable en sí mismo y también sabe auténticamente a brownie, ya que el chocolate posee muchas de las mismas notas aromáticas. Mezclados en una ganache, el miso y el chocolate negro forman una combinación extrema de dulce, salado y amargo. A mí me gusta untarla en una galleta Digestive, con sus propios sabores tostados y malteados y un toque de sal; y su textura es tan proclive a desmenuzarse que también realza la suavidad de la ganache. Con las galletas Digestive de chocolate con miso me voy a hacer de oro.

Chocolate y mostaza: La mostaza en polvo puede utilizarse como potenciador secreto del sabor en galletas, brownies y pasteles de chocolate. Media cucharadita es suficiente para una docena de galletas. Haga una prueba para ver si nota la diferencia. Hay quien recurre a la mostaza como potenciador del sabor para el café, pero, cuidado, solo hay que usar una pizca, o acabará estornudando todo el *macchiato* por la pantalla y el teclado del MacBook.

Chocolate y nuez pecana: Véase *Nuez pecana y chocolate*, p. 427

Chocolate y pasa: En *Chocolat*, de Joanne Harris, la heroína, Vianne, recuerda cómo en Pascua las tiendas de París vendían «cestas de huevos envueltos en papel de aluminio, estantes llenos de conejitos y gallinas, campanas, frutas de mazapán y *marrons glacés*, *amourettes* y nidos de filigrana llenos de *petits fours* y caramelos, y mil y una epifanías de viajes en alfombras mágicas de algodón de azúcar, más propias de un harén de Arabia que de las solemnidades de la Pasión». Como no puede permitirse semejantes lujos, su madre le regala cada año una cajita ornamentada con un cucurucho sorpresa de flores de papel dentro, monedas y huevos pintados. La caja contiene, además, un paquetito de pasas recubiertas de chocolate, que Vianne saborea ella sola, muy despacio. La combinación es sorprendentemente rara en galletas y pasteles. ¿Acaso se consideraba un poco demodé incluir ambas cosas en una misma receta?

Chocolate y pimienta de Jamaica: Véase *Pimienta de Jamaica y chocolate*, p. 401

Chocolate y pimienta en grano: Véase *Pimienta en grano y chocolate*, p. 410

Chocolate y pistacho: Combínelos todo lo que quiera, pero no escatime en pistachos. No hay nada mejor para acompañar un café después de cenar que una fina corteza de chocolate negro incrustada con pistachos enteros ligeramente tostados y espolvoreada con sal marina. Lo ideal es maridarlos con un brillante chocolate atemperado, pero un truco eficaz es rellenar la corteza con tantos pistachos y tan apretados entre sí que no se note. Sus papilas gustativas se lo agradecerán. Pierre Koffmann forra los platos de sus legendarios suflés de pistacho con una ralladura de chocolate y los sirve con helado de pistacho.

Chocolate y sésamo: Véase *Sésamo y chocolate*, p. 344

Chocolate y té verde: ¿El chocolate hace buena pareja con el matcha? La compañía de té japonesa Marushichi Seicha tiene una respuesta excelente, por no decir exhaustiva, en forma de caja de barritas de chocolate con distintas proporciones de té verde. Las que contienen un 1,2 por ciento de té verde son del color de la ropa del desierto. A partir de ahí, el contenido de las barritas va ascendiendo y pasa del 8,2 por ciento al 13,3 por ciento y de ahí al 29,1 por ciento, donde el verde y el marrón oscuro empiezan a confundirse. El 29,1 por ciento de té verde es la proporción máxima que alcanzaron sin que el chocolate perdiera la textura correcta. La caja también contiene barritas de chocolate aromatizado con *hojicha*, hojas de té tostadas, marrones y menos amargas, de aroma salado. En París, el pastelero Sadaharu Aoki hace una tarta Ópera con capas de bizcocho de matcha, crema de mantequilla y ganache de chocolate. Las capas de tonalidades verdes y marrones y la cobertura brillante y moteada hacen que, por su aspecto, se acerque más a una exquisita pieza de cerámica que a un pastel. Véase también *Té verde y vainilla*, p. 468.

Chocolate y tupinambo: El chef británico Tommy Banks prepara un dulce con sirope de tupinambo y lo rocía de chocolate con leche. Para el dulce, exprime los tupinambos, y luego toma el líquido, lo pone al fuego y lo reduce hasta que se convierte en un sirope grueso y oscuro. Luego añade glucosa y nata para montar, y pone la mezcla a fuego lento hasta que alcanza los 112 °C, añade mantequilla y la bate, seguida de sal y vinagre.

LEGUMINOSOS

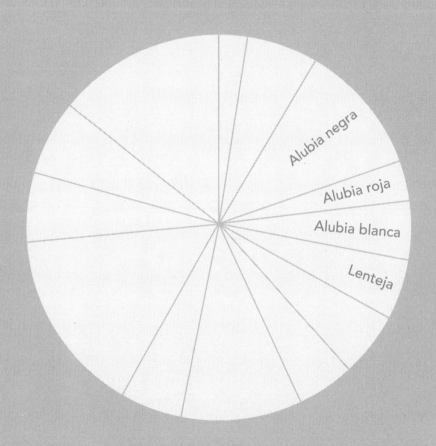

Alubia negra

Alubia roja

Alubia blanca

Lenteja

ALUBIA NEGRA

Además de las alubias negras, este capítulo también incluye aquellas que se oscurecen al cocinarlas, como las borlotti y las pintas, así como las alubias negras chinas, que en realidad son semillas de soja fermentadas. Las alubias negras y las pintas suelen tener un carácter más salado que sus equivalentes blancas y rojas, con un toque más a tierra y setas. A veces poseen una nota tostada que curiosamente recuerda a café o a chocolate, de ahí que se presten a experimentos con los acompañantes clásicos de la ternera.

Alubia negra y aguacate: Véase *Aguacate y alubia negra*, p. 363
Alubia negra y ajo: Véase *Ajo y alubia negra*, p. 313

Alubia negra y arroz integral: Las alubias negras y el arroz convergen en el plato cubano llamado moros y cristianos, o congrí. Tal vez, este no sea tan venerado como la carne o lo que en Cuba se conoce como viandas (alimentos feculentos como la patata o el plátano), pero durante la documentación para el libro *Rice and Beans*, Richard Wilk y Livia Barbosa descubrieron que el arroz con alubias es el plato que la diáspora cubana recuerda con más añoranza.

Alubia negra y boniato: ¿Boniato naranja con alubias oscuras de sabor terroso? ¿O alubias naranjas con boniato oscuro de sabor terroso? Se abre el debate.

Alubia negra y café: Véase *Café y alubia negra*, p. 41

Alubia negra y chocolate: Las alubias borlotti frescas pueden tener un marcado sabor a café, algo parecido a un pastel untuoso de café y nueces o a esa mezcla de café y achicoria tan popular en Nueva Orleans (véase *Achicoria y café*, p. 326). Naturalmente, enseguida pensé en el chocolate. El chef irlandés Dennis Cotter combina las alubias con calabaza y kale en una sabrosa salsa de tomate que adereza con un poco de chocolate, como si preparara un mole mexicano. Las alubias negras se emplean en la elaboración de brownies, a los que aportan la consistencia habitual de la harina y el chocolate fundido. El cacao y la vainilla son muy eficaces a la hora de disimular el sabor leguminoso. Escurra una lata de 400 g de alubias negras sin sal y bátalas a continuación con 3 cucharadas de aceite de girasol y 2 cucharaditas de pasta de vainilla hasta que sea difícil distinguir la piel de las alubias. Pase el puré a un bol grande e incorpore 2 huevos apenas batidos y 2 yemas. Tamice 3 cucharadas de cacao en polvo en otro bol y luego añada 125 g de azúcar moreno, ½ cucharadita de bicarbonato sódico y una pizca de sal. Tras mezclarlo bien, incorpórelo a la mezcla de alubias y huevos y remuévalo (también puede añadir frutos secos picados o pepitas de chocolate). Vierta la mezcla en un molde cuadrado de 20 cm, previamente engrasado y forrado con papel, y hornéelo a 180 °C (marca 4 del gas) durante 25-35 minutos, hasta que cuaje y el centro aún tenga un ligero temblor. Déjelo enfriar en el molde y luego córtelo en cuadrados.

Alubia negra y comino: «Voy a llevarte a comer a un sitio fantástico», me dijo mi marido el último día que pasamos en San Francisco durante nuestra luna de miel. Por descontado, había trampa. Llevaba un «PERO» gigantesco escrito en la cara. «Está en una parte poco recomendable de la ciudad». «¿Cómo de poco recomendable?», pregunté. «Por lo visto, tienen un problemilla con el crack», dijo. Me encogí de hombros. «Las guías son bastante mojigatas. Vamos, me muero de hambre». Doblamos a la derecha y abandonamos nuestra turística calle comercial para adentrarnos en el Tenderloin. Los británicos no estamos acostumbrados a unas transiciones tan bruscas entre barrios. En Londres o Leeds, la degradación suele ser gradual. En San Francisco te la encuentras de pronto, se abalanza sobre ti con los brazos abiertos. «Vale, sí que es bastante poco recomendable», reconocí. Mi marido se acercó a un cajero automático. «¿Crees que es buena idea?». Por lo visto, en aquel sitio fantástico no aceptaban tarjetas de crédito. (Esta sería la parte de la película en que los espectadores empezarían a llevarse las manos a la cabeza ante lo poco espabilados que son los protagonistas). De alguna manera logramos llegar sanos y salvos a las puertas, fuertemente fortificadas, del Dottie's True Blue Café con un puñado de dólares. Yo pedí los famosos pastelitos de alubia negra en salsa con pan de maíz al queso cheddar con toque de chile. Crujientes por fuera y blandos por dentro, también tenían un rumor picante y un estentóreo eco ahumado y terroso a comino. Nunca he hecho ni comido un pastelito de alubias tan bueno. Pagamos la cuenta («Naturalmente que aceptamos tarjeta») y llamamos a un taxi para que viniera a recogernos a la puerta del restaurante. El conductor avanzaba tan rápido como lentos caminaban los habitantes del Tenderloin. Se parecía al Al Pacino de la última época, conducía como Frank Bullitt y su parloteo lo llevaba a salirse de la carretera en los tramos empinados. Nos hablaba vuelto hacia nosotros. «¿Cuántos años me echarían?», preguntó. «No sé, ¿cincuenta?», aventuró mi marido. Al taxista pareció caérsele el alma a los pies. «Pues sí, ha acertado». Después de eso, se concentró en la carretera. Cuando nos dejó en el aeropuerto, pidió que le pagáramos en efectivo. Le dimos los billetes que habíamos sacado del cajero y corrimos a la terminal.

Alubia negra y cúrcuma: Véase *Cúrcuma y alubia negra*, p. 259

Alubia negra y hoja de laurel: Como si se tratara de una pastilla de caldo que creciese en los árboles, el laurel aportará toques de hierba aromática, especia y tubérculo a las alubias. En Cuba, sus hojas acompañan los populares frijoles negros, a menudo con pimiento verde, cebolla y ajo, y en ocasiones también comino y orégano. Según el ensayista cubano-estadounidense Enrique Fernández, las alubias negras se condimentan, «por descontado», con sal y azúcar, y añade que suelen dejarse reposar toda la noche para que los sabores se suavicen y se mezclen, lo que permite obtener así unos «frijoles dormidos». Fernández despierta sus alubias calentándolas con un poco de vino, aceite de oliva y vinagre blanco. También puede sustituir el vino para cocinar por un chorrito de jerez. Si prefiere darle su propio toque personal, una alternativa a la hoja de laurel tradicional podría ser el epazote, unos cuantos granos de pimienta de Jamaica o incluso una hoja de aguacate. Véase también *Aguacate y alubia negra*, p. 363.

Alubia negra y huevo: Deslice un huevo frito sobre unas alubias negras. Añada kétchup. Rompa la yema y, ¡zas!, un Liechtenstein para desayunar.

Alubia negra y jengibre: No parece nada del otro mundo, pero... no tan deprisa. Los platos de alubia negra y jengibre que suele comprar en su establecimiento habitual de comida para llevar no están elaborados con frijoles negros, sino con soja que ha ennegrecido como resultado del proceso de fermentación. También se las conoce con el nombre de *douchi* y la mayoría están condimentadas con jengibre, aunque también pueden encontrarse aderezadas con cinco especias y piel de naranja. Directamente del paquete saben a pepitas de salsa de soja, como unos Tic Tac de soja. En pequeñas cantidades, se usan en marinados y salsas, que a menudo se animan con más jengibre. Véase también *Alubia negra y naranja*, p. 56.

Alubia negra y kale: Los frijoles y quelites, la combinación mexicana que se usa en los tacos y en los tamales, tiene sus raíces en los platos típicos de la Cuaresma. La receta de Rick Bayless incorpora frijoles negros. El término «quelites» hace referencia a distintas verduras, de entre las cuales destaca el cenizo (también conocido como ajea), una planta muy abundante y con un sabor similar al de las espinacas o la col, dependiendo de a qué facción de recolectores crea. Véase también *Kale y ajo*, p. 242.

Alubia negra y lima: Véase *Lima y alubia negra*, p. 214
Alubia negra y maíz: Véase *Maíz y alubia negra*, p. 84

Alubia negra y naranja: Las naranjas participan en el carnavalesco desfile de guarniciones que siguen a la *feijoada* brasileña hasta la mesa. De hecho, en conjunto, estas constituyen una guía práctica de los mejores acompañamientos de las alubias negras: arroz, verduras picadas salteadas en ajo, chiles y harina de mandioca tostada. Algunos inspiraron la siguiente adaptación de un plato del restaurante vietnamita Viet Grill. Creo que merece un lugar en el canon de los platos de alubias. Para 4 raciones, fría 20 g de ajo y 20 g de jengibre picados muy finos en una cucharada de aceite de cacahuete hasta que estén dorados. Añada 500 ml de zumo de naranja recién exprimido y 2 anises estrellados, 3 hojas de lima, 4 cucharaditas de salsa de soja, ¼ de cucharadita de sal y 2 cucharaditas de azúcar moreno. Deje que se cocine a fuego lento durante 10 minutos. Añada 2 latas de 400 g de alubias negras escurridas y, cuando empiece a hervir, baje el fuego y deje que siga cocinándose al mínimo durante otros 20 minutos. Sírvalo con arroz jazmín, que es muy suelto, y adórnelo con cilantro picado y guindilla cortada en rodajas.

Alubia negra y patata: Las alubias de Lamon, oriundas del Véneto, disfrutan de denominación de origen protegida. Son un tipo de alubias borlotti especialmente apreciadas por la delgadez de su piel. La más delicada de las borlotti. En el plato conocido como *pendolon*, se cocinan y se trituran con patatas. Al puré resultante se le da forma circular y se fríe en grasa de tocino con cebolla. Posteriormente se corta en cuñas, de donde deriva su nombre (*pendolon* es como llaman a una cuña de madera). La alubia yin yang gana el concurso de belleza de las alubias de manera indiscutible: es blanca y negra, como el símbolo del yin yang, y tiene sabor a patata. El inconveniente es que, igual que las patatas harinosas, se suele deshacer durante la cocción. Perfecta para un picadillo cuando se combina con una alubia más carnosa.

Alubia negra y pimienta en grano: Marcella y Victor Hazan escriben en *Ingredienti* acerca de las alubias borlotti: «Nunca tan sustanciosas como cuando se sirven solas, directamente de la cazuela al plato, con un chorro de aceite de oliva y espolvoreadas con pimienta negra, junto con gruesas rebanadas de un esponjoso pan de pueblo con que acompañar su carne, densa como una castaña».

Alubia negra y queso: Véase *Queso y alubia negra*, p. 304
Alubia negra y tomate: Véase *Tomate y alubia negra*, p. 102

ALUBIA ROJA

Siempre me han parecido más dulces que otras alubias, pero Charles Spence, catedrático de Psicología Experimental de la Universidad de Oxford, ha descubierto que añadir rojo o rosa a un alimento te inclina a considerarlo más dulce. En cualquier caso, tanto las alubias rojas como las conocidas adzuki, también rojas, se utilizan en todo el mundo para elaborar tanto postres como platos salados. Si bien las hay más oscuras o más claras, todas de sabor similar y piel gruesa, en Sudamérica y el Caribe encontramos una variedad más pequeña, de piel más fina y de textura más cremosa. A la hora de cocinar alubias rojas secas, es importante hervirlas previamente durante unos diez minutos, dado que contienen una toxina que puede causar intoxicación alimentaria, pero se neutraliza con un hervor rápido.

Alubia roja y ajo: Los frijoles refritos pueden hacerse con alubias rojas, pero estas son más dulces, menos sabrosas y tienen una piel más gruesa que las pintas, más habituales en este tipo de platos. Con todo, es probable que las diferencias carezcan de importancia una vez que el ajo se infiltra en la carne de la alubia. Fría cebolla y ajo en grasa o aceite y vaya añadiendo poco a poco alubias calentadas, aplastándolas y friéndolas al mismo tiempo. En México a veces se usa manteca de cerdo o grasa de chorizo, cuya alternativa vegana podría ser aceite de tomates secos, tanto por el sabor como por el toque adicional de umami que aportará a la combinación.

Alubia roja y alubia blanca: Gabriel Oak y el sargento Troy en *Lejos del mundanal ruido*. Las alubias rojas son rubicundas y ásperas; las alubias blancas, también conocidas como alubias cannellini, son más refinadas en comparación. Su mezcla en la ensalada tres legumbres responde más al contraste de color que de sabor. Pobre de la tercera legumbre, lo tiene difícil para animar un poco el plato. Los garbanzos, los granos de maíz o las judías verdes son posibles candidatos, pero aun así me plantearía si el esfuerzo vale la pena. Las palabras «ensalada tres legumbres» tienen el mismo efecto en mí que «Términos y condiciones». Solo queda rezar por dar con un aliño extraordinario.

Alubia roja y arroz integral: En Nueva Orleans, los lunes se come arroz con alubias rojas. Se dice que es para aprovechar el hueso del jamón del domingo, pero no se crea ni una palabra. Demasiado pragmático para Nueva Orleans. Mi teoría es que cada plato está asignado a un día concreto para que sepan en qué momento se hallan de la semana que, por lo demás, está dedicada a la música, al alcohol y a seguir comiendo. No preparará esta receta con arroz moreno, pero puede hacer un magnífico plato de arroz colorado con alubias rojas. Las alubias secas son perfectas para tal fin por su sabor. Para ello, use la Santísima Trinidad de toda base cajún: apio, pimiento verde y cebolla, acompañados de tomillo, laurel, perejil y cayena. Un toque de tabasco le dará un sabor peculiarmente porcino, junto con su punto picante y avinagrado. Sirva las alubias con un montoncito de arroz rojo en el centro.

Alubia roja y boniato: Véase *Boniato y alubia roja*, p. 176

Alubia roja y chile: Qué contiene un verdadero «chile» o chili (como en el caso del «chili con carne») es una cuestión muy discutida en Estados Unidos, donde una de las controversias gira en torno a la inclusión de legumbres. En el Reino Unido, un chili es un chili si incluye guindillas y alubias rojas. En cuanto al resto de combinaciones, para gustos hay colores.

Alubia roja y ciruela: Véase *Ciruela y alubia roja*, p. 135
Alubia roja y coco: Véase *Coco y alubia roja*, p. 179

Alubia roja y comino: Una combinación que lleva el sello de Jack Monroe, quien prepara una sopa y una hamburguesa con ella, en ambos casos con la aportación dulce de la zanahoria. Como alternativa, pruébelos en una empanada o en un pan relleno, al estilo de un *lobiani* georgiano: se coloca una cucharada de alubias rojas trituradas y condimentadas en el centro de un círculo de masa de pan ligeramente enriquecida y estirada y, a continuación, se pliegan los bordes sobre las alubias y se pasa un rodillo para aplanar un poco el círculo antes de meterlo en el horno. Para el relleno, fría las alubias con cebolla y sal o, si prefiere algo más elaborado, cocínelas con los eternos favoritos de la legumbre: cebolla, zanahoria, hoja de laurel, comino e incluso beicon. La sal de Svaneti (véase *Ajo y fenogreco*, p. 315) y el cilantro son adiciones opcionales.

Alubia roja y granada: El sabor de las alubias rojas se ha comparado con el aceite de cacahuete prensado en frío. Combinadas con la granada, ligeramente afrutada, dan lugar a un pariente más discreto del sándwich de mantequilla de cacahuete y mermelada. La escasa idoneidad de la granada para elaborar mermelada la convierte en el acompañamiento perfecto de platos salados, al contrario de lo que ocurre con las fresas y las frambuesas. La *lobov pashtet* es una roulada armenia de alubia roja. Para su elaboración, se prepara un puré denso de alubia roja con ajo, nueces picadas, perejil, eneldo y, en ocasiones, albahaca. Se le da forma rectangular sobre papel de hornear, se unta con mantequilla y se espolvorea con pepitas de granada antes de enrollarlo y ponerlo a enfriar. A continuación, se corta en rodajas, se decora con más pepitas de granada y se sirve con pan *lavash*. Las alubias rojas combinan igualmente bien con una salsa de nueces y granada, al estilo del fesenyán iraní. Véase también *Coliflor y granada*, p. 247.

Alubia roja y lenteja: Véase *Lenteja y alubia roja*, p. 66

Alubia roja y maíz: La alubia roja es la más marcial de las alubias: firme, de piel gruesa y de un color granate tan brillante como los zapatos de un oficial retirado. El maíz es un pacifista atolondrado: de ese amarillo típico de la pintura facial y empalagoso como un solo de flauta, representa una protesta pacífica ante la seriedad de la alubia roja. Aunque en realidad son aliados. En iroqués, se le da el nombre de «tres hermanas» al trío que forman las alubias, el maíz y la calabaza. En el huerto, esta última aporta una cubierta vegetal que mantiene la tierra húmeda, además de alejar a las malas hierbas; los tallos del maíz permiten que las alubias trepen por ellos, y estas enriquecen el suelo con nitrógeno. Celebre la simbiosis preparando una quesadilla con alubias y calabaza.

Alubia roja y naranja: Véase *Naranja y alubia roja*, p. 221
Alubia roja y tomate: Véase *Tomate y alubia roja*, p. 102

ALUBIA BLANCA

Este capítulo trata sobre las alubias haricot, las cannellini y la alubia blanca manteca. Las dos primeras son variedades de la alubia común, *Phaseolus vulgaris*. Las haricots tienen un sabor más pronunciado y maridan a la perfección con los acompañantes clásicos de las alubias, como el ajo y el tomate. Las cannellini son más suaves y tienen una especie de carácter graso que dan lo mejor de sí si se emplean como si se trataran de manteca o tocino. Además de las combinaciones de este capítulo, las cannellinis están estupendas con mucho ajo y pimentón —las convierten en una especie de chorizo vegetariano—, así como con salvia o romero. Las alubias blancas manteca (también conocidas como habas de lima), o *Phaseolus lunatus*, tienen un marcado sabor a patata con un atractivo toque metálico mantecoso. Los judiones, más grandes que las alubias, son una variedad de *Phaseolus coccineus*, o judías encarnadas, y poseen un sabor más intenso, que se aprecia particularmente en el caldo de cocción.

Alubia blanca y acedera: Véase *Acedera y alubia blanca*, p. 204
Alubia blanca y achicoria: Véase *Achicoria y alubia blanca*, p. 325

Alubia blanca y ajo: El ajo es a la alubia cannellini lo que el Chanel N.º 5 a Marilyn Monroe, no necesita nada más. En una cazuela, cocine a fuego lento alubias dejadas en remojo junto con ajo, ya sea una cabeza cortada por la mitad horizontalmente o con un puñado de dientes sin pelar. Escurra las alubias, conserve el caldo y úselas como acompañamiento o como guarnición de una *bruschetta*. Con las sobras, caldo incluido, puede elaborar una sopa muy sustanciosa. Añada salvia si quiere que las alubias sepan a salchichas de Lincolnshire.

Alubia blanca y alubia roja: Véase *Alubia roja y alubia blanca*, p. 58
Alubia blanca y espinaca: Véase *Espinaca y alubia blanca*, p. 460
Alubia blanca e hinojo: Véase *Hinojo y alubia blanca*, p. 371
Alubia blanca y judía verde: Véase *Judía verde y alubia blanca*, p. 445

Alubia blanca y kale: Alubias y verduras. Pero ¿qué verduras? El kale destaca sobre todas las demás dándole al caldo de las alubias un sabor áspero y robusto con un punto amargo. A cambio, el caldo convierte al kale en Katharine Hepburn. Su correosa dureza inicial da paso a una elegancia liviana. La textura característicamente reptiliana del *cavolo nero* hace que conserve cierta rigidez cuando se cocina; es suave, un poco elástico, con un marcado sabor a col, pero en general menos rústico que el kale.

Alubia blanca y maíz: Ambos colaboran en el *succotash*. «La alubia es una planta cautivadora y confiada —apuntaba Charles Dudley Warner, ensayista y amigo de Mark Twain—, pero no puedes hacer poesía con alubias, ni siquiera una prosa refinada. La alubia carece de distinción». Mezcle maíz y alubias «y su finura desaparece. El *succotash* es vulgar por culpa de la alubia». El *succotash* consiste en granos de maíz y alubias frescas cocinados con mantequilla y nata líquida. Hay quien dice que ya no es lo que era desde que se vende envasado. No lo compre, entonces. Prepárelo desde cero como hacen en el sur de Estados Unidos, donde este plato mantiene su condición de clásico. En verano, se mezclan alubias frescas y el maíz con tomates y ocra. En invierno, las alubias secas y el maíz se cocinan con calabaza. En *Vegan Soul Kitchen*, Bryant Terry incluye dos variaciones de este plato, uno con tostones de pan de maíz con ajo y una salsa de *succotash* servida con tofu tatemado.

Alubia blanca y manzana: Las alubias y la manzana se llevan *sehr gut* en la cocina alemana. Haga una versión leguminosa del *Himmel und Erde* («cielo y tierra»), el famoso plato de manzana y patata, cociendo a fuego lento unas manzanas troceadas en agua enriquecida con mantequilla y mezclándolas posteriormente con haricots cocidas, más mantequilla y un poco de zumo de limón.

Alubia blanca y miso: Madhur Jaffrey recuerda que en Japón comía alubias blancas manteca confitadas, donde solo se sirven dos o tres en el plato a fin de «realzar su exquisita forma, como si Elsa Peretti las hubiera diseñado para Tiffany». El *shiro-an*, la pasta dulce japonesa de alubias blancas endulzadas, se utiliza en la elaboración de atractivos *wagashi*, dulces que se condimentan con miso, calabaza o té verde. En Suecia también consumen alubias dulces. El *bruna bönor* es un plato de alubias de color caramelo aderezadas con azúcar moreno, vinagre y un jarabe oscuro hecho con remolacha.

Alubia blanca y mostaza: Una vez comí una «dijonesa» con alubias blancas manteca en Food for Thought, el muy añorado restaurante vegetariano de Covent Garden. El plato estaba fabuloso, pero había desaparecido del menú la siguiente vez que fui. Desde entonces, siempre que veía una lata de alubias blancas manteca en el supermercado, suspiraba y pensaba en esa segunda dijonesa que no pudo ser. Con el tiempo, di con un ejemplar de segunda mano de *The Food for Thought Cookbook*. Llegó de Alemania, repleto de notas escritas a mano con comentarios escandalizados. (*Mit Zucchini? Ich glaube nicht!*). Solo me hizo falta echar un vistazo a la receta de la alubia blanca manteca para comprender por qué habían quitado aquel plato del menú. ¿Cuatro cacerolas y una fuente de horno? (*Absolut unpraktisch!*). Aun así, me puse manos a la obra. El resultado final fue tan insuperable como lo recordaba. Esta es mi versión mejorada con dos cacerolas para unas 2-3 raciones. En una cazuela de tamaño medio, ponga a hervir en agua con sal 400 g de cogollos de coliflor a fuego lento durante 6 minutos, escúrralos bien y resérvelos en una fuente de horno cuadrada de 20 cm. Seque la olla, póngala a fuego lento y añada 2 cucharas de aceite. Corte una cebolla muy fina y cocínela durante 5 minutos. Limpie y corte tres puerros, añádalos y siga cocinando otros 5 minutos. Retire las cebollas y los puerros con una espumadera y resérvelos con la coliflor. Aún a fuego lento, añada 15 g de mantequilla y 4 cucharadas de harina a la cazuela, una cucharada colmada de mostaza en polvo, una cucharada de cilantro picado y ½ cucharada de sal, y siga mezclando durante unos minutos. Vaya añadiendo 250 ml de caldo vegetal (o de alubias) y 100 ml de vino blanco seco. Llévelo todo a hervir, bata los grumos que hayan aparecido y remueva de vez en cuando. Reduzca la mezcla hasta que la salsa ya no esté líquida; tendría que quedar como una natilla espesa. Añada 2 cucharadas de mostaza en grano y una de miel. Agregue el contenido escurrido de dos botes de 400 g de alubias blancas manteca a las cebollas, los puerros y la coliflor. Vierta la salsa con suavidad junto con 2 cucharadas de nata y mézclelo todo bien. También se puede añadir una cucharada de eneldo (puede ser en polvo). Espolvoree la fuente con 50 g de pan y otros 50 g de cheddar rallados y hornéela a 180 °C (marca 4 del gas) durante 30 minutos o hasta que se haya dorado y burbujee. Sírvalo con una ensalada verde.

Alubia blanca y nabo: Véase *Nabo y alubia blanca*, p. 235

Alubia blanca y naranja: Glynn Christian, escritor y dueño de una tienda de *delicatessen*, habla de los judiones que vende la marca española Navarrico con grandes elogios. No solo son cremosos, sino que además poseen un «claro y marcado sabor especiado» con afinidad por alimentos como el salmón o la naranja. Yo no distingo ese toque especiado, pero puedo afirmar que son una delicia con naranja navel, de sabor intenso. Mezcladas con aceitunas negras cortadas en garritas del color del alquitrán y un aceite de oliva potente, puede improvisar una ensalada tan española que notará la tramontana en la cara hasta estando en Londres en pleno febrero. Véase también *Alubia negra y naranja*, p. 56.

Alubia blanca y ocra: Véase *Ocra y alubia blanca*, p. 449
Alubia blanca y pasa: Véase *Pasa y alubia blanca*, p. 153
Alubia blanca y puerro: Véase *Puerro y alubia blanca*, p. 317

Alubia blanca y seta: La receta de sopa de alubias y boletus de *La cuchara de plata* se guarda un as en la manga. La alubia blanca funciona como una base a medio camino entre una *velouté* y una bechamel que puede batirse hasta el punto de nieve, al estilo de una *aquafaba*, para conseguir una sopa espumosa, como en el famoso capuchino de alubias blancas y setas de Gordon Ramsay, servido en taza de té y platillo con un poco de polvo de boletus espolvoreado por encima. Rose Gray y Ruth Rogers incluyen una sopa de cannellini y boletus en *River Cafe Cook Book Two*. Añada los tallos de las setas cortados en láminas finas al final de la cocción para que se hagan brevemente a fuego lento con las alubias, pero espere hasta haber apartado la cazuela del fuego para incorporar los sombreros fileteados, de esa manera se calentarán junto a las legumbres sin llegar a cocerse y harán que la sopa esté «excepcionalmente deliciosa».

Alubia blanca y tomate: Las alubias con tomate, incondicionales en una despensa inglesa, son alubias haricot ahogadas en salsa de tomate. Tras años dominando el mercado, las *baked beans* de Heinz llevan bastante tiempo siendo superadas en catas a ciegas por multitud de otras marcas. Cualquier lector de otro continente que no esté familiarizado con este sabor puede mezclar unas alubias haricot (o cannellini) con un chorro de kétchup, ½ cucharada de mermelada de fresa y un chorrito de vinagre. Véase también *Tomate y alubia negra*, p. 102, y *Tomate y miel*, p. 106.

Alubia blanca y trigo sarraceno: El chef Gennaro Contaldo recuerda que, durante su infancia en la costa amalfitana, dejaban una cacerola grande de alubias y trigo sarraceno en un hornillo de camping durante varias horas mientras «recorríamos las montañas y recogíamos cuantas exquisiteces comestibles la naturaleza tenía la bondad de ofrecernos». Si no tiene montañas que recorrer cerca, siempre puede comprar una mezcla italiana de alubias y granos. La *mesciuà*, que significa «mezcla», es una combinación con gran predicamento de alubias y granos de La Spezia, la segunda ciudad más importante de Liguria.

LENTEJA

Las lentejas rojas son un verso libre dentro de la familia de las lentejas. Tienen un sabor feculento a patata, más similar al de los guisantes secos, y necesitan poca cocción para convertirse en una pasta de sabor agradable que podría considerarse una sopa. A diferencia de las lentejas rojas, otras variedades conservan la forma en distintos grados. El sabor de las verdes o las pardas tiende más hacia el barro y la tierra. Las lentejas de Puy también tienen sabor a tierra, pero con un toque mineral y picante. Las beluga son negras y muy pequeñas, con una nota a cacahuete que recuerda que, en realidad, tanto unas como los otros son legumbres. Como ocurre con otros integrantes de este grupo, las lentejas son suaves y carecen de un sabor distintivo, por lo que habrá que añadir acidez, amargor, un toque salado o una combinación de los anteriores para que cobren vida.

Lenteja y acedera: Una combinación espectacular, como dice Tom Stobart en *Herbs, Spices and Flavourings*. Elizabeth David sostenía que es una de las mejores sopas de lentejas. Ponga unas lentejas de Puy a cocer en un buen caldo durante media hora aproximadamente. Mientras tanto, rehogue un poco de acedera en mantequilla unos minutos e incorpórela a las lentejas cuando estas estén hechas. Si prefiere una sopa de consistencia más homogénea, páselas por la batidora. Hugh Fearnley-Whittingstall prepara un plato de arroz y lentejas al que incorpora hojas de acedera al final. El *gongura pappu* es un *dal* típico del estado suroriental indio de Andhra Pradesh condimentado con hojas de *gongura*, cuya acidez recuerda a la de la acedera. *Gongura* suele traducirse como «acedera» o «acedera roja», si bien las hojas proceden de una planta distinta, la *Hibiscus sabdariffa*.

Lenteja y achicoria: Véase *Achicoria y lenteja*, p. 327
Lenteja y ajo: Véase *Ajo y lenteja*, p. 315

Lenteja y alubia roja: Legumbres que aceleran el pulso cuando se combinan en el célebre y suntuoso *dal makhani*. *Dal* significa «lenteja», aunque en sentido estricto la legumbre negra, o *urad dal*, que se usa en el *makhani* no es una lenteja, sino un pariente de la judía mungo. Las legumbres se hacen a fuego muy lento con mantequilla, cebolla pochada, ajo, jengibre, concentrado de tomate, guindilla y nata líquida. Tanto las lentejas como las alubias suelen describirse como legumbres con gusto a carne, característica que acentúan los lácteos presentes en este *dal*. Si desea darle a esta receta un sabor ahumado auténtico, caliente un trozo de carbón sobre una llama, dándole vueltas con unas pinzas, antes de colocarlo en un cazo metálico pequeño y vierta por encima una cucharada de *ghee*. No se asuste por el humo. Con cuidado, introduzca en el cazo el recipiente donde esté cocinándose el *dal* y, a continuación, cúbralo rápidamente con una tapa y deje que la cocción se impregne del ahumado unos 5 minutos. Retire el cazo que contiene el carbón y acompañe el *dal* con la guarnición que desee.

Lenteja y arroz integral: Véase *Arroz integral y lenteja*, p. 28
Lenteja y cebollino: Véase *Cebollino y lenteja*, p. 320
Lenteja y chile: Véase *Chile y lenteja*, p. 365
Lenteja y ciruela: Véase *Ciruela y lenteja*, p. 137

Lenteja y coco: La leche de coco y las lentejas rojas combinan a la perfección en unas gachas dulces y suaves que no podrá resistir la tentación de acompañar con un chorrito de almíbar de cardamomo por encima. En Sri Lanka, el *parippu*, o *dal*, se elabora con lentejas que cuecen a fuego lento en leche de coco con cúrcuma, cebolla cortada en dados, guindilla, comino molido y cilantro. Se sirve con una *tarka* de mostaza y semillas de comino, rodajas de cebolla y hojas de curri. Según la chef Priya Wickramasinghe, el *parippu* se come casi a diario en Sri Lanka y el sur de la India. En la cocina bengalí se usa coco fresco frito para decorar un *dal* ligeramente dulce llamado *cholar dal narkel diye*.

Lenteja y coliflor: Véase *Coliflor y lenteja*, p. 248
Lenteja y comino: Véase *Comino y lenteja*, p. 394
Lenteja y cúrcuma: Véase *Cúrcuma y lenteja*, p. 262
Lenteja y fenogreco: Véase *Fenogreco y lenteja*, p. 442

Lenteja y granada: Rubíes en la tierra. La melaza de granada aporta un fulgor efervescente a las anodinas lentejas pardas, con sabor a tierra. En el plato árabe *rummaniyeh*, las lentejas se cocinan con ajo, comino molido, hinojo y cilantro. A la cocción también se le añade berenjena asada, melaza de granada, zumo de limón y tahini, antes de terminar el plato con cebolla frita y semillas de granada. El *harak osba'o* es una mezcla libanesa de pasta y lentejas pardas, cebolla frita, melaza de granada y especias cuyo nombre significa «se quemó los dedos». El *imam bayildi*, un plato turco de berenjenas rellenas, se traduce como «el imán se ha desmayado». Sírvalos juntos si quiere celebrar algo a medio camino entre un festín y una farsa. Véase también *Pimienta de Jamaica y lenteja*, p. 403.

Lenteja y hoja de laurel: Receta Internacional de Legumbres en Piloto Automático (RILPA). Sirve tanto para una sopa como para un acompañamiento o una ensalada. Rehogue en mantequilla o en aceite cebolla, zanahoria y apio cortados en dados junto con una hoja de laurel, luego añada lentejas y agua y deje que cueza todo a fuego lento hasta que las legumbres estén blandas. Sazónelas. Hay otras variantes de esta receta, aunque la mayoría solo añaden jamón o beicon (RILPA+).

Lenteja y jengibre: Si se pregunta cómo animar un plato de lentejas de Puy o beluga, la respuesta es con *gari*, el rosado jengibre encurtido japonés. Tiene el punto justo de acidez que necesitan las lentejas, y la textura ligeramente resbaladiza de un pez tropical que unas veces adoptan y otras no.

Lenteja y lima: El *dal* del diletante. Añada lima encurtida a las lentejas rojas cocidas. La que vende la casa Geeta's está muy recomendada. Se prepara con limas *kadzi* (o mexicanas), de piel fina y marcadamente ácidas.

Lenteja y menta: Véase *Menta y lenteja*, p. 382

Lenteja y mostaza: La *azifa* es una ensalada de lentejas que se come en Etiopía durante la Cuaresma. Se prepara con lentejas pardas o verdes cocidas, que, una vez frías, y a veces trituradas, se aderezan con mostaza, cebolla, guindilla fresca, un aceite ligero y un chorrito de limón. La mostaza que se emplea se llama *senafich* y se elabora con semillas de mostaza parda batidas con ajo, aceite y agua. La mezcla suele dejarse reposar varios días hasta que remite un poco el picante.

Lenteja y patata: La masa de arroz y lentejas que se emplea en la elaboración de la tortita vegana y sin gluten que se conoce como *dosa* está fermentada, un proceso que aporta a la lenteja esa deliciosa acidez que pide la legumbre. El *masala* de patata es el relleno más habitual de la *dosa*.

Lenteja y pimienta de Jamaica: Véase *Pimienta de Jamaica y lenteja*, p. 403
Lenteja y tomate: Véase *Tomate y lenteja*, p. 104
Lenteja y yogur: Véase *Yogur y lenteja*, p. 201

Lenteja y zanahoria: Reparta unas gráciles y esbeltas zanahorias asadas sobre unas lentejas de Puy o beluga con un aliño de tahini o aguacate. Pero no de esas regordetas que parecen gnomos con tierra atascada en las arrugas. No hay nada más clásico que un plato de lentejas con zanahoria, y son tantas las variaciones y su sencillez que imaginé que en el mercado habría un hueco para una receta algo más compleja. Hela aquí. Para 4 raciones, poche una cebolla cortada en dados y dos zanahorias peladas y cortadas de la misma manera en un poco de mantequilla y aceite de cacahuete. A continuación, añada un diente de ajo picado y rehóguelo hasta que se dore ligeramente. Agregue una cucharadita de comino molido y 2 cucharadas de tomate triturado, y deje que se haga durante 1-2 minutos antes de añadir 250 g de lentejas rojas lavadas y escurridas. Remueva durante 1 minuto. Agregue 125 ml de agua caliente y deje que cueza a fuego lento. Ahora viene la parte complicada: deje que las lentejas absorban el agua y empiecen a pegarse al fondo de la cazuela; a continuación, añada más agua y use una cuchara para desprender las que se hayan pegado. Repítalo. Es el juego culinario de ver quién aguanta más. ¿Hasta dónde dejará que las lentejas se oscurezcan y se peguen antes de rascarlas del fondo? Tenga por seguro que este proceso aportará a su plato un sabor intenso y caramelizado. Pruebe las lentejas de vez en cuando. Cuando estén blandas, añada ½ cucharadita de sal y agua caliente para obtener una sopa. Siempre es mejor quedarse corto de agua y rectificar después, a la hora de licuar la sopa o recalentarla.

FLORES Y PRADOS

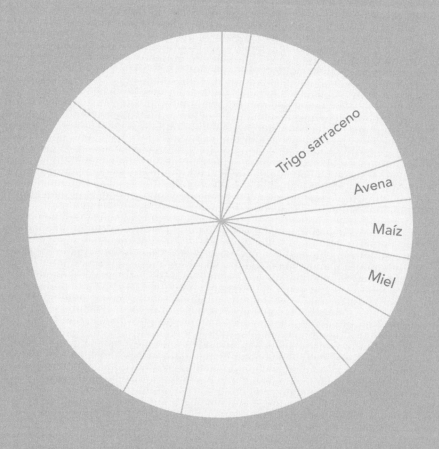

Trigo sarraceno

Avena

Maíz

Miel

TRIGO SARRACENO

Según el *Larousse Gastronomique*, el trigo sarraceno (*Fagopyrum esculentum*) a veces se llama *beaucuit* en francés, una alteración de su denominación en inglés, *buckwheat*, en lugar de usar su raíz etimológica. La traducción literal del término sería «hermoso cocido», lo cual resulta muy apropiado, porque no conviene comerlo crudo, si bien tampoco es que sea especialmente arrebatador hervido. Sin embargo, cuando se tuesta, su polvoriento y bastante medicinal aroma da paso a un toque herbáceo con notas a té verde, afrutadas y malteadas. El trigo sarraceno también tiene un punto amargo. Con él se pueden elaborar té, vino y licores. El color de sus semillas, que recuerdan a los cascos de los conquistadores españoles, varía del blanco crudo al marrón oscuro, dependiendo del método que se haya usado para desgranarlas. El *kasha* consiste en granos de trigo sarraceno tostados. Del mismo modo, la harina de este pseudocereal puede ser clara u oscura, dependiendo de lo intactos que estuvieran los granos cuando se molieron. El trigo sarraceno se utiliza en repostería, en la elaboración de panes, pasta y fideos y para polenta. El trigo sarraceno tartárico (*F. tataricum*) crece a mayor altitud que el común. En China y Nepal se lo conoce como trigo sarraceno amargo por el regusto que deja.

Trigo sarraceno y acedera: Véase *Acedera y trigo sarraceno*, p. 207

Trigo sarraceno y alga: Algunos detectan cierto sabor a pescado en el trigo sarraceno cocido. Richard Bertinet, panadero y profesor de cocina, apunta que este pseudocereal funciona especialmente bien con el marisco y, por descontado, los blinis de trigo sarraceno son la base de algunos de los más exquisitos del mundo: los de caviar y salmón ahumado. Pruébelos con un «caviar» vegano bueno elaborado con alga. O siga el ejemplo del panadero Chad Robertson y haga una torta con la combinación clásica japonesa de trigo sarraceno y nori. En la montañosa prefectura de Shimane, en la isla de Honshu, se emplea un fideo oscuro de *soba*, hecho con grano de trigo sarraceno integral molido, en la elaboración del *warigo soba*, el cual se sirve en una caja lacada de tres pisos acompañada de una jarrita de salsa. En todos ellos hay fideos de *soba* cocidos, pero cuando retire la tapa, también encontrará guarniciones como nori, cebolleta cortada en juliana y rábano rallado. Vierta la salsa sobre los fideos del primer piso y proceda con el plato. Cuando termine, destape el siguiente, vierta la salsa que haya quedado del anterior —cuyo sabor se habrá pronunciado, principalmente gracias al alga— y acompáñelos con más guarnición. Y así hasta el tercer piso. A veces se añade una yema cruda de huevo en el primero para enriquecer la salsa.

Trigo sarraceno y almendra: La *torta di grano saraceno*, una especialidad de la montañosa región italiana del Trentino-Alto Adigio, es un sencillo bizcocho elaborado con harina de trigo sarraceno y almendras molidas. La masa, que es sin gluten, tiene una tosquedad agreste muy adecuada. La harina de almendra también endulza el amargor del trigo sarraceno y suaviza ese aroma polvoriento y a fruto seco, aunque no tanto como para encontrar la torta presentada sobre una blonda de papel. Es un dulce simple y contundente, cubierto de azúcar caster y con una veta de mermelada en el centro. Disfrútela enfundado en sus botas de montaña y con un termo de café. La mermelada suele ser de arándano rojo o de cualquier otro fruto del bosque similar (Anna del Conte prefiere la grosella negra). En Alemania, la *torta di grano saraceno* se llama *Schwarzplententorte*.

Trigo sarraceno y alubia blanca: Véase *Alubia blanca y trigo sarraceno*, p. 64

Trigo sarraceno y boniato: En Corea y Japón, mezclan harina de trigo sarraceno y fécula de boniato para hacer fideos. Scott Hallsworth, cocinero jefe de Nobu desde hace muchos años, sumerge rodajas finas de boniato en una masa de trigo sarraceno —preparada con agua helada, como una tempura—, las fríe y las adereza con sal y una mezcla de especias japonesa llamada *shichimi togarashi*. De todas las combinaciones de verduras y granos que se utilizan para hacer hamburguesas vegetarianas, el boniato y el trigo sarraceno se encuentran en los primeros puestos. Para 4 hamburguesas, tueste 75 g de granos de trigo sarraceno en un cazo pequeño a fuego medio durante unos 5 minutos, removiendo para asegurarse de que no se quemen. (Puede que piense en la fragancia a frutos secos y palomitas que desprenden otros granos al tostarlos precisamente por su ausencia en los de trigo sarraceno, cuyo olor al cocerse se acerca más al del heno caliente). Añada 400 ml de agua hirviendo y ½ cucharadita de sal, y cuézalo a fuego lento hasta que el trigo sarraceno esté blando, unos 12-15 minutos. Déjelo enfriar. Mientras tanto, extraiga con una cuchara la pulpa de un boniato asado y mézclela en un bol con ½ cebolla roja pequeña picada muy fina, 2 cucharadas de avena cortada, una cucharadita de cebolla en polvo, una cucharadita de *rasam* en polvo (véase p. 107) y ½ cucharadita de sal. Cuando el trigo sarraceno se haya enfriado, incorpórelo a la pasta de boniato junto con una yema de huevo y líguelo bien. Divida la mezcla en 4 porciones más o menos iguales y deles la forma de una hamburguesa de unos 10 cm de diámetro. Espolvoree ambos lados con una fina capa de harina —yo uso de trigo sarraceno— y fríalas en un poco de aceite de oliva o vegetal a fuego medio, dándoles la vuelta una vez, hasta que estén doradas y hechas del todo. Considérelas hamburguesas vegetarianas alimentadas con pasto.

Trigo sarraceno y chile: Véase *Chile y trigo sarraceno*, p. 367

Trigo sarraceno y huevo: Unos huevos con tortitas de trigo son capaces de hacer volver a la cama al paladar recién levantado. Salvo si se trata de unas *galettes de sarrasin*. El trigo sarraceno aporta a esta especie de crepes un ligero sabor mineral que recuerda a la dorada puntilla del huevo frito. También ayuda que la pareja se presente de manera apetitosa. El huevo frito se coloca en mitad de la *galette*, encima del relleno que se haya escogido, como espinacas o queso, antes de doblar los extremos hacia dentro, norte, sur, este y oeste, para formar un cuadrado por cuya ventanita central asoma la yema del huevo como el sol del amanecer. A veces, también se emplea huevo en la elaboración de la masa para ayudar a la aglutinación de los granos, dado que no tienen gluten, pero la receta tradicional solo usa harina de trigo sarraceno y agua. En los libros de cocina ingleses del siglo XIX pueden encontrarse recetas de una tortita de trigo sarraceno con levadura llamada *bocking*. Los blinis de trigo sarraceno, tan admirados por Gógol y Chéjov, han sobrevivido al paso del tiempo, mientras que los *bocking* han desaparecido, tal vez porque ni Dickens ni Trollope cantaron sus alabanzas.

Trigo sarraceno y jengibre: Véase *Jengibre y trigo sarraceno*, p. 267

Trigo sarraceno y limón: Claire Ptak, de la pastelería Violet Bakery, del este de Londres, escribe que la harina de trigo sarraceno combina bien con los cítricos y la vainilla, pero «puede darse de bruces con sabores más potentes como el plátano o el chocolate». Me gusta la idea de combinarlo con limón. El sabor amargo, como a lúpulo, del trigo sarraceno recuerda a la cerveza, por lo que el maridaje con el limón tiene sentido. Y si la vida te da limones, ¿qué menos que aprovecharlos para hacer una montaña de crepes? El zumo de limón y el azúcar blanco son unos potenciadores del sabor ideales para los granos debido a sus extremos sabores (es decir, su acidez y su dulzura respectivas) y sus neutrales aromas.

Trigo sarraceno y maíz: Primos hermanos reunidos en la polenta. En Estados Unidos, la harina de trigo sarraceno y la de maíz se mezclaban con caldo y recortes de carne para hacer una especie de tarrina de algo parecido a una polenta, el *scrapple*. Las versiones estadounidenses contemporáneas de esta receta suelen emplear únicamente maíz; una lástima, según *A Quaker Woman's Cookbook* (1853), dado que el trigo sarraceno «define el sabor tradicional del plato». Los orígenes del *scrapple* se encuentran en Alemania, donde se hacía con este pseudocereal y, a veces, con un chorrito de sangre para darle más intensidad y color. Encontré una receta del mismo más o menos tradicional que empleaba tanto el maíz como el trigo sarraceno, además de los despojos de cerdo que se consideraran inapropiados para hacer embutidos, si es posible imaginar una exigencia tan baja, además de un poco de salvia y ajedrea. Una vez cocida hasta que adquiere suficiente consistencia —algo más parecido a un puré de patata que a una sopa espesa—, la mezcla se vierte o, mejor dicho, se rebaña y se pasa a un molde para pan. Una vez que está firme, el *scrapple* se desmolda, se corta en rebanadas y se fríe. Es bastante fácil hacer una versión vegetariana, solo hay que asegurarse de que el caldo tenga un sabor potente. Un *scrapple* insulso es un pecado. Si prefiere algo más sencillo, pruebe a incorporar un poco de harina de trigo sarraceno en la elaboración de su pan de maíz.

Trigo sarraceno y manzana: El trigo sarraceno tiene componentes aromáticos en común con el caramelo, la miel y el clavo, lo cual lo convierten en la pareja perfecta de la manzana. En la Bretaña, el trigo sarraceno o *blé noir* se emplea en la elaboración de tortitas que arropan rodajas de las fragrantes manzanas locales fritas en mantequilla y azúcar. Hemingway hace que Nick Adams prepare tortitas con este pseudocereal durante la salida de pesca que describe en el cuento «El gran río Two-Hearted». La masa «se extendió como lava, la grasa chisporroteando violentamente. Comenzó a endurecerse en los bordes, después se puso marrón y luego crujiente. La superficie borboteó poco a poco hasta volverse porosa». Nick hace dos tortitas grandes y una pequeña, y luego las unta con mantequilla de manzana (un puré de manzana reducido hasta que adopta una consistencia densa, concentrada y caramelizada). Se come dos y dobla la restante sobre sí misma un par de veces, la envuelve en papel engrasado y se la mete en el bolsillo de la camisa, color caqui. Hay pocas historias en la literatura que me den más hambre.

Trigo sarraceno y miel: El naturalista estadounidense John Burroughs opinaba que la miel de trigo sarraceno «se adueñará del sabor de manera inequívoca, sobre todo cuando se encuentra con su compañera, la tortita parda de trigo sarraceno, en un típico desayuno de invierno». La combinación tiene un sabor que recuerda a la malta, la melaza, a veces incluso al Marmite. El chef y escritor David Lebovitz la emplea en un helado usando *kasha* (granos de trigo sarraceno tostados) para aromatizar la leche con que se elaborará la crema, y realza la mezcla con un poco de miel de trigo sarraceno. A continuación, muele más *kasha* en un mortero y lo añade al final del batido de la crema para el helado.

Trigo sarraceno y pasa: El trigo sarraceno prefiere los frutos de otoño por el sabor «casi vinoso» del pseudocereal, según la repostera Kim Boyce. Puede que las pasas no sean el primer fruto otoñal que le venga a la cabeza, pero son propias de esa época del año, y adoran el vino. Combine trigo sarraceno y pasas en un bizcocho de frutas sustituyendo un tercio de la harina de trigo por la de este pseudocereal.

Trigo sarraceno y patata: Véase *Patata y trigo sarraceno*, p. 282

Trigo sarraceno y queso: En cierta ocasión, me encontraba en un hotel de España tratando de acabarme un bol de gachas de trigo sarraceno más motivada por el deber profesional que por el placer. ¿A qué sabía exactamente? De pronto caí en la cuenta. A remolacha. ¡Pues claro! Me metí una última cucharada en la boca antes de claudicar y resarcirme con un cruasán. Considérelo una polenta de trigo sarraceno y seguro que lo encuentra más apetitoso, pues, al igual que la de maíz, congenia a la perfección con el queso. En Italia, la *polenta taragna* lleva Valtellina Casera o Taleggio. En el caso de que estos no sean fáciles de conseguir, siga el consejo de Anna del Conte y pruebe con un Caerphilly, un Wensleydale o un Lancashire, de textura y sabor apropiados. En cualquier caso, siempre puede recurrir al parmesano. «El sabor particular del trigo sarraceno combina bien con el queso», escribe Peter Graham en su *Classic Cheese Cookery*, aunque se refiere a los granos, no a la polenta de este pseudocereal. Véase también *Patata y trigo sarraceno*, p. 282.

Trigo sarraceno y rábano: Véase *Rábano y trigo sarraceno*, p. 241
Trigo sarraceno y salicornia: Véase *Salicornia y trigo sarraceno*, p. 476
Trigo sarraceno y sésamo: Véase *Sésamo y trigo sarraceno*, p. 347

Trigo sarraceno y seta: «El recuerdo a cereal del trigo sarraceno es el contrapunto perfecto del *shiitake*, de sabor intenso y salado», escribe Nigella Lawson en su socorrida receta de *shiitake* secas estofadas y fideos de *soba*. Darra Goldstein usa setas secas menos exóticas, pero cree que siguen siendo apropiadas para «complementar e intensificar el sabor del trigo sarraceno». Pruebe a combinarlos en un relleno para buñuelos, en un *strudel* o con col.

Trigo sarraceno y té verde: Según la panadera Alice Medrich, la harina de trigo sarraceno se caracteriza por unas «notas vegetales ligeramente ácidas o fermentadas a madera verde, roble, hierba y té verde». Los puntos en común del trigo sarraceno y el té verde son evidentes en los fideos de *cha soba* japoneses, que se elaboran con ambos ingredientes. Pruebe unos cuantos recién cocidos, cuando aún están calientes, y enfríe el resto para servirlos a la manera tradicional con una salsa a base de soja y *dashi* para mojar.

Trigo sarraceno y tofu: Véase *Tofu y trigo sarraceno*, p. 338

Trigo sarraceno y tomate: Las chips de trigo sarraceno y salsa de tomate son un tentempié popular en Nepal. Las *kanchemba* se parecen mucho a las chips de polenta, bastoncillos de masa que se fríen una vez que esta ha reposado y se ha enfriado. La salsa de tomate es picante y ahumada (véase *Pimienta en grano y tomate*, p. 415) y le da un sabor muy dulce al trigo sarraceno. Asimismo, la combinación funciona muy bien en los blinis de este pseudocereal.

AVENA

Un grano de avena recién cosechado carecerá del complejo sabor de un paquete de copos de avena; será todo lo tosco y herboso que se esperaría de un grano integral. La planta debe desgranarse para liberar la tierna semilla que contiene. El secado inmediato de los granos reduce su humedad, lo cual los hace menos propensos a estropearse y crea su característico sabor cálido a fruto seco. Estos también tienen notas picantes o de papel, si bien hay quienes distinguen toques mohosos, de tiza o de heno. La avena podría venderse en su forma integral, pero en general se comercializa cortada o en copos. La cortada, también conocida como avena irlandesa o cortada al acero, son granos picados en dos o tres trozos. La versión escocesa es similar a la irlandesa, salvo que el corte se realiza con piedra. Cocinar la avena para hacer gachas concluirá lo que empezó el secado de sus granos y creará un sabor característico atribuible al compuesto nonatrienal, así como notas de vainilla, manzana y mantequilla. Molida, es de textura harinosa y puede encontrarse de diversos grados, entre finos y medios.

Avena y alga: En Escocia, el alga roja conocida como *dulse* tradicionalmente se combinaba con gachas de avena para hacer un caldo. La productora Mara Seaweed propone espolvorear copos de *dulse* sobre unas gachas a base de frutos del bosque, frutos secos y miel. En Gales, la avena tiene un papel secundario en el *bara lafwr* o pan de *laver*. El *laver*, el alga roja por lo demás conocida como *Porphyra umbilicalis*, se recolecta en la orilla, se lava bien y se hierve durante unas 5 horas hasta que se vuelve gelatinosa. A continuación, se mezcla con harina fina de avena, se le da forma de hamburguesa y se fríe. La harina de avena suaviza el potente sabor a yodo del *laver*, pero tampoco mucho, porque sigue sabiendo a un trago del canal de Brístol. La *Porphyra yezoensis*, una especie emparentada, se cultiva extensivamente para hacer nori, el alga japonesa que se vende seca en láminas, como si se tratara de papel de Hulk. La producción comercial de nori debe mucho a los hallazgos de la ficóloga británica Kathleen Drew-Baker (la ficología se dedica al estudio de las algas), quien tiene una estatua en su honor en el santuario Sumiyoshi de Uto, vuelta hacia el mar de Ariake.

Avena y anacardo: Véase *Anacardo y avena*, p. 353

Avena y arándano rojo: Olvide el viejo debate acerca de si es mejor usar agua o leche para hacer gachas. Hay una tercera opción. Los noruegos elaboran un almíbar ligero con frutos del bosque rojos, endulzado al gusto, en el que luego cuecen los copos de avena. Los islandeses preparan tortitas con las gachas que les han sobrado añadiéndoles un poco de harina, levadura y huevo y aclarándolas a continuación con leche hasta conseguir una consistencia de masa. Sírvalas como es debido con una mermelada nórdica de frutos del bosque; los arándanos rojos son perfectos. Véase también *Nuez pecana y avena*, p. 426.

Avena y canela: Hice unas gachas con canela. Demasiado picantes. Preparé una cremosa avena colombiana cociendo copos con leche y canela en rama, lo batí todo y lo dejé enfriar. Demasiado fría. Más tarde cogí el vaso, sin pensarlo, y bebí un trago. ¡Estaba perfecta! Era como un cremoso batido de plátano de ensueño hecho con fruta muy madura y especiada. Coloque una sartén pequeña a fuego medio. Añada una rama de canela y un clavo y deje que se extraigan sus aceites aromáticos. Añada 500 ml de leche, 150 ml de agua y una cucharada colmada de azúcar moreno y llévelo todo a hervir. Baje el fuego y reduzca, removiendo ocasionalmente, durante 15 minutos. Retírelo del fuego y deje que se enfríe. Retire la canela y el clavo y mezcle hasta que quede suave. Algunas de las muchas adaptaciones de la avena colombiana que puede encontrar en toda Sudamérica usan leche condensada, vainilla y una variedad de frutas. La bebida tradicional escocesa *blendshaw* se elaboraba de manera similar, aunque se condimentaba con nuez moscada y no se batía.

Avena y cebada: Véase *Cebada y avena*, p. 37
Avena y ciruela: Véase *Ciruela y avena*, p. 135
Avena y ciruela pasa: Véase *Ciruela pasa y avena*, p. 147

Avena y coco: Bonito y útil. La avena nos proporciona desodorantes y productos para el cuidado de la piel; el coco, combustible, materiales para la construcción y loción bronceadora natural... Deberían venir envueltos en un bonito papel diseñado por William Morris. La avena tiene un sabor suave y herboso; el coco, ese aroma afrutado de brisa tropical que le aportan las lactonas. El tostado acentúa un intenso sabor a fruto seco en ambos, nunca mejor aprovechado que en la galleta más deliciosa del mundo, la Anzac. Si tiene intolerancia al gluten, pruebe este muesli de avena y coco elaborado con ingredientes similares, aunque sin harina. Derrita 100 g de mantequilla sin sal a fuego medio o en el microondas. En un bol, mezcle 125 g de copos de avena, 125 g de coco rallado, 125 g de pipas de girasol, 50 g de azúcar moreno claro y una pizca de sal y de bicarbonato sódico. Agregue la mantequilla derretida y mezcle bien, luego extienda la masa hasta obtener un grosor fino en una bandeja de horno engrasada y hornéela a 160 °C (marca 3 del gas) durante 10-15 minutos, dependiendo de lo dorado que le guste el muesli. Déjelo enfriar. Pártalo y guárdelo en un recipiente hermético, donde se conservará hasta un mes.

Avena y dátil: Véase *Dátil y avena*, p. 163
Avena y grosella espinosa: Véase *Grosella espinosa y avena*, p. 118

Avena y jarabe de arce: Una combinación aceptable, pero el jarabe de arce es demasiado refinado para la impertinente avena, más amiga de una miel pagana. O de una piscina llena del deliciosamente insípido y ambarino sirope dorado. Subproducto en sus orígenes del proceso de elaboración del azúcar, el sirope dorado tiene un sabor suave a *toffee* con un toque cítrico idiosincrático que funciona para animar a la sobria avena. La marca más conocida, Lyle's, lo comercializa en una preciosa lata verde y dorada decorada con la imagen de un león muerto y rodeado de abejas, bajo el que reza la siguiente cita del libro de los Jueces: «Y del fuerte salió dulzura». Lo que habría pagado por estar en la presentación de la propuesta de la agencia de diseño en 1883.

Avena y jengibre: Véase *Jengibre y avena*, p. 265
Avena y kale: Véase *Kale y avena*, p. 243

Avena y manzana: Inseparables. Si desea comer como un tudesco, o como una gran figura literaria alemana, el muesli Bircher es su plato. Le debe su nombre a su creador, el nutricionista suizo Maximilian Bircher-Brenner, fundador de un sanatorio donde aconsejaba a sus pacientes, entre ellos Thomas Mann y Hermann Hesse, una dieta vegetariana en la que dominaban la fruta y los vegetales crudos. Añada una cucharada de copos de avena a 3 cucharadas de agua y déjelos en remojo toda la noche. Por la mañana, ralle una manzana grande —entera, piel y corazón incluidos— y échele un poco de zumo de limón para evitar que se oxide. Mezcle una cucharada de leche cremosa (Bircher-Brenner usaba leche condensada) y una cucharadita de miel con los copos, añada la manzana y espolvoree por encima una cucharada de almendras o avellanas picadas.

Avena y miel: La miel de brezo escocesa está elaborada por abejas que frecuentan el brezo (*Calluna vulgaris*). El resultado es una miel extraordinariamente «tixotrópica» —es decir, espesa y parecida a una mermelada— cuya extracción del panal a menudo requiere de un equipo especial. Tiene un característico sabor fuerte, ahumado y especiado, de los que te cargan las pilas para tocar la gaita ya de buena mañana si se toma en el desayuno. La fuerza, el ahumado y el picante también son características del otro néctar ambarino escocés, el whisky, que aúna la avena y la miel en una bebida llamada Atholl Brose. Ponga 25 g de avena cortada en 60 ml de agua y déjela en remojo toda la noche. Al día siguiente, escurra el líquido sobrante y añada una cucharadita de miel. Agregue 50 ml de whisky, repártalo en dos vasos y beba. Hay quien primero pone una pizca de avena en los vasos. Si prefiere un licor casero más parecido al Baileys, use nata líquida en lugar de agua, pero en este caso deje la avena en remojo en el frigorífico. Antes de que vaya a por un vaso de licor la mar de refinado, tenga en cuenta que, en el folclore, el Atholl Brose se bebía de una piedra vaciada o de un pozo. El difunto crítico gastronómico Charles Campion, quien dirigió un hotel en Derbyshire, comentaba que, el día de Año Nuevo, servía a sus clientes Atholl Brose a las seis de la mañana para asegurarse de que no se fueran a la cama con el estómago vacío; su versión se acercaba más a unas gachas que a una bebida. También apuntaba su similitud con el *frumenty*, un plato medieval a base de trigo molido y ron, y el *fluffin*, un potaje de cebada y brandy propio del noreste de Inglaterra.

Avena y nuez pecana: Véase *Nuez pecana y avena*, p. 426
Avena y queso: Véase *Queso y avena*, p. 305
Avena y vainilla: Véase *Vainilla y avena*, p. 172
Avena y yogur: Véase *Yogur y avena*, p. 199

MAÍZ

No todas las variedades de maíz sirven para los mismos fines. El que viene en lata o congelado, o el que se vende en mazorca, es muy distinto del maíz de las palomitas o el que se usa para hacer polenta y harina. Sus sabores inherentes varían, y mucho, pero es la manera en que se procesan lo que realmente los diferencia. El maíz de las palomitas despliega un aroma que recuerda a un arroz basmati frito aderezado con mantequilla. El que viene en lata posee una nota intensa, sulfurosa, como de cangrejo, que tiende a la crema de marisco. La versión congelada es dulce y lo más parecido al maíz recién cosechado a lo que puede aspirar un urbanita. La polenta consiste en una harina de maíz que, cuando se hierve en agua hasta adquirir la consistencia de unas gachas, se vuelve dulce, insulsa y con un ligero sabor a setas. En México, el proceso de nixtamalización del maíz se remonta a la era mesoamericana: el maíz se seca, se pone en remojo con un ingrediente alcalino (cal apagada o ceniza) y se desgrana parcialmente. Este procedimiento no solo hace que el maíz sea más nutritivo, sino que también crea un ingrediente versátil con un aroma más complejo. El sabor resultante conservará notas florales, de miel y de violeta, presentes en los granos recién cosechados, como defenderán cultivadores y molineros, si bien se desvanecerán con rapidez. A diferencia del maíz sin tratar, que casa mejor con sabores suaves y poco complejos, el maíz nixtamalizado —en forma de sémola, tamales o tortillas elaboradas con masa harina— combina bien con compañeros con un carácter más fuerte y especiado.

Maíz y aguacate: El aroma del maíz cuando está «filoteando» anuncia cómo sabrá en el plato. Esto ocurre cuando los filotes —esas barbas ligeramente pegajosas que cuelgan de la farfolla— asoman por las espigas con la esperanza de atrapar granos de polen. A este proceso lo acompaña un aroma a hierba y a cálida brisa veraniega con un toque floral. El aguacate también es herboso y posee una nota floral. La comunión de sus sabores es más fácil de distinguir en un plato ligero, como una ensalada, sobre todo si está presente el sutil toque de acidez que aporta el tomate. Sin embargo, es prácticamente indetectable en el guacamole, donde el ajo y el zumo de lima hacen enmudecer al aguacate, o en los famosos buñuelos de maíz dulce con salsa de aguacate de Bill Granger. Aunque, con unos buñuelos delante, ¿quién se fija en esas cosas? Véase también *Maíz y chile*, p. 85.

Maíz y ajo: Igual que el marisco, el maíz dulce cocinado desprende una buena cantidad de sulfuro de dimetilo, motivo por el que los dos suelen combinarse. El sabor del ajo también está dominado por dicho compuesto, lo cual acentúa el sabor de ambos ingredientes. El ajo suele funcionar mejor con el maíz fresco o congelado que con el de lata. Este último adquiere una nota sulfurosa más fuerte durante el proceso de conservación, por lo que añadirle ajo potencia aún más esa nota y le resta sabor.

Maíz y alubia blanca: Véase *Alubia blanca y maíz*, p. 62

Maíz y alubia negra: En la famosa canción de jump blues de Louis Jordan, «Beans and Cornbread», los ingredientes se ponen verdes unos a otros hasta que, tras entrar en razón, acuerdan formar equipo, como los perritos calientes y la mostaza. Los precolombinos de Mesoamérica ya practicaban esta combinación en el 7000 a. C., para lo cual descubrieron maneras de procesar el maíz a fin de molerlo y hacer con él pan o tamales que contrastaran en textura con las alubias. El legado de su inventiva es la extraordinaria variedad de platos de maíz y alubias que hay en Sudamérica y Centroamérica:

alubias pintas refritas y tortillas, tamales de alubias negras, las pupusas de El Salvador (bolas de masa de maíz rellenas de puré de alubias
que posteriormente se estiran y se fríen)..., todo ello servido con
curtido, una mezcla de encurtidos cortadas en tiras. Los huaraches
(«sandalias») mexicanos son tortillas de masa de maíz y alubias enro-
lladas y luego aplastadas. Entre otras cosas, la novela *Todos los hermosos caballos*, de Cormac McCarthy, es un apetitoso compendio de
platos mexicanos a base de maíz y alubias, como unas alubias con
tortillas de maíz tostadas fuera de serie servidas sobre una hoja de
periódico. Además de hacer posible tal variedad, el tratamiento
del maíz con cal, o su nixtamalización, tuvo beneficios para la salud
no buscados. El proceso convierte la indigesta niacitina en niacina,
cuya carencia causa la pelagra, una desagradable enfermedad que
puede provocar de todo, desde diarrea hasta demencia. En Norteamérica, los iroqueses llamaban a las alubias, el maíz y la calabaza las
«tres hermanas» y los cultivaban juntos (véase *Alubia roja y maíz*,
p. 60).

Maíz y alubia roja: Véase *Alubia roja y maíz*, p. 60
Maíz y arándano rojo: Véase *Arándano rojo y maíz*, p. 116

Maíz y canela: El atole es una bebida caliente mexicana de masa
harina (harina de maíz nixtamalizada) mezclada con canela, azúcar y
leche. Añádale chocolate y la convertirá en un champurrado, que suena al encargado del lavacabezas de una peluquería. El atole y el champurrado son ligeramente granulosos y, por lo tanto, serán del agrado
de quienes disfrutan encontrando grumos de galletas deshechas en el
último trago de chocolate caliente. El majarete dominicano es un
pudin elaborado con granos de maíz fresco, leche de coco, canela,
azúcar, nuez moscada y maicena.

Maíz y centeno: Véase *Centeno y maíz*, p. 32

Maíz y chile: La dulzura, bastante monótona, del maíz es el complemento ideal de la intensidad y el picante de la guindilla. Solo en
la cocina mexicana pueden encontrarse granos del cremoso maíz
tierno fritos con jalapeños verdes; mazorcas hechas a la brasa en un
puesto ambulante, aliñadas con zumo de lima y espolvoreadas con
chile ancho molido, con sabor a tierra y pasa, o todo tipo de salsas

picantes servidas con tortillas y tacos de maíz. En los bares de tapas españoles, los granos de maíz tostados, duros como una piedra, se condimentan sin remordimientos con pimentón. Entre rebanadas de pan tierno con una capa gruesa de aguacate triturado o mantequilla, son una buena variación de un sándwich crujiente.

Maíz y chocolate: Cuando se implantó la prohibición del tabaco, a las mujeres de mi oficina les dio por las tortitas de arroz. Los pies encima de la mesa, repantingadas en la silla giratoria ergonómica y a disfrutar —«¡aaah!»— de esos discos crujientes de poliestireno comprimido. Incluso se las ofrecían (sin el menor pudor) las unas a las otras, igual que los Marlboro Light de antes. Al final claudiqué y le di un mordisco a una. Fue como comer con un preservativo extra seguro. Años después, tras haber tenido hijos y haber dejado el trabajo, acepté una tortita de maíz con chocolate que me ofreció una madre. Ya estamos, pensé. Otro bocado de cartón. Aún con todo, la textura, esa áspera pasta de maíz comprimida contra la sedosa suavidad del chocolate, no estaba mal. La típica combinación de sabores que u odias o te encanta. El chocolate con cualquier otro grano solo llora a su amor perdido, el trigo. Véase también *Maíz y canela*, p. 85.

Maíz y ciruela: En Japón, las ciruelas *umeboshi*, saladas y ácidas, se utilizan a modo de mantequilla para untar las mazorcas de maíz asadas. El delicioso sabor salado del principio da paso a un toque de acidez afrutada que resalta la dulzura del maíz.

Maíz y coco: Adivinar a qué animal se parece una palomita es uno de esos juegos a los que animo a jugar a mis hijos y del que no tardo en arrepentirme, normalmente cuando vamos por la mitad de una bolsa de palomitas de tamaño familiar y su entusiasmo no ha decaído. «Pues no sé, ¿a una avefría?». En realidad, la forma de la palomita afecta de manera notable a su sabor. En la jerga del sector, hay tres categorías principales: unilateral, bilateral y multilateral. En las palomitas unilaterales, el grano se ha expandido en una dirección (y es una bendición cuando juegas a compararlas con animales: se parece a un pulpo de manera inequívoca). Las bilaterales son los que han estallado por ambos lados (¿una mariposa?). Las multilaterales son los que han estallado por todas partes, como una anémona. Los estudios han demostrado que las unilaterales son las que tienen más sabor, ya que retienen más grasa y sal. Las multilaterales, por su parte, contienen las sumamente aromáticas pirazinas, los compuestos orgánicos responsables de lo que la mayoría de nosotros identificamos como el sabor de las palomitas. Otra molécula con un aroma claro de palomita, la 2-acetil-1-pirrolina, se encuentra en el arroz basmati cocinado, las hojas de pandan y en algunos panes blancos recién horneados. Los biotecnólogos agrícolas la han introducido en algunas variedades de arroz, dado que se trata de un sabor tan agradable que, por si fuera poco, además apaga las notas herbosas menos populares. A la inversa, los cultivadores que abastecen a la industria de las palomitas de maíz empezaron a utilizar variantes más insulsas y rentables dado que el sabor no era tan importante cuando los granos iban a acabar recubiertos de grasa. El aceite de coco se hizo cada vez más popular entre los productores de palomitas, tanto por sus supuestos beneficios para la salud como por su sabor; algunos defienden que les aporta una mantecosidad más auténtica que la propia mantequilla. Cuando empezó a crecer la preocupación por el consumo de grasas saturadas, la gente se pasó a las palomitas reventadas por aire caliente, las cuales, igual que sus homólogas obturaarterias, saben al medio en el que se han preparado: a aire. En Tailandia, las mazorcas de maíz se sirven con coco fresco rallado, y en Filipinas se hacen unas gachas con maíz tierno, leche de coco y azúcar que a veces se espesan con arroz glutinoso.

Maíz y flor de saúco: Véase *Flor de saúco y maíz*, p. 126

Maíz y haba: La asociación de las alubias con el Nuevo Mundo es tan inmediata que olvidamos que algunas de nuestras especies de legumbres viajaron en dirección opuesta. Las habas, por ejemplo, son muy populares en Ecuador. En Bolivia, el plato paceño es una especialidad popular elaborada a base de mazorca de maíz, habas en vaina y patatas con piel, hervidas y acompañadas con una o dos tajadas de queso frito. En la región andina, las habas son tan reverenciadas que es habitual comerlas simplemente hervidas como acompañamiento, igual que los japoneses con el *edamame*.

Maíz y jarabe de arce: «Las gachas frías de maíz duro cortadas en tiras, enharinadas, fritas y con un chorrito de jarabe por encima son uno de los lujos de estadounidenses e italianos», escribió Thomas Low Nichols en *How to Cook* (1872). Él consideraba que también puede usarse trigo para el mismo fin, pero contiene menos aceite que el maíz, por lo que necesita menos nata o mantequilla. Las denominaciones «pudin rápido» o «pudin indio» suelen hacer referencia a un plato similar, pero la proporción de los ingredientes varía. En ellos se cocina una pequeña cantidad de harina de maíz en leche, a la que puede incorporarse nata, azúcar, melaza o jarabe de arce, especias o fruta desecada, y a veces huevo. Llamarlo «rápido» es algo inexacto, al menos en cuanto a su preparación, dado que el tiempo de cocinado no baja de sus buenas dos horas. (Quizá se tratara de un apodo irónico, como cuando llamaban «ricitos» al personaje calvo de *Los tres chiflados*). Lo único que puede hacerse rápido es echar la harina de maíz en el líquido caliente. En la actualidad, los cultivadores investigan una nueva variedad de maíz dulce con granos amarillos y morados y un sabor inherente a arce.

Maíz y kale: Quizá a causa de su alegre e inocente dulzura, el maíz funciona particularmente bien con sabores extremos como el salado miso o la ácida lima. En el caso del amargor, el maíz —en forma de tortitas, harina o buñuelos— suele combinarse con hojas de nabo y con berza. El *ugali* keniano es una harina de maíz blanca cocida en agua salada que se sirve con verduras suculentas o guisos picantes. En el norte de la India, hacen un puré espeso de hojas de mostaza llamado *sarson ka saag* que acompañan con una torta elaborada con harina de maíz; y en la Toscana, el kale y las alubias se combinan en un plato conocido como *polenta incatenata* («polenta encadenada»).

Maíz y lechuga: Véase *Lechuga y maíz*, p. 331

Maíz y lima: Una combinación habitual en los platos salados, no tanto en los dulces. Es evidente que la acidez contrarresta la dulzura del maíz, algo que las tendencias en el cultivo de este grano han hecho cada vez más necesario. La variedad estándar original del maíz dulce se conoce como «su» (abreviatura de «sugary-1») y contiene entre un 5 y un 10 por ciento de azúcar; es el tipo de maíz que se aconseja hervir directamente en el campo dado que el azúcar se transforma muy deprisa en almidón. En las variedades «mejoradas» o «se», el azúcar tarda varios días en transformarse en almidón en lugar de varias horas; el «superdulce» o «sh2» puede contener un 50 por ciento de azúcar, y tarda hasta diez días en volverse feculento. Sin embargo, es imposible distinguir todas estas variedades a simple vista. Habría que estudiar su genotipo, lo que podría entorpecer el avance de la cola del supermercado.

Maíz y limón: El maíz y las tortitas tienen muchos amigos en común: frutos del bosque, beicon ahumado, queso rallado, mantequilla, almíbar y, el primero entre iguales en cuanto a acompañamientos de las tortitas, el limón y el azúcar. El merecidamente popular bizcocho de limón y polenta de Nigella Lawson sienta cátedra sobre el asunto.

Maíz y miel: Se dice que John Harvey Kellogg inventó los copos de maíz como un medio para reprimir los deseos carnales. Coma alimentos insulsos, decía la teoría, y el fuego de la entrepierna no tardará en extinguirse. Lo entendió todo al revés. La cinturilla que comparte el mundo occidental, del tamaño del ecuador, demuestra que los humanos somos capaces de dejarlo todo por otro bol de comida deliciosa. A lo largo y ancho del planeta, las mujeres alargan la mano hacia el otro lado de la cama para toparse con el frío vacío que antes ocupaba su marido, quien está abajo, a la poco favorecedora luz de la nevera, dando cuenta del quinto bol de Crunchy Nut Clusters mientras repasa el catálogo de Damart en busca de un chándal de una talla superior a la que lleva. Mucho mejor unas tortitas de maíz calientes recubiertas de una miel y una mantequilla relucientes: no deja de ser un capricho, pero un capricho gratificante, y al menos será capaz de parar de comer en algún momento. Opte por la miel de castaña, de un amargor agradable que contrarresta la dulzura del maíz. También contiene una cetona aromática llamada aminoacetofenona, característica de las tortillas de maíz, las uvas, las fresas y, para el gastronauta poco sentimental y más aventurero, las patas de los perros.

Maíz y miso: Véase *Miso y maíz*, p. 22
Maíz y ocra: Véase *Ocra y maíz*, p. 451
Maíz y piñón: Véase *Piñón y maíz*, p. 422

Maíz y puerro: Aliados naturales, según *The Art of Flavor*, del chef Daniel Patterson y la perfumista Mandy Aftel. Los dos son dulces, pero el puerro le da otra dimensión a la «dulzura bastante monotonal del maíz». En Albania, el puerro y el maíz se combinan en el pan de maíz.

Maíz y queso: Véase *Queso y maíz*, p. 308
Maíz y seta: Véase *Seta y maíz*, p. 340
Maíz y tomate: Véase *Tomate y maíz*, p. 105
Maíz y trigo sarraceno: Véase *Trigo sarraceno y maíz*, p. 76

MIEL

La miel presenta árboles, pastos, tierra, resina, flores, hierbas aromáticas y rocas en un azucarado pase de diapositivas. Un prado mecido por la brisa, el humo de una fogata o una cazuela de melaza de *toffee* sobre los fogones. El jarabe de arce es hermoso, pero cercano y agradable. La miel es caprichosa. El único ingrediente que me ha hecho llorar de emoción ha sido una miel, la del árbol del cuero de Tasmania, con esa nota básica genérica, aunque característica, de la mayoría de las mieles: un toque ligero a manzanilla o margarita con un pellizco de forraje. Sin embargo, fueron las notas de yuzu y azahar las que la encumbraron a los cielos. Se han identificado más de seiscientas moléculas volátiles en la miel. Las abejas la producen a partir del néctar de las flores o de secreciones de plantas —no todas las mieles proceden del polen (véase *Miel e hinojo*, p. 92)— y varían según la especie floral, el origen geográfico, la transformación de los compuestos vegetales por el metabolismo de la abeja, la temperatura y la manipulación de la miel durante su procesamiento o almacenamiento, y cualquier contaminación microbiana o química que pueda sufrir. Recomiendo encarecidamente buscar una empresa que venda distintas mieles vírgenes y pedir media docena para probarlas; hay compañías que ofrecen una selección de tarritos con este fin. Haga o compre su pan favorito, tuéstelo, úntelo con mantequilla salada y luego dispóngase a degustar su botín. Y si en vez del pan nos da por probar con una base distinta, como unas gachas de avena templadas o una masa fina y frita... ¡miel sobre hojuelas! Encontrará notas de caramelo, ciruela pasa, jazmín, uva pasa, violeta, arándano, hierba, madera, mentol, humo, levadura, fruta tropical, anís, chocolate, limón, cáscara de naranja, regaliz, coco, cuero, abeto e higo seco. En el libro *Honey Connoisseur* de C. Marina Marchese y Kim Flottum, la miel de trigo sarraceno se describe como una mezcla de Maltesers, cerezas maduras y café tostado. Pocas combinaciones puede haber más apetecibles.

Miel y aguacate: Véase *Aguacate y miel*, p. 363

Miel y almendra: Los pasteleros primigenios. Mezcle miel con almendras molidas y obtendrá un sencillo mazapán. Si además dispone de unas claras, tiene el *torrone* y el turrón de almendra a la vuelta de una cacerola caliente y pegajosa. Con huevos y azúcar, el mundo es su macaron. Tal vez no un mundo de sabor intenso, cierto, pero la nota sutil a fruto seco de las almendras, a la que el dulzor le aporta una textura jugosa, es la esencia pura de la delicadeza. La tarta de Santiago, delicada por definición, puede animarse con canela o cáscara de naranja o de limón. Un híbrido de la tarta y el *torrone* es el postre castellano alajú (o alajuz), un ladrillo pegajoso de almendras, miel, fruta, pan rallado, ralladura de cítricos y especias. En Marruecos, la miel y la almendra se mezclan con aceite de argán para hacer una mantequilla dulce de almendras llamada *amlou*. Véase *Miel y chocolate*, p. 92.

Miel y anacardo: Véase *Anacardo y miel*, p. 355

Miel y arándano rojo: Los productores de arándanos rojos dependen del trabajo de las abejas en las turberas durante las dos semanas en que florece esta planta, si bien primero tienen que cortar las demás flores. Supongo que queda implícito que la flor del arándano rojo no es la favorita de las abejas. La miel que se hace con ella tiene una tonalidad rojiza y es tan dulce como ácido es el fruto, con notas de mermelada. Además de combinar con el propio arándano rojo en sí, la manzana es otro de sus compañeros indiscutibles. La miel de frambuesa también contiene notas del fruto del que proviene. Algunas otras poseen una nota pronunciada de guinda, pero no necesariamente de la flor de la que proceden. Todas ellas son buenas acompañantes del chocolate.

Miel y avena: Véase *Avena y miel*, p. 82
Miel y baya de saúco: Véase *Baya de saúco y miel*, p. 133
Miel y canela: Véase *Canela y miel*, p. 398
Miel y centeno: Véase *Centeno y miel*, p. 33

Miel y chocolate: La miel era el endulzante que usaban los aztecas para el chocolate. Hoy en día, en el viaje del grano a la tableta participan muchos procesos, entre ellos el tostado, mediante el que afloran aromas de miel y fruto seco. En 1908, Theodor Tobler, dueño de una confitería, puso en práctica la idea de su primo Emil Baumann y combinó chocolate con *torrone* (un dulce italiano elaborado con miel y almendra), ideó el formato y empaquetado triangular parecido a una cordillera que hoy en día nos resulta tan familiar, y creó una marca pegadiza que quedaría enganchada a los dientes de generaciones de niños, yuxtaponiendo su nombre y la palabra *torrone*: Toblerone. Véase también *Miel y arándano rojo*, p. 91.

Miel y dátil: Los «dátiles melosos» no son una variedad de dátiles, sino el nombre con que se conoce a aquellos frutos que dan las palmeras que crecen de semillas en lugar de esquejes, que es el método más habitual. La miel de dátil es el líquido resultante de la cocción a fuego lento de dátiles en agua y el tamizado de los sólidos. Los dátiles contienen una mezcla de ésteres afrutados y acostumbran a poseer aromas de canela y almendra mielada, características que se evidencian en especial en la miel de dátil, que es como un pudin de Navidad líquido elaborado como por arte de magia con un solo ingrediente. La colección de recetas de la antigua Roma conocida como *Apicius* contiene una de dátiles salados con miel. Estos se deshuesan, se rellenan de piñones o avellanas picadas, se rebozan en sal gorda y se hierven brevemente en miel a fuego lento.

Miel y fenogreco: Véase *Fenogreco y miel*, p. 442
Miel y flor de saúco: Véase *Flor de saúco y miel*, p. 126

Miel e hinojo: El sabor del hinojo es común a cierto número de mieles, y especialmente frecuente en las de mielada. Esta se diferencia de las mieles de néctar o florales en que la producen las abejas que han recolectado el líquido dulce (conocido como mielada) que proviene de las hojas y la savia consumida y secretada por los áfidos.

Solo suelen buscarlo cuando no hay néctar, por lo que es una cuestión de pura necesidad. Las mieles que proceden únicamente de esta fuente se llaman mieles de bosque, aunque algunas son de especies específicas, como el abeto o el roble. Es oscura, brillante y, cuando se extrae del tarro con un cuchillo, de una elasticidad hipnótica, como si se tratara de regaliz líquido. Su alto contenido mineral suele aportarle un gusto salado. El entusiasta acérrimo del anís quizá eche de menos algo más fuerte que su suave toque a hinojo, en cuyo caso, la miel puede infusionarse calentándola un poco con anís. El *xtabentún* es un licor mexicano elaborado con miel fermentada y anís. Puede que necesite un par de chupitos antes de animarse a pronunciarlo.

Miel y huevo: Véase *Huevo y miel*, p. 295

Miel y jengibre: La miel se usaba para endulzar el pan de jengibre antes de que el azúcar se convirtiera en una opción más barata. Los intensos sabores de las mieles más oscuras, como la de castaño o de roble, son compañeros naturales de las especias. El *Larousse Gastronomique* es categórico al respecto: la miel de trigo sarraceno «debe usarse para el pan de jengibre». Algunos expertos desaconsejan utilizar la miel en repostería, dado que el horneado la echa a perder; otros difieren al respecto. En cualquier caso, si la usa en lugar de azúcar, deberá tener en cuenta su contenido en agua, así como su acidez, su sabor (el aroma genérico a «miel» sobrevivirá al proceso de horneado, aun cuando se pierdan sus complejidades).

Miel y limón: Véase *Limón y miel*, p. 210
Miel y maíz: Véase *Maíz y miel*, p. 89
Miel y membrillo: Véase *Membrillo y miel*, p. 191

Miel y menta: La miel de tilo es de sabor mentolado, e incluso tiene cierta tonalidad verdosa. Entre otras mieles con notas de menta o mentol, se encuentran la de tomillo silvestre y la de algarrobo. Esta última tiende más a un *toffee* con menta, como los caramelos *humbug*. Pruébelas ambas con un té de hierbabuena. No hace falta que sea tan dulce como acostumbran a tomarlo en el norte de África; media cucharadita de miel por taza es suficiente. O pruébelas con frutos del bosque frescos, a los que aporta un efecto deliciosamente fragante y refrescante, como si se tratara de un azúcar mentolado. La miel producida por abejas que se han alimentado en campos de menta también tiene un carácter fresco y mentolado; es un derivado de la menta cultivada en cantidades industriales que se usa para aromatizar dulces y productos de higiene dental.

Miel y miso: Véase *Miso y miel*, p. 22

Miel y mostaza: Las semillas de mostaza se han molido y mezclado con miel, vinagre y sal prácticamente desde que se inventó el comer. La combinación contiene los cuatro sabores básicos, si bien no es el único motivo por el que siempre ha sido tan popular: como se señala en el manual de cocina romana *Apicius*, también actúa como conservante. En la Italia actual, la combinación de miel y mostaza suele acompañar el plato de carne estofada que se conoce como *bollito misto*. La *saosa d'avije* («salsa de abeja») del Piamonte se elabora con miel, mostaza y nueces picadas o molidas, todo diluido con caldo. La *mostarda* es un condimento que se prepara de distintas maneras a lo largo del país, pero por lo general consiste en trocitos de fruta conservada en un almíbar espeso y amostazado (a veces hecho con miel), y tiene ese color amarillo luminoso del celofán con que antaño se forraban las ventanas de las mercerías de provincia. En Estados Unidos, la salsa de miel y mostaza es uno de los condimentos preferidos de tentempiés como palomitas de maíz y bastones de pretzel, y también se emplea en aliños de ensalada, salsas para mojar, adobos y fiambres.

Miel y nabo: Véase *Nabo y miel*, p. 236

Miel y naranja: Ralle la piel de una naranja y colóquela en una sartén con 200 g de una miel clara y líquida y 100 ml de agua. Si es posible, utilice miel de azahar, ya que tiende a volverse líquida y tiene un color ámbar pálido muy atractivo. Pruébela antes de mezclarla con la ralladura. Por regla general, las mieles de azahar sólo tienen un ligero aroma a cítricos, pero algunas presentan un sabor parecido al de la mermelada y no necesitan ningún aderezo. A fuego medio, reduzca la mezcla durante 5 minutos. La piel, cuando se calienta, libera su aceite y crea un jarabe complejo y perfumado. Puede bañar una masa frita —como unos buñuelos, unos churros o unas trenzas de masa fermentada— con el elixir resultante y elaborar dulces de aspecto laqueado, aunque brilla verdaderamente cuando se emplea en postres más refinados, como una tarta de frutos secos, por ejemplo. Haga una de pistacho o nueces y sabrá al corazón de una pegajosa *baklava*. En Sicilia, el almíbar de naranja y miel se vierte sobre croquetas de arroz dulces aderezadas con cítricos, vainilla y canela.

Miel y orégano: Véase *Orégano y miel*, p. 385

Miel y pistacho: Ponga un platillo bajo un chorro de agua caliente. Séquelo. Sirva una cucharada de miel en el centro. Escoja una miel de lavanda española por su maravilloso y almizclado sabor a azahar. Rodee la miel con aceite de pistacho y luego esparza unos pistachos ligeramente tostados por encima. Moje pan blanco cortado en tiras en la dorada mezcla verde, y asegúrese de llevarse algunos pistachos de vez en cuando.

Miel y plátano: A medida que los plátanos maduran, su carne se va volviendo traslúcida, líquida, dorada y dulce de manera gradual. Es como si estuvieran transformándose en miel, la cual, curiosamente, a menudo recorre el camino opuesto: empieza siendo clara y ambarina y se enturbia y solidifica a medida que cristaliza. Esto le ocurre casi siempre a la miel virgen, aunque la velocidad depende del origen del néctar de las abejas y de la proporción de fructosa de la miel. Aquellas que son altas en fructosa, como las de acacia, tupelo o eucalipto, permanecerán líquidas más tiempo. Las mieles bajas en fructosa, como la de diente de león, girasol y trébol cristalizarán deprisa y suelen comprarse en forma sólida. Las mieles de girasol y diente de león pueden ser tan amarillas como la mantequilla obtenida de la leche de una vaca alimentada con pasto. Lo mismo ocurre con la miel de acahual mexicana, que tiene aspecto de crema de limón y sabe aún mejor. La miel de trébol se encuentra a medio camino entre el amarillo y el socorrido beige, pero no se deje disuadir por esto, porque tiene un sutil sabor a canela. Funciona muy bien con el bizcocho o el helado de plátano, pero roza la perfección en un sándwich de plátano. Al igual que ocurre con este último, el sabor de la miel varía de manera bastante significativa con el paso del tiempo. Eva Crane, la matemática cuántica que acabó convertida en experta en abejas, opina que la miel de ailanto (también conocido como árbol del cielo) puede parecer insípida al principio, pero tras unas semanas empieza a adquirir un sabor muy agradable, parecido al del vino moscatel.

Miel y queso: En su excelente guía *Spoonfuls of Honey*, Hattie Ellis explica por qué el emparejamiento de la miel con el queso resulta tan agradable: «Los glóbulos de la grasa de la leche extienden la dulzura de la miel con suavidad por toda la boca». El peso y la adherencia también son agradables. El jarabe de arce, por ejemplo, es demasiado líquido para acompañar al queso. Más recomendaciones específicas: pruebe una miel cristalizada o el panal de miel con un queso blando y suave para contrastar texturas. En cuanto al sabor, combine un cheddar curado con galletas de avena y miel de brezo, la cual contiene notas de *toffee*, café y ciruela. El gorgonzola funciona a las mil maravillas con la miel de trigo sarraceno, igual que el stilton con la miel de roble o el feta con una intensa miel de tomillo. El pecorino, el parmesano o el gruyer están muy buenos con la miel de castaño. De hecho, prácticamente cualquier queso agradece la compañía de esta última, la cual a veces se describe como un «zoo en un tarro», algo que no llegué a entender de verdad hasta que hice una cata con la sumiller de mieles Sarah Wyndham Lewis, quien me dio una muestra para que la oliera. Fue como tener una alucinación olfativa: allí estaba un caballo, con establo y monturero incluidos, en una sola inhalación. Quizá su alucinación no sea tan vívida, pues se dice que la miel de castaño varía de sabor e intensidad más que cualquier otra, en parte porque puede encontrarse en forma de miel de mielada (véase *Miel e hinojo*, p. 92), de variedades florales o en mezcla. En cualquier caso, tenga por seguro que tendrá un sabor intenso, malteado y un tanto amargo.

Miel y semilla de amapola: Véase *Semilla de amapola y miel*, p. 350
Miel y sésamo: Véase *Sésamo y miel*, p. 346
Miel y seta: Véase *Seta y miel*, p. 340
Miel y tamarindo: Véase *Tamarindo y miel*, p. 160
Miel y té verde: Véase *Té verde y miel*, p. 467
Miel y trigo sarraceno: Véase *Trigo sarraceno y miel*, p. 77

Miel y yogur: Una de las mejores combinaciones de sabores del mundo, aunque con sus consabidos riesgos. El yogur puede acallar el sabor de la miel y asfixiar bajo su manto blanco todo cuanto animara la tostada. La miel, asimismo, también puede cortarse un poco con el frío del yogur y volverse gomosa, motivo por el que se aconseja optar por una variedad más líquida al combinarlos. La sabrosa y resinosa miel de tomillo es una consorte mítica del yogur elaborado con leche de oveja. En la tradición hindú, la combinación de yogur, miel y *ghee* se llama *madhuparka* («mezcla de miel» en sánscrito) y se ofrece a los invitados como una muestra de respeto, incluido al futuro novio cuando visita el hogar de su prometida antes de la boda.

Miel y yuzu: Véase *Yuzu y miel*, p. 218

AFRUTADOS FLORALES

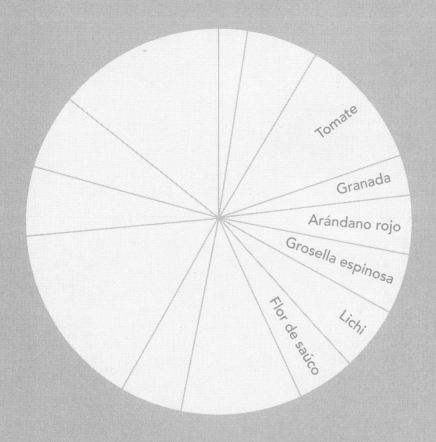

Tomate

Granada

Arándano rojo

Grosella espinosa

Lichi

Flor de saúco

TOMATE

Un tomate maduro no necesita acompañamiento. Por no necesitar, ni siquiera necesita cocción. Es autosuficiente: un equilibrio perfecto entre lo dulce y lo ácido con un toque de amargor, una pizca de sodio y una buena dosis de umami. Se puede comer directamente con la mano, como si fuera una manzana. Su aroma es afrutado —los tomates contienen el glorioso compuesto orgánico con olor a algodón de azúcar conocido como furanona de fresa— y está mezclado con la embriagadora fragancia de los geranios en un invernadero abarrotado de flores en verano. Al igual que las fresas, los tomates crudos de calidad inferior pueden realzarse con vinagre balsámico, lo que les confiere una especie de falsa madurez. Los tomates en conserva están ligeramente cocidos y tienen una nota sulfurosa. Su sabor es débil y un poco metálico cuando se utilizan crudos o se calientan solo un poco, como en un desayuno inglés completo en un restaurante barato. Si se calientan durante más tiempo, 45 minutos como mínimo, adquieren un carácter más profundo y rico que combina a la perfección tanto con las verduras solanáceas (berenjenas, pimientos y patatas) como con las judías, frescas o secas. El tomate concentrado es pulpa de tomate reducida a fuego lento; su ligera aspereza puede suavizarse rehogándola en aceite unos minutos.

Tomate y ajenuz: La similitud del ajenuz con el orégano y el tomillo se debe a la notable cantidad de carvacrol que contiene su aceite. También se percibe cierto sabor a cebolla que recuerda a la parte verde de las cebolletas y que gana en intensidad cuando se tuestan las semillas y se enfrían. El ajenuz a veces se conoce como semilla de cebolla negra, una denominación más relacionada con el parecido con las auténticas semillas de la cebolla que con su sabor. Cuando las verdaderas semillas de cebolla ya no sirven para plantarlas, en ocasiones se usan como adulterantes del ajenuz, por el que pueden hacerse pasar de manera convincente dado que carecen de aroma. Espolvoree un poco de ajenuz (auténtico) sobre una ensalada de pan y tomate, como una *panzanella* o una *fattoush*.

Tomate y alubia blanca: Véase *Alubia blanca y tomate*, p. 64

Tomate y alubia negra: La *pasta e fagioli* se prepara de muchas maneras, pero enseguida se sabe si es obra de un cocinero italiano o estadounidense. Todo depende del tomate. Los italianos suelen utilizar solo un poco, un par de tomates pera o un chorrito de tomate concentrado. Los platos terminados pueden variar según la forma de la pasta, que sobresale de la salsa, pero comparten la misma paleta untuosa de colores vivos. Lucian Freud habría pintado una estupenda *pasta e fagioli*. Las versiones estadounidenses («pasta fazool») tienen tendencia a volverse locas con el tomate, por lo que el resultado es un rojo intenso más propio de Mark Rothko. A mí me encantan ambas variantes, pero reconozco que demasiado tomate puede eclipsar el sabor de las alubias, normalmente borlotti tanto en las versiones italianas como en las estadounidenses. Jeremiah Tower, uno de los primeros chefs de Chez Panisse, dispensa a las alubias el trato que merecen en su famosa sopa fría de alubias negras con guarnición de salsa de tomate.

Tomate y alubia roja: Que las alubias rojas tengan tanta afinidad con ingredientes de colores similares al suyo es puramente fortuito, pero una realidad. Nigella Lawson hace una ensalada de alubia roja con tomates cherry, cebolla roja y vinagre de vino tinto, y un magnífico chili vegetariano con lentejas rojas, guindilla, alubias rojas y tomate. La cadena de restaurantes indios Dishoom sirve una versión maravillosa del *rajma*, un guiso picante de alubia roja, que elabora con puré de tomate, tomates frescos y, fundamental, un *masala* a base de tomate y cebolla. El cardamomo negro le aporta una nota ahumada, un magistral toque final ligeramente medicinal. La primera vez que preparé esta receta, mi marido no se encontraba en casa, así que le dejé un poco para la cena. Me despertó a la una de la mañana para decirme lo bueno que estaba. Hay que tener valor. ¿Se imagina quedar tan impresionado por un guiso de alubia roja? Exacto. Bueno es poco.

Tomate y calabacín: Véase *Calabacín y tomate*, p. 459
Tomate y cebada: Véase *Cebada y tomate*, p. 40
Tomate y cebollino: Véase *Cebollino y tomate*, p. 322
Tomate y dátil: Véase *Dátil y tomate*, p. 167
Tomate y fenogreco: Véase *Fenogreco y tomate*, p. 443

Tomate y fruta de la pasión: Los gelatinosos centros de la fruta de la pasión y el tomate combinan especialmente bien si se les quitan las pepitas. Se puede apreciar mejor el maridaje sobre el fondo suave y vegetal de una burrata. La combinación puede resultar familiar a los aficionados al tamarillo, una fruta con forma de huevo de la que a menudo se dice que sabe a un cruce entre tomate y fruta de la pasión. Ambos frutos también se dan cita en un cóctel sin alcohol llamado Sensation, una mezcla perfecta de dulce, ácido y especiado, según el barman Salvatore Calabrese. En una coctelera con hielo, mezcle 2 partes de zumo de tomate con una parte de zumo de fruta de la pasión y una parte de zumo de zanahoria. Incorpore un chorro de zumo de limón, miel clara y un chorrito de salsa Worcestershire. Agítelo hasta disolver la miel. Sírvalo en un vaso de whisky lleno de hielo, adornado con un tomate cherry y una hojita de albahaca.

Tomate y granada: Véase *Granada y tomate*, p. 111
Tomate y guisante seco: Véase *Guisante seco y tomate*, p. 285

Tomate e hinojo: El complejo sabor a regaliz del hinojo disminuye al cocer el bulbo. Combinado con tomate, casi desaparece del todo. Si quiere conservar algo de su aroma, es mejor reforzarlo con semillas de hinojo o un chorrito de pastís (aunque las primeras son la opción más acertada).

Tomate y judía verde: ¿Quién conoce a alguien a quien le «entusiasmen» las judías verdes? Por eso quienes las cultivan siempre las regalan. Por lo general, yo continúo la cadena —lo de rerregalar verduras es algo más frecuente de lo que imagina—, pero un día acabé con una montaña de judías en particular con las que no era posible: habían empezado a arrugarse. Después de pasarme una semana sin saber qué hacer, vacié un bote de tomates pera picados en una cazuela de barro. Les corté los extremos a las judías y se las eché a los tomates, sin molestarme en escaldarlas primero. A continuación, añadí cebolla picada muy fina, ajo, sal y aceite de oliva, y le di un rápido meneo. Tendría que haberle puesto pimentón, comino o eneldo, como habría hecho un cocinero griego o libanés, pero no lo hice. Cubrí el plato y lo metí en el horno para que fuera haciéndose a baja potencia mientras me iba a dar un paseo por el canal hasta el supermercado turco, donde compré el queso feta de leche de oveja más caro que tenían, unos pepinos persas preciosos, un bote de aceitunas picantes y un *simit*, un pan circular con la corteza incrustada de semillas de sésamo, además de un *pide ekmek*, una torta abollada y espolvoreada con ajenuz que parecía un cojín de abuela. Cuando volví un par de horas después, el tomate que había estado cociéndose lentamente había impregnado la casa del aroma denso y afrutado de una fábrica de mermeladas. Sin embargo, también había una fragancia que no conseguía identificar, de algo sabroso. Repasé los ingredientes que habían acabado en la cazuela, pero no parecía que hubiera ningún candidato obvio. Desenvolví los panes, pelé y corté los pepinos y puse las olivas en un plato. Saqué las judías del horno y levanté la tapa. Y allí estaba, la fragancia misteriosa, tanto más potente cuanto más cerca, pero seguía siendo incapaz de identificarla. Fuera lo que fuese, me he convertido en una entusiasta de las judías verdes. Cocinarlas con tomate a fuego lento las transforma, les da un sentido trascendente. Parece demasiado fácil para ser verdad, pero pruébelo. Al día siguiente, estaba acabándome las sobras cuando se me encendió la bombilla. Fenogreco, un miembro de la familia de las legumbres. A eso olía.

Tomate y lechuga: Véase *Lechuga y tomate*, p. 333

Tomate y lenteja: No le sorprenderá saber que para escribir este libro se tuvo que investigar docenas de listas de «las mejores combinaciones de sabores». Ninguna incluía lentejas y tomate. ¡Un sacrilegio! Eso es como excluir a *Herbie: A tope* de las 100 mejores películas de coches antropomórficos de todos los tiempos. Las lentejas rojas y el tomate crean una sopa tan sabrosa que solo necesita sal. La cebolla, la zanahoria y el apio son buenos complementos, pero las lentejas y el tomate juntos tienen suficiente carácter para no necesitar acompañamiento. Es una sopa triunfadora: sana, barata, alegre y que gusta a casi todo el mundo. Si se hace más cantidad de la necesaria, los remanentes pueden servir de base para un plato tipo *dhansak*, diluido con agua de tamarindo y condimentado para hacer algo parecido a un *rasam* (véase *Tomate y tamarindo*, p. 107), mezclado con un *tarka* para hacer un *dal* o, si es suficientemente espeso, una salsa para la pasta. Las lentejas rojas son claramente domésticas; es poco probable encontrarlas en un restaurante de lujo, donde predominan sus primas las lentejas verdes de Puy, más firmes. Si una lenteja de Puy se acerca a un tomate, es porque está secada al sol.

Tomate y maíz: Ya había oscurecido cuando llegamos al aparcamiento. Nos habían dicho que nuestro hotel, en el desierto de Anza-Borrego, al oeste de Salton City (California), era un remanso de paz. No es que no exagerasen, es que se habían quedado cortos: parecía el hotel fantasma de un escenario posapocalíptico. En la recepción, con las paredes llenas de fotografías con los autógrafos de Gary Cooper, Clark Gable y Betty Grable, encontramos una pila de toallas sobre la que estaban nuestra llave, una linterna y una nota de bienvenida en esa atemporal letra cursiva estadounidense que bien podrían haber escrito aquella misma tarde o hacía ochenta años. Por la mañana, entramos en la sala de desayunos y nos encontramos zumo de naranja recién exprimido, café caliente y un bol de huevos cocidos. Fuera, un cielo azul desprovisto de nubes reverberaba sobre una sierra árida y rocosa. Dimos un paseo por la propiedad. Como la nuestra, algunas de las casitas estaban recién pintadas; otras parecían abandonadas, con la pintura desconchada. Al otro lado de la cancha de tenis, el agrietado asfalto de la pista de aterrizaje exclusiva del hotel estaba repleto de maleza. No había ni un solo ser humano a la vista. Era como una recreación de *El resplandor* en el desierto. Nos sentamos junto a la piscina y vimos a los correcaminos recorrer a toda velocidad, cual circuito, el borde de hormigón. De vez en cuando, los aspersores cobraban vida y nos arrancaban de golpe de las tumbonas. Al anochecer, alguien nos dejó unas tortillas y un bol de salsa en la mesa delante de la casita, pero ¿quién? ¿Y si resultaba que mi marido había estado allí desde los años veinte, como en la película? ¿Y qué más daba? Lo que importaba era que la salsa de tomate picante y los totopos de maíz, calientes y arenosos, estaban hechos para los atardeceres en el desierto. Nos bebimos sendas cervezas Modelo Negra frías, agridulces y con regusto a caramelo, acompañadas de gajos de lima. El sol se puso. Las luces del restaurante se iluminaron. Poco a poco, el aparcamiento se llenó de coches y las siluetas de los clientes aparecieron recortadas contra el dorado del interior, como si alguien hubiera echado una moneda en la ranura de una máquina. Nos fuimos a cenar a la ciudad. Cuando regresamos, el hotel volvía a estar oscuro y desierto, y los boles de salsa habían desaparecido. Durante tres días, por las mañanas solo estuvimos nosotros, los correcaminos, los huevos cocidos y los aspersores. Y cada noche el restaurante cobraba vida como si fuera un portal a otra dimensión. La cuarta mañana dejamos la llave en recepción, junto con una nota de agradecimiento.

Tomate y miel: Cuando un cocinero añade un poco de azúcar a una cazuela con tomates, en realidad los está haciendo madurar. La miel es aún más eficaz, ya que aporta notas florales, junto con el dulzor que el tomate habría desarrollado si se le hubiera dado un poco más de tiempo en la tomatera. Las mieles ahumadas, malteadas o herbáceas son las mejores. En este excelente plato de tomate y alubias blancas manteca, que he adaptado de una receta de la experta en cocina griega Diane Kochilas, se aporta algo más que un poco de miel. Los distintos ingredientes añadidos a la salsa de tomate potencian su dulzor, su acidez y, gracias al aceite de oliva, también su amargor. Es una auténtica sinfonía de aromas y sabores: la *Sinfonía n.º 10* de Beethoven, *Die Tomate*. Para 8 raciones, ponga 500 g de alubias blancas manteca secas en remojo toda la noche, cúbralas con abundante agua fresca y hiérvalas durante unos 10 minutos antes de cocerlas a fuego lento hasta que estén blandas. En una cazuela refractaria, sofría 2 cebollas picadas en 2 cucharadas de aceite de oliva hasta que se doren ligeramente. Escurra las alubias, reservando el agua de cocción, y añádalas a las cebollas con otras 3 cucharadas de aceite de oliva, 2 latas de 400 g de tomates troceados, 500 ml del agua de cocción reservada y 2 cucharadas de miel. Remuévalo todo bien, tape completamente con una tapadera o con papel de aluminio y hornéelas a 190 °C (marca 5 del gas) durante una hora, añadiendo más agua de cocción si es necesario. Cuando la salsa esté bien espesa, añada un manojo de eneldo picado, 4 cucharadas de vinagre de vino tinto, 2 cucharadas de tomate concentrado y salpimente al gusto. Vuelva a meter en el horno durante otros 30 minutos. Siga el ejemplo de Kochilas y sirva las alubias con queso feta desmenuzado por encima... o no; estarán igual de ricas y sabrosas tanto con el queso como sin él.

Tomate y miso: El miso posee la audacia y la suntuosidad del vinagre balsámico, según el chef Tim Anderson. Al igual que este, su pronunciado sabor agridulce es capaz de redimir a un tomate normalito. Y admitámoslo, de media, todos los tomates son normalitos. Disuelva una cucharada colmada de miso rojo en 2 cucharadas de vinagre de arroz con una pizca de sal y, a continuación, añada 3 cucharadas de aceite de colza. Corte los tomates en rodajas, mézclelos con el aliño y déjelos reposar varias horas para que se impregnen bien. El ramen de tomate es un plato de fusión con tantos seguidores en Japón que tiene su propia cadena de tiendas de fideos.

Tomate y mostaza: Véase *Mostaza y tomate*, p. 254
Tomate y ocra: Véase *Ocra y Tomate*, p. 452

Tomate y orégano: Recuerdo estar en una taberna de Corfú viendo a un grupo de adolescentes zamparse las ensaladas griegas como si nada. «Qué cultura tan sofisticada», pensé. En mi país, el equivalente sería una pizza. Y entonces me dije: «¡Claro!». Es que la ensalada griega es básicamente pizza: con una cesta de pan, es una marinara deconstruida. Cuenta la leyenda que cuando la reina de Italia Margarita de Saboya visitó la ciudad de Nápoles en 1889, un humilde *pizzaiolo* napolitano llamado Raffaele Esposito preparó tres pizzas. Una estaba cubierta de manteca de cerdo, queso y albahaca (intente pedir eso en un establecimiento de Domino's, a ver si se lo sirven). Otra era una marinara (tomate, orégano, aceite y ajo), que posiblemente debía su nombre a los marineros que exigían que llevara el ajo. Y la tercera, que fue la favorita de Margarita, llevaba tomate, mozzarella, aceite y albahaca.

Tomate y pimienta de Jamaica: Véase *Pimienta de Jamaica y tomate*, p. 404
Tomate y pimienta en grano: Véase *Pimienta en grano y tomate*, p. 415
Tomate y salicornia: Véase *Salicornia y tomate*, p. 475

Tomate y tamarindo: El puré de tamarindo casero, que se hace con pulpa de tamarindo hidratada, y el vinagre de jerez comparten el carácter vinoso, picante y con un toque a fruta desecada característico de ambos, así como su afinidad con el tomate. Bata un poco de puré de tamarindo en una vinagreta, o pruébelo en una sopa refrescante del estilo de un gazpacho. Sin embargo, donde verdaderamente brilla es en salsas y sopas de tomate, que anima y potencia al mismo tiempo. Juntos componen la base del *rasam* del sur de la India, un caldo picante, salado y ácido condimentado con semillas de mostaza, comino, pimienta negra, chile, ajo y asafétida. La escritora Shoba Narayan lo describe como «el equivalente vegetariano de la sopa de pollo, una comida reconfortante que perfuma el aire y serena el alma». Si lee una receta de *rasam*, es probable que no se sienta tentado a hacerla, y ciertamente el aspecto aguado y aceitoso que tiene en fotos tampoco ayuda. Sin embargo, no olvidemos los ingredientes: una ingeniosa combinación de sabores muy salados flotando en una base ácida con la intensa nota de umami que aporta el tomate. Para 6 raciones, sumerja un trozo de pulpa de tamarindo del tamaño de una pelota de ping-pong en 125 ml de agua caliente. Mientras tanto, cocine a fuego lento 200 g de lentejas rojas en 750 ml de agua hasta que estén blandas. En un cazo grande, caliente una cucharada de aceite vegetal a fuego medio y fría una cucharadita de semillas de mostaza china hasta que estallen; si puede conseguir hojas de curri, agregue 10-12 a las semillas de mostaza. A continuación, añada 4 tomates picados, 4 dientes de ajo machacados, una cucharadita de sal, ½ cucharadita de cúrcuma molida, ½ cucharadita de asafétida y una cucharada colmada de *rasam* en polvo (puede encontrarlo en supermercados indios o elaborar su propia versión casera tostando ligeramente 3 cucharadas de semillas de comino, 2 cucharadas de semillas de cilantro, 2 cucharadas de granos de pimienta negra y ½ cucharada de semillas de fenogreco que deberá moler después, con lo que obtendrá cantidad suficiente para unas tres veces). Deje que la mezcla de especias y tomate se rehogue durante 5 minutos, echándole un ojo de vez en cuando mientras continúa colando el tamarindo. Añada el agua de este al cazo junto con un litro de agua, las lentejas cocidas y lo que quede del agua de cocción. Deje que el *rasam* se cocine a fuego lento durante 15 minutos. Una vez terminado, aderécelo con cilantro picado y sírvalo con arroz.

Tomate y tofu: Véase *Tofu y tomate*, p. 337
Tomate y trigo sarraceno: Véase *Trigo sarraceno y tomate*, p. 79

GRANADA

Los horticultores dividen las variedades de granada en dulces, agridulces y ácidas. En España, la más vendida es la dulce Mollar de Elche, mientras que la variedad norteamericana Wonderful es agridulce. En Himachal Pradesh, al norte de la India, los granos o arilos secos de granada, conocidos como *anardana*, proceden de la variedad Daru, silvestre y claramente ácida. Sea cual sea el espectro de acidez bajo el que se clasifiquen, las granadas no maduran una vez recolectadas, aunque se secan un poco durante el almacenamiento, lo que las hace parecer más dulces. Si vive en algún lugar donde haya distintas variedades de granada entre las que elegir —existen más de quinientas—, lo mejor es optar por la Asmar, de granos blancos y piel morada casi negra, y la Parfianka, muy apreciada por su sabor. Los cocineros de climas más fríos tendrán que conformarse con la variedad que consigan en el supermercado, los distintos extractos líquidos (zumo, concentrado o melaza) y *anardana*.

Granada y alubia roja: Véase *Alubia roja y granada*, p. 59

Granada y berenjena: Si es usted un vendedor ambulante de berenjenas y no lleva colgada del carrito alguna bolsa con granos de granada, sepa que está perdiendo clientes. No es que estas pequeñas joyas consigan mejorar el aspecto de la berenjena exactamente —¿acaso hay algo capaz de conseguirlo?—, pero sí consiguen desviar la atención del hecho de que parezca que nos estamos comiendo unas zapatillas viejas, o al menos mucho más que un puñado de piñones y perejil picado. Selin Kiazim, la chef propietaria de Oklava, un restaurante turcochipriota de Londres, destaca lo bien que combina la melaza de granada con los alimentos asados en una parrilla al carbón: casa con el amargor del ahumado y le da un toque más afrutado y agridulce. El plato de *kal kabab* del norte de Irán es como una versión más afrutada y fuerte del *baba ghanoush*. Para prepararlo, ase 2 berenjenas, retire la pulpa y mézclela con 50 g de nueces, un diente de ajo, una cucharada de melaza de granada, una pizca de menta seca y sal al gusto. Las berenjenas fritas, un clásico de la cocina sefardí española, son rodajas de berenjena secas y saladas, fritas en aceite de oliva, untadas con melaza de granada y con un toque final de miel y semillas de sésamo. Se comen como tapa, a diferencia de las berenjenas fritas espolvoreadas con azúcar glas que se sirven como aperitivo en el restaurante Galatoire's de Nueva Orleans.

Granada y coliflor: Véase *Coliflor y granada*, p. 247
Granada y garbanzo: Véase *Garbanzo y granada*, p. 288
Granada y lenteja: Véase *Lenteja y granada*, p. 67

Granada y lima: Véase *Lima y granada*, p. 215

Granada y manzana: Se podría argumentar que una porción de *crumble* de manzana o de la tradicional tarta de manzana de Dorset queda tan sumamente redonda con unas natillas o un helado de vainilla que añadir cualquier otra cosa sería un sacrilegio. Puede ser, pero debería probarla con un chorrito de melaza de granada por encima al menos una vez en la vida. Su acidez refuerza el dulzor de la manzana y le da un toque floral, igual que la manzana con la que empezó a hacer la tarta, solo que más rosada.

Granada y naranja: Véase *Naranja y granada*, p. 223

Granada y patata: Mucho mejor en la práctica que sobre el papel. El *aloo anardana* es un plato indio de patata cocida mezclada con granos de granada secos (o *anardana*), guindilla, cebolla, menta y hojas de cilantro. Es popular en el Punyab, en cuyas regiones septentrionales también se prepara un plato similar, con granos de granada frescos en lugar de secos, y todo envuelto en una torta llamada *kulcha*. El *anardana*, que se presenta en semillas y en polvo, se prepara con granada Daru, una variedad especialmente ácida que crece silvestre en Himachal Pradesh. Al igual que el *amchoor* (mango verde en polvo), el *anardana* se utiliza para aportar acidez a todo tipo de comidas, aunque este último tiene un sabor menos neutro. Yo lo encuentro más bien sabroso, como el pimentón o el tomate. Una forma original de familiarizarse con el *anardana* es añadir un par de cucharaditas a una bolsa de patatas fritas normales, agitarlas bien y comérselas.

Granada y perejil: Véase *Perejil y granada*, p. 369
Granada y pistacho: Véase *Pistacho y granada*, p. 360

Granada y sésamo: ¿Una variante sofisticada del sándwich de mantequilla de cacahuete con mermelada? Bien, pues resulta que la combinación de melaza de granada y tahini no recuerda tanto al típico bocadillo de la merienda infantil como a un tradicional té con *scones* untados con mantequilla y mermelada. El tahini, rico y untuoso, como una nata cremosa y terrosa, suaviza parte de la acidez de la melaza, poniendo de manifiesto sus aromas más amables, parecidos a los de los frutos del bosque. El experto en hierbas y especias Tony Hill combina *anardana* (granos de granada secos) con semillas de sésamo en un praliné que resulta «una agradable sorpresa ácida en cada bocado dulce». También utiliza la combinación en una cerveza de malta con mucho lúpulo, con resultados excelentes.

Granada y queso: Probé mi melaza de granada favorita sobre una loncha de cheddar curado, como si fuera miel (véase *Miel y queso*, p. 96). Por sí sola, la melaza sabe a sorbete de limón con sorbete de fresa, cuando lo sorbes tan rápido que la cobertura de caramelo empieza a resquebrajarse. (¿No lo ha probado nunca? Pues debería). Combinada con el cheddar, la melaza sufrió una transformación milagrosa; ahora sabía a ruibarbo, si este fuera una fruta de verdad y no una verdura que finge serlo: más pura, más hermosa, menos terrosa y menos vegetal. La granada suele combinarse con queso feta, cosa que está muy bien, pero no es tan interesante.

Granada y té verde: Una combinación frecuente en tés y bebidas frías. Antes sospechaba que los fabricantes contaban con que la gente desconocía a qué sabía realmente la granada, es decir, que la utilizaban como tapadera para hacer sus bebidas más dulces y afrutadas en general. Pero en realidad, la combinación suele funcionar bien, ya que la sequedad tánica de la granada disimula los taninos del té, que son más complejos. El suave aroma a frutos del bosque sirve como recordatorio de la idoneidad del zumo de frutas y el té como base para los ponches, y resulta que existe una variedad de granada sin semillas llamada Pink Ice que, según dicen, tiene «aromas de ponche de frutas».

Granada y tomate: Un futuro clásico. Para acompañar la coliflor asada con comino que aparece en *Coliflor y granada* (p. 247), yo preparo una salsa básica con tomates cherry troceados, granos de granada, melaza de granada, zumo de limón y perejil. La combinación de esta fruta con el tomate está tan rica que me llevó a probar un Bloody Mary sustituyendo la mitad del zumo de tomate por zumo de granada. Me gusta más que el original; los dos sabores armonizan muy bien, pues son ligeramente afrutados y con un toque de viña.

Granada y vainilla: André Gide comparó el sabor de la granada con el de las «frambuesas no maduras». Y ganó el Premio Nobel de Literatura. Una buena razón para rociar con finos hilos de melaza de granada un helado de vainilla para improvisar las vetas sobre el mismo. Merece la pena probar varias marcas de melaza hasta dar con la mejor; para ello, el helado ayudará a descubrir sus diferencias de sabor. O puede preparar su propia melaza hirviendo a fuego lento 500 ml de zumo de granada con 100 g de azúcar y una cucharadita de zumo de limón, removiendo con frecuencia, hasta que se reduzca a una cuarta parte de su volumen original. A continuación, deje enfriar. Si se guarda en una botella esterilizada en el frigorífico, debería conservarse varios meses. La melaza de granada puede saber a cereza, arándano, zanahoria o remolacha dulce; otras tienen un marcado aroma a caramelo o jarabe de arce. También pueden detectarse notas de vainilla, pero eso podría ser solo el helado.

ARÁNDANO ROJO

Alrededor del 98 por ciento de los arándanos rojos frescos del mundo se procesan para fabricar zumos y conservas. No creo en teorías de la conspiración, pero seguramente esto se debe a que las fuerzas oscuras que nos controlan no quieren que sepamos cuánto azúcar se necesita para que estos frutos resulten comibles. El Instituto del Arándano Rojo de Carver (Massachusetts) reconoce que su sabor sin adulterar es «áspero», pero «combina bien con otros sabores». Incluso cocinado con cantidades ingentes de azúcar, como, por ejemplo, para una crema, el arándano rojo carece de carácter distintivo. Es como una apocada manzana para cocinar, lo que puede suponer una ventaja en platos salados. Lo que le falta en sabor lo suple con su textura y su gusto: las bayas cocidas tienen una agradable textura gelatinosa y son ácidas, amargas y tánicas. Y luego está el color. Según Jane Grigson, el arándano rojo tenía el don de dar a los platos un «apasionado color rosa». Su aparición en los libros de cocina supuso una pérdida para los nombres de pintalabios. Henry David Thoreau solía vadear los pantanos de Massachusetts para recoger arándanos rojos silvestres, y los describía como «refrescantes, alegres y alentadores». Si las bayas del supermercado no le levantan tanto el ánimo, recuerde que Waverley Root sostiene que la diferencia entre los arándanos rojos cultivados y los silvestres es insignificante.

Arándano rojo y almendra: Se han identificado al menos setenta compuestos volátiles en los arándanos rojos. Son ricos en unos compuestos aromáticos llamados bencenoides, que les confieren, en teoría, características resinosas, de almendra y dulcemente balsámicas. Confiaré en la palabra de los químicos orgánicos, pero nunca he sido capaz de detectar demasiado aroma en los arándanos rojos, más allá de un olor genérico a frutos rojos al cocinarlos. Lo mismo ocurre con el sabor, incluso con azúcar. Será cosa mía. En *The American Gardener* (1819), William Cobbett escribió: «Es una de las mejores frutas del mundo. Todas las tartas son un fracaso, en cuanto a méritos propios, cuando se las compara con la que se elabora con arándanos rojos americanos». Es posible que la acidez de la fruta saque lo mejor de la masa de mantequilla, y viceversa. Creo que la masa enriquecida con almendras, como en la *Linzertorte*, con su cubierta en forma de enrejado, es la combinación ideal. No es la masa más fácil de preparar, ya que al sustituir parte de la harina de trigo por almendras molidas se reduce el gluten, el «pegamento» que ayuda a evitar que la masa se derrumbe en una pila de harinosos escombros. Sin embargo, sus esfuerzos se verán recompensados en forma de una masa quebrada de ensueño con un ligero sabor a frutos secos tostados y una suave dulzura que compensa el lado más cruel del arándano rojo.

Arándano rojo y avena: Véase *Avena y arándano rojo*, p. 80

Arándano rojo y café: Dos de mis recetas favoritas de *La enciclopedia de los sabores* combinan café y fruta: un licor aromatizado con café y naranja, y un postre con capas alternas de sorbete de grosella negra y helado de café. Sin embargo, cuando vi un anuncio que sugería echar arándanos rojos al cóctel Tía María para obtener un «Tía Breeze», no podía dar crédito a lo que estaba viendo: ¿licor de café, con toneladas de azúcar, y unos saludables arándanos? Era como ver a una viuda presumiendo de un jovencísimo ligue que, además, era su entrenador personal. En realidad, la cosa no era tan mala como parecía: al igual que el chocolate, el café tiene una complejidad y profundidad que se debe, en parte, al proceso de tostado, pero tiene menos tendencia a ahogar otros sabores. Y menos mal, porque los arándanos rojos son muy sutiles, casi imperceptibles, aunque se notan más en zumo que las bayas frescas. La combinación con Tía María realzaba las notas de guinda del arándano, recordando a esas cerezas bañadas en chocolate y kirsch que suelen comprarse en Navidad.

Arándano rojo y canela: Véase *Canela y arándano rojo*, p. 396
Arándano rojo y cebada: Véase *Cebada y arándano rojo*, p. 37
Arándano rojo y centeno: Véase *Centeno y arándano rojo*, p. 31

Arándano rojo y ciruela pasa: Como cabría esperar, se trata de una combinación que recomienda Ella Eaton Kellogg en su libro *Science in the Kitchen* (1892). Se encargaba de supervisar la alimentación en el sanatorio que dirigía su marido, el nutricionista y magnate de los cereales para el desayuno doctor John Harvey Kellogg. Ella aconsejaba utilizar arándanos rojos y ciruelas pasas en cantidades iguales para su compota, y así no le hará falta azúcar. El resultado sabe bastante bien, pero es difícil no tener la sensación de que a los Kellogg les gustaba sobre todo por su saludable contenido en fibra. Yo mezclé la compota con yogur griego espeso y preparé una especie de versión puritana del pudin *Nesselrode*, el extravagante postre con forma de helado hecho con puré de castañas y cidra confitada, pasas, grosellas y ron.

Arándano rojo y fruta de la pasión: Una fruta de clima frío reunida con su homóloga tropical. Es una alianza estratégica para beneficio mutuo, pues la fruta de la pasión aporta la intensidad de sabor que le falta al arándano rojo y este compensa la falta de cuerpo de su compañera. Para preparar una compota para 2 personas, ponga a cocer 250 g de arándanos rojos con 50 g de azúcar y un poco de agua o zumo de manzana hasta que los arándanos revienten. Cuando se enfríe, añada la pulpa de 3 frutas de la pasión. Los arándanos rojos, espesos y saciantes, son el complemento perfecto para la glamurosa fruta de la pasión, aunque le recomiendo colar las semillas de esta última. Si las deja, en la rojísima salsa resultante habrá un centenar de ojos negros ribeteados de amarillo. Es ideal para Halloween, pero si no la quiere para eso, es un poco inquietante que la compota no te quite el ojo de encima.

Arándano rojo y jarabe de arce: Los indios nativos americanos endulzaban los arándanos rojos cocinándolos con jarabe de arce o azúcar. Decidí rehogar unos que compré frescos y les añadí jarabe de arce hacia el final, para que no se perdieran los delicados aromas de melocotón y almendra del sirope. El resultado no tiene nada que envidiar a las guindas glaseadas. Una de las grandes cualidades del arándano rojo es su textura cuando está ligeramente cocido: es suave y gelatinoso, como la grosella espinosa. Sin cocer, es crujiente, como la patata cruda. Muerda uno y ya verá como se pone a buscar el azucarero con los ojos cerrados. En Rusia y Finlandia, los arándanos rojos crudos se mezclan con clara de huevo y se recubren de azúcar glas para hacer caramelos con un aire festivo. Es probable que los que usan sean *Vaccinium oxycoccos*, comunes en Europa, a diferencia del *Vaccinium macrocarpon*, que se encuentra sobre todo en Norteamérica. Según el científico especialista Ralf Günter Berger, esta variedad es más grande y menos aromática.

Arándano rojo y jengibre: Una vez, en las acogedoras entrañas de Alden & Harlow, un restaurante situado frente a Harvard Yard, en Cambridge (Massachusetts), pedí un *mocktail*, un brebaje consistente en mezclar dos o más refrescos y por la que te cobran un exorbitante recargo. Por regla general, necesito al menos una bebida alcohólica para cometer la insensatez de pedir un *mocktail*, pero estaba a punto de dar una charla y necesitaba tener la cabeza despejada y centrada. Me sirvieron mi cóctel: un vaso generoso lleno de zumo de frutas y soda. Fue toda una revelación: una mezcla de zumo de arándanos rojos, cerveza de jengibre y un chorrito de lima sobre hielo picado. El arándano rojo era dulce y ácido a la vez y tenía los taninos justos para darle un sabor de bebida para adultos, realzado por la lima y el toque picante del jengibre. De repente, estaba saltando sobre un arcoíris de colores frutales a lomos de un unicornio de cristal. Estaba a punto de dejar el alcohol de por vida cuando me di cuenta, paradójicamente, de que debía esperar a que se me pasara el subidón de azúcar antes de tomar una decisión tan radical.

Arándano rojo y lichi: El Cape Cod es una mezcla de vodka y zumo de arándanos rojos; es decir, un Sea Breeze, pero sin el pomelo. Es frío como el hielo y muy fuerte. Añada licor de lichi para preparar un Sweet Red Lotus. Esta fruta consigue mitigar el arándano rojo con sus notas florales de rosa y albaricoque, y su dulzura suaviza las asperezas del vodka. Es como transformar una mole brutalista frente al mar en la típica casita de campo inglesa con el jardín en flor.

Arándano rojo y maíz: Los padres fundadores. Los arándanos rojos desecados se utilizan en el pan y los muffins de maíz, y a menudo se sugieren como alternativa a las pasas de moscatel y las sultanas en muffins y cookies, pero son mucho más ácidos y menos afrutados, a pesar de estar endulzados con azúcar o zumo de frutas. Esto puede suponer una ventaja, dada la tendencia del maíz a resultar empalagosamente dulce. Inspirándome en la popularidad del zumo de lima (o, en Japón, de las ciruelas *umeboshi*; véase *Maíz y ciruela*, p. 86) con las mazorcas de maíz, preparé una mantequilla de arándanos rojos en el vaso batidor y la unté en unas que había asado a la barbacoa. Se puede sustituir la mantequilla por mayonesa vegana.

Arándano rojo y manzana: Véase *Manzana y arándano rojo*, p. 195
Arándano rojo y membrillo: Véase *Membrillo y arándano rojo*, p. 190
Arándano rojo y miel: Véase *Miel y arándano rojo*, p. 91
Arándano rojo y mostaza: Véase *Mostaza y arándano rojo*, p. 249

Arándano rojo y naranja: Son como dos elfos navideños. Su amargor y acidez son un regalo que nos ayuda a lidiar con toda la grasa y el exceso de azúcar, que, de otro modo, nos costaría soportar. Con pavo o jamón, en un *shortbread*, o incluso mezclados con vodka en un cóctel (el Madras), el arándano rojo y la naranja son un clásico del invierno. Preparar la salsa de arándanos rojos siempre encabeza mi lista de tareas para la comida de Navidad, por la sencilla razón de que solo se tarda unos diez minutos en hacerla y, por lo tanto, supone una inyección de moral imprescindible antes de acometer la tarea de preparar el pavo, la salsa de pan y envolver las salchichas de cerdo. Ponga 450 g de arándanos rojos en un cazo que no sea de aluminio con la ralladura fina de una naranja y 100 ml de su zumo, 75 g de azúcar y una ramita de canela opcional. Cuando arranque a hervir, baje el fuego y deje que la salsa se rehogue suavemente hasta que la mayoría de los arándanos hayan reventado y obtenga una textura parecida a la mermelada. Deje que se enfríe y, a continuación, pruébela y rectifique de azúcar. Añada un chorrito de oporto, si lo desea, y triture un poco más las bayas si prefiere una salsa más suave. La receta puede adaptarse para hacer una «mermelada de nevera», que, al igual que la confitura casera, tiene mucho menos azúcar que la mermelada de verdad, por lo que solo se conservará unas semanas en el frigorífico.

Hágala como la anterior, pero con ralladura más gruesa y 125 g de azúcar moreno claro (o utilice azúcar moreno oscuro si le apetece un toque de mermelada Oxford). Omita la canela. Un generoso chorro de lima la convertirá en una guarnición para la sopa de calabaza o de alubias negras.

Arándano rojo y nuez pecana: Véase *Nuez pecana y arándano rojo*, p. 425

Arándano rojo y queso: Un búho, una carreta, una libra de arroz, una tarta de arándanos rojos. Un enjambre de abejas plateadas, unas grises grajillas, un simpático mono con las patas de piruleta y toneladas de queso Stilton. ¿Estoy en el supermercado Aldi? No. Eso es lo que compran los *jumblies* de Edward Lear cuando llegan a puerto a bordo de su colador marítimo y hacen algunas compras en los «parajes repletos de bosque». En su *Philadelphia Folks. Ways and Institutions in and about the Quaker City*, publicado en 1938, sesenta y siete años después de *Los jumblies*, Cornelius Weygandt apoya el maridaje de Lear de la tarta de arándanos con el queso azul. «Tanto la tarta de invierno, de arándanos rojos, como la de de verano, de fresa, necesitan queso, apenas una pizca de stilton, roquefort o gorgonzola». Algunas tartas de arándanos rojos se hacen con una sencilla mezcla de queso crema y salsa de este mismo fruto. Otras llevan huevo y se hornean para obtener una especie de tarta de queso.

Arándano rojo y vainilla: Véase *Vainilla y arándano rojo*, p. 172

GROSELLA ESPINOSA

El nombre científico de la grosella espinosa europea es *Ribes grossularia* o *Ribes uva-crispa*. Los italianos la llaman *uva spina* (en español, «uva espina»), pero el sabor de la grosella espinosa es mucho más interesante que el de la mayoría de las uvas blancas actuales. A veces pienso que pertenece a un grupo de frutas que merecen su propio nombre colectivo. Las manzanas de Bramley, el ruibarbo, las grosellas negras y las bayas de saúco tienen aromas y sabores que afloran por sí solos cuando se cocinan con azúcar. ¿Frutas maduradas? No hace mucho, solo en el Reino Unido se cultivaban dos mil variedades de grosellas espinosas, y las asociaciones locales competían por cultivar las más grandes. Algunas de las variedades antiguas más elogiadas por su sabor son la Magnet (una grosella alargada y roja), la Lord Middleton (roja y redonda) y la Victoria (verde). Las grosellas rojas y amarillas suelen considerarse más dulces: son grosellas para postre y que pueden comerse crudas. En *A History of the Vegetable Kingdom*, William Rhind afirma que el vino elaborado con las mejores grosellas amarillas podría confundirse con el champán. Las grosellas espinosas se pueden congelar. Las que vienen en conserva, no tanto; la panadera Claire Ptak dice que adquieren el olor del mal aliento.

Grosella espinosa y acedera: Véase *Acedera y grosella espinosa*, p. 205

Grosella espinosa y avena: Frankie, la tía de mi padre, era verdulera y tenía una pequeña finca en el pueblo escocés de Buchlyvie. En una visita durante las vacaciones de verano, me enviaron a ver los arbustos de grosellas espinosas y rojas mientras los adultos hablaban de sus cosas. Mis instrucciones eran muy simples: que cogiera todas las que quisiera. El pomólogo Edward Bunyard dijo en cierta ocasión que no había jardín en el que crecieran más grosellas de las que podían comerse los niños, pero cuando Frankie vio la dentellada que le estaba dando a sus beneficios, me llevó a los establos, donde cogí las riendas de uno de sus ponis con las manos llenas de espinas. Resultó que el paraíso, para mí, estaba a veintiocho kilómetros escasos al norte de Glasgow. La combinación de grosellas espinosas y avena debería ser un clásico escocés. No tienen una receta para ellas solas, pero lo cierto es que aparecen juntas a menudo. Los filetes de pescado azul se rebozan en avena y se sirven con salsa de grosellas espinosas. También puede añadir avena en un *crumble* de grosellas o preparar una compota espesa para alternarla en capas entre barritas de avena. Sirva galletas hechas con avena y azúcar moreno junto a un *fool* de grosella espinosa o sustituya las frambuesas de un *cranachan* por esta fruta, colocando unos granos sobre avena tostada y nata montada aromatizada con whisky y miel. Para los fanáticos de las grosellas espinosas, creo que donde combinan mejor es con las gachas de avena que dejamos hacerse durante la noche: en crudo, este cereal adquiere una cremosidad que hace las delicias de las grosellas espinosas, sobre todo porque así conserva parte de su amargo sabor a hierba, que coincide con la misma característica de estas frutillas. Mezcle 2-3 cucharadas de compota de grosellas espinosas, 2 cucharadas de copos de avena, 2 cucharadas de leche y 4 cucharadas de yogur griego y déjelo en la nevera toda la noche. (Para consultar una receta de compota, véase *Grosella espinosa y hoja de laurel*, p. 120).

Grosella espinosa y baya de saúco: Baya de saúco + grosella espinosa ≈ grosella negra. O quizá la *jostaberry*, un híbrido complejo de grosella negra y dos especies de grosella espinosa. La baya de saúco es el sabor predominante, como cuando se cocina con grosella espinosa, ambas especies del género *Ribes*. El periodista Corby Kummer escribe que un sorbete de grosella espinosa servido con espuma de saúco sobre un fino pastel de maíz fue uno de los mejores platos que comió en el restaurante Per Se, de Thomas Keller, en Manhattan.

Grosella espinosa y flor de saúco: Una combinación perfecta, aunque sorprendentemente reciente. Según las historiadoras de la alimentación Laura Mason y Catherine Brown, la combinación de grosella espinosa y flor de saúco era desconocida casi por completo hasta que Jane Grigson la popularizó en 1971 en su libro *Good Things*. Hoy en día se combinan en el clásico postre *Eton mess*, en helados, tartas, *fools*, gelatinas, pavlovas, cuajadas y ginebra, es decir, en platos ligeros, veraniegos y dulces. En contraste con esta tendencia, Tom Kerridge prepara grosellas espinosas estofadas con sustanciosas albóndigas de sebo escalfadas en jarabe de flor de saúco y servidas con queso crema azucarado. Yotam Ottolenghi mezcla grosellas espinosas secadas al horno con jugo de flor de saúco, menta, perejil y apio para preparar una especie de salsa inglesa.

Grosella espinosa e hinojo: En 1970, Elizabeth David observó que, aunque los británicos seguían utilizando la grosella espinosa en los postres, la salsa hecha con la misma había caído en desuso. En su opinión, era una lástima, ya que resultaba «apropiadamente ácida como acompañamiento de un pescado tan suculento como la caballa». Además, es muy fácil de preparar. David transmite el consejo de Eliza Acton de tamizar las bayas, endulzarlas un puntito y añadir un poco de mantequilla. El hinojo es una aportación muy bienvenida para una salsa hecha con grosellas espinosas en conserva, pero no tendrá suficiente impacto si son frescas, en cuyo caso, se puede vivificar la salsa con jengibre molido.

Grosella espinosa y hoja de laurel: El laurel es el publicista de la grosella espinosa. Absorbe la nota herbácea que aparece al cocer la fruta y la amplifica. Para preparar una compota de grosella espinosa y laurel, utilice hojas de laurel secas o frescas, 2 por cada 500 g de bayas. Limpie y desgrane las grosellas y póngalas en una cacerola con un chorrito de agua, las hojas de laurel y 150 g de azúcar. Deje que este se disuelva a fuego lento, luego suba un poco el fuego y ponga a rehogar, tapado, durante 10-15 minutos. Deje las hojas de laurel en la mezcla durante una hora como máximo. Unas natillas aromatizadas con laurel son magníficas para preparar un *fool* de grosellas o un helado.

Grosella espinosa y jengibre: El jengibre endulza y añade un toque de la complejidad floral de los limones a la grosella espinosa. Eso sí, no se pase. Como ya se ha indicado en *Grosella espinosa e hinojo*, en este mismo apartado, el jengibre es un ingrediente habitual de la salsa de grosellas que se sirve con platos grasos y salados. Hay quienes sostienen que era tradicional que el *parkin*, el pegajoso pastel de jengibre y avena de Yorkshire, se sirviera con una compota, especialmente de grosellas espinosas o ruibarbo. El chef Tommy Banks, de este mismo condado, prepara una tarta de queso con estas bayas y miga de *parkin* que sirve con compota de grosellas espinosas y una teja de leche.

Grosella espinosa y lichi: Descubrí los donuts de lichi y grosella espinosa en la página web de una tienda de donuts vegana. Era temporada de grosellas, así que al día siguiente recorrí los tres kilómetros que me separaban de la tienda y me encontré con que se habían agotado. Podría haber ahogado mis penas con una *pale ale* elaborada con lúpulo neozelandés Nelson Sauvin, que produce aromas de grosella espinosa, lichi, flor de saúco y mango. Las notas de grosella y lichi también son comunes en los vinos sauvignon blanc.

Grosella espinosa y limón: Véase *Limón y grosella espinosa*, p. 209

Grosella espinosa y manzana: El aroma de la grosella espinosa es similar al de la manzana, con sabor ácido, a fruta verde y a hierba, como una Bramley, más herbácea y almizclada. Cuando no es temporada de grosellas, el chef Rowley Leigh propone una salsa hecha con manzanas para cocinar sin añadir azúcar y servirla para acompañar la caballa. Está claro que una pequeña cantidad de grosellas espinosas se puede enriquecer de forma armoniosa con manzana, aunque esta no pueda sustituir la maravillosa textura de las bayas cuando se cocinan. Una vez que estas han reventado, el fruto exterior mantiene parte de su forma, que es suave y robusta a la vez.

Grosella espinosa y menta: Véase *Menta y grosella espinosa*, p. 381

Grosella espinosa y nuez pecana: «¿Ha probado alguna vez a picar grosellas espinosas verdes pequeñas con apio, col y nueces?», preguntaba *The Western Fruitgrower* en 1906. Yo lo he hecho. Los resultados fueron menos parecidos a una Waldorf y más parecidos a la ensalada que te servirían en un hotel Travelodge.

Grosella espinosa y té verde: Véase *Té verde y grosella espinosa*, p. 466

Grosella espinosa y vainilla: Una pareja de payasos haciendo el tonto en un *fool* clásico. La escritora de cocina inglesa del siglo XVIII Hannah Glasse recomienda preparar la base de las natillas con leche para el *fool* de grosella espinosa (pero con nata para el de frambuesa). Jane Grigson advierte de que hay que tener cuidado con pasarse en la cocción, la licuefacción y el tamizado de las bayas. El aroma de las natillas es tan fácil de adaptar que le ruego que considere otras opciones además de la vainilla, como la clásica flor de saúco, el agua de azahar sugerida por Florence White o la armoniosa hoja de laurel, tan herbácea ella.

Grosella espinosa y yogur: Véase *Yogur y grosella espinosa*, p. 200

LICHI

Son como las delicias turcas de la naturaleza. De color rosa pálido, con la carne traslúcida y gelatinosa, los lichis son dulces como el azúcar y tienen aroma a rosas. Con la cáscara rugosa como la piel de un dragón y el hueso de un marrón brillante como una castaña, el lichi es la definición de *jolie laide*, la belleza para nada convencional: una vez que se le quitan la cáscara y el hueso, parece más bien algo diseccionado, sobre todo si la variedad tiende al color gris en vez de al rosa o marfil. El sabor de los lichis se deteriora en cuanto se cosechan, así que cómprelos en rama si es posible. Algunos son firmes, crujientes y ácidos, mientras que otros son más acuosos, jugosos y dulces. El experto en frutos comestibles George Weidman Groff distingue entre los preciados lichis «secos y limpios», que no sueltan zumo al romperles la piel, y los que sí lo hacen. Desecados, son oscuros como los dátiles, y también tienen un sabor parecido. Los productos aromatizados con lichi son populares en Asia, pero el químico especialista John R. Wright señala que el auténtico sabor a lichi, con sus notas amaderadas, a miel y caramelo y su elemento sulfuroso, es difícil de reproducir. Y la mayoría de los aromas sintéticos exageran la parte centrada en la rosa. En *The Food of Sichuan*, Fuchsia Dunlop describe las veintiuna categorías de aromas de la cocina de Sichuan. Una de ellas es el *lizhi wei*, el del lichi, que no implica a los lichis como tales, sino que es «una variedad de aroma agridulce en la que las notas ácidas destacan un poco más que las dulces, recordando a la fruta».

Lichi y alga: Los lichis son como vieiras vegetarianas. El chef texano Vince Mellody aprovecha esta similitud para escabechar aquellos que vienen en conserva con algas *kombu* y dorarlos hasta que se caramelicen. Luego los sirve en una salsa de zanahoria, jengibre y cúrcuma con guindilla, cebolleta y albahaca. El parentesco con la vieira también es evidente en la nota de ajo que a veces se detecta en los lichis muy frescos.

Lichi y arándano rojo: Véase *Arándano rojo y lichi*, p. 115
Lichi y ciruela: Véase *Ciruela y lichi*, p. 137

Lichi y coco: Si uno tiene un mal día, esta combinación puede oler a chiringuito de playa en Magaluf: el tufillo de Hawaiian Tropic, más el abrumador perfume a rosas del lichi, con un toque de albaricoque y cereza. En la cocina tailandesa, el aroma es más sutil, pero el sabor se lleva al extremo: lichis dulces que nadan en leche de coco salada y endulzada con azúcar de palma. También se preparan en forma de bebida con perlas de sagú con sabor a lichi; el líquido de su conserva se mezcla con leche de coco y leche condensada. En los curris rojos a base de coco, a veces se encuentran lichis entre la carne, el pescado o las verduras, lo que ofrece un dulce respiro del picante del chile. No es una mala manera de aclimatarse a los lichis si desconfía de las notas saladas y vegetales de su sabor, que puede ser un gusto adquirido en contextos dulces. Esta última es más marcada en los lichis recién cogidos, pero también es característica de algunas variedades, como el Pyazi, que sabe a cebolla hervida, lo que hace difícil venderlo en forma de sorbete.

Lichi y flor de saúco: Véase *Flor de saúco y lichi*, p. 125
Lichi y grosella espinosa: Véase *Grosella espinosa y lichi*, p. 120

Lichi y limón: El aroma principal del lichi es de rosa tirando a cítrico. El de la ralladura de limón es cítrico tirando a rosa. Está claro que ambos se solapan, pero si se utilizan con criterio, se pueden distinguir los ingredientes y apreciar su afinidad. En la alta cocina, los lichis suelen aparecer con más frecuencia en sorbetes y cócteles. Es comprensible. Podría decirse que el mejor maridaje para el lichi son las temperaturas bajo cero: sus aromas más díscolos se atenúan cuando se enfrían. En conserva, pueden sustituir perfectamente a los frescos en helados y bebidas combinadas. El gran explorador y cocinero Tom Stobart afirmaba que «saben prácticamente igual que los frescos». (Dicho esto, tras haber escalado el Everest, es indudable que este hombre tenía una tolerancia superior a la media a la comida en lata). Con los lichis en conserva se pierde la nota de frescura, pero se puede recuperar con un poco de ralladura de limón y un chorrito de zumo de limón.

Lichi y naranja: El *som chun* es un postre tailandés frío que se prepara en verano. Se vierte sirope de *som saa* —la naranja amarga o naranja amarga de Sevilla (*Citrus aurantium*)— sobre unos lichis y unos gajos de mandarina colocados sobre hielo picado perfumado con jazmín. Las guarniciones de mango verde, chalotas fritas, jengibre rallado y ralladura de lima no dan tregua al paladar.

Lichi y queso: Pelar un lichi es una experiencia gratificante en sí misma. Luego hay que llevárselo a la boca. Como los Gobstoppers, esos caramelos duros tan populares de los dispensadores, va revelando su aroma por fases: primero es todo rosas, luego hay mucha pera, pero una pera muy extrovertida. Antes de hincarle el diente, compruebe si detecta otros aromas. Entre los más citados, están la uva moscatel, la guayaba, la sandía y la piña, todas ellas frutas que casan especialmente bien con el queso. Merece la pena experimentar con los lichis en una tabla de quesos, tanto tiernos como curados, cuando ya parecen dátiles.

Lichi y vainilla: Véase *Vainilla y lichi*, p. 174
Lichi y yuzu: Véase *Yuzu y lichi*, p. 217

FLOR DE SAÚCO

Un espectáculo de fuegos artificiales para marcar el comienzo del verano. Muy útil cuando el clima no hace lo propio. Como señala la experta en las flores de saúco Alice Jones, su aroma es complejo y redondo por sí solo. También es delicado y, por lo tanto, fácil de sofocar. Como muchas otras flores, no resiste la cocción, por lo que se suelen convertir en jugo macerándolas en almíbar. Cuando se recogen, deberían ser de color blanco crema con un polen amarillo verdoso claramente visible. Cójalas de varios arbustos o árboles que desprendan una fragancia fresca y agradable, y luego el jugo ganará en complejidad. Incluso aunque no piense preparar ninguno, huela las flores de diferentes arbustos o árboles y compruebe lo mucho que pueden variar sus perfiles aromáticos.

Flor de saúco y baya de saúco: El aroma de la baya de saúco puede resultar pesado. Una forma de recuperar la vitalidad juvenil es añadir flor de saúco, así como un perfume sensual; del mismo modo que en Marruecos se realza el sabor del zumo de naranja echándole agua de azahar. Añada una pizca de jugo de saúco al champán de saúco para preparar un Sureau Royale. Las bayas de saúco aún verdes (venenosas en su estado natural) pueden fermentarse en vinagre de flor de saúco y utilizarse como si fueran alcaparras. La fermentación de las bayas hace que dejen de ser tóxicas, al igual que su cocción.

Flor de saúco y ciruela pasa: Véase *Ciruela pasa y flor de saúco,* p. 148

Flor de saúco y fruta de la pasión: ¿Demasiado? Es como ir vestido de pies a cabeza con piel de leopardo (a los leopardos, por supuesto, no se les tiene en cuenta). Sin embargo, fría, la potente combinación de ambos sabores es lo bastante suave para apreciarla en una bebida o en un helado. Pruébela con la mitad de una fruta de la pasión. Tras cortarla, utilice una cucharilla para reblandecer las semillas. Añada un chorrito de jugo de flor de saúco y póngalo en hielo hasta que esté listo para tomarlo como si fuera un chupito.

Flor de saúco y grosella espinosa: Véase *Grosella espinosa y flor de saúco*, p. 119

Flor de saúco y lichi: Se parecen más de lo que imagina. Pruébelos uno junto al otro. Ambos tienen una fuerte nota de óxido de rosa, un componente del aceite de rosa descubierto en 1959 y a menudo descrito como «penetrante» y «verde-floral». Este último constituye la fragancia de una rosa recién cogida, el aroma de los aterciopelados pétalos mezclado con el amargor herbáceo del tallo partido. La flor de saúco y la rosa se utilizan ahora en jugos comerciales, y la rosa y el lichi aparecen en cócteles, por lo que tal vez la flor de saúco y el lichi han dejado escapar el tren.

Flor de saúco y limón: Según la experta en flores de saúco Alice Jones, es un acierto añadir cítricos a la flor de saúco: «Hay muchos compuestos volátiles compartidos en esos aromas. No son solo estos los que ayudan a que funcione. La acidez de los cítricos también es importante para potenciar el sabor de la flor de saúco, y muchos de los ácidos orgánicos presentes de forma natural en ella también se encuentran en los cítricos». *A priori*, puede que los términos «compuestos volátiles compartidos» no parezcan una base demasiado sólida o prometedora para un matrimonio —nótese que Harry y Meghan eligieron el maridaje de limón y flor de saúco para su tarta nupcial—, pero en realidad se refieren al elemento rosa tirando a cítrico que comparten ambos ingredientes. El chef inglés Jesse Dunford Wood prepara un *posset* con este maridaje, y el restaurador James Ramsden elabora un *shortbread* de limón que se sirve acompañado de un helado de flor de saúco. Prepare este último batiendo 600 ml de nata espesa, 100 g de azúcar glas, 100 ml de jugo de flor de saúco y el zumo de ½ limón hasta que la mezcla forme unos picos firmes y, a continuación, congélela durante al menos 4 horas.

Flor de saúco y maíz: El dulce milanés llamado *pan de mej* se elabora con maicena, harina de trigo y flores de saúco secas. A veces, la maicena se sustituye por harina de mijo. El escritor del siglo xix Pellegrino Artusi ofrece una receta parecida, hecha solo con maicena, mantequilla, azúcar glas, flores de saúco y yema de huevo.

Flor de saúco y manzana: Véase *Manzana y flor de saúco*, p. 196
Flor de saúco y menta: Véase *Menta y flor de saúco*, p. 381

Flor de saúco y miel: «Si uno trata de imaginar cuál es el sabor que degustan las abejas cuando se zambullen entre los pétalos de una flor, sin duda es el de esta bebida», escribe Amy Stewart en *Botánica para bebedores* sobre el licor de flores de saúco St. Germain. Y añade que la bebida tiene notas de miel y flores. En el Estados Unidos del siglo xix, los anuncios del Tío Sam en los periódicos prometían «un estanque lleno de miel y un árbol de buñuelos» a los colonos que quisieran mudarse al oeste de Oklahoma. «Árbol del buñuelo» era un nombre vernáculo del saúco, derivado de la práctica de mojar sus umbelas en masa para hacer tortitas o buñuelos, que se servían con abundante miel.

Flor de saúco y queso: El jugo de flor de saúco es el acompañamiento perfecto del queso de cabra, como en el clásico maridaje del valle del Loira entre Sancerre y Crottin de Chavignol. La grasa del queso capta y amplifica el aroma floral y herbáceo de la flor de saúco y, a su vez, la acidez de la bebida lo atenúa. Los vinos de saúco y sauvignon blanc comparten una nota aromática a menudo descrita como «de gato»; la grosella espinosa y la grosella negra también la tienen. A medida que las flores de saúco maduran en el árbol, su nota cítrica natural va dejando paso a este aroma más desabrido, que, aunque es característico del saúco y agradable a niveles más bajos, se vuelve empalagoso a concentraciones más altas. Según el especialista en el cultivo de flor de saúco Richard Kelly, algunos saúcos que se plantan por sus bayas, más que por sus flores, pueden producir flores con un sabor especialmente cítrico. El aroma alimonado de la flor de saúco la convierte en un acompañante natural del queso crema en las tartas de queso o mezclada con mascarpone para hacer un glaseado para pasteles. Quicke's, el fabricante artesano de cheddar, ha creado una variante que incluye trocitos de flores secas de saúco, con un suave aroma floral que da un toque de seto al mantecoso queso de leche de vaca.

Flor de saúco y vainilla: La flor de saúco es un aroma delicado que puede verse fácilmente dominado por un abusón como la vainilla. Pero no se puede negar que los buñuelos de flor de saúco están riquísimos con helado de vainilla. En el Sportsman, en Whitstable, el chef Stephen Harris prepara buñuelos con las flores de saúco cogidas del árbol que tiene enfrente de la cocina. Él los compara con los donuts, solo que sin la grasa. Los sirve con *posset* de flor de saúco, pero si lo único que tiene usted en casa es helado de vainilla, no se preocupe: la combinación es como un donut de natillas helado.

PRUNUS

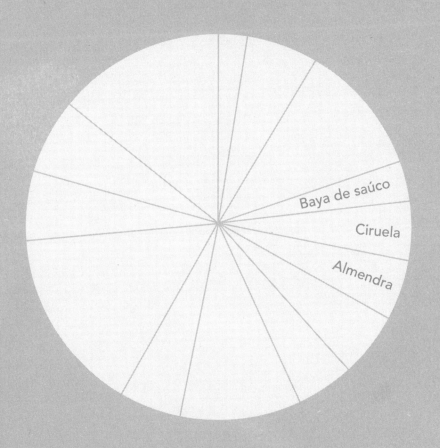

Baya de saúco

Ciruela

Almendra

BAYA DE SAÚCO

Las flores ceden el paso a unas bayas negras y brillantes. Pero no se le ocurra comerlas crudas: contienen glucósidos cianogénicos, precursores del tóxico cianuro de hidrógeno, que puede provocar náuseas y dolor de estómago o, si se atiborra, llegar a tener consecuencias aún peores. Aunque, si conserva el sentido del gusto, no es muy probable que se dé un atracón: poseen un elevado contenido de ácido cítrico y un extraño olor similar a la orina. El improperio que suelta John Cleese desde las almenas en *Los caballeros de la mesa cuadrada* («Tu madre era un hámster y tu padre olía a bayas de saúco») es más agudo de lo que parece. Esa desagradable característica se disipa en cuanto se cocinan las bayas, dando como resultado una fruta y un zumo más apetecibles. Al igual que el ruibarbo, las grosellas espinosas y los arándanos rojos, las bayas de saúco necesitan azúcar para desplegar todo su encanto. Cójalas cuando estén del color púrpura más oscuro posible, momento en el que ya deberían ser un poco blandas al tacto. Arranque el tallo por donde se une a la rama, lávelo y luego separe las bayas. Secas, estas también se pueden utilizar para cocinar, y en algunos casos (en las tartas, por ejemplo) se consideran la mejor opción.

Baya de saúco y almendra: Véase *Almendra y baya de saúco*, p. 141

Baya de saúco y canela: Los compuestos aromáticos característicos de la baya de saúco son la damascenona, que tiene el sabor afrutado de la manzana cocida, y el 2-feniletanol, que tiene un toque de miel y rosa. Ambos se complementan con la canela. Me gusta añadir un trozo de casia del tamaño de un cigarrillo a la receta de licor de saúco del escritor gastronómico y recolector Hank Shaw, que se elabora macerando las bayas muy maduras de este árbol en vodka con un toque de limón y endulzándolo luego al gusto.

Baya de saúco y centeno: Véase *Centeno y baya de saúco*, p. 31

Baya de saúco y ciruela: Sobre el papel, la ciruela debería ser la perfecta aliada de la baya de saúco porque aporta aromas característicos como la almendra amarga, que mejoran su sabor. En realidad, es tan raro encontrar ciruelas lo bastante maduras como para aportar tales aromas que el cálculo se invierte: se recurre a la baya de saúco para compensar la falta de aroma de las ciruelas. Un jarabe elaborado con bayas de saúco secas (véase *Baya de saúco e hinojo*, p. 132) se sitúa en algún punto del espectro de aromas entre la ciruela y la ciruela pasa. También puede tener notas de rosa, mora y piel de naranja, tal vez un poco de miel, y sin duda poseerá un elemento embriagador y floral que recuerda al jacinto y al trébol. La oscura piel de las bayas de saúco contiene una gran cantidad de antocianinas rojas y negras, lo que las convierte en un popular colorante para yogures y postres de nata elaborados con frutos del bosque.

Baya de saúco y flor de saúco: Véase *Flor de saúco y baya de saúco*, p. 124

Baya de saúco y grosella espinosa: Véase *Grosella espinosa y baya de saúco*, p. 119

Baya de saúco e hinojo: La suave nota de hinojo que se percibe en las flores secas de saúco se convierte en regaliz negro en estado puro en las bayas secas. El licor anisado sambuca toma su nombre del saúco común, *Sambucus nigra*, cuyas bayas se utilizan en algunas versiones más oscuras del licor para aportarle un toque suntuoso y a grosella. Un almíbar hecho a base de bayas secas, agua y azúcar (o miel) tendrá el elemento ligeramente acre que también se aprecia en las moras, tan evocador de las hogueras o de una ráfaga de humo al pasar por delante de una casa de campo en otoño. La combinación es agridulce, ideal para una rica reducción de almíbar para servir con verduras asadas de otoño y queso de cabra.

Baya de saúco y jengibre: Véase *Jengibre y baya de saúco*, p. 265

Baya de saúco y limón: El efecto del limón en la baya del saúco recuerda al que produce en el arándano: aumenta su brillo, de cuarenta vatios a cien con apenas un solo chorrito. Y las bayas de saúco piden luz, pues son tan oscuras como el interior de un caldero. En 1850, un colaborador anónimo de *The American Agriculturalist* sugería añadir una cucharada de vinagre a la tarta de bayas de saúco para «neutralizar su peculiar sabor y conferirle un agradable aroma ácido». El autor se refiere al saúco americano, *Sambucus canadensis*, que se encuentra en el este de Estados Unidos, pero lo mismo puede decirse del común, *Sambucus nigra*.

Baya de saúco y manzana: Tradicionalmente, al compartir temporada, las bayas de saúco y las manzanas se combinaban en mermeladas y jaleas. La manzana matiza el fuerte sabor del saúco y aporta suficiente pectina para solidificar la conserva (la baya de saúco también contiene un poco de la suya propia). Por otra parte, con la baya de saúco y la manzana silvestre se obtiene una preciosa jalea de un rosado color púrpura que desmiente el origen rústico de sus ingredientes. Darina Allen no recomienda utilizar una proporción superior a 1:1 entre saúco y manzana, por miedo, imagino, a que el sabor del primero resulte demasiado fuerte. El sabor de la gelatina, añade, puede realzarse con menta, geranio de olor o canela.

Baya de saúco y miel: Una combinación más pagana que el palo de mayo. Se puede añadir azúcar refinado a la baya de saúco, pero va en contra del espíritu de la fruta. La miel aporta su propia belleza salvaje. Pruebe a combinarlas en una bebida reconstituyente, como en un cordial. Algunas personas creen que tomar a diario uno preparado con saúco atenúa los síntomas del resfriado o la gripe y acorta su duración. Esta creencia encuentra cierto respaldo en la evidencia científica, aunque no hay demasiados estudios. Lo mejor es renegar de su fe en la brujería. Véase también *Baya de saúco y pasa*, p. 133.

Baya de saúco y pasa: Constituyen lo que el recolector y escritor John Wright considera uno de los mejores «vinos de la tierra», término que normalmente sugiere turbios experimentos en rincones oscuros y resacas nivel coma etílico. La acidez, el contenido en taninos y el color de las bayas de saúco las hacen comparables a las uvas para hacer vino. Las recetas del «oporto de saúco» son especialmente abundantes y reflejan la profundidad de carácter y el color que pueden llegar a adquirir las bayas. En el siglo XVIII, durante las guerras napoleónicas con Francia, los británicos recurrieron a otros países para abastecerse de vino, entre ellos Portugal. Esto provocó tal escasez de oporto en la región portuguesa del Duero que los productores, sin escrúpulo alguno, empezaron a adulterar sus vinos generosos con zumo de saúco barato. Cuando los británicos se enteraron del engaño, se fueron a comprar a otra parte, con consecuencias económicas tan devastadoras que el Gobierno portugués prohibió el cultivo de bayas de saúco.

Baya de saúco y pimienta de Jamaica: Una combinación mágica en la salsa Pontack. Pam Corbin, experta en conservas, la llama «alquimia culinaria en su expresión más emocionante y gratificante». En su receta, las bayas de saúco se cuecen a fuego lento en vinagre de sidra, y se exprime el zumo y luego se cuela. El zumo se vierte en una cazuela con chalotas, pimienta de Jamaica, clavo, macis, pimienta en grano y jengibre fresco, y se cuece durante 20 minutos antes de colarlo y devolverlo a la cazuela para darle un breve hervor. Y así, la salsa ya está lista para ser embotellada. No es demasiado trabajo, pero, según Florence White en su *Good Things in England*, después hay que guardarla durante siete años (Corbin recomienda entre unos meses y tres años). La salsa Pontack es ácida y afrutada, un poco como la Worcestershire, y tradicionalmente se servía con la caza. Corbin sugiere usarla con remolacha o con queso feta y tomates.

Baya de saúco y queso: Véase *Queso y baya de saúco*, p. 305

CIRUELA

La fruta del arcoíris. Las ciruelas pueden ser rojas, naranjas, amarillas, verdes, azules, añiles o violetas. Las blancas pueden parecer muy románticas, pero en realidad son solo ciruelas de color amarillo claro con un brillo natural en la piel. Existen más de doscientas especies distintas de esta fruta. Las más importantes desde el punto de vista comercial son la ciruela europea, *Prunus domestica*, que suele tener forma ovalada, y la ciruela china o japonesa, *Prunus salicina*, que suele ser más redondeada. Cuando están maduras, su carne tiene un suave sabor afrutado —una mezcla sutil de manzana, piel de plátano, fresa y melocotón—, además del aroma floral y cítrico del linalol, que puede reconocerse en las semillas de cilantro. La carne de la ciruela también tiene un sabor un poco herbáceo, graso y a veces a frutos secos, que evoca la almendra amarga y el coco; la piel, ácida y amarga, puede suponer un fuerte contraste. Con la ciruela se elaboran mermeladas, jaleas y bebidas alcohólicas como el *slivovitz*, el licor de Mirabelle y la ginebra de ciruela damascena. Como miembros de la especie *P. domestica*, las ciruelas claudias y las ciruelas damascenas también se tratan en este capítulo.

Ciruela y alga: Véase *Alga y ciruela*, p. 470

Ciruela y almendra: Los licores de almendra y las galletas *amaretti* son perfectos amplificadores del sabor de la ciruela. Al igual que los huesos de albaricoque y cereza, los de ciruela tienen el ligero sabor amargo de la almendra, por lo que muchas recetas piden algunos huesos, partidos, para dar la misma nota a la mermelada de ciruela. Los destiladores alemanes Schladerer elaboran un *Zwetschgenwasser*, un aguardiente claro con sabor a ciruela, almendra tostada y cerezas al marrasquino. También hacen una versión con ciruelas Mirabelle, aderezada con aromas de almendra tostada, mermelada de frambuesa y pimienta negra molida.

Ciruela y alubia roja: Las alubias rojas y las ciruelas agripicantes caucasianas se combinan en el *lobio tkemali*, un plato georgiano elaborado con frutos secos, especias y la salsa de ciruelas agripicantes *tkemali*. Como apunta Anya von Bremzen, es difícil encontrar este tipo de ciruelas fuera de Georgia, así que la comunidad georgiana de Nueva York utiliza pasta de tamarindo en su lugar.

Ciruela y avena: ¿Qué distingue a la ciruela damascena de otras ciruelas? La desesperación. Nadie en la historia de la humanidad ha conducido dos horas en coche hasta un lugar secreto por ningún otro tipo de ciruela. Las damascenas inspiran pasión. Son menudas y vigorosas, como Lord Byron o mi tío Terry. Hay a quienes les gusta macerarlas en vodka o ginebra, otros hacen mermelada con ellas, pero yo soy de las forofas del *crumble* de ciruelas damascenas. Coja algunas del árbol, guárdelas, junto con la escalera de mano, en el maletero del coche (que habrá aparcado a cierta distancia para no llamar la atención sobre su lugar secreto para coger las ciruelas) y vuelva a casa. Cueza la fruta, endulce con azúcar al gusto (es probable que necesite bastante) y deje enfriar antes de ponerse manos a la obra para quitarles las decenas de huesos. No se trata de una tarea pesada, sino de un ritual, como adivinar el futuro leyendo las entrañas de una cabra. Esparza la mezcla sobre un *crumble* hecho con harina, mantequilla, copos de avena, azúcar moreno y una pizca de sal, y hornee hasta que el *crumble* esté dorado y la fruta haya adquirido textura de mermelada y burbujee. No suelo utilizar avena ni azúcar moreno en un *crumble* de ruibarbo o manzana, pero en este caso se necesita cierta textura rugosa para captar la intensidad de la ciruela damascena. Además, la avena hace que sea más fácil decir que es un desayuno cuando te comes las sobras en la cama a la mañana siguiente.

Ciruela y baya de saúco: Véase *Baya de saúco y ciruela*, p. 132
Ciruela y canela: Véase *Canela y ciruela*, p. 397
Ciruela y centeno: Véase *Centeno y ciruela*, p. 32

Ciruela y ciruela pasa: El momento en que la fruta joven se encuentra con su yo más viejo y arrugado. ¿No tendrá la ciruela un retrato de la ciruela pasa en el desván? La vainilla es el aroma clásico para los platos hechos con esta última, y el toque que aporta es inconfundiblemente picante. Las ciruelas pasas —solo unas pocas, cortadas en rodajas— también son un excelente potenciador del sabor, ya que aportan un delicioso aroma a fruta madura con un toque de almendra a las compotas de ciruelas o a los *crumbles*.

Ciruela y coco: La ciruela saca más provecho de esta combinación que el coco, pero así es con algunos maridajes. El coco lleva a la ciruela en una dirección parecida a la del melocotón, aportándole cremosidad, así como las lactonas responsables de los aromas más tropicales del mismo.

Ciruela y dátil: Véase *Dátil y ciruela*, p. 164

Ciruela e hinojo: En Hawái se vende una mezcla en polvo de ciruela verde, regaliz, azúcar y sal que se espolvorea sobre fruta, gominolas o palomitas de maíz, y se llama *li hing mui* (o «semillas de *crack*»). No se trata esta de una alusión a lo irresistible de la mezcla, sino a la práctica de conservar la ciruela con el hueso roto (*cracked*).

Ciruela y hoja de laurel: Véase *Hoja de laurel y ciruela*, p. 406
Ciruela y jarabe de arce: Véase *Jarabe de arce y ciruela*, p. 431

Ciruela y kale: Una excelente combinación agridulce para una ensalada. El aliño debe ser ácido. Un queso salado sería el tercer ingrediente obvio, pero también se podría experimentar con un huevo encurtido en miso; véase *Miso y huevo*, p. 21.

Ciruela y lenteja: Fue el libro *Kaukasis*, de Olia Hercules, el que me dio a conocer la combinación georgiana de remolacha con ciruela. Buscando otro maridaje terroso para esta fruta, acabé en las lentejas de Puy. Las ciruelas tienden a un sabor afrutado genérico, ligeramente reminiscente a vino —pruebe a imaginar un chicle de vino antes de hincarle el diente a su carne— que funciona de maravilla en muchos platos salados. Son estupendas en una ensalada templada de lentejas, o cocidas con lentejas de Puy para servirlas debajo de unas gruesas salchichas de cerdo o con tofu especiado. También puede probarlas en la *tarka* para un *dal* en el que, alternativamente, utilizaría tomate.

Ciruela y lichi: Un pluot es un cruce entre una ciruela, un albaricoque y alguien sin oído para los nombres de las frutas. Entre las variedades del pluot americano se encuentran la Flavor Supreme —ganadora, haciendo honor al aspecto determinista de su nombre, de innumerables concursos de cata— y la Flavor King, de la que se dice que tiene notas de ponche de frutas especiado. El deseo de potenciar la ciruela haciendo hibridaciones con otra fruta de sabor más pronunciado es comprensible, pero es probable que los chefs hayan logrado mejores resultados en este aspecto que los botanistas. Yotam Ottolenghi y Sami Tamimi dicen que la ciruela y la guayaba forman «una pareja espectacular». La ciruela y el lichi también lo son, y este último añade notas almizcladas y florales a la combinación.

Ciruela y limón: Busque el sendero que discurre entre el río Dart y las vías del tren en Kingswear. Siga cuesta arriba adentrándose en un denso bosque, luego cuesta abajo, con cuidado, entre los helechos y las hortensias de los jardines de Greenway, la casa de Agatha Christie con vistas al río, hasta que, finalmente, con el jersey lleno de púas y hierbas, llegue a un pontón. El ferry le deja, más o menos, en la puerta de un café de Dittisham. Pida una botella de vino y un cangrejo entero, que llegará acompañado de picos de pan, galletas saladas y el cubito galvanizado de patatas fritas reglamentario. Aproximadamente una hora más tarde, el caparazón del cangrejo ya estará lo bastante vacío de carne para utilizarlo como cuenco decorativo («¿Ha terminado?», le preguntará la camarera, tan seca como el Picpoul que se ha estado bebiendo). Pida su porción de tarta de limón para llevar. Compre una bolsa de ciruelas rojas en el pueblo y camine hasta Dartmouth por los campos que bajan hasta el río. Busque un collado, deténgase a comer el postre y saboree el contraste del zumo dulce y la piel amarga de las ciruelas con la crema ácida y la masa mantecosa de la tarta de limón. Existen varias teorías románticas relacionadas con piratas y naufragios para explicar el origen de la ciruela Dittisham Ploughman, pero no cabe duda de que la variedad crece muy bien en esta resguardada área, donde, si se deja madurar, la fruta adquiere un intenso aroma a miel y uva. Túmbese en el cerro que haya elegido con las manos sobre el vientre y deje que el murmullo del verano le trastoque los pensamientos. Despiértese varias horas más tarde, somnoliento, con la boca un poco reseca, pero contento, dispuesto a contemplar cómo el sol se oculta tras la orilla del río: una escena de la feliz novela que Hardy nunca llegó a escribir.

Ciruela y maíz: Véase *Maíz y ciruela*, p. 86
Ciruela y manzana: Véase *Manzana y ciruela*, p. 195
Ciruela y naranja: Véase *Naranja y ciruela*, p. 222

Ciruela y pasa: En la Edad Media, la palabra «ciruela» podía hacer referencia a cualquier fruta desecada, incluidas las pasas, lo que explica la ausencia de ciruelas en el pudin de ciruela (también conocido como pudin de Navidad). Asimismo, respalda la teoría de que fue una pasa y no una ciruela lo que el pequeño Jack Horner sacó de su tarta en la popular canción infantil, lo que supone tanto una proeza en cuanto a la inserción como un pequeño chasco para el pobrecillo Jack.

Ciruela y patata: *Szilvás gombóc, Zwetschgenknödel* y *Knedle ze śliwkami* son, respectivamente, los nombres húngaro, alemán y polaco de las albóndigas hechas con una masa de patata con la que se envuelve una ciruela. Una vez escalfadas, se rebozan en pan rallado aromatizado con canela. Imagínese un huevo a la escocesa de postre, salvo que en lugar de la yema hay un centro de jarabe afrutado allí donde el cocinero ha sustituido el hueso de la ciruela por un terrón de azúcar. Egon Ronay describe estas albóndigas como «suaves, reconfortantes, con una masa que es casi como puré, impregnadas del sabor dulce de la ciruela que habían envuelto». Y añade: «Comer seis o siete no era nada; nueve o diez, ya era bastante; doce, y eso era la comidilla de todo el mundo al día siguiente».

Ciruela y pistacho: Véase *Pistacho y ciruela*, p. 359

Ciruela y queso: Me enteré de que en una sofisticada quesería del final de la calle vendían Rogue River Blue. Me pasé por allí y pregunté si aún tenían. «Sí, sí que tenemos», me dijo el hombre que había detrás del mostrador, imagino que haciendo todo lo posible por no adoptar el aire de lástima y desdén con el que te reciben al entrar en una boutique de ropa de Bond Street cuando está claro que no te puedes permitir ni una sola prenda de las que allí se venden. «Es muy muy caro». Fue una afirmación de lo más alarmante, porque todos los productos de la tienda eran caros, como todo el mundo sabía, y a nadie se le había ocurrido advertirlo antes. Me preparé mentalmente para lo que iba a pasar a continuación y compré el trozo más grande que estuviese al alcance de mi bolsillo. Era muy pequeño. Lo llevé a una fiesta y lo puse encima de la mesa de la cocina. Acerqué una silla y no le quité el ojo de encima, vigilándolo como un halcón. Mis sentimientos eran complejos. No es que no quisiera que la gente se lo comiera, es que no quería que se lo comieran sin saber lo caro que era. No tenía de qué preocuparme: todos cuantos lo probaron masticaron un segundo antes de que se les desencajara la mandíbula y los ojos se les salieran de toda órbita cósmica. La fábrica Rogue Creamery, con sede en Central Point, Oregón, sostiene que el queso es tan bueno que no necesita acompañamiento, pero se puede maridar con una compota de frutas. El producto está disponible en otoño, por lo que las ciruelas, que combinan muy bien con el queso azul, serían ideales, pero no puedo confirmar este último extremo hasta que termine de liquidar la deuda de la tarjeta de crédito con la que pagué el último trozo que compré.

Ciruela y semilla de amapola: Véase *Semilla de amapola y ciruela*, p. 349

Ciruela y vainilla: Una tarde de otoño pedí en el Ivy un pastel de ciruelas claudias y rojas. Me sirvieron un círculo de hojaldre espolvoreado con azúcar, liso como una polvera y tan clarito como una galleta de mantequilla, acompañado de una jarrita de plata con natillas salpicadas de vainilla. Al dar el primer bocado, caí en la clase de asombro al que se sucumbe al descubrir un vestido sin estrenar de Ossie Clark en una tienda de ropa de segunda mano. Y me di cuenta de que la combinación de ciruela y vainilla, como un diseño original de Ossie, es tan clásicamente redonda y femenina, con un característico toque afilado, que nunca pasará de moda. La vaina de vainilla es un compañero habitual de las ciruelas escalfadas o asadas, aportando un aroma inconfundible a clavo. Los amantes de este maridaje también deberían probar los nísperos *blette*. En francés, *blet* significa «pocho», algo que está en un leve estado de descomposición: los nísperos se dejan en el árbol hasta las primeras heladas, cuando ceden al tacto y se perfuman con vainilla y ciruela. Véase también *Semilla de amapola y ciruela*, p. 349, y *Ciruela y ciruela pasa*, p. 136.

ALMENDRA

La almendra amarga y la dulce son hermanas mellizas. La amarga posee las mejores melodías: es con la que se hace el licor Disaronno, las galletas *amaretti* y el mazapán azucarado. Pero también es peligrosa. Las almendras amargas contienen cianuro (al igual que los huesos de melocotón y albaricoque, que tienen el mismo sabor y muchas veces se utilizan en su lugar), por lo que es más seguro utilizar extracto de almendra embotellado que machacar los frutos secos hasta obtener una pasta. La molécula responsable del sabor amargo de la almendra es el benzaldehído, uno de los primeros aromas que los químicos aprendieron a sintetizar. La canela, las hojas de laurel, el champiñón majestuoso (*Agaricus augustus*), las manzanas y las cerezas también lo contienen. El benzaldehído se utiliza a menudo en el aroma sintético de las cerezas, por lo que el refresco de cola de cereza sabe a tarta Bakewell efervescente. En comparación, la almendra dulce es suave. Cruda, tiene un sabor lechoso y ligeramente herbáceo, lo que la convierte en una buena compañera de sabores. Una simple *frangipane* hecha con almendras molidas, harina, mantequilla, azúcar y huevo es una base perfecta para que la fruta haga un despliegue de todos sus sabores. La cocción de las almendras crea un cálido sabor a frutos secos, discreto pero no del todo neutro.

Almendra y anacardo: El *Oxford Companion to Food* describe el sabor del anacardo como el de una almendra suave. Cabe suponer que esa es la razón por la que, tradicionalmente, se molía y se utilizaba como sustituto más económico de la almendra en el frangipane y el mazapán. Hablamos de anacardos crudos, por cierto: nadie confundiría el sabor del anacardo tostado con el de la almendra. Las almendras y los anacardos comparten un lado siniestro. La almendra amarga es famosa por su contenido en cianuro, y el anacardo contiene un aceite tóxico llamado urushiol, característica que tiene en común con sus parientes de la familia de las anacardiáceas: la hiedra venenosa y el zumaque. Tras su recolección, los anacardos deben abrirse al vapor para poder extraer el fruto sin entrar en contacto con el aceite. En una visita a Río de Janeiro, la poeta estadounidense Elizabeth Bishop sufrió una grave reacción alérgica tras comer un anacardo. Como se encontraba demasiado indispuesta para embarcarse en el barco de vuelta a casa, acabó enamorándose de la arquitecta paisajista Lota de Macedo Soares y se quedó en Brasil casi veinte años. Harry Angstrom, protagonista de las novelas del «Conejo» de John Updike, prefiere los anacardos «tostados», ya que «tienen un toque ácido, el sabor a veneno que le gusta». En sus últimos años, las nueces de macadamia sustituyen a los anacardos como fruto seco preferido del Conejo. «No me voy a morir por comerme un par», dice de esas «pepitas de oro ligeras con una piel salada». Muere de un ataque al corazón a los cincuenta y cinco años.

Almendra y arándano rojo: Véase *Arándano rojo y almendra*, p. 113

Almendra y baya de saúco: Una pareja excelente que sabe un poco a polín de brandy de cerezas, cuyo aroma se crea mezclando almendra amarga con esencias de frambuesa y rosa. El saúco tiene notas de bayas y rosas, pero con un toque rústico y herbáceo, por lo que quizá debería decir que es un polo de brandy de cerezas *silvestres*.

Almendra y cebada: Véase *Cebada y almendra*, p. 36
Almendra y ciruela: Véase *Ciruela y almendra*, p. 135

Almendra y ciruela pasa: Según el productor de ciruelas pasas Jean-Michel Delmas, cuando se les quita el hueso, parte del sabor se va con este. El amargor de la almendra se acentúa cuando se deja el hueso, sobre todo en las ciruelas pasas en conserva, que saben casi a amaretto. En el Ritz de Londres sirven como *petit four* un minúsculo *financier* de ciruelas pasas (un pastel hecho con almendras molidas).

Almendra y fenogreco: El *helbeh* es una tarta palestina elaborada con sémola, levadura y aceite de oliva que se decora con almendras. Se condimenta con semillas de fenogreco que han estado previamente en remojo, y a veces también con ajenuz, y se finaliza con un almíbar, que puede aromatizarse con agua de flores. Hice la versión que aparece en *Jesuralén*, de Yotam Ottolenghi y Sami Tamimi, aunque prescindí del ajenuz. Su aroma me recordó a la deliciosa fragancia que queda impregnada en mis manos tras una calurosa tarde en la playa: piel caliente, levadura natural, el perfume cada vez más débil del Factor 30 y la hierba agostada y almizclada de las dunas.

Almendra e hinojo: Véase *Hinojo y almendra*, p. 371
Almendra y judía verde: Véase *Judía verde y almendra*, p. 444

Almendra y kale: El kale me inspira lo mismo que las agujas de las iglesias a John Ruskin. Hay algo en su sabor agridulce con notas ferrosas que me atrapa en un ensueño. Compararlo con el chocolate quizá sea ir demasiado lejos, pero combina bien con muchas de las parejas preferidas del chocolate negro: frutos secos, fruta desecada, jengibre y naranja. Use almendras enteras, picadas o incluso molidas para hacer un aderezo denso y cremoso. Las ahumadas o las saladas con piel son unas compañeras perfectas para el kale.

Almendra y membrillo: El salami de membrillo se elabora en Bulgaria y Macedonia. Es como la carne de membrillo, solo que con almendras y frutas confitadas, enrollado en forma de salchicha y cortado en rodajas. El membrillo y la almendra amarga son notas características del vino elaborado con uvas Dolcetto. Dolcetto significa «dulcecito», es decir, un apelativo cariñoso en italiano, aunque el producto resultante no es un vino de postre, sino un tinto seco. El Dolcetto es una especie en peligro de extinción, amenazada por competidores piamonteses más rentables como el Barbaresco y el Barolo. A falta de Dolcetto, pruebe una tarta de membrillo y almendras, en concreto, un pastel dulce y mantecoso untado con una capa de carne de membrillo y cubierto con frangipane de almendras.

Almendra y miel: Véase *Miel y almendra,* p. 91
Almendra y pasa: Véase *Pasa y almendra,* p. 153
Almendra y piñón: Véase *Piñón y almendra,* p. 420
Almendra y pistacho: Véase *Pistacho y almendra,* p. 359

Almendra y puerro: Según Irving Davis en *A Catalan Cookery Book,* los calçots deben comerse: a) «al aire libre, bajo los almendros en flor» y b) solo en Valls. Se trata de una verdura más pequeña que los puerros y más grande que las cebolletas, pero puede reemplazarlos por puerros de unos 2,5 cm de diámetro, para que queden tostados por fuera y blandos por dentro al asarlos. Cuando estén bien negros por fuera, envuélvalos en papel de periódico, preferiblemente el *Periódico de Catalunya* del día anterior, y deje que se enfríen y reposen. Cuando estén listos, quíteles la capa exterior quemada para descubrir un interior pegajoso y dulce, y mójelos en una salsa de almendras —*salvitxada* o romesco— que puede preparar con antelación y servir a temperatura ambiente. Para una especie de *salvitxada* o romesco para 4 personas, unte 4 tomates y los lados cortados de un ajo partido por la mitad con aceite de oliva y áselos a 200 °C (marca 6 del gas) durante 20 minutos. Esparza 150 g de almendras escaldadas en otra bandeja distinta, métalas en el horno también y hornee durante unos 8 minutos hasta que se doren. Sacar todo y dejar enfriar. Triture las almendras en el vaso batidor o en un robot de cocina. Pele los tomates y los dientes de ajo y añádalos a las almendras, junto con una cucharada de vinagre de vino tinto y sal al gusto. Vuelva a triturar hasta obtener una textura gruesa o suave, según se prefiera. Emulsione la salsa añadiendo poco a poco 125 ml de aceite de oliva sin dejar de batir y rectifique de sazón. Coma la salsa con los puerros; ponerse perdido forma parte indispensable del proceso.

Almendra y semilla de amapola: Véase *Semilla de amapola y almendra,* p. 348
Almendra y trigo sarraceno: Véase *Trigo sarraceno y almendra,* p. 74

FRUTAS DESECADAS

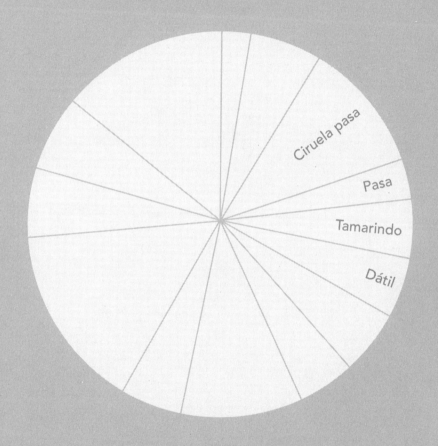

Ciruela pasa

Pasa

Tamarindo

Dátil

CIRUELA PASA

Los franceses tienen a la ciruela pasa en mayor estima que los británicos, tal vez porque ellos las ponen en remojo en armañac mientras que nosotros lo hacemos en té. También podría deberse a que Francia produce las famosas ciruelas pasas de Agen, para las que utiliza una variedad de ciruela cuidadosamente seleccionada, la Ente. Quizá se pregunte a qué viene tanto revuelo por una ciruela pasa. Pruebe una Agen junto a una normalita y lo sabrá. La piel es más fina, la carne es más delicada y jugosa, casi líquida en algunos casos, y el sabor es más intenso, más afrutado (recuerda a un fruto del bosque maduro) y permanece en la boca por más tiempo. Todas las ciruelas pasas son muy dulces, y es precisamente esa potencia lo que la hace destacar por encima de la suave ciruela. Se compenetran a la perfección con parejas saladas y de sabor intenso, pero también funcionan a las mil maravillas en bizcochos o tartas, sobre todo si están elaborados con almendras molidas o crema frangipane, los cuales recuerdan vagamente la potente nota de amaretto de la ciruela pasa.

Ciruela pasa y almendra: Véase *Almendra y ciruela pasa*, p. 141
Ciruela pasa y arándano rojo: Véase *Arándano rojo y ciruela pasa*, p. 114

Ciruela pasa y avena: «Las gachas llenan el estómago inglés, las ciruelas pasas lo vacían, por lo tanto, tienen funciones opuestas; sin embargo, el espíritu es el mismo: rehúyen el placer y consideran la delicadeza una inmoralidad. Esa mañana no podían parecerse más unas a otras. Todo era gris. Las gachas formaban grumos grises y apagados, las ciruelas pasas nadaban en un jugo gris como cráneos de ancianos marchitos, y una bruma gris se apretaba contra las grises ventanas». Esas fueron las palabras de E. M. Forster un día que tal vez hubiera deseado que su habitación careciera de vistas. En el desayuno, el yogur es el compañero perfecto de las ciruelas pasas debido al contraste entre la acidez del primero y la dulzura de las segundas; la pareja goza de una energía saludable de buena mañana. Si usted es más de gozar volviéndose a la cama, unas gachas densas de color marfil elaboradas con nata espesa y azúcar moreno y con unas cuantas ciruelas pasas de Agen por encima lo clavarán al colchón con su pesada opulencia.

Ciruela pasa y café: Véase *Café y ciruela pasa*, p. 42
Ciruela pasa y canela: Véase *Canela y ciruela pasa*, p. 397

Ciruela pasa y chocolate: Una relación disfuncional. La ciruela pasa rara vez soporta al chocolate, salvo que esté ebria de brandy. Y eso que tienen muchos puntos en común, como el sabor a fruta desecada de forma natural, propio del cacao. Pero son muy parecidos, y ese es el problema, que se trata de una relación demasiado intensa. La única solución es mantenerlos separados. En lugar de emplearlos en un pudin, a Nigel Slater le gusta ofrecer un plato grande de ciruelas pasas con varios elementos que las complementan: chocolate (aunque «no muy oscuro ni amargo»), mazapán y almendras tostadas. Si le apasiona el pastel de chocolate refrigerado, pero aborrece la cereza confitada, unas ciruelas pasas cortadas en 4 o 6 trocitos aportarán un toque dulce y afrutado similar y una resistencia agradable al masticado.

Ciruela pasa y ciruela: Véase *Ciruela y ciruela pasa*, p. 136

Ciruela pasa y coco: Un clásico brasileño. El manjar de coco es un *blancmange* elaborado con leche de coco, nata, coco rallado y azúcar ligados con maicena. Se sirve con una salsa de ciruela pasa hecha con vino tinto, canela, clavo y azúcar. Los *olhos de sogra* son ciruelas pasas combinadas con una mezcla a base de coco desecado rallado, huevo y azúcar, de tipo la del macaron. El nombre del plato podría traducirse como «ojo de suegra»: unas veces la ciruela pasa está enterrada en la mezcla de coco y parece un ojo de color castaño; otras, los «ojos» tienen forma redonda, como si estuvieran asustados; o están vidriosos, o el relleno es fino y parecen mirar con recelo. Una receta problemática, se mire como se mire.

Ciruela pasa y dátil: Véase *Dátil y ciruela pasa*, p. 164

Ciruela pasa y flor de saúco: En *Breakfast at the Wolseley*, A. A. Gill incluye una receta de compota de ciruela pasa y flor de saúco.

Esta última me resultó la acompañante sumisa, aturullada en presencia de la dominante ciruela pasa, de piel gruesa. Sin embargo, decidí que valía la pena dar una segunda oportunidad a la idea de emplear flor de saúco para aderezar las notas de fruta y almendra amarga de la ciruela pasa. Y repetí la receta, pero en esta segunda ocasión perforé la fruta por todas partes antes de dejarla empapándose en licor. Y allí estaba: la flor de saúco por fin alzó su voz.

Ciruela pasa y garbanzo: Véase *Garbanzo y ciruela pasa*, p. 286

Ciruela pasa e hinojo: Infusione una ciruela pasa con semillas de hinojo y el resultado se acercará mucho a un regaliz suave: de un color negro betún por fuera y un marrón anaranjado, pegajoso y fibroso por dentro. El sabor anisado del hinojo armoniza a la perfección con las notas de fruta y de melaza de la ciruela pasa. El bulbo de hinojo y la ciruela pasa picados son un buen relleno para el pescado, o para acompañar unas albóndigas de cordero. En *The Zuni Café Cookbook*, Judy Rodgers vota por la combinación de ambos cortados en rodajas como candidatos para el *fritto misto*. Los ingredientes se sumergen primero en *buttermilk*, luego se pasan por una mezcla de harina y sémola y se fríen en aceite de cacahuete. Los sombreretes de champiñones Portobello, los corazones de apio, las hojas de salvia y las rodajas de limón también son alternativas fiables.

Ciruela pasa y hoja de laurel: Antiguamente era habitual emplear hojas de laurel en platos dulces como el arroz con leche. Hoy en día no es una práctica tan corriente, pero aún se usa de manera residual en la elaboración de una compota de ciruela pasa, que se cocina a fuego lento con un par de hojas de laurel. Su piel posee su propio amargor, pero se agradece la acrimonia adicional que aporta el laurel, sobre todo porque viene acompañada de ese ligero sabor picante a nuez moscada que lo equilibra. La ciruela pasa y el laurel también suelen coincidir cuando aquellas se preparan en conserva, que acostumbran a servirse con embutidos, paté o aves de corral.

Ciruela pasa y limón: Véase *Limón y ciruela pasa*, p. 208
Ciruela pasa y manzana: Véase *Manzana y ciruela pasa*, p. 196

Ciruela pasa y membrillo: *Beyond Nose to Tail*, de Fergus Henderson y Justin Piers Gellatly, está más repleto de recetas con ciruela pasa que un ganso de Toulouse, entre las que se encuentra una donde se cocinan con membrillo en azúcar y agua. «Creo que es imprescindible conseguir ciruelas pasas con hueso», reza el encabezado de la receta. Por lo visto, «les aporta estructura para hincharse de gozo, pero mantener su dignidad». No volví a pensar en la dignidad de la ciruela pasa hasta que me puse a asar unos membrillos con azúcar. Valoré la idea de seguir la receta de Henderson y Gellatly, pero al final lo descarté basándome en que mis membrillos estaban bien como estaban y no necesitaban nada más. Cuando les eché un vistazo para comprobar qué tal iba el cocinado, la fragancia que emanó del horno estaba tan indiscutiblemente impregnada de ciruela pasa que me descubrí escudriñando el oscuro interior, preguntándome si no me habría dejado alguna dentro.

Ciruela pasa y naranja: La cáscara de naranja se añade a muchas compotas de fruta desecada. Con la combinación también se prepara un bizcocho pringoso memorable, un bollo oscuro y meloso animado por una vivaz cáscara de naranja y cuajado de melosas ciruelas pasas. Las naranjas amargas de Sevilla combinan especialmente bien con las ciruelas pasas, como demuestra este postre con Cointreau (este se aromatiza con naranjas dulces y de Sevilla). Corte 5-6 ciruelas pasas sin hueso en tiras. Pele una naranja grande y corte cada gajo por la mitad. Mezcle los trozos de naranja con las tiras de ciruela pasa y una cucharadita de Cointreau y repártalo en 2 ramequines. Parta 3 o 4 bizcochos de soletilla por la mitad y colóquelos sobre la fruta. Bata un poco de *crème fraîche* para ahuecarla y viértala sobre los bizcochos (unas 2 cucharaditas por ramequín). Espolvoree con azúcar moreno y póngalos a enfriar en la nevera hasta la hora de servir. Si desea que sus postres luzcan una deliciosa capa de caramelo quebradiza, póngalos bajo el grill hasta que el azúcar empiece a burbujear y adopte una tonalidad ambarina, y luego déjelo enfriar unos 10 minutos.

Ciruela pasa y nuez pecana: No está mal, pero estos dos competidores en arrugas no salen bien parados comparados con la combinación clásica de dátil y nuez. La ciruela pasa tiene un sabor más intenso que el dátil, y la nuez pecana carece del agradable amargor de su pariente lejana. Dicho de otro modo, no hay suficiente fricción. El dátil y la nuez son Cary Grant y Katharine Hepburn en *Historias de Filadelfia*; la ciruela pasa y la nuez pecana son Bing Crosby y Grace Kelly en *Alta sociedad*.

Ciruela pasa y puerro: Como locos al unirse en una sopa *cock-a-leekie* (sopa escocesa a base de puerros, ciruelas pasas y caldo de pollo). Gary Rhodes apunta que la combinación de ciruela pasa y puerro es muy antigua, «siendo ingredientes habituales del potaje». Él los usa para rellenar aves de corral o cerdo (recomienda freír las ciruelas pasas primero para intensificar el sabor), pero también funcionan muy bien en una tarta con queso de cabra. Me gusta la manera en que los sabores tiran en direcciones opuestas: uno muy sabroso, el otro intensamente dulce. Sin embargo, no hace falta perder la cabeza con las ciruelas pasas. Como en el *cock-a-leekie*, lo ideal es encontrarse un trocito de vez en cuando. Corte en rodajas la parte blanca y verde claro de 2 puerros limpios. Póchela en un poco de aceite de colza a fuego medio y añada 3 ciruelas pasas cortadas en lonchas cuando el puerro esté casi hecho. Bata 100 g de queso de cabra blando con 250 ml de leche, 3 huevos y una pizca de sal. Coloque los puerros y las ciruelas pasas en una base de tarta de 18 cm medio horneada. Vierta la mezcla de queso de cabra y hornéelo todo a 160 °C (marca 3 del gas) durante 20-30 minutos, hasta que solo tiemble un poco en el centro. Sirva la tarta templada.

Ciruela pasa y queso: Véase *Queso y ciruela pasa*, p. 306

Ciruela pasa y seta: Las ciruelas pasas cortadas en daditos embellecen las *duxelles*.

Ciruela pasa y té verde: Durante la ley seca, el té se mezclaba con zumo de ciruela pasa, un licor neutro y almíbar para hacer un falso bourbon. Probé a echarle vodka en lugar de un licor neutro y acabé con una bebida que merecía ser ahogada en cola. Sin embargo, el té es una combinación merecidamente clásica para las ciruelas pasas, pues se utiliza para remojar aquellas con que se prepararán compotas y encurtidos. También puede elaborarse con el té negro tradicional, pero algunas recetas prefieren el sensual perfume del té verde con jazmín o el ahumado del Lapsang Souchong. Las notas cítricas impartidas por la bergamota del té Earl Grey lo convierten en una pareja interesante para la ciruela pasa, ingredientes con los que Caroline y Robin Weir hacen un sorbete.

Ciruela pasa y vainilla: Véase *Vainilla y ciruela pasa*, p. 172

Ciruela pasa y yogur: Durante un viaje de trabajo, una colega y yo analizamos el desayuno bufé del hotel en el que nos alojábamos. Era tan descomunal que casi era necesaria una planificación urbanística. «Madre mía», murmuró mi colega. «Increíble», comenté yo. Pedimos la mesa correspondiente a nuestras habitaciones y cada una fue por su lado. Unos minutos después, regresé del distrito de desayuno continental con mi plato: dos tipos de pan, crackers, queso, jamón cocido, mermelada de albaricoque, queso para untar, mantequilla y una jarrita de Nutella por si acaso. A continuación, fui a buscar el aperitivo al barrio de las grasas: huevos y beicon. Volví de nuevo junto a la mesa y me encontré a mi colega dando cuenta de un pequeño bol de yogur con una solitaria ciruela pasa acunada en medio con remilgo. De acuerdo, en cuanto a combinaciones, el yogur y la ciruela pasa es un auténtico clásico, pero creía que teníamos un trato. «¿Y eso?», pregunté, reprimiendo la sensación de haber sido traicionada mientras veía cómo intentaba partir la ciruela pasa con la cucharilla. «Es que madre mía», contestó. «Increíble», repetí yo.

PASA

Este capítulo también abarca las pasas de Corinto y las sultanas. Las primeras son uvas tintas desecadas que casi nunca crecen lo suficiente para producir pepitas. Las segundas proceden sobre todo de la variedad de uva blanca Thompson Seedless y se distinguen de las pasas por su proceso de deshidratación, que implica introducirlas en un baño de potasa y aceite vegetal que las ablanda, abrillanta y esteriliza. El término «pasas» es menos específico, ya que pueden proceder de uvas tintas o blancas, aunque muchas de ellas son de la variedad Thompson Seedless, dado su predominio en California, Sudáfrica y Australia. Las uvas maduras son sometidas a un proceso de secado, ya sea al sol, en un horno o en un deshidratador. Las pasas suelen ser más duras, estar más arrugadas y tener un sabor más intenso que las sultanas, y a menudo también son más ácidas. El helado de ron con pasas también se conoce como helado Málaga, en alusión a la provincia española famosa por sus pasas de uvas moscatel. Las pasas de Málaga disfrutan de denominación de origen. Grandes, muy dulces y a menudo todavía en rama, son más jugosas que la mayoría de las pasas disponibles en el mercado.

Pasa y alcaravea: Véase *Alcaravea y pasa*, p. 379

Pasa y almendra: *Rozhinkes mit mandlen* («Pasas y almendras») es una nana judía. Para los judíos asquenazíes, las pasas y las almendras simbolizan un matrimonio feliz y fecundo, de lo que podría inferirse que la *pizza ebraica*, un dulce tradicional de la Pasticceria Boccione, en el barrio judío de Roma, simboliza todo lo anterior además de prosperidad, a juzgar por la cantidad de almendras con piel, pasas y la multicolor fruta escarchada que lleva. Como muchos de los dulces de Boccione, está tostada por encima. Tina Prestia, chef afincada en Bolonia, trató de recrearla usando una mezcla de harina y almendras molidas ligada con vino blanco y aceite. Prescindió de la levadura, y usó el azúcar y la sal con moderación, así como una cantidad francamente indecente de frutas y frutos secos. (Si Versace hacía *scones*...). Si no le gusta la fruta confitada, la galleta cretense *stafidota* puede que sea una buena alternativa. Se elabora con una masa hecha con aceite de oliva que se aromatiza con raki y se rellena con una mezcla de pasas sultanas, almendras picadas y miel.

Pasa y alubia blanca: Las sultanas y las alubias blancas «aunque pueda parecer una combinación muy poco usual, es una verdadera delicia», apunta Madhur Jaffrey en *Eastern Vegetarian Cooking*. Ella nos ofrece esta receta de alubias blancas manteca con sultanas de Devi's que funciona a las mil maravillas como plato de acompañamiento. Para 4 raciones, ponga en remojo 180 g de alubias blancas manteca secas durante 20 horas. Caliente 3 cucharadas de aceite vegetal y fría una cucharadita de semillas de ajowan (véase *Hinojo y pimienta en grano*, p. 373) hasta que suelten su fragancia. Póngalo a fuego medio bajo y añada las alubias escurridas, ¼ de cucharadita de cúrcuma molida, cayena al gusto, 2-4 cucharadas de pasas sultanas, 2 cucharaditas de azúcar y una cucharada de zumo de limón. Agregue 250 ml de agua y llévelo a ebullición, tápelo y deje que cueza a fuego tan lento como sea posible durante 45 minutos. Échele un vistazo cada 10 minutos y añada un poco de agua si fuera necesario. Todo el líquido debe haberse evaporado cuando el plato esté terminado. Las pasas y las alubias blancas también coinciden en el *ashure* (o pudin de Noé), unas gachas dulces populares en los Balcanes y Turquía que se elaboran con cereales, alubias y frutos secos. Según cuenta la leyenda, el pudin se improvisó con lo que contenía la despensa del Arca cuando esta se detuvo sobre el monte Ararat. ¿La despensa de Noé dispondría de dos de todo?

Pasa y anacardo: Véase *Anacardo y pasa*, p. 355

Pasa y arroz integral: Las pasas de Corinto son unas sustitutas aceptables de las bayas de agracejo en la elaboración de pilafs, dado que son casi igual de pequeñas y, a diferencia de las pasas o las sultanas, no tan dulces. Estas últimas, por otro lado, constituyen la mejora clásica de los arroces con leche. Ambrosia, la marca líder británica de arroz con leche envasado, incluso ofrece una alternativa con ellas. La polémica se encuentra en la textura. Para los entusiastas de las sultanas, son gratificantes bocaditos de dulzura afrutada y gelatinosa; para el resto, encontrarse alguna resulta tan desconcertante como toparse con una zona de agua cálida en una piscina. El *kheer* indio, un arroz con leche generosamente especiado, se realza con sultanas en lugar de pasas o pasas de Corinto porque, por un lado, tienen un sabor más suave y, por el otro, su relativamente baja acidez se ajusta al carácter cordial del arroz con leche.

Pasa y baya de saúco: Véase *Baya de saúco y pasa*, p. 133
Pasa y calabacín: Véase *Calabacín y pasa*, p. 458
Pasa y canela: Véase *Canela y pasa*, p. 399
Pasa y cebada: Véase *Cebada y pasa*, p. 39
Pasa y centeno: Véase *Centeno y pasa*, p. 34
Pasa y chocolate: Véase *Chocolate y pasa*, p. 47
Pasa y ciruela: Véase *Ciruela y pasa*, p. 138
Pasa y coco: Véase *Coco y pasa*, p. 182

Pasa y coliflor: En los primeros puestos de la lista de mejores combinaciones de fruta desecada y crucíferas. Pruebe los cogollos de coliflor fritos o asados con unas cuantas pasas o pasas de Corinto esparcidas por encima. En crudo, también funcionan de maravilla en ensaladas.

Pasa y espinaca: Véase *Espinaca y pasa*, p. 461
Pasa y garbanzo: Véase *Garbanzo y pasa*, p. 289

Pasa y jengibre: No utilice las sultanas para los ojos de los hombrecillos de jengibre, porque son demasiado grandes. El objetivo de los ojos desproporcionadamente grandes de los personajes de animación es darles un aire infantil, vulnerable e inocente. De usarlas, será incapaz de arrancarle la cabeza a su hombre de jengibre de un bocado. Las pasas de Corinto lo harán parecer malvado, merecedor de la decapitación, y en cualquier caso suelen ser la mejor clase de pasas para las galletas. Según el consultor de la industria confitera Duncan Manley, la carne de las pasas y las sultanas puede volverse correosa y amarga durante el proceso de cocinado. Entre las distintas variedades de pasas de Corinto, las Vostizza griegas, que disfrutan de denominación de origen desde 1993, están muy bien consideradas. Son uvas tintas que adoptan una tonalidad negra azulada durante el proceso de secado. Las pasas de Corinto que proceden de uvas tintas suelen ser más ácidas, pero harán un magnífico contraste con la dulzura almibarada de los hombrecillos de jengibre y las galletas de jengibre afrutadas.

Pasa y limón: El pudin de sebo al vapor conocido como *spotted dick* debe su popularidad en el Reino Unido no tanto al feliz maridaje de la fruta desecada —ya sean pasas de Corinto o sultanas— con el cítrico como a la burda combinación de comida pesada y obscenidad que sugiere el nombre. Lleva siendo uno de los platos insignia de Sweetings, en la City de Londres, desde 1889.

Pasa y manzana: El olor a pasas asadas es atribuible en parte a la cetona beta-damascenona, que huele a manzanas asadas. La pasa y la manzana tienen una relación armoniosa, si bien son completamente distintas. La primera aporta estallidos de un dulzor intenso que, por contraste, hacen que el sabor de la segunda resulte más ligero y refrescante. Combinan en pasteles, tartas y *strudels*. Antiguamente, se llamaba pudin de Eva a un pudin elaborado con sebo y miga de pan hecho al vapor; sin embargo, hoy en día hace referencia a un bizcocho de cuatro cuartos que oculta una capa de pasas y manzanas asadas. Con la llegada del otoño, los españoles compran pequeñas empanadillas de manzana y pasas de camino al trabajo.

Pasa y membrillo: Véase *Membrillo y pasa*, p. 192

Pasa y naranja: Las cáscaras de cítricos y las pasas confitadas comparten envase en los pasillos de repostería de los supermercados del Reino Unido. La mezcla se emplea principalmente en la elaboración de panes enriquecidos, como bollos, y en bizcochos de frutas. Las pasas son dulces y ácidas, y su cáscara no ha perdido ni un ápice de amargor; tanto es así que, en comparación, hace que la mermelada de cítricos sepa a la de fresa. En el proceso de confitado industrial, las naranjas y los limones se cortan por la mitad, se les extrae la pulpa y las cáscaras se ponen en salmuera, con la amarga piel blanca incluida, para abrir los poros y que absorban más azúcar. Tras la salmuera, las medias cáscaras se lavan y se procesan en soluciones con una cantidad de azúcar cada vez mayor hasta que se confitan. También se encuentran en tiras, aunque es probable que hayan sido sometidas a un proceso ligeramente distinto en el que la mayor parte de los aceites se extraen antes del confitado, lo cual da como resultado una cáscara menos amarga y con menos sabor.

Pasa y nuez pecana: Véase *Nuez pecana y pasa*, p. 428

Pasa y pimienta de Jamaica: La diferencia que existe entre las pasas de Corinto y las pasas queda sobradamente demostrada en la torta de Eccles. Para los profanos, se trata de una especie de bomba de hojaldre atiborrada de pasas de Corinto condimentadas con pimienta de Jamaica y nuez moscada. Adorar las pasas de Corinto pero aborrecer al mismo tiempo las pasas y las sultanas es perfectamente defendible: las primeras son más afrutadas, ácidas y de textura menos empalagosa. Las que se usan en la torta de Eccles son uvas tintas pequeñas y desecadas de un sabor vinoso al que las notas de madera y clavo de la pimienta de Jamaica les aporta la intensidad de la crianza en barrica.

Pasa y piñón: Véase *Piñón y pasa*, p. 424

Pasa y queso: No se precipite a la hora de buscar a quién endosarle el bizcocho de frutas que le han regalado. Pruébelo con queso. Es una combinación clásica a ambos lados de los montes Peninos, y con motivo. Un bizcocho de frutas intenso, vinoso y agridulce cargado de pasas y pasas de Corinto es como una tajada de shiraz que realza y amortigua la acidez salada del queso al mismo tiempo. Opte por uno de Wensleydale, fuerte y cremoso, o un Lancashire, alimonado y mantecoso, incluso ayogurado. El famoso queso de Lancashire de la señora Kirkham sabe a gloria bendita con una torta de Eccles templada y una copa de borgoña blanco (o una taza de té). Si lo que quisiera es beberse una pasa, el Amarone di Valpolicella es un vino tinto italiano hecho con uvas desecadas. El método de elaboración tradicional consiste en repartir las uvas sobre paja y dejarlas secar durante unos tres meses. La pérdida de humedad contribuye a la obtención de un vino dulce y concentrado con notas de cereza, almendra, higo y ciruela. Perfecto con lonchas de parmesano. O haga un risotto de color ciruela con la pareja.

Pasa y trigo sarraceno: Véase *Trigo sarraceno y pasa*, p. 77

Pasa y vainilla: El ron frugal y la pasa. El extracto de vainilla sabe a alcohol, lo cual en buena parte se debe a que suele elaborarse con un alcohol como base. Aun así, cualquier mezcla sin alcohol de vaina de vainilla y pasa seguirá conservando un tufillo a licorería. La vainillina, el componente primario que proporciona a esta especia su aroma característico —y responsable del residuo blanco que se encuentra en las vainas— también se crea durante el quemado de las barricas de madera en el proceso de envejecimiento de licores y vinos. Es uno de los motivos por los que detectará notas de vainilla en el whisky y en el ron. Tradicionalmente, se añadían pepitas de pasa al ron joven para darle los aromas asociados al envejecimiento en barrica. En cuanto a las combinaciones, el maridaje entre la pasa y la vainilla es lo bastante embriagador por sí mismo sin necesidad de alcohol. Saboréelas en un *pain au raisin* elaborado con crema pastelera aromatizada con esencia de vainilla o en una tarta de queso horneada.

Pasa y zanahoria: Véase *Zanahoria y pasa*, p. 270

TAMARINDO

Fuera de sus países tropicales de origen, el tamarindo suele venderse en forma de bloque o pasta, y su acidez, deliciosamente afrutada, funciona igual de bien con platos dulces como con salados. En el caso del bloque, se sumerge en agua un trozo de pulpa comprimida y se tamiza para retirar las semillas y las fibras hasta obtener un agua o un puré de tamarindo. Tenga en cuenta que aunque en el envoltorio ponga «sin semillas», en realidad debería poner «con pocas semillas». En el caso del concentrado o la pasta de tamarindo, el proceso de remojo y eliminación de las semillas ya se habrá llevado a cabo, pero casi todo el mundo coincide en que el sabor es inferior. Compre una caja de tamarindo dulce y encontrará unas vainas anaranjadas y quebradizas que contienen una pulpa pegajosa en forma de salchichas llenas de nudos de color marrón rojizo recorridas de filamentos, como si fueran salamis de casa de muñecas. Retire los filamentos y pruebe la pulpa. Puede que crea que la naturaleza ha creado el caramelo de sus sueños cuando empiece a masticar, hasta que, como en la típica pesadilla en que uno cree que se le caen los dientes, sentirá que algo va dando tumbos por su boca. Porque las negras semillas de la carne del tamarindo son, por su peso, tamaño y esmaltada cubierta, sorprendentemente similares a los incisivos; es lo único que evitará que se acabe la caja del tirón. También hay tequilas, licores, dulces y refrescos con esencia de tamarindo.

Tamarindo y boniato: El kétchup comprado en el supermercado es muy dulce para que funcione a la perfección con las patatas fritas de boniato. La salsa o el chutney de tamarindo tiene una acidez que equilibra el dulzor del boniato, además de un maravilloso sabor denso y afrutado. Si desea probar una variante de los dulces de tamarindo de los que se habla en *Tamarindo y chile* (p. 158), mezcle un puré de boniato denso con un puré de tamarindo espeso, haga bolitas y páselas por azúcar caster dorado.

Tamarindo y chile: Estaba en la tienda de productos tailandeses. «Caramelos de tamarindo y guindilla —pensé—. Interesante». Qué ingenua. Me metí uno en la boca al tiempo que un tornado de papel de seda pasaba zumbando por Chapel Market: viento con cosas. El exterior, dulce y crujiente, dio paso a algo más o menos blando, salado, como si fuera tabaco de mascar. A continuación, vino la acidez afrutada característica del tamarindo. De momento, sabía por dónde andaba. Y de pronto me vi perdida. ¡Guindilla! «Ay». Aquello no era un caramelo, aquello era una experiencia. Demasiadas cosas sucediendo a la vez. Supongo que no me habría sorprendido tanto si hubiera pasado más tiempo en el Caribe o en México, donde suele añadirse guindilla a los dulces de tamarindo. David Thompson tiene una receta de los dulces tailandeses conocidos como *maakam guan*, en la que comenta que se emplean chiles ojo de pájaro porque «aportan intensidad a la pasta y evitan que el tamarindo sea demasiado ácido». En Vietnam se añade ajo y salsa de pescado al tamarindo, la guindilla y el azúcar en la elaboración de una salsa para mojar.

Tamarindo y coco: Véase *Coco y tamarindo*, p. 183
Tamarindo y comino: Véase *Comino y tamarindo*, p. 395

Tamarindo y dátil: Se combinan en un chutney que goza de gran popularidad en la India. Para 50 g de pulpa de tamarindo, 50 g de dátiles sin hueso y 50 g de *jaggery* (o azúcar moreno), necesitará ½ cucharadita de jengibre rallado, ¼ de cucharadita de comino molido, ¼ de cucharadita de cilantro y una pizca de chile en polvo y sal al gusto. Ponga en remojo la pulpa de tamarindo en 250 ml de agua caliente durante 20 minutos. Pasado ese tiempo, extraiga las semillas y las fibras antes de batirlo con los dátiles y el resto de ingredientes. Transfiéralo a un cazo que no sea de aluminio y deje que se cocine a fuego lento hasta que adquiera la consistencia deseada. Sírvalo con aperitivos indios fritos como *samosas* o *pakoras*. Guarde las sobras en un recipiente hermético en el frigorífico, donde se conservará hasta una semana.

Tamarindo y huevo: Véase *Huevo y tamarindo*, p. 296
Tamarindo y jengibre: Véase *Jengibre y tamarindo*, p. 267

Tamarindo y lima: ¿Se ha quedado sin tamarindo? La chef australiana-indonesia Lara Lee propone usar la misma cantidad de zumo de lima y azúcar moreno como sustitutos de la pasta de tamarindo en la elaboración de un *sambal*. Algo bastante acertado, dado que el azúcar moreno sustituye la nota de fruta desecada del tamarindo. El agua de este fruto con lima mezclada con agua tónica sobre unos hielos es un aperitivo perfecto para esas noches secas de enero, siempre y cuando le apetezca tomarse algo a las cuatro de la tarde, que es cuando empieza a oscurecer. Para cada bebida, pele una lima en tiras, con cuidado de no llevarse la piel blanca. Póngalas en un cazo pequeño que no sea de aluminio con 50 g de pulpa de tamarindo, una cucharadita de azúcar moreno y 100 ml de agua. Llévelo a ebullición a fuego medio mientras aplasta la pulpa y la cáscara con un revolvedor de cócteles o una cuchara. Una vez que empiece a hervir, apague el fuego y déjelo reposar 20 minutos. Antes de colar la mezcla, saque un trozo de tamarindo que no se haya disuelto y pruébelo. Es como los trocitos de lima encurtida india; una bofetada para las amígdalas, áspero, pero irresistible. Ahora ya sí, cuele el agua de tamarindo y lima, apretando la pulpa y la cáscara para extraerles todo el jugo posible. Sírvalo en un vaso con hielo picado y dilúyalo con agua tónica al gusto. Tenga en cuenta que se trata de una bebida de un intenso color marrón. Si tiene, puede usar las típicas copas de cobre donde se sirve el cóctel Moscow mule, aunque solo sea por hacer bonito.

Tamarindo y manzana: La palabra «tamarindo» procede del árabe *tamr hindi*, «dátil de la India», pero quien espere un dulzor similar al del dátil se encontrará con una sorpresa. Una ciruela pasa chupando un limón se aproxima más a la realidad. Aun así, el sabor a fruta desecada del tamarindo lo convierte en un aliado natural de la manzana, sobre todo de las variedades que se emplean en repostería. En lugar del caramelo rojo oscuro, las manzanas caramelizadas mexicanas se recubren con pulpa de tamarindo. Del mismo palo.

Tamarindo y menta: Véase *Menta y tamarindo*, p. 382

Tamarindo y miel: El tamarindo suele usarse como sustituto del limón, aunque debe tener presente que posee un sabor mucho más potente. La miel y la pasta de tamarindo batidas con vinagre y aceite le dará un toque más afrutado a su vinagreta. Prescinda del aceite y obtendrá un aliño más ligero, que en México suele usarse en ensaladas de fruta o de verduras de hoja. La combinación de tamarindo y miel se emplea para glasear aves de corral, carne y salmón, por ejemplo, usando una proporción de pasta de tamarindo y miel de 1:2. También puede realzar el glaseado con ajo, jengibre o anís estrellado, y diluirlo con agua si es necesario.

Tamarindo y ocra: Véase *Ocra y tamarindo*, p. 452

Tamarindo y papaya: El *rojak*, originario de Java, aunque también es típico de Indonesia, Malasia y Singapur, es una ensalada de fruta aliñada con una salsa caliente agrisalada, a la que la salsa de soja le aporta un punto salado y la pasta de gambas, un toque acre. Es el inverso de un potente plato de marisco aliñado con limón. Estaba decidida a hacerlo como era debido, hasta que descubrí que un trozo de papaya untado en agua de tamarindo estaba riquísimo tal cual. Si no le da tanta pereza como a mí, tenga en cuenta que la papaya, la piña, el pepino, la ciruela y la manzana son una buena combinación para un *rojak* vegano. Para 4 raciones necesitará unos 400 g de fruta en total, cortada en trocitos pequeños. Para el aliño, ponga en remojo 4 cucharadas de pulpa de tamarindo cn 125 ml de agua caliente durante unos 20 minutos. Transcurrido ese tiempo, cuélela en un bol pequeño, apretándola a fin de obtener un puré espeso. Agregue 2 cucharadas de azúcar moreno, una cucharadita de salsa de soja y una pizquita de cayena. Sirva el aliño sobre la fruta cortada y aderece la ensalada con cacahuetes tostados picados o semillas de sésamo. Si desea probar una variante del aliño no tan habitual, pero igualmente deliciosa, añada un poco de miso blanco.

Tamarindo y queso: Siempre que salíamos de noche y volvíamos a nuestro diminuto apartamento, ya era costumbre que mi marido preparara queso en tostada para los dos. Nos lo comíamos repantigados en el sofá con una copa de vino, que teníamos muy a mano, ya que guardábamos las botellas en el hueco polvoriento de detrás del sofá. Uno de nosotros echaba el brazo hacia atrás y sacaba lo que encontrara, que tanto podía ser un merlot chileno como algo más sofisticado. Era un premio sorpresa, y se bebía lo que tocara. En realidad, mi marido preparaba un queso en tostada tan espectacular que daba lo mismo. El truco estaba en salpicar el queso rallado con un poco de salsa Worcestershire para que se formaran pegotes oscuros cuando se fundiera bajo el grill. La acidez afrutada del tamarindo presente en la salsa se mezclaba con el cheddar fundido con un resultado tan gratificante que podría ocupar la base entera de la pirámide de las necesidades de Maslow y posiblemente algún piso superior. Cambiaría el prestigio y cualquier noción de autorrealización por una loncha de cheddar rociada con salsa Worcestershire sin pensarlo. Luego, parafraseando a Jack White, buscamos una habitación más grande, tuvimos hijos y compramos un botellero para el vino. Hace poco mojé un palito rebozado de queso halloumi en una salsa picante de tamarindo y al instante me vi transportada a aquellas noches achispadas de tostadas, si bien algo más compuesta.

Tamarindo y tomate: Véase *Tomate y tamarindo*, p. 107

DÁTIL

Se estima que existen cinco mil variedades de dátiles. O puede que solo haya un centenar con cincuenta nombres cada una. Un fruto con un nombre en un lugar puede conocerse por otro completamente distinto en el oasis vecino. Variedades aparte, los dátiles se dividen en tres categorías (blandos, semisecos y secos) y tres grados de maduración (*balah*, que significa inmaduro; *rhutab*, semimaduro, y *tamr*, maduro). Los dátiles secos, duros, correosos y casi imperecederos siguen siendo un alimento básico de los nómadas árabes. Los que suelen comercializarse en el Reino Unido son el Medjool (blando) y el Deglet Nour (semiseco), pero hay muchas otras variedades que descubrir. En *The Culture of the Date* (1883), W. G. Glee mencionaba el Buni, un dátil verde marroquí muy dulce y de hueso pequeño; una variedad blanca y pequeña del norte de Egipto; el Heleya, no mucho más grande que una mora, y el Medhanen, un dátil muy pequeño con forma de aceituna que crece en el Sáhara. También recoge variedades denominadas Hiena, Perla en el camino, Hija del abogado y Confuso. Si va a probar distintos dátiles, hágase con la rueda del jarabe de arce (véase *Jarabe de arce*, p. 430), la cual le ayudará a distinguir algunos sabores que no suelen ser tan obvios. Las diferencias de textura también serán muy evidentes, pues los dátiles pueden ser granulosos, gomosos, sedosos, suculentos, jugosos, correosos, empalagosos, de piel agrietada, de piel fina o harinosos.

Dátil y ajenuz: Habría disfrutado mucho más la fiesta a la que había sido invitada para celebrar la publicación del recetario del artista estadounidense iraquí Michael Rakowitz, *A House With a Date Palm Will Never Starve*, de haber sabido dónde se encontraban los dulces de dátil. A la salida, me guardé un par de rollitos en el bolso para el camino de vuelta a casa. Iba por Brick Lane cuando metí la mano en busca del móvil y, en su lugar, di con lo que ahora sé que se llama *kleicha*, extraoficialmente la galleta nacional de Irak. En el oscuro remolino de pasta de dátil, junto con el cardamomo, se ocultaba el sabor inconfundible del ajenuz, con ese grato toque tostado y amargo que contrarrestaba el dulzor del dátil. Me acabé la segunda planteándome volver a la galería, a diez minutos de allí, en busca de un par más. Fue entonces cuando me di cuenta de que me encontraba a unos pasos de un supermercado indio. Saqué el libro de su bolsa, consulté la receta y compré pasta de dátil y ajenuz suficientes para hacer todas las que quisiera en casa.

Dátil y anacardo: Véase *Anacardo y dátil*, p. 354

Dátil y avena: Lo único que recuerdo gratamente de cuando iba al colegio es el pastelito de dátil del menú. Parecía un *crumble* que hubiera pasado por una trituradora de coches. Los dátiles, negros y pringosos como el líquido de freno, carecían de acidez con que contrarrestar los dulces copos de avena con que estaba espolvoreado, como habría ocurrido con el ruibarbo o la ciruela. Todo sabía dulce. Muy dulce, que era justo lo que necesitaba, porque el colegio ya me amargaba lo suficiente. Para ser justos, el *crumble* sí tenía un toque salado que contrastaba con el dulzor de los dátiles y los copos de avena, aunque la cualidad más importante de cualquiera de los dos era su gomosidad. Se tardaba una eternidad en acabarse un pastelito de dátil y, por lo tanto, apenas quedaba tiempo de recreo para que te llamaran bicho raro y no te eligieran para jugar.

Dátil y boniato: En cierta ocasión, el autor de libros de viajes Eric Hansen recibió una lección por parte de su taxista, Abdul Ali, acerca de cómo debían comerse los dátiles. Según le dijo, no se mastican. El truco consiste en dejar que se deshagan en la boca. Como Hansen recuerda: «[...] poco después, la suave y blanda carne en disolución empezó a colmarme la boca de sabores complejos de miel, boniato, azúcar de caña y caramelo. Estos no tardaron en acompañarse de un sabor más sutil y con un leve toque de fruto seco impregnado de una nota intensa de caramelo de melaza». Claire Ptak, de la pastelería Violet Bakery del este de Londres, comenta que el boniato y los dátiles confieren una dulzura cálida a los pasteles: «Aunque sobre todo les concede una textura y una jugosidad magníficas, algo importante cuando se trabaja con harinas integrales».

Dátil y café: Véase *Café y dátil*, p. 43
Dátil y canela: Véase *Canela y dátil*, p. 397

Dátil y ciruela: Los dátiles Bahri están en temporada en otoño, el momento ideal para probar estos frutos frescos, en contraposición a los secos o semisecos que suelen comercializarse en el Reino Unido. Khoshbin, proveedor de dátiles iraní, sugiere utilizar dátiles frescos Bahri en las ensaladas de fruta. Combinan especialmente bien con sus compañeras de temporada, las ciruelas y las manzanas, pero también vale la pena probarlos con melón. Como cabría esperar, los dátiles frescos son húmedos, más crujientes que melosos, y a menudo demasiado agrios para comerlos en esta fase de maduración. Pero los Bahri son una excepción. Son precozmente dulces y resultan fáciles de reconocer: son de color amarillo y suelen venderse en rama. Madurarán en casa a temperatura ambiente, volviéndose cada vez más oscuros y arrugados. Tienen un sabor exquisito en esta etapa: pequeños y almibarados, con un toque de café recién hecho.

Dátil y ciruela pasa: Joan Crawford y Bette Davis. Se encuentran incómodas en presencia mutua, por lo que es mejor decantarse por una u otra. O pruebe la combinación con un dátil Ajwa, comparado a menudo con la ciruela pasa, y no solo por su piel, que es oscura, arrugada y en ocasiones brillante. Aunque es menos ácido que la ciruela pasa, lo es bastante más que la mayoría de los dátiles, y tiene un delicioso sabor a melaza. También vale casi cuatro veces más que la variedad Medjool, por lo que no es probable que los pique para aderezar unos muffins o una granola, pero pueden acompañar un *petit pot de crème*, una versión soberbia de una crema con ciruelas pasas.

Dátil y coco: Dos palmas que coinciden en un largo aplauso. El mío estaría dedicado a los pequeños y lustrosos dulces de coco tachonados de dátiles que hacía mi madre. Me gustaban en especial cuando todavía no se habían enfriado del todo y seguían pegajosos. Sabían a helado de coco mezclado con *fudge* que aún no ha cuajado. Con la incorporación de un par de palmas más, la ovación se la lleva el pudin de dátil y sagú, elaborado con leche de coco y endulzado con azúcar de palma. Las perlas de sagú son como las de tapioca, pero se obtienen de la blanca piel del interior del tronco de la palmera (que en realidad no es una palmera, sino una cícada). En Malasia, las perlas de sagú se aderezan con hojas de pandan y se sirven frías con crema de coco y azúcar de palma.

Dátil y coliflor: Véase *Coliflor y dátil*, p. 246

Dátil y huevo: En Oriente Próximo, los huevos revueltos se mezclan con dátiles picados o se sirven con almíbar de dátil. El sabor puede resultar un poco extraño al paladar occidental, como si hubieran mezclado su desayuno con el de otra persona. Si, por el contrario, incluso le parece soso, también puede añadir un poco de cúrcuma a los huevos revueltos, como harían en Irán.

Dátil y jengibre: Véase *Jengibre y dátil*, p. 267
Dátil y lima: Véase *Lima y dátil*, p. 214
Dátil y menta: Véase *Menta y dátil*, p. 381
Dátil y miel: Véase *Miel y dátil*, p. 92

Dátil y nabo: El *shalgham helu* es un dulce judío iraquí elaborado con nabo confitado. Se vende en puestos ambulantes y se come como un tentempié para después de clase, según la artista y escritora gastronómica iraquí Linda Dangoor. Claudia Roden nos ofrece una receta en su *Book of Jewish Food*. Pele y corte en trozos 500 g de nabos. Póngalos en un cazo con 2 cucharadas de almíbar de dátil, una pizca de sal y suficiente agua para cubrirlos unos centímetros. Llévelos a ebullición y luego deje que se cocinen a fuego lento, con el cazo destapado, hasta que los nabos estén blandos. Los que yo utilicé eran británicos, bastante sulfurosos y cuyo dulzor hizo que supieran a colinabo, algo por lo que sospecho que los escolares iraquíes no hacen cola. La receta puede adquirir categoría de plato principal añadiendo cordero, tomate y ajo. El chef británico Tom Hunt hace una salsa para mojar a base de nabo rosado encurtido mezclado con dátiles y yogur que aderaza con un poco de chile y hoja de cilantro.

Dátil y naranja: Rodajas de naranja, trocitos de dátil, unas gotas de agua de azahar y una pizquita de canela. Quizá tenga más de arreglo de alimentos que de plato elaborado, pero es uno de los arreglos más deliciosos que pueda hacer. El zumo de naranja penetra en la carne del dátil, la ablanda y la hace más pringosa. Es un bocado dulce aunque refrescante gracias a esa nota de *toffee* y cítrico, que los toques florales y de corteza elevan a la categoría de manjar. En verano, puede prescindir de la canela en favor de un poco de menta troceada y una pizca de azúcar caster. La cáscara de naranja confitada que se emplea en el relleno de los dátiles de las elegantes boutiques de dátiles aporta al pegajoso fruto un corazón amargo más pegajoso aún.

Dátil y nuez pecana: Los dátiles saudíes Sugai son fáciles de diferenciar. Parecen pintas de Guinness en miniatura, o cafés irlandeses: marrones coronados de color crema. La parte clara es ligeramente crujiente, lo que ofrece un contraste agradable con la gomosidad del resto. Es como comer una cucharadita de azúcar moreno claro untada en jarabe de arce. Se considera que los dátiles Sugai hacen buena pareja sobre todo con las nueces pecanas. Quizá se deba a haberlos comparado con una cerveza negra tostada o un café irlandés, pero creo que la combinación es insuperable cuando las nueces pecanas están tostadas o caramelizadas.

Dátil y piñón: Véase *Piñón y dátil*, p. 421

Dátil y pistacho: Compré una caja grande de dulces cuadraditos de pistacho y dátil en el aeropuerto de Dubái. Recordaban un poco a una delicia turca, salvo que en lugar de ser traslúcidos y rosas, eran opacos y marrones. Una tragedia turca. De vuelta en casa, los días se convirtieron en semanas sin que lograra regalárselos a nadie. Había llegado el momento de enfrentarme a la verdad. Los quería todos para mí. Veinte minutos más tarde había dado cuenta de la mitad de la caja. Los dátiles son a los pistachos lo que el chocolate a las avellanas: la combinación de sabor perfecta. Cuando descubrí el *ranginak*, un postre persa, me conocía lo suficiente para saber que debía reducir las cantidades. Es un plato de dátiles rellenos de frutos secos, comprimidos entre capas de *halva* de trigo, como una especie de masa de galleta mantecosa. Necesitará 14 dátiles deshuesados, y largos si quiere poder rellenarlos, como los Deglet Nour o los Medjool. Tueste ligeramente 50 g de almendras y 50 g de pistachos y déjelos enfriar. Muela ambos no muy finos con una pizca de sal y reserve un par de cucharadas. Rellene los dátiles con el resto. Forre un molde pequeño rectangular (donde quepan los dátiles cómodamente) con papel film o de hornear. Para la *halva*, prepare un almíbar mezclando 50 g de azúcar en 75 ml de agua hirviendo hasta que se haya disuelto. Derrita 75 g de mantequilla en una sartén a fuego medio, añada 125 g de harina y deje que vaya haciéndose, sin parar de remover, hasta que huela a galleta y se dore; a continuación, incorpore el almíbar. Distribuya la mitad de la *halva* en el fondo del molde de manera uniforme y coloque los dátiles rellenos encima. Vierta el resto de la *halva*, procurando cubrir los dátiles por completo. Comprímalo todo con suavidad, tápelo con papel de hornear y coloque encima algo que tenga peso (yo uso un molde para pan con alubias secas). Deje que se endurezca durante unas horas. Para finalizarlo, añada el resto de los frutos secos molidos y córtelo en cuadraditos antes de servir. Guarde las sobras en un recipiente hermético a temperatura ambiente, donde se conservarán hasta una semana.

Dátil y plátano: Los sabores a caramelo del dátil congenian con el plátano para hacer una alternativa saludable a la tarta Banoffee. Las variedades de dátil Halawi y Zamli se sitúan en el mismo extremo que el *butterscotch* en el espectro del sabor del caramelo y también poseen una gomosidad similar al *toffee*. Dispóngalos en capas con rodajas finas de plátano, vierta por encima un poco de nata y déjelo unas horas en el frigorífico antes de clavarle la cuchara. El inconveniente de esta alternativa es que los dátiles carecen del amargor que el azúcar caramelizado le aporta a la tarta Banoffee. Algunos chefs lo solucionan amargando almíbar de dátil con ron.

Dátil y queso: Véase *Queso y dátil*, p. 306

Dátil y sésamo: Los dátiles se comen a menudo para romper el ayuno durante el Ramadán, ya que ofrecen un chute calorífico instantáneo cuando más se necesita. A algunos les gusta mojarlos en tahini. Para hacer el *tamar be tahini*, traducido a menudo como trufas de dátil y tahini, se baten juntos y se forman bolitas con la mezcla.

Dátil y tamarindo: Véase *Tamarindo y dátil*, p. 159

Dátil y tomate: El bote de plástico rojo con forma de tomate es un elemento tan emblemático del típico restaurante barato británico como el tomate tibio de lata del desayuno inglés. Su vecino, el bote de plástico «marrón» con forma de tomate, no es tan anómalo como parece. Los ingredientes principales de una salsa HP, además del vinagre y el azúcar, son el tomate y el dátil. Para quienes no la hayan probado, es agridulce, intensa, sabrosa y con un marcado sabor a tamarindo. La versión fresca es muy sencilla, y un aderezo excelente para cualquier desayuno que se acompañe de fritos y huevos. Aunque la perfección la roza con queso halloumi al grill. Bata 100 g de dátiles sin hueso con 75 g de tomates frescos, una cucharada de jarabe de arce, 2 cucharaditas de vinagre de jerez, una cucharadita de pasta de tamarindo y una pizca de pimienta de Jamaica y sal hasta obtener la consistencia deseada, ya sea de salsa untuosa o un tanto grumosa. Eso ya depende de usted. Aunque siempre estará mejor tras haber pasado un día en el frigorífico. Guárdela en un recipiente hermético en la nevera y consúmala antes de una semana.

Dátil y vainilla: Véase *Vainilla y dátil*, p. 173

Dátil y yogur: El almíbar de dátil es más fuerte, aunque también más simple, que el jarabe de arce o la miel. También suele ser más ácido, pero aun así acompaña al yogur. En Oriente Próximo, esta combinación se utiliza para hacer una bebida. El chef Jeremy Lee, del Quo Vadis del Soho, empareja el dátil y el yogur con lo que él llama una «granola de Georgia O'Keeffe». He intentado replicarla en casa, pero lo batí todo demasiado y acabé con una masa marrón rosada que llamé «gachas de Anselm Kiefer». Si prefiere no complicarse la vida, esta panacota de yogur y dátil es una apuesta más segura. Disuelva una cucharada de azúcar y 3 hojas de gelatina hidratadas y escurridas en 200 ml de nata espesa caliente. A continuación, añada 200 ml de yogur griego, 150 ml de leche entera y 2 cucharadas de almíbar de dátil. Cuélelo, repártalo en 4 tazas o flaneras y déjelas enfriar en el frigorífico hasta que cuajen, unas 4 horas aproximadamente.

AFRUTADOS CREMOSOS

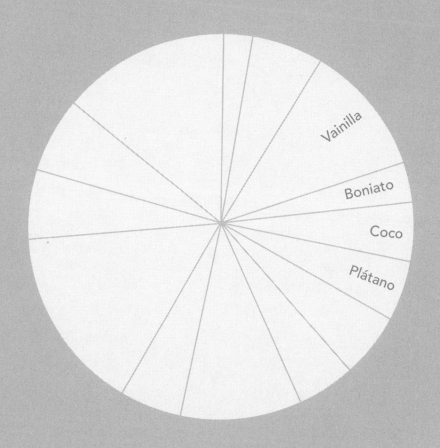

VAINILLA

La Anaïs Nin de las esencias. Pese a su omnipresencia, la seductora complejidad de la vainilla seguirá obligándole a detenerse cada vez que se tope con ella. Esta especia procede de las vainas de la orquídea *Vanilla planifolia*, una planta de flor anodina y sin rastro de fragancia a vainilla. El fruto se seca, se cura y se procesa para obtener la conocida vaina aromática que contiene centenares de semillitas. Las que se comercializan se cultivan principalmente en Madagascar, Tahití y México, y tienen características diferenciadas dependiendo de su procedencia. La variedad malgache es la preferida por reposteros y productores de helado por su sabor, más nítido y floral. La tahitiana tiene notas picantes, anisadas y de cereza que la convierten en la compañera perfecta de la fruta. La mexicana también es picante, además de intensa y con reminiscencias a tierra. El compuesto aromático característico de las vainas de vainilla se conoce como vainillina. La esencia de vainilla no es más que una solución envasada de esta, que se sintetiza a partir de la pasta de celulosa o de un precursor petroquímico. El extracto de vainilla se obtiene de vainas de vainilla reales y su elevado precio responde a los centenares de moléculas aromáticas que contiene además de la vainillina.

Vainilla y anacardo: Algunos anacardos tienen un sabor particularmente dulce y mantecoso, de ahí que, cuando apenas se tuestan un poco puedan saber a bizcocho recién horneado. Añada vainilla y sentirá tentaciones de poner agua a hervir para prepararse un té. La pareja se combina en un postre filipino llamado *sans rival*, que se compone de capas de *dacquoise* de anacardos (un merengue que incorpora frutos secos picados) y crema de mantequilla francesa con esencia de vainilla que se cubren con anacardos sin sal, tostados y picados. Las *silvanas*, también filipinas, son un *sans rival* en forma de galletas heladas con crema de mantequilla en medio que suelen recubrirse con galleta desmenuzada muy fina. Imagine un sándwich de helado que no se derrite.

Vainilla y arándano rojo: En la obra *Young Benjamin Franklin* (1862), de Henry Mayhew, el futuro Padre Fundador se encuentra con un gastrónomo cuando vuelve de la pescadería. El hombre, más mayor, le dice a Franklin que está haciendo cambios en su alimentación debido a su gota. Se acabaron las tostadas de caviar en el almuerzo y el ponche de marrasquino después de la cena. Ha reducido su consumo de Madeira a media pinta al día. Para la cena de la noche anterior, solo se había permitido un poco de sopa de fideos con parmesano, un pequeño plato de chuletas de cordero, empanadas y con una salsa picante, un par de riñones en salsa de champán, uno o dos zorzales rellenos con bayas de enebro, acompañado con salsa de enebro y una tarta de arándanos rojos con crema pastelera. «La crema pastelera le quita la aspereza al arándano rojo, y si lleva una pizca de vainilla para aromatizarla, te doy mi palabra de que está deliciosa..., de-li-cio-sa». La famosa cocinera estadounidense Alice Waters prepara una tarta invertida de arándanos rojos a la que añade vainilla en la parte del bizcocho.

Vainilla y arroz integral: Véase *Arroz integral y vainilla*, p. 30

Vainilla y avena: El escritor gastronómico estadounidense Waverley Root apunta que los franceses no le prestan mucha atención a la avena más allá de utilizarla como sustituta de la vainilla. A finales del siglo XIX, el científico francés Eugène Sérullas descubrió una manera de extraer una sustancia similar a ella, a la que llamó avenina, calentando la avena común. Y en su novela *La cangrejera*, Honoré de Balzac menciona unos *petit pots de crème* en que la vainilla se ha sustituido por una avena quemada que se parecía a esta especia «lo mismo que el café de achicoria se parece a un moca». La vainilla, en el mejor de los casos, no ocuparía la primera posición en cuanto a pareja idónea de la avena. Antes están el jengibre o la canela.

Vainilla y boniato: Véase *Boniato y vainilla*, p. 178
Vainilla y ciruela: Véase *Ciruela y vainilla*, p. 139

Vainilla y ciruela pasa: Tienen que dar muchas explicaciones. Aquella mezcla atroz de ciruelas pasas y crema que servían en el colegio no solo ha conseguido que varias generaciones aborrecieran la combinación, sino también las ciruelas pasas. Es hora de pasar página.

Pruebe una compota de ciruela pasa intensa, oscura y espesa bajo una capa de crema como la que prepararía para una *crème brûlée*, y todo quedará olvidado. (Prescinda del azúcar quemado, las ciruelas pasas se encargan del toque agridulce). Como alternativa, bata unas ciruelas pasas con una base de crema de vainilla junto con un chorrito de armañac y descubrirá el sabor a helado más infravalorado del mundo. La vainilla también funciona a la perfección en una compota de ciruela pasa, pero usada con moderación, pues la especia tiende a dominar el sabor de la fruta desecada.

Vainilla y cúrcuma: Véase *Cúrcuma y vainilla*, p. 263

Vainilla y dátil: Las notas especiadas y florales de la vainilla obran milagros con los dátiles, sobre todo en un batido, donde el frío del helado potencia el sabor del Medjool y la leche. La combinación puede pasar un tanto desapercibida entre la melaza y el oscuro azúcar moscovado de un pudin de *toffee* meloso, motivo por el que debe conservar los dátiles en trozos grandes y servir la vainilla con helado o crema, a fin de darle empuje.

Vainilla y espinaca: Véase *Espinaca y vainilla*, p. 464
Vainilla y flor de saúco: Véase *Flor de saúco y vainilla*, p. 127

Vainilla y fruta de la pasión: En 2002, el fallecido coctelero Douglas Ankrah ideó el Pornstar Martini, que se convirtió rápidamente en un clásico. El vodka de vainilla se mezcla con sirope de vainilla, así como con puré y licor de fruta de la pasión, y se sirve con un chupito de champán aparte. Ankrah decía que el maridaje de sabores estaba inspirado en los pasteles y las masas de repostería, lo cual es un poco como descubrir que la banda Mötley Crüe compuso «Girls, Girls, Girls» inspirándose en un concurso de gorros de Pascua del Instituto de la Mujer al que asistió Nikki Sixx acompañado de su abuela. Técnicamente, la invención de Ankrah no es un martini, pero imagino que cualquier artista para adultos que se precie pondría los ojos en blanco ante tanta puntillosidad. En Le Gavroche, en Mayfair, puede tomar un suflé de fruta de la pasión con helado de chocolate blanco. Eso sí es, técnicamente, un suflé.

Vainilla y granada: Véase *Granada y vainilla*, p. 111

Vainilla y grosella espinosa: Véase *Grosella espinosa y vainilla*, p. 121

Vainilla y jarabe de arce: Véase *Jarabe de arce y vainilla*, p. 434

Vainilla y lichi: Concéntrese y detectará un toque de vainilla en el sabor floral y tropical del lichi. En la Fendu Boulangerie de Manoa, Hawái, venden un dulce danés elaborado con lichi fresco y crema de vainilla espolvoreado con *streusel* (que es como la cobertura granulada de un *crumble* de fruta). En los pasteles, el lichi suele combinarse con la frambuesa por la nota de rosa que comparten. Añada vainilla para darle un toque tropical a un suflé de melocotón Melba.

Vainilla y membrillo: Véase *Membrillo y vainilla*, p. 192

Vainilla y miso: Véase *Miso y vainilla*, p. 24

Vainilla y nuez pecana: Véase *Nuez pecana y vainilla*, p. 429

Vainilla y papaya: Véase *Papaya y vainilla*, p. 234

Vainilla y pasa: Véase *Pasa y vainilla*, p. 157

Vainilla y pimienta de Jamaica: Triture varias bayas con extracto de vainilla para darle un aroma más complejo. La pimienta de Jamaica aporta a las mezclas un genérico toque picante y fresco, del mismo modo que el perejil con los atadillos de hierbas.

Vainilla y pimienta en grano: El chef Paul Gayler añade pimienta negra al *fudge* de vainilla y chocolate blanco para contrarrestar el dulzor sin, afirma, «desvirtuar el sabor». Se trata de un principio que vale la pena aplicar a otros dulces. Un espolvoreado tropical de pimienta y semillas de vainilla da a las galletas o al glaseado el aspecto de un pétalo de lirio.

Vainilla y pistacho: Las *foglie da tè* («hojas de té») son las primas sicilianas de las lenguas de gato: galletas finas aromatizadas con vainilla e incrustadas de pistachos picados. Aunque no resulte tan tentadora, me topé con una receta de «ensalada Watergate», una rareza estadounidense ideada por Kraft en cuya elaboración se emplea su mezcla para pudin con sabor a pistacho, nubes de vainilla, frutos secos, piña y chantilly. Un escándalo que bien merece encubrirse.

Vainilla y semilla de amapola: Véase *Semilla de amapola y vainilla*, p. 351

Vainilla y sésamo: Las obleas de *benne* son originarias de Charleston, Carolina del Sur. Son galletitas cuya extrema dulzura puede inferirse de las proporciones: el triple de azúcar moreno que de harina y mantequilla. «Benne» es el nombre en bantú que recibe el sésamo, cuyas semillas fueron introducidas en suelo norteamericano por los esclavos en el siglo XVIII. La combinación de sésamo tostado y vainilla tiene tanto éxito en las galletas bajas en azúcar como las de mantequilla. Según Sarit Packer e Itamar Srulovich, el tahini también aporta una buena textura mantecosa a las galletas, así que les hice caso y preparé estas *sablé* de vainilla y sésamo. Mezcle 60 g de azúcar caster con 60 g de mantequilla blanda sin sal y 60 g de tahini hasta obtener una crema. Poco a poco, incorpore 120 g de harina, y añada una cucharadita de extracto de vainilla hacia la mitad. Únalo todo hasta obtener una masa, cúbrala y métala en el frigorífico durante al menos 30 minutos. Estire la masa con rodillo sobre una superficie ligeramente enharinada hasta conseguir un grosor de unos 5 mm; a continuación, reparta por encima unas semillas de sésamo (unas 3 cucharadas) y continúe pasando el rodillo hasta que la masa tenga unos 3-4 mm de grosor. Corte las galletas con un molde redondo de unos 6-8 cm, colóquelas en una bandeja forrada con papel de hornear y hornéelas a 160 °C (marca 3 del gas) durante 12-15 minutos, hasta que estén doradas.

Vainilla y té verde: Véase *Té verde y vainilla*, p. 468

Vainilla y yogur: El yogur de vainilla sabe a natillas resentidas. Si lo prepara usted mismo, sepa que, según el *Handbook of Vanilla Science and Technology*, la acidez del yogur conllevará una dosis más potente de vainilla que la que utilizaría para unas natillas. La misma fuente señala que el sabor ahumado y amaderado de la de Indonesia «ayudará a equilibrar y enmascarar el sabor ácido del yogur».

BONIATO

El boniato, una hortaliza resistente y con alto valor nutricional, suele ser el primer cultivo que se planta tras un desastre natural, y ocupa la decimoprimera posición en cuanto a producción por toneladas a escala mundial. Su cosecha, sin embargo, no aumenta, tal vez porque su sabor —o el de la extendida variedad naranja— no es lo bastante neutral para un vegetal feculento. Este se caracteriza por recordar a una mezcla de miel con un ligero toque de frutos secos, aunque algunas variedades tienen un sabor muy cercano a la castaña. Quizá deberíamos comerlo en el desayuno. En cualquier caso, no olvidemos que existen unas siete mil variedades de boniato que abarcan una amplia gama de colores y de texturas, desde la seca y feculenta hasta la gelatinosa. Los niveles de dulzura también varían; hay cultivares igual de dulces que una patata normal y corriente. Los japoneses le tienen mucho aprecio a una variedad de piel morada con una carne cremosa de color amarillo claro que asan en fogatas de hojas otoñales o, en invierno, en los puestos ambulantes donde se venden.

Boniato y alubia negra: Véase *Alubia negra y boniato*, p. 53

Boniato y alubia roja: Una pareja muy exitosa en el mundo de los postres, por raro que parezca. Las habichuelas con dulce es un postre de la República Dominicana elaborado a base de boniato y alubias rojas, muy popular durante la Cuaresma. Las alubias rojas se cuecen a fuego lento en agua y luego se mezclan con leche evaporada, leche condensada, leche de coco, coco rallado, boniato, azúcar, pasas, vainilla, canela y un poco de mantequilla. La chef e historiadora culinaria Maricel Presilla propone hacer un helado con la misma mezcla. Los *imokoi*, de la prefectura de Saitama, en Japón, son mochi al vapor rellenos con una rebanada de boniato asado —del de carne blanca marfileña— y pasta de alubias rojas. En Uganda, ambos ingredientes se trituran para hacer el *mugoyo*, que se prepara sobre un fuego de leña para darle un delicioso sabor ahumado.

Boniato y canela: Véase *Canela y boniato*, p. 396

Boniato y coco: Los *panellets* son dulces que se toman en Cataluña en Todos los Santos. Elaborados a base de almendras, azúcar y huevo, pertenecen a la familia del mazapán y el macaron. Las versiones caseras suelen incluir boniato triturado en la masa, aunque los reposteros profesionales tuercen el gesto a causa de la textura tosca a la que contribuye. Suelen decorarse con piñones y, aunque en menor medida, con coco rallado. Para mi gusto, el sabor del boniato ahoga el de los piñones, mientras que la variante con coco sabe tanto al típico surtido de caramelos de regaliz que les añadiría hinojo. Véase también *Canela y boniato*, p. 396.

Boniato y dátil: Véase *Dátil y boniato*, p. 163
Boniato y fenogreco: Véase *Fenogreco y boniato*, p. 440

Boniato e hinojo: A veces los boniatos están hechos puré y el hinojo fresco les propina un bofetón que los espabila de golpe. Corte los dos en cuñas, úntelos en aceite de oliva y sálelos ligeramente, luego áselos a 200 °C (marca 6 del gas) durante 45 minutos. Excelentes con bacalao.

Boniato y jarabe de arce: Pruebe un jarabe de arce potente, con notas de hinojo y fruta, para embellecer el sabor del tubérculo. La melaza es incluso más intensa y aporta un toque de amargor al pudin de boniato, que puede servirse como plato de acompañamiento o como postre. La costumbre de endulzar aún más los boniatos no se limita al actual Estados Unidos, donde son adictos al azúcar. En Japón, las *daigaku imo* («patatas de la universidad») son trozos de boniato fritos, con piel, y glaseados con un jarabe que a veces se potencia con salsa de soja. En Filipinas, encontrará el *kamote cue*, chips de boniato caramelizadas, y el *minatamis na kamote*, trozos de boniato confitados en jarabe.

Boniato y lima: A la lima le encanta la dulce y anaranjada pulpa del mango y el boniato. Yo preparo un sencillo postre mezclando la pulpa cocida de un boniato mediano hecha puré con la ralladura muy fina de una lima, el zumo de ½ lima, 2 cucharadas de yogur y ½ cucharadita de azúcar. Pero la combinación también funciona bien en platos salados. Para un taco de boniato, ponga unos trozos asados del tubérculo, unos dados de queso feta, unas rodajas de cebolla roja y unas cucharadas de arroz integral cocido (o arroz con alubias) en una tortilla de maíz. A continuación, mezcle un poco de ralladura de lima, un chorrito de zumo de lima, una pizca de ajo crudo y un poco de sal en 1-2 cucharadas de *crème fraiche* y viértalo todo por encima del taco. Añada unas hojas de cilantro troceadas antes de enrollarlo e hincarle el diente.

Boniato y manzana: Los boniatos pueden sustituir a las patatas, las manzanas o las calabazas casi en cualquier receta, o eso asegura un libro homónimo titulado *The Sweetpotato*, que bien podría levantar algunas sospechas respecto de su parcialidad. Aún tienen que convencerme de que una *charlotte* o un *crumble* de boniato funcionarían. Boniato y manzana es una de las combinaciones preferidas de Rapoppo, una cadena de pastelerías de Tokio especializada en repostería elaborada con boniato.

Boniato y membrillo: En *My Greek Table*, la chef Diane Kochilas escribe sobre un plato de la isla de Léucade a base de membrillo, boniato y berenjena, como una *ratatouille*, pero más denso y dulce. Señala que el membrillo guarda cierta afinidad con la castaña, que, a su vez, tiene un sabor parecido al del boniato.

Boniato y nuez pecana: Véase *Nuez pecana y boniato*, p. 426
Boniato y orégano: Véase *Orégano y boniato*, p. 384
Boniato y sésamo: Véase *Sésamo y boniato*, p. 343
Boniato y tamarindo: Véase *Tamarindo y boniato*, p. 158

Boniato y té verde: Los *wagashi* son dulces tradicionales japoneses que se sirven durante la ceremonia del té para contrarrestar el sabor amargo y astringente del té verde. El *koicha*, un matcha espeso, acompaña unos *wagashi* húmedos conocidos como *omogashi*, que pueden estar elaborados con boniato, pasta de alubias, sésamo o arroz. El *usucha*, un matcha ligero, se sirve con los *wagashi* secos o *higashi*, elaborados a base de harina de arroz y aderezados según la estación del año. Los *wagashi* con forma de flor de cerezo son muy populares. Para la mayoría de nosotros, la ceremonia del té japonesa no es una experiencia para el día a día, pero puede darle un sorbo a un té verde ahumado chino la próxima vez que ase un boniato.

Boniato y trigo sarraceno: Véase *Trigo sarraceno y boniato*, p. 74
Boniato y tupinambo: Véase *Tupinambo y boniato*, p. 276

Boniato y vainilla: En Acción de Gracias, algunos adoquinan sus platos de boniato confitado con nubes de azúcar. Cualquiera enarcaría una ceja ante la combinación, pero no puede negarse que la dulzura contrarresta el salado de la carne, el relleno, la salsa y la cazuela de judías verdes y setas. Y, por fortuna, la vainilla de las nubes de azúcar —que no es una compañera natural del pavo— se ve atenuada por los demás sabores fuertes, entre ellos, el nada irrelevante del propio tostado externo de la nube de azúcar, que también oculta el pringue dulce y elástico que ya se habrá pegado de manera irremediable a la cuchara de servir. En Argentina, el boniato y la vainilla se cocinan a fuego lento y sin prisas para elaborar el postre nacional, el dulce de batata. Se sirve con queso y frutos secos, como si se tratara de carne de membrillo o jalea de ciruelas de Damasco. El boniato puede saber un poco a castaña, por lo que en Japón se mezcla con vainilla para elaborar un postre similar al Mont Blanc llamado Monburan. El boniato morado es popular en repostería por su color.

COCO

Un huevo de oso, como lo describió Vic Reeves. El coco es maternal, reconfortante, lácteo y suave, al menos cuando se come crudo o en forma de leche o crema. Su leche, por su parte, tiene una ligera nota afrutada de la que carece el agua de coco, que posee un sabor más terroso, con un toque de paja dulce. El experto en licores Dave Broom recomienda mezclarla con Johnnie Walker Black Label como refresco. Gracias a la creciente popularidad del veganismo, resulta más sencillo encontrar aceite de coco en los supermercados. Aquel sin refinar sigue teniendo un marcado sabor a coco, lo que significa que todo sabrá a piña colada allí donde lo utilice, para bien o para mal. El refinado, por otro lado, tiene un sabor neutro.

Coco y ajenuz: Véase *Ajenuz y coco*, p. 387
Coco y alga: Véase *Alga y coco*, p. 471

Coco y alubia roja: El arroz con guisantes es un plato tradicional jamaicano de domingo. En realidad, en lugar de guisantes suelen emplearse alubias rojas, que se cocinan con leche de coco, arroz largo, cebolletas, chiles Scotch Bonnet, ajo, pimienta de Jamaica y tomillo. El plato es tan rosa como una puesta de sol en Bahía Montego. El *maharagwe ya nazi* es un guiso swahili de alubias rojas con leche de coco. La chef tanzana Veronica Jackson usa un poco de tomate, cardamomo, canela y curri en polvo en el suyo. Véase también *Boniato y alubia roja*, p. 176.

Coco y anacardo: Coinciden en el *kaju tonak* de Goa, el plato ideal para aquellos a quienes el *korma* no les parece lo suficiente cremoso. Es como un *korma* cocinado en un *korma*. Dependiendo de la receta, los anacardos y el coco se emplean o bien juntos o bien por separado para elaborar la base. El segundo ahoga con facilidad el sabor del primero. En su versión, la chef y escritora Priya Wickramasinghe sumerge en primer lugar los anacardos en bicarbonato de sodio, lo cual, asegura, restituye el sabor lácteo de estos frutos secos frescos. El anacardo y el coco también coinciden en las *idli* (tortitas de arroz y lenteja hechas al vapor, típicas del sur de la India) con relleno dulce, en el *xinxim de galinha* (un guiso de pollo y gambas brasileño) y para hacer helados veganos.

Coco y arroz integral: El coco se salta el protocolo y se combina en postres del sudeste asiático con el arroz prohibido, llamado así porque antiguamente se reservaba para la aristocracia. Hoy en día está al alcance de todo el mundo y a menudo se mezcla con coco para elaborar arroces con leche y gachas. También se lo conoce como arroz negro glutinoso, pese a que no se apelmaza al cocinarlo dado que el salvado impide que el almidón se desprenda. Además, una vez hecho no conserva el color negro, sino que adopta un atractivo tono violeta. En la elaboración de pudines y gachas, los cuales requieren cierta pegajosidad, el arroz negro se mezcla con arroz blanco glutinoso. En *Rice Book*, de Sri Owen, puede encontrarse una antigua receta familiar de arroz negro y sorbete de coco que incorpora un poco de canela, un aderezo habitual de muchos platos con esta combinación. En Vietnam, el arroz negro se toma en el desayuno con azúcar moreno, copos de coco y cacahuetes salados picados y salteados.

Coco y avena: Véase *Avena y coco*, p. 81
Coco y boniato: Véase *Boniato y coco*, p. 176
Coco y ciruela: Véase *Ciruela y coco*, p. 136
Coco y ciruela pasa: Véase *Ciruela pasa y coco*, p. 148

Coco y cúrcuma: La leche de coco perfumada con cúrcuma recuerda a un curri suave y cremoso. El merecidamente alabado guiso de garbanzo, cúrcuma y coco de Alison Roman es toda una lección sobre esta especia, que apenas necesita el respaldo de una pizca de guindilla molida suave para brillar. Roman utiliza más cúrcuma de la que suele emplearse en los guisos de garbanzo indios y aceite de oliva como grasa, pero sigue sabiendo a *korma*. La cúrcuma tiene la ventaja añadida de hacer con la levemente grisácea leche de coco lo que un fin de semana al sol con mi blanca piel inglesa. El color de la cúrcuma tiene un efecto indiscutible en la percepción del sabor. Imagine una *laksa* sin su característico colorido. El chef y experto en alimentos tailandeses David Thompson da una receta de plátanos en un jarabe elaborado con crema de coco, cúrcuma fresca, azúcar de palma, azúcar de coco negro y hojas de pandan. Los plátanos, aplastados y pasados por el grill, se sumergen en el jarabe y se sirven con arroz de coco cremoso.

Coco y dátil: Véase *Dátil y coco*, p. 164
Coco y fenogreco: Véase *Fenogreco y coco*, p. 441
Coco y fruta de la pasión: Véase *Fruta de la pasión y coco*, p. 225
Coco y garbanzo: Véase *Garbanzo y coco*, p. 287

Coco y guisante seco: Todas las legumbres tienen inclinación por el dulce. En Hong Kong, mezclan guisantes amarillos partidos con un coco endulzado y gelatinoso para elaborar un pudin moteado. Estos se cocinan primero en agua para que no se impregnen del sabor o del dulzor del coco, de esa manera conservan su carácter y suponen un contrapunto salado para este. La pareja también suele coincidir en los *dals* indios, pero es una combinación notablemente dulce aún sin azúcar, por lo que procure dar el toque final al plato con un *tarka* bien ácido.

Coco y lenteja: Véase *Lenteja y coco*, p. 66
Coco y lichi: Véase *Lichi y coco*, p. 122
Coco y maíz: Véase *Maíz y coco*, p. 86

Coco y mostaza: El coco es la figura materna que sosiega a la mostaza en pleno berrinche. La combinación es habitual en la cocina bengalí, sobre todo en forma de salsa para pescado. En Kerala, tanto la ocra como las judías verdes se cocinan en una salsa elaborada con coco y mostaza.

Coco y nuez pecana: La nuez pecana y el coco coinciden en un plato con el sello de Dolester Miles, quien lo elaboraba cuando era la chef repostera de Chez Fonfon, en Birmingham, Alabama. Su pastel de nueces pecanas y coco rallado endulzado es una versión de un clásico sureño. Los dos ingredientes también se utilizan para decorar el pastel de chocolate alemán (si bien tiene poco de alemán, dado que el *German* de su nombre en inglés responde a la marca de chocolate con la que debe elaborarse, según el *Dallas Morning News*: el German Sweet Chocolate de la casa Baker). Es un bizcocho de chocolate en capas con relleno de crema de coco y nuez pecana. En Estados Unidos, el pastel de chocolate alemán se ha convertido en un sabor por derecho propio, una mezcla de chocolate, nuez pecana y coco, de una manera similar a como el Grasshopper, en sus orígenes un cóctel de la década de 1930 a base de crema de menta y cacao pero que en la actualidad designa todo tipo de bebidas de menta y chocolate.

Coco y papaya: Los hawaianos toman una sopa de papaya y coco batidos a la que posteriormente agregan licor de coco y soda. ¿Sopa o cóctel? Supongo que depende del momento del día. Como alternativa, pruebe una mezcla de crema de coco y azúcar moreno en la cavidad de una papaya asada y abierta por la mitad. Calentar la papaya intensifica su dulzor, si bien no su sabor. La *tourte de Rodrigues* es una especialidad de una pequeña isla situada a 560 kilómetros al este de Mauricio: una tarta rellena de papaya y coco rallados y endulzados.

Coco y pasa: Deliciosamente untuosos. El sabor a azúcar moreno de las pasas es un bocadito de placer intenso envuelto en coco cremoso, algo llevado al extremo en el plato colombiano de arroz con titoté. La leche de coco se reduce hasta que se separa en aceite y una cuajada beige, el titoté. Se saltean unas pasas en esta reducción mantecosa antes de agregar agua, arroz, azúcar y sal y, a continuación, se cuece hasta que el arroz se haya ablandado e hinchado. Pese a que pueda parecer un arroz con leche sudamericano, en realidad es un plato de acompañamiento que se sirve con pescado, yuca frita o guiso de ternera.

Coco y pimienta de Jamaica: Véase *Pimienta de Jamaica y coco*, p. 401

Coco y pimienta en grano: Véase *Pimienta en grano y coco*, p. 410

Coco y semilla de amapola: Según *The Oxford Companion to Food*, el coco y las semillas de amapola se combinan con sémola para elaborar un *khus khus halwa* indio. Las semillas blancas de amapola sustituyen el grano que suele emplearse para confeccionar el *halwa*. Estas se cuecen y se trituran, se mezclan con coco y azúcar, se condimentan con cardamomo y se salpican de arándanos. Las *karanji*, unas empanadillas fritas de Maharashtra, pueden elaborarse con una mezcla similar, aunque con más cantidad de coco que de semilla de amapola.

Coco y tamarindo: Peter Cook y Dudley Moore. El coco es Dud: peludo, dulce y acomodaticio, el contrapunto perfecto de todo lo que le eches, ya sea ácido, amargo, salado o afrutado. El coco lo acepta todo con elegancia sin llegar a perder su identidad. El sabor picante del tamarindo, por el contrario, es mordaz, radiante e inesperado, y puede tender a la aspereza si se pasa de cocción. En la India, el tamarindo y el coco suelen emplearse para elaborar una salsa cremosa y agridulce en la que estofar pescado o pollo, pero también vale la pena probar la combinación con berenjenas. Para 2 raciones, ponga en remojo 50 g de tamarindo en 100 ml de agua caliente durante unos 20 minutos. Mientras tanto, pique 2 chalotas muy finas y rehóguelas en una sartén a fuego medio con 2 cucharadas de aceite vegetal hasta que estén pochadas. A continuación, añada 2 berenjenas cortadas en dados de 2 cm. Cuando empiecen a ablandarse, añada 2 dientes de ajo, 2 cm de jengibre y 2 chiles verdes, todo picado muy fino, y deje que se haga durante otro minuto antes de agregar una cucharada de tomate concentrado y dejar que se siga cocinando 1-2 minutos más. Escurra el tamarindo que había dejado en remojo apretando el puré para pasar la mayor cantidad posible por el colador. Añádalo a la cacerola junto con 400 ml de leche de coco, ½ cucharadita de cúrcuma molida y ½ cucharadita de cinco especias, y deje que se cocine a fuego lento durante 20 minutos, tras los cuales la berenjena estará melosa e impregnada de sabores agridulces. Sírvalo con arroz blanco aderezado con semillas de sésamo, coco rallado tostado y chile verde en rodajas.

Coco y té verde: Véase *Té verde y coco*, p. 466

PLÁTANO

Tres ingredientes en uno. Cuando la piel aún está verde, la carne tiene una textura crujiente y ligeramente viscosa y carece de sabor; aunque quizá sepa un poco a hoja y otro poco a pegamento. A medida que la clorofila se descompone y la piel se vuelve amarilla, la carne empieza a saber más a esas golosinas blandas de plátano gracias a un éster llamado acetato de isoamilo, mientras que una acidez refrescante equilibra el dulzor. Al tiempo que continúa madurando, la carne despliega sabores de ensalada de fruta y un toque de ron. Cuando la piel adopta un color marrón, la carne se ha vuelto melosa y especiada —con notas específicas de clavo y nuez moscada— y el carácter feculento ha desaparecido casi por completo, dejando en su lugar una especie de textura gelatinosa que no es del agrado de todo el mundo. La carne del plátano demasiado maduro puede usarse para infusionar leche o crema para natillas y pudines, igual que una vaina de vainilla. La variedad Cavendish ha dominado tradicionalmente el mercado tanto en Estados Unidos como en el Reino Unido; sin embargo, cada día hay disponibles una gama más amplia de cultivares, muchos con sabores mejores o más variados como el de piña, yaca, helado de vainilla, tarta de limón con merengue y manzana Granny Smith.

Plátano y cebada: Liz Asworth, autora de *The Book of Bere* —donde habla de la cebada molida de las islas Orcadas con la que se hace la harina forrajera— considera que los plátanos, el chocolate y las nueces combinan especialmente bien con este cereal. Véase también *Cebada y queso*, p. 40.

Plátano y dátil: Véase *Dátil y plátano*, p. 167

Plátano y fruta de la pasión: «Un plátano cortado en rodajas gruesas y bañado en semillas y zumo de fruta de la pasión es una de las dos formas más agradables de empezar el día», según Nigel Slater en *Real Fast Puddings*.

Plátano y jarabe de arce: El helado de plátano sin lácteos ha cambiado el sentir del mundo hacia los plátanos marrones, o como mínimo el de la familia Segnit. Hasta hace poco, si en ellos no asomaba el verde, no les hacíamos ni caso. Por lo que a nosotros respectaba, los plátanos marrones eran otra fruta distinta, un dolor de cabeza, un desengaño pesado y empalagoso que solo servía para hacer pan de plátano. Hasta que se nos reveló el secreto. Para 2 raciones, pele 2 plátanos maduros de piel moteada como la de un leopardo. Parta la carne en trozos de 2-3 cm y congélelos. Bata el plátano congelado con jarabe de arce, un chorro de limón y, si le apetece, una cucharadita de extracto de vainilla (estas adiciones le devuelven esa dulzura tan expresiva que pierde a medida que madura) hasta obtener una masa homogénea y sírvalo de inmediato. Ahora compramos plátanos de más y los dejamos madurar a propósito. En cuanto a alguien se le ocurre acercarse al manojo que dejamos estropearse en la encimera, ahí estoy yo, apresurándome a ofrecerle una manzana cual bruja de *Blancanieves*: «Mira qué roja y apetitosa está, querida mía».

Plátano y miel: Véase *Miel y plátano*, p. 95
Plátano y miso: Véase *Miso y plátano*, p. 23
Plátano y papaya: Véase *Papaya y plátano*, p. 233

AFRUTADOS AMARGOS

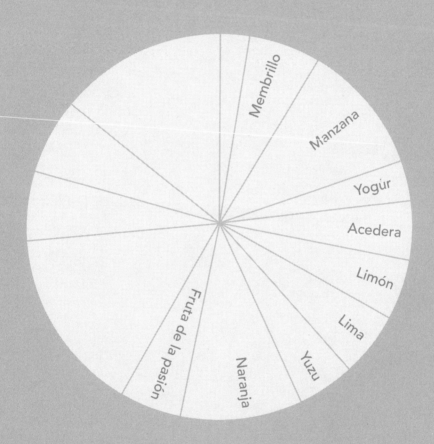

MEMBRILLO

El *Zelig* de la Antigüedad. Es muy posible que la fruta que Adán y Eva tenían prohibido comer no fuera la manzana, sino el membrillo. Lo mismo con las granadas del *Cantar de los Cantares*: en realidad eran membrillos. La manzana de oro que desencadenó la guerra de Troya: exacto, eso es. Si soy sincera, hasta yo sería capaz de sitiar la ciudad de Troya con tal de oler esa fragancia. El membrillo combina notas de rosa, pera y manzana con un toque de jazmín, y desarrolla notas de coñac, piña y setas a medida que va madurando. Sin embargo, hay que cocinarlo. La mayoría de las variedades son demasiado duras y astringentes para dar cuenta de ellas crudas, aunque merece la pena probar un bocado, ya que algunas pueden comerse directamente, sobre todo las cultivadas en climas más cálidos, como la Karp's Sweet y la Kuganskaya. Para que el membrillo resulte apetitoso suele necesitarse tal cantidad de azúcar que a menudo se combina con un ingrediente ácido para equilibrar el dulzor. Los productos lácteos fermentados, como el *buttermilk*, la *crème fraîche* y el yogur, son combinaciones clásicas, mientras que el queso añade sal a la mezcla agridulce, además de armonizar con las notas de aroma mencionadas anteriormente. Si le apetece experimentar, pruebe a utilizar membrillo en lugar de manzana o pera en alguna de sus combinaciones favoritas. Los licores hechos con esta fruta son fáciles de comprar o de preparar y constituyen una forma asequible de utilizar y conservar el aroma.

Membrillo y ajo: El *allioli de codony* es una versión catalana de la mayonesa de ajo que resulta mucho más exótica con puré de membrillo, que puede sustituirse o complementarse con manzana o pera. Se sirve con carne asada o a la parrilla, y es una versión más contundente de la salsa de manzana que los británicos sirven con cerdo asado. La emulsión de ajo es bastante sustanciosa, por lo que a menudo se come sola para untar en rebanadas gruesas de pan tostado. Ponga a escalfar o asar 250 g de membrillo con la piel hasta que esté muy blando. A continuación, pélelo y quítele el corazón, y luego triture la carne hasta obtener un puré y mézclela con 350 ml de mayonesa, junto con 3-4 dientes de ajo majados y 4 cucharadas de aceite de oliva virgen extra. Las sobras se conservan varios días en el frigorífico.

Membrillo y almendra: Véase *Almendra y membrillo*, p. 142

Membrillo y arándano rojo: Juntos, el membrillo, el arándano rojo y la manzana eran conocidos como «paraíso» en el Estados Unidos de principios del siglo XX. La combinación era especialmente popular en forma de una vistosa gelatina de color rosa. Antes la receta aparecía en *The Joy of Cooking*, pero ha sido eliminada en ediciones posteriores. Un paraíso perdido.

Membrillo y boniato: Véase *Boniato y membrillo*, p. 178

Membrillo y canela: La canela es una aliada habitual del membrillo, como lo es de sus parientes cercanos, las manzanas y las peras. Casa especialmente bien con las notas de piña y rosa del membrillo, y la combinación puede utilizarse para hacer un licor con vodka o whisky como base. En Portugal y Brasil también se incorpora la canela para cocinar la carne de membrillo conocida como *marmelada*, que puede aromatizarse a su vez con clavo u oporto. La *goiabada* brasileña es, en esencia, una *marmelada* hecha con guayaba y se sirve con *queijo de coalho* o *queijo minas* —ambos quesos de leche de vaca, firmes y muy salados— en un plato muy apreciado llamado Romeu e Julieta.

Membrillo y ciruela pasa: Véase *Ciruela pasa y membrillo*, p. 150
Membrillo y limón: Véase *Limón y membrillo*, p. 210

Membrillo y manzana: La revista *The Garden*, de la Real Sociedad de Horticultura, nos advierte de que no dejemos membrillos cerca de nuestras mejores manzanas de mesa, a menos que queramos que adquieran su sabor. No se me ocurre nada más agradable, aunque también es cierto que cualquiera que empiece a salivar con la vigorosa alegría de una variedad de manzana Braeburn o Jazz podría encontrar los misterios medievales del membrillo un poco chocantes. Dicho esto, se suele aconsejar ampliar la cantidad de membrillo complementando su sabor húmedo y floral con el de su pariente más sencilla y abundante, la manzana, igual que se mezcla la trufa con las setas. Los especialistas en quesos artesanales Paxton y Whitfield elaboran una carne de membrillo y manzana que recomiendan servir acompañada de queso azul.

Membrillo y miel: La combinación sabe a otoño en el siglo xv. Los membrillos suelen considerarse demasiado duros y agrios para comerlos crudos, defectos que no hacen sino resaltar aún más sus cualidades aromáticas al cocinarlos. El *melimelo* («manzana de miel») era una conserva típica de la antigua Grecia hecha con membrillo troceado que se introducía en un recipiente de barro, se cubría con miel y se guardaba durante al menos un año. Se cree que la palabra «mermelada» deriva de *melimelo*. El membrillo y la miel aparecen juntos en una receta de sorbete de Elizabeth David, quien admite que tiene su intríngulis, pero que merece la pena para los amantes de este fruto. Hornee el membrillo entero hasta que esté blando, luego pélelo, quítele el corazón y córtelo en rodajas. Mézclelas con un almíbar hecho con miel y los corazones y las cáscaras del membrillo. Incorpore un poco de nata y luego congélelo. Elizabeth David propone usar *buttermilk* o una proporción de 1:1 de nata y yogur casero como alternativas a la nata. En Corea es muy popular el té de membrillo y miel llamado *mogwa-cha*, pero el que utilizan es del tipo chino (*Pseudocydonia sinensis*), miembro de la familia de las rosáceas (*Rosaceae*), y no del género *Cydonia*; el nombre científico del membrillo es *Cydonia oblonga*.

Membrillo y mostaza: Compañeros de carnaval en la *mostarda di Venezia*. Hay que cocer los membrillos en azúcar con un poco de ralladura y zumo de limón. A continuación, se añade mostaza en polvo y se deja reducir la mezcla hasta que adquiera consistencia de jarabe para luego batirla. Robin Weir se vio obligado a escribir su obra de referencia, *The Mustard Book* (cuya coautora es Rosamond Man) tras descubrir que la mostaza era el ingrediente misterioso de un postre que comió en Venecia. Para crear algo parecido, ellos sugieren mezclar 2-3 cucharadas de la *mostarda* con la misma cantidad de mascarpone, ligeramente frío. En La Colomba, el restaurante veneciano en cuestión, lo servían como un plato de pajarillos con pico y alas de hojaldre.

Membrillo y queso: No vamos a entrar en quién tuvo la culpa de que no parásemos a almorzar en un acogedor restaurante de tapas, sino en una estación de servicio de la A-6 entre Valladolid y Santiago de Compostela. En vez de eso, nos detendremos en la dueña de la cafetería, quien, a pesar de contar con una clientela cautiva que solo estaba allí de paso, vendía un pan y un queso excelentes en un local, por lo demás, absolutamente desangelado. Al salir con nuestros bocadillos, compré carne de membrillo en la tienda de souvenirs de al lado, porque aún estaba un poco alterada tras el incidente del que considero que es mejor no hablar y necesitaba comprar alguna chorrada para calmarme. Pero la verdad es que resultó no ser ninguna chorrada. Mis experiencias anteriores con la carne de membrillo eran que se trataba de mermelada dura sin el sabor de la fruta. Aquello sabía a membrillo, al principio tenía cierto gusto a piña y luego iba pareciéndose mucho al regaliz de fresa. Estaba sabroso, con una textura granulosa que se adaptaba a la superficie del manchego, que era como mantequilla y con sabor a frutos secos, con un toque revelador de lanolina. La combinación sabía como un té con leche muy concentrado y me hizo sentir como si las vacaciones hubieran empezado por fin, aunque lo cierto es que no era así. El arcén de hierba reseca de aquella estación de servicio de la meseta castellana siempre ocupará un lugar en mi corazón, pero cualquier lugar es bueno para hacer un pícnic a base de pan, queso manchego y carne de membrillo. Sin embargo, si se trata de un lugar especialmente bonito, también se puede llevar una botella de tinto de Rioja, un poco de sobrasada, un trozo de turrón, cualquier fruta de temporada y un termo de café fuerte.

Membrillo y pasa: Si la manzana y las pasas constituyen un fabuloso relleno tradicional para las *mince pies*, los pastelitos de frutos secos y especias que se sirven durante la época navideña, el membrillo hará que los villancicos resuenen con más ganas. Guarde la versión con manzana para vender pasteles en algún acto benéfico y prepare la de membrillo para la comida de Navidad. Los mismos maximalistas aromas de frutas y especias funcionan bien en un pilaf.

Membrillo y vainilla: La vainilla comparte con el membrillo complejos aromas amaderados, afrutados, a vino y florales. En unas natillas, un helado o un *frangipane*, es uno de los mayores aliados de esta fruta. En Italia, la vainilla se incluye en algunas recetas de *cotognata* o carne de membrillo. El escritor gastronómico y de viajes James Chatto describe una conserva del mismo elaborada en Corfú y aromatizada con *arbaroriza*, una planta común que, según él, solo se utiliza para este fin. Afirma que el aroma de esta se sitúa entre el de la vainilla y el de la angélica. Conocemos a la *arbaroriza* como geranio de olor, cuyo aceite esencial tiene un aroma más parecido al de la angélica que al de la vainilla y más a rosas que ambos. Combina muy bien con la manzana en la jalea de manzana y es especialmente bueno para intensificar el aroma de la frambuesa.

Membrillo y yogur: El clásico postre turco de membrillo y *kaymak*, una nata cremosa hecha con leche de vaca o de búfala, se conoce como *ayva tatlisi*. Brilla tanto y es tan bonito como una bola de Navidad. Hay que glasear un membrillo cortado por la mitad en un almíbar espeso y perfumado con clavo hasta que queda translúcido y de un color rosa rojizo brillante. A continuación, se le añade una capa de *kaymak* y se espolvorea con unas láminas de pistacho verde intenso. En homenaje al *ayva tatlisi*, el autor de libros de cocina turco Cenk Sönmezsoy utiliza esta combinación como relleno de los macarons de pistacho. Para una creación menos elaborada, pruebe el membrillo escalfado, más dulce gracias a la acidez del espeso yogur griego. Sin embargo, no le sabrá tanto a gloria como el *ayva tatlisi*.

MANZANA

Las manzanas pueden dividirse en manzanas para cocinar, de mesa y multiusos (como la Granny Smith). Las primeras contienen altos niveles de ácido málico, que es lo que las hace tan ácidas y las convierte en puré cuando se cuecen a fuego lento durante poco tiempo. Cualquiera con algo más que un interés pasajero por las manzanas debería hacerse con un ejemplar de *The New Book of Apples*, de Joan Morgan y Alison Richards, que describe con detalle las características de centenares de variedades. Las manzanas suelen contener notas sorprendentes de otras frutas, como piña, fresa, uva, ciruela, kiwi, pera y membrillo. Evocan el sabor de las especias, sobre todo de anís, nuez moscada y clavo. También se detectan aromas de miel, chicle y frutos secos. El extremo de la flor de la manzana desprende fragancias especialmente florales: por lo general a rosa, pero a veces más similares a la flor de saúco. En las épocas victoriana y eduardiana, los británicos sentían especial predilección por las manzanas con aroma a frutos secos, impulsados por la moda del oporto, que tan bien combinaba con ellas. Una vez cogida, el sabor de una manzana puede cambiar radicalmente con el tiempo. Morgan señala que una Allington Pippin será agridulce en noviembre, pero habrá desarrollado un inconfundible sabor a piña en Navidad.

Manzana y alcaravea: El chef televisivo estadounidense Alton Brown utiliza una especie llamada granos del paraíso para su tarta de manzana aduciendo que la canela, el clavo, la nuez moscada y la pimienta de Jamaica están estrechamente relacionados con el pastel de calabaza. Como alternativa a los granos del paraíso, propone la alcaravea, acompañante tradicional de la manzana en Escandinavia. En otra época, la combinación también gozó de popularidad en el Reino Unido. «Verá mi huerto, y bajo una glorieta comeremos manzanas de la última cosecha, criadas con injertos, con un plato de alcaravea y demás», le dice el juez de paz Hueco a Falstaff en *Enrique IV*. En tiempos de Shakespeare, solían ofrecerse bandejas de especias variadas para condimentar la comida o las posteriores bebidas digestivas. En términos estrictamente pomológicos, el original inglés de la cita puede llevar a confusión, dado que hace referencia a una manzana («pippin» o «pypyn») que se desarrolla a partir de una semilla y no de un injerto, pero, como era común entonces, Shakespeare no hace distinción entre ambas. Hay muchas variedades Pippin. La doctora Joan Morgan, pomóloga e historiadora, apunta que el sabor de la Cox's Orange Pippin recuerda al de la pera, aunque no tanto como en el caso de la St. Edmund's Pippin. La Ribston Pippin, por su parte, disfruta de la categoría de «aromática», la Allington Pippin tiene notas de piña y la Summer Pippin tiende a fruta amarga o caramelo ácido. Pruebe cualquier manzana de mesa con semillas de alcaravea, salvo las Granny Smith: por lo visto, algunos defienden a ultranza que deben acompañarse de un plato de sal.

Manzana y acedera: La aleluya, *Oxalis acetosella*, pertenece a una familia de plantas distinta de la de las «auténticas» acederas del género *Rumex*, pero tiene una acidez fresca similar. El etnobotánico James Wong compara su sabor con el de las manzanas verdes o Bramley y, de hecho, la aleluya a veces se utiliza como alternativa a la salsa de manzana. La tarta de acedera ha caído en desuso, pero antiguamente era muy popular en Illinois; la mezcla de acederilla o acetosilla (*Rumex acetosella*) o acedera romana (*Rumex scutatus*), zumo de limón, montones de azúcar y nuez moscada en una tarta tipo empanada seguramente debía de tener aroma a manzana.

Manzana y alubia blanca: Véase *Alubia blanca y manzana*, p. 62

Manzana y arándano rojo: Históricamente, los arándanos rojos se mezclaban con otras frutas de temporada como manzanas, membrillos y peras, cosa que era muy poco habitual, pues los libros de cocina británicos y estadounidenses del siglo XIX contenían muchas más recetas de frutas solas que mezcladas con otras. En *What to Cook, and How to Eat It* (1874), John Cowan escribió sobre la tríada formada por el arándano rojo, el membrillo y la pera: «Si alguien considera que se trata de una mejora con respecto a la manzana con el membrillo, o a la manzana con el arándano rojo, adelante, que se atreva». Para mí que a Cowan le gustaban mucho, muchísimo, las manzanas. Son las que llevan la voz cantante en cuestión de sabor en el maridaje del que habla e invariablemente encontraremos más manzana que arándano en las mezclas de zumos comerciales, a pesar de que los envases sugieren que el que predomina es este último. Los arándanos rojos crudos tienen un sabor muy suave, con un toque de manzana para cocinar, mientras que, mezclados con azúcar, la nota de manzana se hace más potente.

Manzana y avena: Véase *Avena y manzana*, p. 82
Manzana y baya de saúco: Véase *Baya de saúco y manzana*, p. 133
Manzana y boniato: Véase *Boniato y manzana*, p. 178
Manzana y centeno: Véase *Centeno y manzana*, p. 33

Manzana y ciruela: Tiene sus detractores. Durante la Primera Guerra Mundial, los soldados británicos se hartaron de la mermelada de manzana y ciruela, ya que día sí y día también se utilizaba para cubrir sus necesidades calóricas diarias. Ya antes, el 16 de junio de 1904, Leopold Bloom dijo que prefería tomar mermelada de grosella negra con su manjar blanco que «esos botes de un kilo de mezcla de ciruela y manzana del London and Newcastle» (una tienda de ultramarinos de Broad Street, en Dublín). Lillie O'Brien, que no es ningún personaje de *Ulises*, sino una antigua chef de repostería en el restaurante

St. John reconvertida en conservera artesana para la empresa London Borough of Jam, vende un relleno para las *mince pies* elaborado con manzanas, avellanas y ciruelas, las cuales sirven para animar un poco el cotarro. O'Brien también vende una mermelada de ciruela damascena con pimienta negra y otra de ciruela claudia con polen de hinojo.

Manzana y ciruela pasa: Una pareja infravalorada. La ciruela pasa es la solterona y la manzana, el amor que encuentra en el otoño de la vida. La manzana suaviza la intensidad de la fruta desecada al mismo tiempo que la vigoriza. En otoño, cuando las zarzamoras se ven despojadas de sus frutos, una cantidad modesta de ciruela pasa puede aportar una potencia y una viveza similares a *crumbles*, tartas y postres de manzana.

Manzana y flor de saúco: Las hadas de las flores. La combinación debería beberse en una taza hecha de pétalos. La flor de saúco contiene un compuesto llamado hotrienol que hace aflorar y realza los aromas frutales y a miel; tiene una fragancia exótica, ligeramente tropical, y un aroma dulce, afrutado y amaderado. La flor de saúco puede desaparecer a la sombra de la manzana si se obra con demasiada precaución, así que cuando mezcle el jugo con zumo o puré de manzana, no tema a seguir añadiéndolo hasta que la flor de saúco se manifieste.

Manzana y fruta de la pasión: Véase *Fruta de la pasión y manzana*, p. 226
Manzana y granada: Véase *Granada y manzana*, p. 110
Manzana y grosella espinosa: Véase *Grosella espinosa y manzana*, p. 120
Manzana y jarabe de arce: Véase *Jarabe de arce y manzana*, p. 432

Manzana y kale: Tengo un ejemplar de *An Omellette and a Glass of Wine*, de Elizabeth David, encima de la mesa del salón. Solo con el título ya se me hace la boca agua. Qué idea tan elegante y rotunda. Solo son las doce menos cinco. «¿Y qué carajo importa?», pienso. Cojo la mantequilla y unos huevos. Unos cinco minutos después, no solo he terminado de hacerla, sino que ya me la he comido. Ese es el problema con las tortillas. He tenido estornudos que me han durado más. Y ni siquiera he abierto el vino. Al día siguiente, vuelvo a mi almuerzo sencillo habitual: una ensalada de kale con manzana Cox's Orange Pippin y almendras ahumadas aliñada con la vinagreta de costumbre que guardo en un viejo tarro de mermelada en la nevera. Se tarda más o menos lo mismo que para preparar una tortilla, pero comerla me lleva toda la hora del almuerzo.

Manzana y membrillo: Véase *Membrillo y manzana*, p. 190

Manzana y mostaza: Una forma de experimentar con mostazas de distintos sabores es variar el líquido que se usa para hidratar sus granos (o el polvo). En su libro *Good Things in England* (1932), Florence White enumera algunas opciones como el zumo de manzana, el zumo de cereza y el *buttermilk*.

Manzana y pasa: Véase *Pasa y manzana*, p. 155
Manzana y pecana: Véase *Nuez pecana y manzana*, p. 428
Manzana y pimienta en grano: Véase *Pimienta en grano y manzana*, p. 413
Manzana y piñón: Véase *Piñón y manzana*, p. 422
Manzana y tamarindo: Véase *Tamarindo y manzana*, p. 160
Manzana y trigo sarraceno: Véase *Trigo sarraceno y manzana*, p. 76
Manzana y yogur: Véase *Yogur y manzana*, p. 202

YOGUR

La fermentación de la leche con ácido láctico produce bacterias que la acidifican y la cuajan hasta hacer yogur. La acidez es la característica definitoria del yogur natural, aunque el grado de la misma —de picante a punzante— varía considerablemente de un yogur a otro, al igual que la textura y la sensación en boca, que puede describirse como granulosa, espumosa, seca, espesa, fina o cremosa. El porcentaje de grasa no siempre se refleja en la consistencia de un yogur: algunos de los más sustanciosos se encuentran en el extremo menos graso del espectro. Tanto el cultivo iniciador como el proceso de producción tienen una poderosa influencia en las cualidades sensoriales de un yogur, pero el origen de la leche es el que ejerce mayor efecto sobre su sabor. El de leche de vaca tiene un sabor limpio, con notas de manzana verde, limón, mantequilla fresca y avellana suave. El de leche de oveja es como una versión más suave y penetrante del anterior. El yogur de leche de cabra se inclina hacia lo salado, ya que comparte las distintivas notas animales que también se encuentran en la leche y el queso de cabra. La leche de camello, si le apetece esa opción, se comporta de forma diferente a las demás, y el yogur que produce tiende a ser poco espeso, así que se le añade gelatina, almidón o carragenano para darle el cuerpo que la mayoría de la gente espera de él. En Estados Unidos, el yogur griego no goza de la protección de que goza en Europa, por lo que a veces se espesa con pectina en lugar de colarlo, con el resultado de que carece de la reducción de azúcar y el aumento de los niveles de proteína del auténtico.

Yogur y acedera: La acidez del yogur distrae la atención de la que tiene la acedera, dejando al descubierto el aroma herbáceo de las hojas. Mézclelos con un poco de sal y obtendrá algo más refrescante que el tzatziki, que resulta más amargo por la baja nota alcalina del pepino. Cocine la acedera para obtener una salsa más enjundiosa: sofría una chalota picada finamente en aceite de oliva hasta que se poche y, a continuación, añada 200 g de hojas de acedera lavadas y cortadas en rodajas y deje que se consuman a fuego lento. Retire del fuego y escurra el exceso de líquido antes de mezclar la acedera con 5-6 cucharadas de yogur griego. Salpimente al gusto y sirva con verduras o pescado asados. La acedera es una de las hierbas que suelen utilizarse para condimentar la sopa armenia de yogur y bayas de trigo conocida como *spas*.

Yogur y ajo: Spencer Tracy y Katherine Hepburn en *La costilla de Adán*. Es difícil determinar dónde terminan los dardos de uno y empiezan los del otro. Al cabo de diez minutos, apenas queda rastro del yogur, mientras que el ajo crudo permanece bien presente. En Turquía, la mezcla se conoce como yogur *sarimsakli* y se utiliza con *kofte* de cordero, en rellenos, como salsa para albóndigas y para recubrir verduras como calabacines y zanahorias. Debe su omnipresencia a su capacidad para endulzar los platos y, al mismo tiempo, equilibrar ese mismo dulzor. Añada menta o eneldo para preparar la salsa para mojar conocida como *haydari*, o pepino rallado para el *cacik.* O agregue pimentón, jengibre, cúrcuma y *garam masala* para un adobo *tandoori*.

Yogur y avena: El yogur tiene notas de manzana, frutos secos y mantequilla, que complementan el sabor de la avena cruda en el muesli o de la avena que dejamos en la nevera toda la noche (véase *Grosella espinosa y avena*, p. 118). En cambio, la avena cocida tiene un sabor cálido, como a galleta, más adecuado para la nata.

Yogur y berenjena: Véase *Berenjena y yogur*, p. 454
Yogur y café: Véase *Café y yogur*, p. 44
Yogur y calabacín: Véase *Calabacín y yogur*, p. 459

Yogur y cebada: El *matrouh kishk* es una versión beduina del *kashk* (yogur seco), elaborado con yogur de oveja y cebada. Se mezcla el *buttermilk*, hervido ligeramente, con el cereal partido y cocido al vapor, y se deja fermentar antes de darle forma de bolas y secarlas al sol para su conservación. Hay un gran número de variaciones sobre el mismo tema, que difieren en sabor no solo por el tipo de leche —vaca, cabra, oveja o búfala— ni por el grano y aromas utilizados, sino también porque las condiciones locales afectan al proceso natural de fermentación. En Grecia es muy popular una mezcla de yogur y bulgur llamada *trahanas*. El *kishk* es todo lo ácido que cabría esperar, pero el *matrouh* también es un poco dulce, gracias a la cebada. El tostado de esta acentúa su dulzor, algo que se pone de manifiesto en el plato etíope *genfo*, donde la harina de cebada tostada se cuece despacio en agua hasta que espesa. Se sirve en forma de montículo semejante a un volcán, con una mantequilla especiada llamada *nitter kibbeh* como magma. Puede acompañarse de un poco de yogur para refrescar.

Yogur y cebollino: Véase *Cebollino y yogur*, p. 322
Yogur y ciruela pasa: Véase *Ciruela pasa y yogur*, p. 152

Yogur y chile: La refrescante caseína (una proteína de la leche) del yogur apaga el incendio que la capsaicina del chile produce en nuestra boca. Hay que pensar en el yogur como en un permiso para disfrutar de la mantequilla o el aceite de chile: los grasientos remolinos de un intenso rojo sobre un fondo blanco se han convertido ya en un clásico. Menos conocidos, y desde luego menos fotogénicos, son los *mor milagai*, los chiles que se curan con yogur y sal en el sur de la India. Para hacerlos, se abren los chiles verdes enteros, con el tallo incorporado aún, y se marinan en yogur salado. Cada día, se apartan los chiles y se secan al sol, antes de volver a la misma marinada por la noche. El proceso se repite durante cuatro días más o menos, hasta que el adobo se ha absorbido casi por completo; a continuación, los chiles se extienden de nuevo para secarlos al sol hasta que se deshidratan por completo. Luego se guardan en un recipiente hermético en un lugar fresco y seco, listos para freírlos hasta que estén dorados y comerlos con arroz.

Yogur y comino: Véase *Comino y yogur*, p. 395
Yogur y dátil: Véase *Dátil y yogur*, p. 168
Yogur y espinaca: Véase *Espinaca y yogur*, p. 464
Yogur y fenogreco: Véase *Fenogreco y yogur*, p. 443
Yogur y garbanzo: Véase *Garbanzo y yogur*, p. 289

Yogur y grosella espinosa: Según Delia Smith, los mejores *fools* se preparan con el espeso yogur griego, porque este permite que domine el sabor de la fruta. Yo añadiría que su cremosidad se complementa con su acidez, y la grosella espinosa participa gustosamente de ambas. Smith ofrece una receta fabulosa para una tarta de crema con grosellas espinosas. La crema se elabora con *crème fraîche* y vinagre balsámico. Véase también *Grosella espinosa y avena*, p. 118.

Yogur y haba: Véase *Haba y yogur*, p. 302

Yogur y huevo: El *cilbir* es un plato turco de huevos escalfados servidos sobre un yogur espeso a temperatura ambiente. Antes de verter una mantequilla de chile rojo por encima, deténgase un momento para apreciar los exuberantes pliegues del yogur, que recuerdan las mangas de un rico potentado en un cuadro renacentista. Pinche la yema y observe cómo los pequeños riachuelos amarillos van ramificándose y formando charcas. Pruébelo tal cual. La grasa y la acidez del yogur son un extraordinario potenciador del sabor. Es habitual añadir un poco de ajo majado al yogur. Las hierbas aromáticas son opcionales; yo suelo inclinarme por el eneldo, la salvia o el cebollino. También se sirven cuadrados de tortilla con salsa turca de yogur y ajo. Los huevos *panagyurski* son una variante búlgara, con una capa de requesón sobre el yogur. La *banitsa* es otra especialidad de la región: un pastel de pasta filo con huevo, yogur y requesón, que suele acompañarse con más yogur.

Yogur y jarabe de arce: Véase *Jarabe de arce y yogur*, p. 435

Yogur y lenteja: Una cucharada de yogur ayuda a bajar el *masoor dal*. Las lentejas piden acidez, por lo que se añade yogur seco a los platos turcos de lentejas guisadas con el mismo fin. El *dangar pachadi* es un tipo de *raita* del sur de la India hecha con yogur y *urad dal* tostadas y molidas. Si se come mucho *dal*, el yogur es una forma práctica de ir variando el sabor. El *dahi vada* es un aperitivo de la misma región compuesto por donuts de *urad dal* en salsa de yogur. Es un plato tan ingenioso que todo el mundo debería prepararlo al menos una vez en la vida, aunque solo sea para ver hasta qué punto pueden alejarse el yogur y las lentejas de las formas occidentales de prepararlos. Ponga en remojo 250 g de *urad dal* blanca (lentejas negras) en agua fría durante 3 horas, escúrralas y mézclelas con ½ cucharadita de semillas de hinojo, ½ cucharadita de semillas de comino, una cucharada de jengibre rallado, una cucharadita de guindillas, 10 hojas de curri troceadas, ½ cucharadita de sal y 2-4 cucharadas de agua, añadiendo lo justo para obtener una pasta. (A pesar de los aromas, el *dal* es el que predomina, cosa que me transporta directamente a los arcenes de hierba recién cortada de los barrios de las afueras de mi infancia; es increíble que una pasta de color marfil pueda oler tanto a verde). Vierta la mezcla en un bol, humedézcase las manos y divídala en 16 bolas de más o menos el mismo tamaño. Amase cada una de ellas hasta darle la forma de un donut en miniatura chafándolas ligeramente y luego abriendo un agujero en el centro. Fría los donuts, de uno en uno, hasta que se doren y escúrralos sobre papel de cocina. Cuando se hayan enfriado un poco, trasládelos a un bol con agua templada, coloque un plato pequeño encima para que los donuts se mantengan sumergidos y déjelos reposar durante 15 minutos. Mientras tanto, en un bol grande, bata ½ cucharadita de *chaat masala*, ¼ de cucharadita de sal, ¼ de cucharadita de azúcar y una cucharadita de guindilla de Cachemira en polvo en 500 ml de yogur. Escurra con cuidado la mayor cantidad posible de agua de los donuts, sumérjalos en el yogur y déjelos en el frigorífico durante unas horas. Sirva el *dahi* *vada* a temperatura ambiente, adornado con granos de granada y cilantro picado, con *chutney* de tamarindo y salsa de menta aparte (véase *Tamarindo y dátil*, p. 159, y *Menta y tamarindo*, p. 382).

Yogur y manzana: Los yogures con sabor a manzana son difíciles de encontrar, a pesar de que él mismo ya posee un toque de manzana verde, creado por la bacteria *Lactobacillus bulgaricus* durante su fermentación (de hecho, un sabor a manzana más intenso es un defecto en el proceso de fabricación del yogur, causado por la fermentación a una temperatura demasiado alta). Pruebe a preparar el suyo propio con manzanas asadas, dejándolas enfriar y luego mezclándolas con yogur natural. El horneado intensifica el sabor de la fruta y reblandece la piel (donde reside gran parte del sabor) lo bastante para incorporarla. También puede añadir un poco de *crème fraîche* y jarabe de arce al gusto. Tanto aquella como la nata agria se elaboran de forma muy parecida al yogur, pero con nata en lugar de leche. La nata agria suele ser más dulce y sabe un poco más a mantequilla que el yogur. La *crème fraîche* es aún más dulce y tiene cierto sabor a frutos secos, lo que añade profundidad a la combinación de manzana y yogur.

Yogur y membrillo: Véase *Membrillo y yogur*, p. 193

Yogur y menta: Una especie de filtro mágico (como los de Instagram), pero para las sobras. Utilice yogur y menta, y las verduras de varios días con aspecto nauseabundo recibirán montones de *likes*. #vidahealthy #yogurymentalopeta. Al igual que con los hashtags, el único peligro es abusar de ellos, aunque siempre se puede añadir ajo, cebolleta, pimentón, zumaque o zatar para seguir dándole vidilla al asunto. En Turquía, la menta seca y el yogur se combinan en una sopa muy popular llamada *yayla corbasi*. Otra posibilidad es diluir los restos de ambos en el mismo volumen de agua y añadir una pizca de sal para obtener una versión del *ayran*, la bebida turca a base de yogur frío. Véase también *Haba y yogur*, p. 302.

Yogur y miel: Véase *Miel y yogur*, p. 96
Yogur y miso: Véase *Miso y yogur*, p. 24

Yogur y pistacho: No se comercializan muchos yogures con sabor a frutos secos. El coco tiene más adeptos. En el Reino Unido, la avellana lleva siendo desde hace mucho tiempo la oveja negra del pasillo de los yogures. A mí me gusta el yogur de pistacho francés, pero *prends garde*: no todos los productos «con sabor a pistacho» llevan pistacho. Lo más seguro es prepararlo uno mismo. Mezcle yogur griego con un poco de azúcar glas y un poco de aceite de pistacho al gusto: este último capta la cremosidad afrutada del fruto seco con la intensidad suficiente para que se aprecie en el yogur. La combinación es tan grata al paladar que he creado este pastel especialmente para ella. El sabor ácido del yogur aparece al día siguiente de prepararlo. Bata 100 g de mantequilla sin sal con 100 g de azúcar (si tiene, puede sustituirla por azúcar caster dorado, pero tampoco es que sea un cambio sustancial) hasta obtener una crema blanca y ligera. Mezcle 225 g de sémola fina, 100 g de pistachos molidos, 2 cucharaditas de levadura química en polvo, una pizca de sal y 175 g de yogur hasta obtener una masa consistente. Engrase un molde cuadrado de 20 cm y vierta la masa con una cuchara, extendiéndola de manera uniforme y asegurándose de que llega hasta los bordes y los rincones. Marque 6 líneas espaciadas en la masa, tres verticales y tres horizontales, para formar una cuadrícula de 4 × 4. Introduzca un pistacho en el centro de cada cuadrado. Hornee a 160 °C (marca 3 del gas) durante 35-40 minutos, hasta que al introducir un palillo en el centro este salga limpio. Mientras se hornea el pastel, ponga 150 g de azúcar, 75 ml de agua caliente y un chorrito de zumo de limón en un cazo pequeño y llévelo a ebullición, después reduzca el fuego y déjelo cocer poco a poco durante 5 minutos para hacer un almíbar. Cuando el pastel esté hecho, déjelo en el molde y corte siguiendo las líneas de la cuadrícula hasta el fondo. Unte la superficie con el almíbar y deje enfriar por completo. El pastel se conservará en un recipiente hermético hasta cuatro días.

Yogur y sésamo: El yogur enmascara el delicado aroma a setas del tahini, por lo que el resultado de la combinación es un yogur con un ligero sabor a frutos secos. Esta se suele utilizar con ajo, pero se puede endulzar con un poco de dátil o jarabe de arce. Véase también *Dátil y sésamo*, p. 167.

Yogur y vainilla: Véase *Vainilla y yogur*, p. 175

Yogur y zanahoria: Mi marido quería ir a *Dragon's Den*, el programa para emprendedores de la BBC, con su idea de sacar al mercado una gama de yogures salados, pero sus esperanzas se vieron truncadas cuando descubrí una propuesta presentada en 2002 a un concurso sobre innovación alimentaria por unos estudiantes de la Universidad Estatal de Washington: entre los sabores propuestos se incluían el de zanahoria y el de boniato. Los yogures obtuvieron buenos resultados en las pruebas de cata, pero al final rechazaron el concepto y no hay muchas probabilidades de que vayamos a verlos pronto en las tiendas. Dicho esto, en la India y Turquía, la combinación de zanahoria y yogur no ganaría ningún premio a la innovación: una versión invernal de la salsa turca de yogur *cacik* lleva zanahoria en lugar del habitual pepino.

ACEDERA

Hay varias plantas que se conocen por el nombre de acedera. En el Caribe, este se utiliza para denominar el hibisco, una planta con una preciosa (y comestible) flor de color rosa rojizo. Pero la que aquí nos ocupa es la *Rumex acetosa*, o acedera común, una planta de hojas de color verde oscuro que tendría un aspecto mucho menos glamuroso remetida por detrás de la oreja. La acedera ha caído en desuso, posiblemente por su asociación con los sustanciosos caldos y las cremosas salsas de la cocina francesa. Es una pena, ya que se trata de una planta fácil de cultivar y resulta muy adecuada en platos de legumbres y judías en los que se precisa cierta acidez. Solo hay que tener cuidado de no cocinar la acedera en sartenes de hierro o aluminio, porque adquirirá un sabor metálico. Hay quienes prefieren la acedera joven para su uso en cocina, ya que su aspereza se hace más intensa a medida que las hojas envejecen. La aleluya es de una familia distinta, las oxalidáceas, pero tiene un sabor igualmente ácido y cítrico. Aun así, más vale tomárselo con calma: el experto recolector y escritor John Wright nos recuerda que, al igual que las hojas de ruibarbo, la acedera contiene ácido oxálico, que es tóxico si se consume en grandes cantidades.

Acedera y alubia blanca: Según Elizabeth David, la sopa de alubias blancas y acedera es «una combinación admirable» y señala que no existe ningún sustituto adecuado para el aroma a limón de sus hojas, aunque admite que hay quienes prefieren el toque picante del berro.

Acedera y arroz integral: Véase *Arroz integral y acedera*, p. 25

Acedera y calabacín: En la carta del restaurante The Sportsman, en Whitstable, aparece una tarta de calabacín y acedera que se sirve acompañada de una sopa de calabacín. Richard Olney recomienda añadir un puñado de acedera a cualquier caldo de verduras al final de la cocción para alegrar el plato con su acidez limpia y ligera.

Acedera y espinaca: «Un gran número de personas cree que la espinaca es una verdura tan saludable que la considera una planta medicinal. Se trata de un gusto adquirido que aumenta con la ingesta repetida. Mezclarla con acedera corrige el carácter peculiarmente insípido de su sabor». Estas palabras fueron escritas por Edmund Saul Dixon en 1860. El cocinero Tom Kerridge opina que las acelgas saben un poco como un cruce entre las espinacas y la acedera. Pruebe una mezcla de ambas en un *gnudi*, una roulada o un pastel de espinacas.

Acedera y grosella espinosa: Según el chef Richard Corrigan, la acedera es el mejor maridaje silvestre para la grosella espinosa. Ambas tienen un arbustivo aroma a verde oscuro que recuerda a las zonas templadas, al igual que las ortigas y la flor de saúco. Al masticar una hoja de acedera, se percibe un sabor ácido y afrutado que suele compararse con el del limón; el experto recolector John Wright prefiere compararlo con el hollejo de la uva.

Acedera y guisante seco: Véase *Guisante seco y acedera*, p. 283

Acedera y huevo: Roza la elegancia máxima. La acedera se luce en compañía de huevos, nata o mantequilla. En ese sentido, se parece al estragón, aunque la acedera tiene aroma de limón, mientras que este es anisado. Ambas consiguen exagerar y sortear a la vez la opulencia del huevo y los productos lácteos; realzan hasta el plato más humilde. Un puré de acedera con unos huevos escalfados encima constituye una versión de los *oeufs mollet* que Margaret Costa califica de «auténtico festín epicúreo». El *potage Germiny* es un suave potaje, rebosante de acedera y espesado con yemas de huevo. También puede probar la deliciosamente insólita pasta al huevo con acedera de Joyce Molyneux. Quite los tallos a 100 g de hojas de acedera, escáldelas como lo haría con espinacas, séquelas y píquelas finamente. Mézclelas con

450 g de harina 00 especial para pasta fresca, 3 huevos, ½ cucharadita de sal y suficiente aceite de oliva para formar una masa. Extiéndala con el rodillo y córtela como haría con cualquier pasta fresca. Unos *fettuccine* de acedera van bien con guisantes, nata y parmesano.

Acedera y lechuga: Véase *Lechuga y acedera*, p. 329
Acedera y lenteja: Véase *Lenteja y acedera*, p. 65
Acedera y limón: Véase *Limón y acedera*, p. 208
Acedera y manzana: Véase *Manzana y acedera*, p. 194

Acedera y patata: Se suele combinar con patatas todo tipo de verduras de hoja verde para hacer una sopa sencilla, pero la acidez de la acedera la hace especialmente refrescante, pues realza el sabor terroso del tubérculo. El *borscht* verde es popular en Lituania, Polonia y Hungría. Puede ser algo tan simple como cocer unas patatas y un manojo de acedera a fuego lento en agua con sal y servirlas con nata agria. También se puede añadir acedera troceada a unas patatas cocidas y salteadas con mantequilla.

Acedera y perejil: Una mezcla de acedera, perejil y cebollino chino bien picados da lugar a una especie de gremolata de finas hierbas. Utilícela para hacer guisos enjundiosos o en un risotto.

Acedera y puerro: La acedera sabe como si le faltara algo de sabor. Al masticarla, se percibe un sabor leve a limón verde que siempre espero, en vano, que evolucione y se convierta en algo más. El puerro viene a llenar el vacío con su propia intensidad. Para hacer una salsa de acedera y puerro para 2 personas, rehogue la parte blanca de un puerro en 2 cucharadas de mantequilla hasta que se poche. Añada 2 cucharadas de vermut blanco seco y cocine durante un minuto; luego añada 100 g de acedera troceada finamente y cocine durante un minuto más, sin dejar de remover. Incorpore 100 ml de nata espesa o *crème fraîche* y siga removiendo a fuego medio-bajo durante unos minutos solo para que se caliente. Las salsas de acedera son un acompañamiento clásico con el pescado o los huevos, pero pruebe esta con el *bubble and squeak*, el clásico plato de la cocina inglesa que se elabora con las verduras sobrantes del asado de los domingos.

Acedera y queso: Véase *Queso y acedera*, p. 303

Acedera y trigo sarraceno: Junto con el ruibarbo, ambos pertenecen a la familia de la hierba pejiguera o de las poligonáceas. Son un grupo un tanto excéntrico; de hecho, es probable que Tim Burton esté trabajando en la película. En cuanto al sabor, la acedera tiene más aromas en común con el ruibarbo que con el trigo sarraceno. Ambos pueden parecer frutas cuando se endulzan (véase *Manzana y acedera*, p. 194), y su acidez inherente los hace sumamente atractivos para combinarlos con el pescado azul. El trigo sarraceno es tan contundente como intensa es la acedera. Waverley Root menciona un plato de la región francesa de Lemosín en el que las hojas de col se rellenan con una mezcla de acedera, trigo sarraceno y remolacha.

Acedera y yogur: Véase *Yogur y acedera*, p. 198

LIMÓN

La cáscara de limón contiene el monoterpeno citral, que le recordará inmediatamente al limón. Sin embargo, resulta que los limones no son los ingredientes culinarios más limoneros, ya que solo contienen un 3 por ciento de citral, en comparación con el aceite de mirto limón, que contiene un 90 por ciento. (En Sicilia se elabora un aceite de limón para uso en cocina a partir de las hojas y ramas del limonero que contiene alrededor de un 25 por ciento de citral). El aroma del limón es una mezcla de notas cítricas genéricas, rosa, lavanda y pino, que se desprende de sus diminutos poros en forma de aceite esencial cuando se ralla la cáscara. Su zumo no tiene el mismo aroma ni sabor: está dominado por el ácido cítrico, e incluso cuando se endulza lo bastante para revelar sus otras características, apenas tiene un ligero sabor a limón. Por eso no se puede hacer un sorbete de limón solo con el zumo: se necesita la ralladura para que adquiera todo el sabor. Dicho esto, el zumo de limón es perfecto para dar el último toque a un plato, ya que su carácter neutro pero fresco añadirá una dimensión adicional cuando se mezcla al final de la cocción. Todo el mundo debería tener siempre un limón junto al tarro de sal al lado de los fogones.

Limón y acedera: *Greensauce* (literalmente, «salsa verde») es un antiguo sinónimo de acedera que se utiliza también para denominar una salsa tradicional elaborada machacando las hojas de la hierba con zumo de limón o con vinagre. El chef y escritor Gill Meller utiliza unas hojitas de acedera silvestre para decorar su pavlova de crema de limón porque, según dice, le añaden cierto gusto a limón y grosella.

Limón y ajenuz: Véase *Ajenuz y limón*, p. 388

Limón y alga: Pues claro que funciona: es como combinar marisco y limón. Añada algas espagueti de mar deshidratadas a una olla de agua hirviendo con espaguetis de trigo, luego escúrralo todo y échele mantequilla o un buen chorro de aceite de oliva, ralladura y zumo de limón y pimienta negra.

Limón y calabacín: Véase *Calabacín y limón*, p. 457
Limón y cebada: Véase *Cebada y limón*, p. 39
Limón y baya de saúco: Véase *Baya de saúco y limón*, p. 132
Limón y ciruela: Véase *Ciruela y limón*, p. 137

Limón y ciruela pasa: La ciruela pasa se transforma en algo parecido al tamarindo cuando se le añade zumo de limón. Los limones en conserva arremeten con su sal, acidez y amargor contra el dulzor de las ciruelas pasas y pueden convertir un buen guiso de verduras en un tayín de ensueño. La cáscara de limón tiene un efecto más suave y perfumado, y muestra una gran afinidad con los sabores almendrados y a frutos del bosque, abundantes en las ciruelas pasas. Atrévase a combinarlos con este pastel. Engrase con aceite o mantequilla un molde redondo de 20 cm y espolvoree por encima una fina capa de almendra molida. Bata 3 huevos con 100 g de azúcar caster hasta que hayan blanqueado y estén esponjosos, y vaya añadiendo poco a poco 150 g de almendras molidas, la cáscara rallada muy fina de 2 limones y una pizca de sal hasta conseguir una masa homogénea. Viértala en el molde y luego corte por la mitad 7 ciruelas pasas blandas y repártalas con cuidado sobre la masa. Hornee a 160 °C (marca 3 del gas) durante 25-30 minutos. Sirva el pastel a temperatura ambiente, acompañado de *crème fraîche* o yogur griego.

Limón y cúrcuma: Véase *Cúrcuma y limón*, p. 262

Limón y espinaca: Véase *Espinaca y limón*, p. 461
Limón y flor de saúco: Véase *Flor de saúco y limón*, p. 125
Limón y fruta de la pasión: Véase *Fruta de la pasión y limón*, p. 226
Limón y garbanzo: Véase *Garbanzo y limón*, p. 288

Limón y grosella espinosa: Por alguna razón, me comí la mermelada de grosella espinosa directamente del cuchillo antes de llegar a untarla en la tostada. No intente hacerlo en casa; no por lo poco aconsejable de meterse un cuchillo en la boca, sino porque uno puede encontrarse, quince minutos más tarde, con que se ha comido una cuarta parte del tarro. Pensé que no sería antihigiénico continuar con las otras tres cuartas partes. En el tarro se escondía un recuerdo de infancia. Al final me di cuenta de que la mermelada sabía como las gominolas Rowntree's Fruit Gums, los gloriosos dulces masticables que solían vender en una caja en el cine. Di otro lamido al cuchillo. Sí, definitivamente, aquello sabía a Fruit Gums, en concreto, a los de grosella negra y limón. Rebañando el tarro, unté lo que quedaba de mermelada en mi tostada, que ya estaba fría. La grosella espinosa tiene un toque de manzana verde y más que un toque de ácido cítrico: es efervescente. Si se le añade ralladura de limón, el maridaje sabe a limonada. Con grosella espinosa y ralladura de este cítrico se obtiene una mermelada excelente y una sopa de frutas al estilo escandinavo. También puede combinar la grosella espinosa con geranio de limón o hierba luisa.

Limón y guisante seco: Se añade zumo de limón a la sopa chipriota de guisantes amarillos partidos en mitades llamada *louvana*. El hecho de que sepa a *avgolemono*, la famosa sopa de huevo y limón, sirve de recordatorio del ligero toque de huevo y azufre de los guisantes partidos. Evite añadir ingredientes ácidos a las legumbres secas hasta que estén lo bastante blandas, ya que estos detendrán el proceso de ablandamiento. En el caso de la *louvana*, el zumo se añade en la fase de mezcla.

Limón e hinojo: Una combinación tan armoniosa y estimulante como un dúo de flautines. Según Marcella Hazan, el hinojo encuentra su expresión más refrescante cuando se aliña con un poco de zumo de limón con sal, además de pimienta molida y un chorro de aceite de oliva afrutado. Pellegrino Artusi describe un entrante conocido como *pinzimonio* en el que se dispensa un trato similar a un surtido de hortalizas frescas. Hazan señala que, cuando se come crudo, el hinojo redondo y achaparrado (al que en Italia llaman hinojo macho) es mejor que la variedad más alta y plana. Simplemente, no se olvide de identificar el sexo del hinojo antes de comprarlo.

Limón y salicornia: Véase *Salicornia y limón*, p. 475
Limón y jarabe de arce: Véase *Jarabe de arce y limón*, p. 432
Limón y kale: Véase *Kale y limón*, p. 244
Limón y lechuga: Véase *Lechuga y limón*, p. 331
Limón y lichi: Véase *Lichi y limón*, p. 123
Limón y maíz: Véase *Maíz y limón*, p. 89

Limón y membrillo: Tienen poco en común, aunque hay quienes dicen que el membrillo puede saber a flor de limón. Nigella Lawson ofrece una receta para un *syllabub* hecho con limón y aguardiente de membrillo, una bebida también conocida como *coing* y que describe como con un «toque de melocotón picante». Según dice, los membrillos escalfados en vino moscatel quedan «deliciosa e impecablemente bien» con helado de limón. La combinación también tiene una ventaja práctica: los membrillos pelados se oxidan antes que las manzanas o las peras, y el zumo de limón evita que eso ocurra.

Limón y miel: Una combinación magnífica a la que sus adeptos más habituales son incapaces de encontrarle el sabor. Cuando te resfrías y no dejas de sonarte la nariz, el bulbo olfativo se inflama y bloquea la recepción de las moléculas del sabor. Un consejo: tome un ibuprofeno unos veinte minutos antes de sentarse a la mesa para deshincharlo de manera temporal, lo cual le permitirá disfrutar de su comida (nótese que no está recomendado tomar ibuprofeno con el estómago vacío). La combinación de miel y limón es un remedio popular contra el resfriado porque la primera suaviza la garganta y la vitamina C del segundo da algo de energía al mismo tiempo que contrarresta la dulzura de la miel. Añádale un taponcito de whisky o aguardiente y tendrá un ponche. Cuando haya recuperado las papilas gustativas, siga la receta de Anne Willan de magdalenas con cáscara de limón y miel. La miel de limonero es una magnífica elección, aunque ella prefiere la de castaño, que es más fácil de encontrar.

Limón y orégano: Me compré un libro voluminoso y muy serio sobre barbacoas. Contenía centenares de recetas, páginas y más páginas de detallados consejos e ilustraciones de enormes barbacoas de carbón que parecían artefactos sin detonar de una guerra de diseño de mediados de siglo. Nunca he cocinado ninguna receta del libro, y le echo la culpa de ello a la clásica combinación griega de orégano, limón y aceite de oliva: como marinada, es facilísima de preparar y confiere a todo lo que toca una pátina de sol y aire libre. (Si está lloviendo, puede hacer como si no lo estuviera introduciendo las brochetas de carne y verduras aún crudas en una cazuela con su marinada de orégano y limón, unas patatitas cortadas por la mitad y un vaso de vino blanco, y luego asándolas en el horno a 160 °C, marca 3 del gas). Si va a utilizar el adobo con pescado azul, puede aumentar la proporción de limón y aceite y ser más comedido con el orégano. La chef Diane Kochilas nos recuerda que, aunque en muchas cocinas este se considera demasiado fuerte para el pescado, en Grecia es prácticamente la única hierba aromática que se emplea con el marisco. Los sicilianos también tienen debilidad por la combinación de limón y orégano. La escritora gastronómica Vicky Bennison recuerda verlo espolvoreado sobre una calzone de cebolla, anchoas y pecorino joven.

Limón y papaya: Véase *Papaya y limón*, p. 233
Limón y pasa: Véase *Pasa y limón*, p. 155

Limón y pimienta de Jamaica: La pimienta de Jamaica es el ingrediente secreto del chef Ainsley Harriott, quien considera que un chorrito de un ingrediente ácido, ya sea en forma de zumo de limón o de vinagre, «le hace desplegar todas sus posibilidades». Esta combinación de ingredientes, junto con el zumaque y el zatar, también aparece en una de las famosas recetas de pollo al horno de Ottolenghi.

Limón y pimienta en grano: Las pinzas de arranque de la repostería. Una vez comí pollo a la pimienta con limón en un rancho de Arizona. El cocinero me indicó una tienda donde podría comprar el preparado de la mezcla, que no era para nada secreta. Estaba explorando el pasillo de las especias en busca de un botecito cuando me di cuenta de que el expositor contiguo, formado por varias filas de enormes tarros de plástico, contenía lo que estaba buscando. Resulta que la pimienta con limón no era un producto tan especializado como yo pensaba. La etiqueta daba a conocer los ingredientes: sal, ácido cítrico, cebolla y ajo en polvo, pimienta en grano y azúcar. Al igual que lo que dice Malcolm Gladwell sobre el kétchup (véase *Mostaza y tomate*, p. 254), la pimienta con limón lo abarca absolutamente todo en materia de sabor, o al menos si compramos uno con glutamato monosódico. (No use pimienta con limón en el kétchup de tomate, porque entonces nunca volverá a comer otra cosa). El limón y la pimienta también son notas evidentes en la pimienta japonesa o la coreana *sansho* (véase *Pimienta en grano y miso*, p. 413).

Limón y piñón: La ralladura de limón es el compañero de confianza de los piñones. La primera posee sus propias notas de pino y se abre paso a través del dulzor graso de la simiente. Utilícelos para aromatizar una guarnición de arroz o mézclelos con ricota azucarada para obtener un postre instantáneo. La *torta della nonna* es probablemente su dúo más famoso: una tarta tipo empanada, rellena de crema de limón y cubierta de piñones. Algunas versiones llevan crema pastelera y otras, crema de requesón. Su origen no está del todo claro, pero el nombre da una idea intuitiva de que se necesitan como mínimo cuarenta años de experiencia en la cocina para trabajar con piñones y no quemar la primera hornada. Dicho esto, la joven autora italiana de libros de gastronomía Valeria Necchio parece tenerlo clarísimo: ella enjuaga los piñones en agua y los pone en la tarta cuando aún están húmedos. Tras 45 minutos en el horno, están tan dorados como un puente de piedra a la hora del crepúsculo.

Limón y pistacho: Véase *Pistacho y limón*, p. 360

Limón y semilla de amapola: Todo un intercambio. Tradicionalmente, los *strudel* y los *hamantaschen* se rellenaban con una pasta de semillas de amapola combinada con un poco de ralladura de limón o piel de cítricos confitada. La mezcla tenía el aspecto de unas arenas movedizas volcánicas y sabía a amaretto sour: agria e inflexible. En el Estados Unidos de los años setenta, las semillas de amapola empezaron a aparecer como acompañamiento en pasteles y galletas con aroma a cítricos. En la década de 1990, ellas y el limón se habían convertido en un binomio habitual, sobre todo en los muffins. Era como si el sabor proviniese de una baya recién descubierta, el toque aromático de los cítricos armonizado por la nota típicamente almendrada de las semillas de amapola (la manzana, la pera, el albaricoque y el arándano rojo tienen todos pepitas con sabor a almendra). Las semillas de amapola y el limón también pueden combinarse con el chocolate blanco, la pasta fresca y las tortitas.

Limón y sésamo: Véase *Sésamo y limón*, p. 346
Limón y trigo sarraceno: Véase *Trigo sarraceno y limón*, p. 76
Limón y tupinambo: Véase *Tupinambo y limón*, p. 276
Limón y yuzu: Véase *Yuzu y limón*, p. 218

LIMA

El compañero más popular de la lima en la fabricación de alimentos y bebidas es el limón. Y lo eclipsa, dado que es considerablemente más fuerte, tanto en acidez como en sabor. La ralladura de lima tiene notas de pino, flores y hierbas o eucalipto que la hacen ideal para acompañar ingredientes pesados y dulces como la leche condensada, los boniatos y el ron. Sin embargo, no siempre es posible obtener un aroma intenso de ella. Por ejemplo, para que la lima aguante el tipo frente al chocolate, hay que comprarla en forma de aceite alimentario prensado en frío. Este se extrae de la cáscara y sabe a dulces y refrescos aromatizados con lima. La mayor parte del aceite de lima del mundo se destina a la elaboración del aroma de cola. Las limas agrias son más pequeñas que las limas de Tahití, la variedad sin semillas que se vende habitualmente en el Reino Unido. Tienen pepitas, y su zumo es más ácido y un poco salado, cosa que alegra los platos mexicanos y del sudoeste de Estados Unidos de una forma que no consigue el zumo de las limas de Tahití. Los amantes de la lima también deberían probar la *loomi* o lima negra, que son limas hervidas en agua con sal y luego secadas al sol, por lo que se vuelven de color marrón, crujientes y casi no pesan, como si fueran una vaina vacía. Se encuentran en las tiendas de comestibles de productos de Oriente Próximo. Las *loomi* tienen un aroma y un sabor a cítrico y almizclado: imagínese un caramelo duro de lima que lleva tiempo olvidado dentro de un cajón de madera. Imprimen esa característica a sopas y guisos, junto con una acidez penetrante parecida al persistente sabor de la melaza de granada o el tamarindo. También son claramente amargas, debido sobre todo a sus pepitas, cada una de las cuales es como una pequeña aspirina agria (la mayoría de los cocineros las retiran).

Lima y alubia negra: Las alubias y los cítricos no suelen ir juntos fuera de Sudamérica, donde las alubias negras tienen debilidad por el lado picante de la lima. Para preparar 4 raciones de una salsa con estas, lave y escurra una lata de 400 g de alubias negras y mézclelas con ½ pimiento rojo, 2 tomates medianos, 2-4 cebolletas y ½ papaya si le apetece, todo cortadito en dados pequeños. Añada un chile jalapeño fresco picado finamente, 1-2 cucharadas de cilantro picado y ½ cucharadita de sal. Mézclelo con un aliño hecho con 2 cucharadas de zumo de lima, una cucharada de vinagre de vino tinto, 4 cucharadas de aceite de oliva, un diente de ajo majado y ½ cucharadita de sal, que emulsionará agitándolo todo en un tarro con tapa de rosca. Aumente la cantidad de lima y chile al gusto, pero incluso con solo un jalapeño moderadamente picante, la salsa será tan interesante que ninguna ensalada de alubias podrá competir con ella ni en sueños.

Lima y boniato: Véase *Boniato y lima*, p. 177

Lima y calabacín: El chef Stephen Harris corta los calabacines recién cogidos en rodajas muy finas y los aliña con zumo de lima, aceite de oliva, sal y unas pocas hierbas tal vez. Recomienda esperar 5 minutos antes de comerlos. Harris es el rey del calabacín, y los calabacines necesitan uno como agua de mayo. Véase también *Calabacín y menta*, p. 457.

Lima y dátil: La combinación de azúcar moreno y lima es todo un clásico. Estas contienen la mitad de azúcar natural que los limones, por lo que se trata de un combinado agridulce llevado al límite. En Colombia mezclan con agua la panela, un azúcar sin refinar y con cierto sabor a *fudge*, para elaborar una bebida llamada «aguapanela». A veces se añade ralladura de lima al agua caliente que se utiliza para derretir el azúcar, y el dulzor de la bebida se equilibra con zumo de lima. Es mejor preparar la caipiriña brasileña —un cóctel a base de *cachaça* (aguardiente de caña de azúcar), azúcar y lima— con azúcar moreno granulado, ya que su toque de melaza encaja con las notas tropicales de la ralladura de lima y el azúcar crudo de la *cachaça*. Además, los afilados cristales contribuyen a extraer más aceite esencial de la cáscara de lima cuando se mezcla la bebida. La lima y el azúcar moreno también se usan mucho en el sudeste asiático para los aliños y las salsas con base de caramelo para el pescado. Lo que vengo a decir con todo esto es que el intenso sabor a azúcar moreno del dátil lo convierte en un aliado natural de la lima. Estas bolas energéticas se inspiran en la tarta de lima agria —concretamente, en la forma en que el sabor a caramelo de la leche condensada con que se elabora entra en comunión con la ralladura y el zumo de la lima—, solo que aquí el sabor a caramelo lo proporcionan los dátiles. Mezcle 10 dátiles *medjool* deshuesados con 6 cucharadas de almendras molidas, la ralladura fina de una lima, una pizca de sal y suficiente zumo de lima para obtener una pasta sólida. Divida la mezcla en 12 bolas del mismo tamaño y rebócelas en almendras o pistachos molidos. Cómase dos y tal vez reúna energía suficiente para arremangarse y ponerse manos a la obra con una tarta de lima agria.

Lima y fruta de la pasión: Es como perderse en una selva tropical. Una turbulenta mezcla de aromas balsámicos, frutales y florales que resulta refrescante en dosis bajas, pero que produce mareo en elevadas concentraciones. Para mitigar este efecto, use una base láctea (tarta de queso, tarta de natillas) o, por el contrario, vaya a por todas mezclando ambas con Bacardi para hacer un daiquiri de fruta de la pasión. Mejor aún, mézclelas con *cachaça*, el aguardiente brasileño elaborado con zumo de caña de azúcar que sabe a ron blanco fuerte.

Lima y granada: Después de llegar al hotel, nos aventuramos a recorrer Las Vegas, pasando por la inmensa pirámide negra del hotel Luxor, las torretas de juguete del Excalibur, la montaña rusa que hace un bucle a través de un Manhattan compacto. En media hora habíamos recorrido 11.000 kilómetros y cuarenta y cinco siglos. No me extraña que necesitáramos una copa. En el hotel, el jardín desembocaba en un río lento, una de esas atracciones acuáticas serpenteantes con una suave corriente, donde nuestros compañeros se deslizaban en flotadores redondos bajo puentes y cascadas de agua. «Te diré qué es lo mejor de Estados Unidos —le dije a mi marido, ofreciéndole un sorbo de mi granada con lima—. Las limas». Las limas mexicanas tienen un sabor mucho más limpio que las persas, habituales en Europa. Son potenciadores del sabor por excelencia, y añaden un toque ácido salado tanto a los platos dulces como a los salados. Me senté en mi sillón y disfruté de las notas de ciruela pasa, tomate maduro y sandía en la granada mientras el río pasaba.

Lima y lenteja: Véase *Lenteja y lima*, p. 67
Lima y maíz: Véase *Maíz y lima*, p. 88

Lima y ocra: Las ocras fritas servidas con lima son el plato estrella del Chai Pani, un restaurante indio de Asheville, Carolina del Norte, donde consumen más de ciento ochenta kilos de ocra al día. Puesto que se trata de un ingrediente que comparten las cocinas de la India y del sur de Estados Unidos, esta es la forma que tiene el chef Meherwan Irani de honrar tanto su origen y patrimonio cultural como su patria adoptiva. Su madre solo le preparó ocra frita unas pocas veces en su infancia, pero el recuerdo se le quedó grabado a fuego en la memoria. Para hacerlas, corte la ocra en juliana a lo largo y fríala en aceite caliente; después escúrrala en papel de cocina y mezcle con zumo de lima y sal.

Lima y papaya: Véase *Papaya y lima*, p. 232

Lima y pimienta en grano: Un toque amaderado saca lo mejor del sabor de la lima. El comino y la canela son sus compañeros clásicos, pero no hay que olvidar la pimienta negra. Ambas se combinan en la salsa camboyana *tuk meric*, que suele servirse con el salteado de ternera *lok lak*, pero que es un delicioso acompañamiento en la mayoría de los salteados. Por cada 2 cucharadas de zumo de lima, añada una cucharadita de pimienta negra en grano machacada, una pizca de sal y azúcar al gusto. La chef británico-iraní Sabrina Ghayour combina la lima y la pimienta negra en un yogur helado.

Lima y tamarindo: Véase *Tamarindo y lima*, p. 159

Lima y té verde: Son los sabores de la mousse «nitropochada» que abre el menú degustación de Heston Blumenthal en The Fat Duck. Su objetivo es refrescar el paladar sin que esto afecte a los platos que vienen a continuación, como podría hacer la pasta de dientes. Los taninos y polifenoles del té verde lo convierten en un limpiador ideal para la cavidad bucal, y la lima aporta una estimulante acidez. El nitrógeno líquido combina el pragmatismo con la teatralidad: la mousse se desintegra en la boca. Todo esto está fuera del alcance del cocinero medio, por supuesto, pero puede considerar la posibilidad de combinar los dos sabores en un merengue o un sorbete.

YUZU

Sabe un poco a mandarina y otro poco a pomelo, pero las comparaciones son odiosas. La cáscara de yuzu tiene un aroma propio, efímero y que rara vez se refleja en los productos aromatizados con él. Confitada puede estar buena, pero seca y en polvo carece de las curiosas notas herbáceas y florales que distinguen a esta fruta. El yuzu comparte la acidez de la naranja de Sevilla, así como su relativa falta de zumo y su resistencia a dejarse comer directamente, debido a la profusión de pepitas. Se utiliza más bien como se usaría un limón: por el zumo, la ralladura o ambas cosas. En Japón, en torno al solsticio de invierno, los yuzus se escaldan enteros para liberar sus aceites aromáticos, se cortan por la mitad y se añaden para que floten en el agua caliente de un baño llamado *yuzu-yu*.

Yuzu y chile: Consortes en el *yuzu kosho*, un condimento japonés que esperaba que fuera similar a la pimienta con limón, solo que en un envase bonito. Pues no lo es. Para empezar, es una pasta, no una mezcla de especias en polvo, y resulta mucho más fresca y picante; puede hacerse con chiles verdes o rojos. Mezclada con salsa de soja, es una salsa fina para tempura, sashimi o buñuelos. También puede mezclarse con sopa de miso o con fideos, como el pesto con la pasta. El chef Tim Anderson propone combinar un poco de *yuzu kosho* con zumo de yuzu y aceite de oliva como adobo para las aceitunas que acompañan al martini: una aceituna con un toque realmente especial.

Yuzu y huevo: Véase *Huevo y yuzu*, p. 297
Yuzu y jengibre: Véase *Jengibre y yuzu*, p. 268

Yuzu y lichi: Una combinación amelocotonada. Puede que el lichi no tenga la piel suave y aterciopelada, más bien todo lo contrario, pero, al igual que el melocotón, madura hasta alcanzar una belleza perfumada. En el fondo, es una fruta de hueso. La nota de melocotón en el yuzu resulta totalmente inesperada. La descubrí cuando, reacia a tirar a la basura las cáscaras exprimidas y peladas de mi cargamento de yuzu, las puse a remojo en un poco de agua y azúcar. Al cabo de una hora, el almíbar tenía un intenso sabor a melocotón y carecía de amargor. Lo utilicé en un cóctel que hice con vodka y licor de lichi. Calentar el almíbar de yuzu transformó radicalmente su sabor, que pasó a parecerse al del pomelo, el cual también da muy buenos resultados en las bebidas de lichi.

Yuzu y limón: En Occidente, el yuzu suele combinarse con el limón, que es más barato y accesible. Lily Jones, de la pastelería Lily Vanilli Bakery, en el este de Londres, prepara una tarta que elabora con una parte de zumo de yuzu embotellado por casi 3 partes de zumo de limón. Otras recetas requieren 2 partes de yuzu por una de limón, además de ralladura de este último, que en ocasiones se combina con ralladura de mandarina. Si piensa utilizar zumo recién exprimido, tenga en cuenta que el yuzu rinde poco en comparación con otros cítricos. Es como ordeñar un ratón de campo. Se puede comprar en botellitas, algunas de las cuales son muy buenas, pero piense en las licuadoras.

Yuzu y miel: En Corea es muy popular un té de yuzu y miel llamado *yujacha*. Pero si busca en los lineales del supermercado una caja de bolsitas u hojas de té, no lo va a encontrar: viene en un tarro, como la mermelada (y también se puede untar sin más en una tostada). Mezclado con agua caliente, se utiliza como la miel y el limón, para aliviar la tos y los síntomas del resfriado, y es, dicho sea de paso, una de las mejores formas de apreciar el verdadero sabor del yuzu. Imagínese una mermelada hecha con mandarinas muy aromáticas. Para preparar la infusión desde cero, si lo desea, corte el yuzu entero en rodajas muy finas, retire las semillas y mézclelo con el zumo que suelte y la misma cantidad en gramos de miel o azúcar. Para hacerle justicia al yuzu, se recomienda utilizar una miel muy poco aromatizada. La de azahar es una buena opción, ya que tiene un ligero toque cítrico para hacer frente al yuzu. Guarde la mermelada en un tarro hermético y déjelo en la nevera un par de días antes de consumirlo; se conservará durante un mes. Utilice 2-3 cucharadas de la mezcla de té por cada taza de agua hirviendo. Es una costumbre habitual comerse también la cáscara.

Yuzu y miso: En Japón se echa ralladura de yuzu en la sopa de miso. Al romper la cáscara, sus poros liberan los aceites esenciales, cuyo aroma se intensifica aún más con el calor de la sopa. Pruebe una cucharada y notará cómo el miso y el yuzu se complementan, al mismo tiempo que siguen estando claramente separados, como un matrimonio que vive en apartamentos distintos. En Japón, donde la omnipresencia del yuzu no ha mermado la veneración que los nipones sienten por él, los frutos se vacían y luego se rellenan con una mezcla a base de su zumo, miso, azúcar y harina de arroz para hacer *yubeshi* (una forma del dulce tradicional *wagashi*), que se sirven con sake o té. Algunos chefs dejan secar los *yubeshi* durante meses; otros los cuecen al vapor y los secan repetidamente. En su libro *Book of Miso*, William Shurtleff y Akiko Aoyagi hablan del miso que se elabora en Sasa-no-Yuki, un restaurante de Tokio con más de trescientos años de antigüedad: maceran una corteza de yuzu durante un año en un licor fuerte llamado *shochu*. Y en su *Book of Tofu* ofrecen una receta para un «cofre del tesoro de yuzu», en el que la fruta se corta por la mitad, se le extrae la pulpa y se ponen 1-2 cucharaditas de miso de yuzu dentro de cada una. A continuación, se rellenan las mitades con tofu y se untan con un poco más de miso de yuzu antes de juntarlas con sus otras mitades y cocerlas al vapor. Se puede encontrar la pasta de miso de yuzu en supermercados japoneses y tiendas gourmet. Sus aromas cítricos y salados pueden recordarle a los limones confitados del norte de África.

Yuzu y naranja: Se cree que el yuzu es el descendiente de la mandarina agria (*Citrus reticulata* var. *austera*) y la papeda de Ichang (*Citrus ichangensis*), una antigua fruta tropical asiática que, según el vivero especializado The Citrus Centre, con sede en Sussex, posee «un aroma muy penetrante, pero no es muy comestible». El parentesco con la mandarina es fácil de detectar en el paladar, sobre todo si ya conocía las mandarinas antes de que su sabor se sacrificara en aras de una piel fácil de pelar. De ahí a sustituir los yuzus por mandarinas solo hay un paso, hasta que recordamos que los usos de estas últimas son bastante limitados. Pruebe con una mezcla de zumo de naranja Navel y ralladura de yuzu para obtener algo más parecido al sabor de la mandarina de toda la vida.

Yuzu y seta: En Japón, las setas *matsutake* y el yuzu forman una combinación otoñal. Este tiene fama de resaltar otros aromas naturales, y los de las *matsutake* se cuentan entre los más apreciados. En Nobu, la cadena de restaurantes japoneses, preparan unas setas silvestres salteadas en aceite de oliva virgen extra y sake, que mezclan posteriormente con un aliño de zumo de yuzu, aceite de semillas de uva, salsa de soja y ajo, y las sirven sobre verduritas aderezadas con cebollino.

Yuzu y sésamo: Véase *Sésamo y yuzu*, p. 348

NARANJA

El zumo de naranja es la alegría de la fiesta entre los zumos de cítricos: derrocha entusiasmo, belleza y equilibrio. Tiene algunos toques de piña y mango, pero no los suficientes para resultar embriagador. Y puede hacer que el tequila sepa a buenas intenciones. Para salvarlo de su exagerada bonhomía está su leve matiz sulfuroso, que es más evidente y grato en el zumo recién exprimido. La cáscara de naranja tiene un aroma que recuerda al del zumo, en parte porque algunos de los aceites esenciales de la cáscara van a parar a este al exprimir la fruta. Sin embargo, su carácter es fundamentalmente diferente, por no decir raro: no raro como la cáscara de pomelo, sino que tiene un toque húmedo y metálico, además de almizclado y especiado. Si el día se presenta aburrido, empiécelo con una mermelada con trozos de naranja, cosa que al menos le garantizará algo interesante. La mermelada se suele hacer con naranjas de Sevilla, ácidas y amargas, que están de temporada en enero. La variedad de sanguinas también son un cultivo de invierno: tienen una nota a frutos del bosque en su zumo que contrarresta el sabor fresco de la naranja. Las mandarinas y los kumquats también se tratan en este capítulo.

Naranja y achicoria: La naranja guarda una gran afinidad con los ingredientes amargos. Puede que la idea de una achicoria estofada en ella no le resulte demasiado apetitosa, pero le animo a que la pruebe. Ambos ingredientes pasan por una especie de metamorfosis y la achicoria acaba pareciéndose más a una alcachofa que a una verdura de hoja. Corte longitudinalmente por la mitad 3 cabezas de achicoria y dórelas en un poco de mantequilla o aceite de oliva en una cazuela refractaria con tapa hermética. Cuando se haya tostado ligeramente, añada 150 ml de zumo de naranja natural, una pizca de sal o un chorrito de salsa de soja y una cucharadita de miel si lo desea. Deje que arranque a hervir, tape la cazuela, baje el fuego y déjelo cocer durante 5 minutos. Retire la tapa y deje que el líquido se reduzca hasta que las mitades de achicoria parezcan unos huevos aterciopelados bañados en una salsa viscosa y un tanto caramelizada. El chef español afincado en el Reino Unido José Pizarro propone una combinación más elaborada: vinagreta de clementina sobre achicoria a la plancha, que integra con orégano y queso de cabra rebozado con panko y frito. O pruebe la ensalada de achicoria, naranja y nueces, el tipo de ensalada de invierno que le hará cumplir su propósito de comer sano.

Naranja y alcaravea: La alcaravea desarrolla notas de cáscara de cítricos al cocinarla. Junto a la naranja puede hacer más ligeras las masas de mantequilla, los pasteles o los panes de centeno más contundentes. Tradicionalmente, la cáscara de naranja y limón confitada se mezclaba con semillas de alcaravea garrapiñadas y almendras para esparcirla sobre las festivas galletas escocesas de mantequilla llamadas *Pitcaithly bannock.*

Naranja y alga: A la naranja le gustan las verduras de color verde oscuro, incluidas las del género *Pyropia*, las algas de color marrón rojizo. Maria Rundell, autora de libros de cocina de principios del siglo XIX, recomendaba el zumo de naranjas de Sevilla como condimento para el preparado de algas *laverbread*, un plato tradicional del desayuno galés. Un siglo después, Florence White proponía lo mismo, o limones si las naranjas de Sevilla estaban fuera de temporada. Jane Grigson señala que un costillar de cordero, patatas nuevas, *laverbread* y unas rodajas de naranja es una comida excelente.

Naranja y alubia blanca: Véase *Alubia blanca y naranja*, p. 63
Naranja y alubia negra: Véase *Alubia negra y naranja*, p. 56

Naranja y alubia roja: La naranja se filtra bajo la piel de la alubia y contribuye a que adquiera una intensidad que la transforma por completo. Use zumo recién exprimido de este cítrico para elaborar una vinagreta con que aliñar una ensalada de alubias o bien añada unos gajos de naranja. En un bote de tapa de rosca, introduzca una yema de huevo, una cucharadita de mostaza de Dijon, una cucharadita de miel, una cucharadita de ralladura fina de naranja, una cucharada de vinagre de sidra, 2 cucharadas de aceite de oliva y 3 cucharadas de zumo de naranja recién exprimido. Agítelo bien para que emulsione.

Naranja y anacardo: El restaurante londinense de dim sum Yauatcha hacía un macaron con la galleta aromatizada con kumquat y un relleno dulce a base de anacardos tostados. Resultaba interesante por ser lo contrario del macaron en forma de sándwich convencional: la acidez suele reservarse para el interior. Los kumquats son cítricos anaranjados del tamaño de una nuez moscada que normalmente se comen enteros, con cáscara y todo. Es un poco como comer una mandarina a la que se le ha extraído la dulce pulpa: un chispazo de piel amarga, ácida y aromática, pero sin el alivio del dulzor. Por esa razón, la mayoría de los kumquats se conservan en azúcar o se transforman en mermeladas o licores, donde se atenúa su astringencia.

Naranja y arándano rojo: Véase *Arándano rojo y naranja*, p. 116
Naranja y centeno: Véase *Centeno y naranja*, p. 34

Naranja y ciruela: El *lekvar* es un puré húngaro de ciruelas especiado que se hace cociendo ciruelas deshuesadas. Puede llevar ralladura de naranja o limón, canela o clavo. Tradicionalmente, las comunidades se reunían para encender una hoguera, alquilaban una olla enorme, la llenaban hasta el borde de ciruelas y las cocinaban a fuego lento hasta que aquello se había reducido a menos de la mitad. Los que seguían despiertos a las tres de la madrugada se turnaban para remover las ciruelas y cantar canciones populares (supuestamente relacionadas con las ciruelas) hasta que el *lekvar* estaba listo para verterlo en vasijas de cerámica. Ahora, por supuesto, la poesía ha muerto, el *lekvar* se compra en lata y el ingrediente principal es el jarabe de maíz. El *lekvar* perfumado de naranja se utiliza para preparar mis *hamantaschen* favoritos, los pastelitos triangulares que se comen en la festividad de Purim.

Naranja y ciruela pasa: Véase *Ciruela pasa y naranja*, p. 150
Naranja y dátil: Véase *Dátil y naranja*, p. 165
Naranja y fruta de la pasión: Véase *Fruta de la pasión y naranja*, p. 227

Naranja y granada: Existe la teoría de que la granada llegó por primera vez a Estados Unidos como polizón en un cargamento de naranjas de España a Florida. Casi doscientos años después, las dos frutas seguían juntas, bajo la forma del Tequila Sunrise, la emblemática bebida de la tristemente célebre gira norteamericana de los Rolling Stones de 1972. Ya se entiende por qué. Lo de «Sunrise» no solo hace referencia al aspecto. Es la única bebida que sabe bien a las cinco de la mañana y aún no te has acostado: un zumo de naranja frío y dulce con un toque almibarado de granadina y el gruñido soñoliento del tequila. Si es más de los Beatles que de los Stones, puede probar una variedad de granada llamada Desertnyi; cuando el fruto es joven, su zumo tiene matices cítricos y su aroma se acerca claramente a la naranja a medida que va madurando. Fue creada por el doctor Gregory Levin, que fue para las granadas lo que Jane Goodall ha sido para los chimpancés. Su maravilloso libro se titula *Pomegranate Roads*.

Naranja e hinojo: Véase *Hinojo y naranja*, p. 372
Naranja y hoja de laurel: Véase *Hoja de laurel y naranja*, p. 407

Naranja y kale: Justo a lo que debería saber un comprimido multivitamínico con hierro. La naranja y el kale son tan amargos que pueden considerarse medicamentos. Además, las primeras están en su punto más brillante y jugoso cuando el segundo está en su mejor momento. Pruebe el kale cocido aliñado con una vinagreta de naranja. Tendrá que añadir un poco de ralladura de la misma para darle un sabor lo bastante fuerte como para competir con la col. Mejor aún, prepare una ensalada de kale con gajos de naranja. Su dura membrana puede resultar problemática en las ensaladas, pero no tanto con el kale, ya que es necesario masticar muy bien sus hojas de todos modos. La posología indica tomarlos una vez al día.

Naranja y lichi: Véase *Lichi y naranja*, p. 123
Naranja y miel: Véase *Miel y naranja*, p. 94

Naranja y nabo: En *Forgotten Fruits*, Christopher Stocks describe una variedad de nabo llamada Orange Jelly que tiene fama de ser la mejor en aroma y sabor: «a nueces y con un toque de almendra amarga». Lo de «jelly» se debe a su falta de fibra, ya que suele gelatinizarse cuando se cocina. Esta variedad también se conoce como Golden Ball, y las semillas son fáciles de conseguir. El maridaje del nabo y la naranja recuerda otras combinaciones clásicas de crucíferas con este cítrico, así como el plato más insólito de Tom Kerridge de nabos estofados en mermelada.

Naranja y orégano: Véase *Orégano y naranja*, p. 385

Naranja y papaya: La papaya y la naranja amarga se combinan en el plato yucateco llamado *xec*, que se sirve como postre, aperitivo o guarnición del pollo o el pescado. Bata zumo de naranja de Sevilla (o zumo de naranja fresco acidificado con un buen chorro de zumo de lima) con miel al gusto y una pizca de cayena y otra de sal. Vierta este aliño sobre una macedonia de papaya madura, gajos de naranja y pomelo. La jícama, el feculento tubérculo mexicano, es un ingrediente adicional muy popular, aunque el *daikon* o el rábano son sustitutos aceptables. Termine el *xec* con un poco de cilantro bien picado. En Filipinas, un cítrico diminuto llamado calamansí, que sabe como un cóctel de mandarina, limón y lima, se mezcla con papaya para hacer dulces.

Naranja y pasa: Véase *Pasa y naranja*, p. 156
Naranja y pimienta de Jamaica: Véase *Pimienta de Jamaica y naranja*, p. 403
Naranja y pimienta en grano: Véase *Pimienta en grano y naranja*, p. 414
Naranja y pistacho: Véase *Pistacho y naranja*, p. 361
Naranja y semilla de amapola: Véase *Semilla de amapola y naranja*, p. 350
Naranja y yuzu: Véase *Yuzu y naranja*, p. 219

FRUTA DE LA PASIÓN

Embriagadora. La fruta de la pasión comparte moléculas aromáticas con los mejores coñacs, whiskies y el tabaco de Virginia. Las variantes son violácea y amarilla —subtropical y tropical, respectivamente— y hay diferencia de opiniones en cuanto a cuál es la más bonita o la más aromática. Aunque quizá eso sea perderse en los detalles. Con la ostentosa piel de leopardo que forman las semillas en su jugo ambarino y la nota ligeramente sudorosa de su aroma, ambas son descaradas y sexis y poseen un encanto ácido, las Joan y Jackie Collins del frutero. Si la cáscara de la fruta de la pasión está lisa cuando la compre, deje que se arrugue a temperatura ambiente y luego guárdela en la nevera. Si quiere conservarla más tiempo, puede congelarla entera o solo la parte de dentro.

Fruta de la pasión y arándano rojo: Véase *Arándano rojo y fruta de la pasión*, p. 114

Fruta de la pasión y chocolate: La fruta de la pasión es una de las pocas frutas tropicales que se llevan bien con el chocolate. Al igual que el plátano, combina bien con el sabor más ligero del chocolate con leche, lo que da lugar a una ganache viscosa y afrutada. Sin embargo, como el limón, es mejor servirlo con chocolate que mezclado con este. El chef Paul Heathcote rellena los profiteroles con crema pastelera de fruta de la pasión y luego los baña con una salsa de chocolate. En Valrhona, los chocolateros de entre todos los chocolateros, elaboran un chocolate «potenciado con fruta de la pasión»: las habas de cacao brasileño se fermentan de la forma habitual, para que desarrollen sus aromas característicos, antes de una segunda fermentación en la que se añade pulpa de fruta de la pasión. El resultado es un chocolate muy afrutado y al 55 por ciento llamado Itakuja.

Fruta de la pasión y coco: Una combinación intensa y frívola a la vez, como filosofar sobre Wittgenstein en un jacuzzi. La potencia de la fruta de la pasión la convierte en una especie de extracto listo para usar, cogido directamente de la cáscara. También tiene una fuerte acidez. Es perfecta para glasear, rellenar o aromatizar galletas o pasteles de coco. Se pueden forrar unos moldes con una mezcla para macarons a base de coco desecado, azúcar glas y clara de huevo, y luego rellenarlos con crema de fruta de la pasión. Para conseguir una pavlova espectacular, incorpore coco rallado o desecado al merengue recién batido antes de hornearlo y, a continuación, utilice mucha pulpa de fruta de la pasión sin escurrir para aderezarlo, dejando que gotee por los lados, como si fuera lava cayendo en cascada por la ladera de un volcán nevado.

Fruta de la pasión y flor de saúco: Véase *Flor de saúco y fruta de la pasión*, p. 125
Fruta de la pasión e hinojo: Véase *Hinojo y fruta de la pasión*, p. 372

Fruta de la pasión y huevo: El cojín de seda dorado que se merece la fruta de la pasión. Ambos combinan bien en una crema o una cuajada, ya que el sabor de la yema se retrae y suaviza a la vez el aroma de la fruta de la pasión. Omita el azúcar de la cuajada y obtendrá una exótica salsa holandesa. Si esta le recuerda a largas melenas y pequeñas porciones en platos negros rectangulares, mantenga una actitud abierta. En Hawái pueden servirla simplemente con marisco o pescado blanco cocido, pero a mí me gusta hacerla más espesa y acompañar unos buñuelos de ocra o calabacín con ella. Utilice pulpa de fruta de la pasión tamizada en lugar del zumo de limón habitual: con una pieza de la variedad violácea se obtienen 1-2 cucharaditas de pulpa.

Fruta de la pasión y kale: La ensalada de kale con vinagreta de fruta de la pasión está a la altura de las de coles de Bruselas y arándanos, o de la de coliflor con pasas.

Fruta de la pasión y lima: Véase *Lima y fruta de la pasión*, p. 215

Fruta de la pasión y limón: El zumo de limón es a la fruta de la pasión lo que el zumo de lima al mango: el perfecto potenciador del sabor. De forma un tanto contradictoria, la fruta de la pasión se beneficia de la acidez adicional del limón.

Fruta de la pasión y manzana: Al científico estadounidense especializado en alimentos Jasper Woodroof le pareció un sabor muy atractivo una bebida que probó a base de zumo de manzana con un 5-10 por ciento de zumo de fruta de la pasión. Estoy con él, aunque para mí fue atractivo en el sentido de que era como un zumo de manzana de muy buena calidad. A mí me habría hecho falta un poco más de fruta de la pasión —un 25 por ciento total, para ser exactos— para apreciar todo el sabor. En esas proporciones, la mezcla sabe un poco a manzana y grosella negra, en gran parte gracias a un compuesto aromático llamado 4-mercapto-4-metilpentan-2-ona (puede llamarla 4MMP), que se encuentra en la fruta de la pasión, la grosella negra y el arbusto de los setos, el boj, cuando el sol extrae el aceite de sus hojas. (Pero no intente infusionar una bebida con boj: es venenoso).

Fruta de la pasión y naranja: La fruta de la pasión puede ser cara. La naranja es la mejor opción para salir del paso. El color también ayuda, sobre todo en gelatinas y cuajadas. Tenga en cuenta que un poco de fruta de la pasión da para mucho: tiene al menos cuarenta moléculas sulfurosas, lo que la convierte en uno de los aromas frutales más potentes. Sin embargo, tan solo se detecta un 10 por ciento de fruta de la pasión cuando se mezcla con zumo de naranja, pues este tiene su propio sabor sulfuroso y puede aportar un toque amargo muy bienvenido.

Fruta de la pasión y papaya: La Bella y la Bestia. La fruta de la pasión sabe como si se hubiera pasado toda la mañana preparándose para salir, mientras que la papaya sabe como si viniera directamente del gimnasio. Por suerte, la fruta de la pasión tiene perfume de sobra y suficiente acidez para dar vida al contundente dulzor de la papaya.

Fruta de la pasión y plátano: Véase *Plátano y fruta de la pasión*, p. 184
Fruta de la pasión y tomate: Véase *Tomate y fruta de la pasión*, p. 103
Fruta de la pasión y vainilla: Véase *Vainilla y fruta de la pasión*, p. 173

CRUCÍFEROS

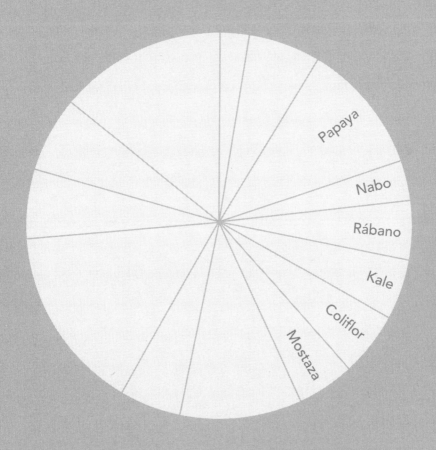

PAPAYA

Si el ruibarbo es una verdura que se cree una fruta, a la papaya le ocurre lo contrario. Cuando está verde es muy popular en los países tropicales: pese a ser relativamente insulsa, posee una textura que no tiene parangón en encurtidos y ensaladas como el *som tam*. La nota crucífera y vegetal de la fruta procede de las semillas, de color blanco en las papayas verdes y con sabor a rábano rusticano recién rallado. A medida que la papaya madura, las semillas se vuelven negras y retienen la nota crucífera, aunque es más delicada. El sabor de estas a menudo se compara con el del berro, la capuchina, la alcaparra o los granos de pimienta, por eso a veces se secan y se emplean como condimento. La piel verde de las papayas adopta una tonalidad amarilla a medida que maduran, de manera que la carne alcanza su punto máximo de sabor cuando la piel es amarilla en un 80 por ciento. La de tipo alargado y carne naranja o roja acostumbra a ser más dulce y perfumada que las variedades redondeadas y de carne amarilla. La papaya seca, producto básico de la tienda naturista, casi siempre está endulzada.

Papaya y aguacate: Véase *Aguacate y papaya*, p. 364

Papaya y canela: El *dulce de mamão* es un postre brasileño a base de papaya cocida a fuego lento en almíbar (llamado dulce de lechosa en Venezuela), en el que la canela y clavo realzan el apagado sabor de la papaya. El chef venezolano Sumito Estévez apunta que la hoja de parra es un aromatizante tradicional del dulce de lechosa. Igual que las dulcísimas confituras elaboradas con membrillo o guayaba, este postre suele servirse con queso (queso blanco o crema) para contrarrestar el dulzor.

Papaya y chile: Véase *Chile y papaya*, p. 366
Papaya y coco: Véase *Coco y papaya*, p. 182
Papaya y fruta de la pasión: Véase *Fruta de la pasión y papaya*, p. 227

Papaya y jengibre: Amantes malhadados. La papaya es una fruta tropical con un corazón crucífero. El jengibre la adora. El aroma de aquella se ha descrito como «ligero, refrescante, con notas de madera floral y levemente cítrico». Lo mismo ocurre con el jengibre, aunque se debe a una combinación distinta de moléculas. Combínelo con papaya madura para hacer un granizado potente, o con papaya verde para un *atsara*, un popular encurtido de nevera filipino que es como una versión ligera y picante de la ensalada de col. Para el *atsara*, corte en juliana 75 g de papaya verde, 25 g de zanahorias, una guindilla y 35 g de jengibre. Pique una cebolla echalión muy fina, mézclela con los demás ingredientes y espolvoree por encima un poco de sal. Déjelo reposar unos 30 minutos antes de enjuagarlo bien y escurrir toda el agua posible. En un cazo, combine 250 ml de vinagre de sidra o de caña con 100 g de azúcar blanco, 2 dientes de ajo y ½ cucharadita de sal. Caliente la mezcla hasta que el azúcar se haya disuelto y luego déjelo enfriar durante unos 20 minutos. Llene un tarro esterilizado con las verduras, vierta el líquido por encima y tápelo. Cuando esté frío, métalo en el frigorífico y deje pasar unos días antes de abrirlo. Se conservará durante un mes.

Papaya y lima: Pobre papaya. Siempre al lado del mango en el supermercado, que es como estar al lado de Christy Turlington en un yate. La papaya no tiene nada de malo, pero carece del carácter, la elegancia y la acidez del mango, motivo por el que casi nunca se oye hablar de ella sin que se mencione la lima. La acidez del zumo de esta y su aroma floral y tropical la complementan. Tendrían que venderlas juntas en el supermercado, la lima acompañándola en una redecilla, como un portabebés, lo cual no quiere decir que, en términos de sabor, la lima sea la pareja con menor peso. En los países cálidos en los que crece, cuando se desea un desayuno refrescante, se toma papaya fría con un chorro de lima. Cuando el sabor de esta última decae, el dulzor de su compañera emerge y se repliega a la misma velocidad que un destello verde durante la puesta de sol. La lima es la estrella. En ocasiones se emplean semillas negras de papaya como guarnición. Cuando está verde es completamente blanca por dentro, como los dormitorios de los multimillonarios. Incluso las semillas son blancas, así como extrañamente livianas y cubiertas de hoyitos, como si fueran poliestireno. La ensalada tailandesa llamada *som tam* se elabora con carne de papaya verde rallada mezclada con tomates cherry partidos por la mitad, judías verdes y cacahuetes, todo ello aderezado con un atrevido aliño de zumo de lima, salsa de pescado, ajo, guindilla y azúcar. Véase también *Chile y papaya*, p. 366.

Papaya y limón: El mango y la lima con el contraste bajado. Se ha descubierto que las cualidades antimicrobianas del mirto limón no solo consiguen que la papaya se conserve fresca durante más tiempo, sino que además potencian sus aromas naturales.

Papaya y menta: Cristóbal Colón describió la papaya como «un melón al que llaman "la fruta de los ángeles" y que crece en los árboles». El melón suele compararse con la papaya, aunque a menudo únicamente porque también es una fruta de carne blanda y naranja. Por lo demás, son muy distintos. Tras el dulzor inicial, bastante anónimo, el intenso sabor floral y afrutado de un melón bien maduro estallará en la boca. El de la papaya no, motivo por el que se la suele describir como insípida. No obstante, muchos libros de cocina los usan de manera indistinta, un intercambio que sin duda funciona combinado con *prosciutto*. La papaya también comparte la afinidad del melón con la menta, y la de la sandía con la menta y el queso feta.

Papaya y mostaza: Véase *Mostaza y papaya*, p. 252
Papaya y naranja: Véase *Naranja y papaya*, p. 224

Papaya y plátano: Había oído que la Striding Edge, una ruta de montaña del Distrito de los Lagos, era angosta y escarpada, pero se habían quedado cortos. Desde donde me encontraba, la cresta parecía algo ideado para desprender fragmentos de nube, como el borde dentado del dispensador de cinta adhesiva. La caída a ambos lados era impresionante. El viento arreciaba a medida que nos acercábamos a la cumbre y traía consigo una neblina espesa. Seguimos adelante. Ya en la cima, la neblina impedía ver nada, de manera que nos pasamos un hito importante hecho con piedras y acabamos tomando un camino de bajada hacia ninguna parte. Continuamos descendiendo instalados en un pacto de negación tácito. Rebuscando en la mochila encontré medio paquete de surtido de frutos secos que solo llevaba dieciséis meses caducado. Algunas avellanas estaban rancias, pero los trocitos de papaya y plátano eran como rayos de sol deshidratados. Sabían más a papaya y a plátano fresco que nunca. «¡Mira! —exclamé, tal vez un poco puesta de fructosa—. ¡Un aparcamiento!». «Sí —contestó mi marido—, pero no es el nuestro». Así que nos sentamos en una roca y nos comimos los trocitos de papaya y plátano que quedaban mientras considerábamos unas vacaciones distintas para la próxima vez: migajas de barritas de menta y chocolate Kendal en un paraíso tropical.

Papaya y queso: De olor fuerte. La papaya contiene una cantidad importante de isotiocianato de bencilo, un componente aromático que algunos comparan con la mostaza, la alcaparra, el berro, el rábano y la col. Los niveles aumentan a medida que la fruta madura, lo cual explica este comentario sobre su sabor, extraído de una edición de finales del siglo XIX de *The Journal of the Society of Arts*: «Esta fruta [...] en [forma de] almíbar o cristalizada, sabe mucho a nabo». Más recientemente, la chef australiana Stephanie Alexander comentó lo siguiente acerca de la papaya: «medio madura es repugnante, tiene el sabor amargo de la bilis». El rechazo habitual que produce cuando está madura es uno de los posibles motivos por los cuales se come tanta papaya verde, no solo en ensaladas como la famosa *som tam* tailandesa (véase *Papaya y lima*, p. 232), sino también en curris o en almíbares fragantes. Si su carácter crucífero le impide disfrutarla como fruta, combínela con queso. El chef de origen brasileño Marcello Tully emplea papaya con queso de cabra en una ensalada aliñada con aceite de oliva, zumo de lima y nueces de Brasil picadas. Véase también *Papaya y canela*, p. 231.

Papaya y tamarindo: Véase *Tamarindo y papaya*, p. 161

Papaya y vainilla: El sabor de la papaya está dominado por el linalool, un alcohol terpeno al que el perfumista Steffen Arctander le atribuye un «peculiar gusto cremoso floral, si bien no claramente dulce». También explica que el linalool es agradable sobre todo en concentraciones bajas o en combinación con otros aromas. Por ejemplo, la vainillina, el componente aromático principal de la vainilla, acentúa la cremosidad del linalool y enmascara su aroma a madera. Corte una papaya madura en trozos y, cuando sea el momento de comerla, tritúrelos y mézclelos con 4 cucharadas de helado de vainilla. Reparta la mixtura en 4 platos. La *creme de papaya* brasileña es una mezcla de papaya madura y helado de vainilla con un chorrito de casis.

NABO

Los nabos están mejor cuanto menos intenta refinarlos. No son tan toscos como el colinabo, pero su sabor a pimienta blanca está íntimamente relacionado con la dulzura de los tubérculos, rústica de por sí y realzada por compañeros igual de poco refinados. Cualquier ingrediente con notas de granja debería tenerse en consideración como acompañante del nabo. Sus limitaciones están más relacionadas con su textura que con su sabor, dado su ligero carácter acuoso. Pueden comerse crudos, sobre todo cuando son jóvenes y pequeños, momento en que tendrán mucho en común con el rábano. Este capítulo también incluye las hojas de nabo.

Nabo y alubia blanca: «Comenabos» y *mangiafagioli* («comealubias») eran términos peyorativos dedicados a la gente de pueblo en Inglaterra e Italia, respectivamente. Deberían haberse aliado los unos con los otros. La siguiente receta es una de las mejores maneras de preparar unas alubias cannellini. Para 2 raciones de acompañamiento, rehogue en aceite o mantequilla una chalota picada muy fina, añada 2 nabos de tamaño mediano pelados y cortados en dados y cocínelos unos minutos más. Agregue un bote de 400 g de alubias cannellini escurridas, 3 cucharadas de agua, 2 cucharadas de nata ligera (opcional) y unas pizcas de sal al gusto. Deje que se cocine a fuego lento durante 15 minutos, y vaya añadiendo un poco más de agua si se seca demasiado. Acompáñelo con un diente de ajo picado muy fino si le apetece fastidiar a los esnobs.

Nabo y comino: Véase *Comino y nabo*, p. 394
Nabo y dátil: Véase *Dátil y nabo*, p. 165

Nabo y garbanzo: Dejé de comprar *wraps* de falafel al hombre del mercado cuando comprobé que la ensalada para llevar contenía más trozos del rosado nabo encurtido que de otra cosa. Cuando estaba embarazada, dejé el falafel y la ensalada y envié a mi marido a por un tarro solo de encurtidos. El antojo sigue asaltándome siempre que hay garbanzos por en medio, ya se trate de un bocadillo de hummus o en sopa con mucho ajo. Eso sí, tienen que ser rosas. Se encurten con remolacha, la cual no solo los tiñe, sino que les aporta cierta dulzura con un toque de tierra. Los nabos son uno de los ingredientes que se añaden a los garbanzos en el guiso piamontés *cisrà*. Asimismo, junto con estos y el ajo constituían la base de un guiso de carne en la España del siglo XVII.

Nabo y guisante seco: Marie-Antoine Carême hacía una famosa sopa de nabos y guisantes frescos. Las recetas del siglo XIX de sopa de guisantes partidos a menudo incluyen nabo en la aromática base de cebolla, zanahoria y apio. Paola Gavin recogía en su libro una versión del Valle de Aosta aderezada con nabos y patatas, e incluso con nata. Los guisantes sienten una debilidad especial por el sabor de la pimienta, y los nabos, según Ambrose Heath, tienen «un sabor completamente masculino, a pimienta, muy definido». Véase también *Guisante seco y pimienta en grano*, p. 285.

Nabo y lechuga: Cultive sus propios nabos y podrá cocinar los diminutos bulbos en mantequilla y añadir las hojas a la cacerola. O hacer una sopa. Alice Waters cuenta los nabos y sus hojas entre sus combinaciones de sopa preferidas. El chef y cantante de ópera Alexander Smalls recuerda que comía las raíces cocinadas con las jugosas hojas y describe la combinación «como buñuelos vegetales de los que nunca me cansaba». Si no puede o no le apetece cultivarlos usted mismo, pruebe algo similar y cocine los dulces bulbos con un poco de rúcula, que tiene un leve toque picante, igual que las hojas de nabo.

Nabo y miel: El nabo y la col son los padres del colinabo, lo cual ha debido de generar más de una mirada de reojo en la sala de parto. Los tres vegetales comparten el rasgo crucífero de agradecer una pizca de dulzura con la que enfrentarse a su amargor natural. Los nabos suelen confitarse en una sencilla mezcla de azúcar, mantequilla y caldo, pero considero que el toque asilvestrado de la miel casa con la tosquedad rústica del nabo. La miel de castaño es una buena opción por su ligero toque salado. A veces también añado unas cuantas castañas. Para 4 raciones de acompañamiento, divida en cuatro partes 500 g de nabos pequeños, lavados pero sin pelar, y colóquelos en una bandeja de horno con una cucharada de aceite de oliva, 2 cucharadas de mantequilla derretida, una cucharada de miel y ½ cucharadita de sal. Áselos durante 20-25 minutos a 200 °C (marca 6 del gas) y luego añada una cucharada de salsa de pescado y devuélvalos al horno durante otros

10 minutos. Los vegetarianos pueden sustituir la salsa de pescado por salsa de soja.

Nabo y naranja: Véase *Naranja y nabo*, p. 223

Nabo y patata: El sabor de pimienta blanca del nabo hace que la suave y terrosa patata sepa a empanadilla de Cornualles. Dispuestos en capas con unas chalotas cortadas muy finas y un poco de nata, harán una *dauphinoise* que mejorará la versión que solo emplea patata, y esta es una afirmación que no puede hacerse a la ligera. Son más difíciles de combinar cuando se trituran. Los nabos tardan más en ablandarse, por lo que, a la hora de cocerlos juntos a fuego lento, la clave residirá en el tamaño de los trozos. Aunque los cocine por separado, la acuosidad del nabo restará fuerza al puré. Si lo que busca es ese sabor crucífero, pruebe a incorporarlo en un *colcannon* con col.

Nabo y zanahoria: El *salgam* es una bebida turca a base de zanahorias moradas y zumo de nabo, fermentada con una mezcla de bulgur y harina integral. Su sabor salado puede sorprender bastante, sobre todo si esperaba el dulzor del zumo de zanahoria. La primera vez, se recomienda probarlo acompañado de comida para disfrutarlo en su máxima expresión. En Turquía podría ser con un plato de zanahorias encurtidas o con un kebab especiado. Una adaptación del *salgam* es la sopa turca de zanahoria y nabo que aparece en *Turkish Cookbook*, el libro de cocina de Musa Dağdeviren. Se espesa con harina de alubias y se termina con una buena cantidad de jugo de encurtido, además de nata cremosa, perejil y hojas de cilantro.

RÁBANO

Los rábanos tienen un solo truco, muy sencillo, pero es de los buenos: son picantes y refrescantes a la vez, y guardan un as con un toque de pimienta en la fría textura crujiente. Podrían considerarse un condimento a la vez que un limpiador de paladar, todo en uno. El sabor de los rábanos jóvenes es similar al de una vigorosa col cruda en invierno. El picante aumenta cuanto más tiempo permanezcan en la tierra, aunque algunas variedades son más picantes que otras. En el Reino Unido, la mayoría de los rábanos que pueden encontrarse en las tiendas son de una tonalidad roja rosada y del tamaño de un pulgar, pero tanto los jardineros como los asiduos de los mercados de frutas y verduras tienen a su disposición variedades moradas, negras y amarillas, como el Zlata, dorado, picante y con mucho sabor, así como blancas, ya sean de un tono grisáceo, como el *daikon*, o de un blanco brillante, como la variedad alargada y picante llamada White Icicle. Una guía para el hogar del siglo XVII recomienda utilizar los rábanos para matar serpientes en actitud de ataque. Lo más probable es que la serpiente muriera, pero de risa, salvo que tuviera en la mano un rábano Sakurajima japonés, que puede llegar a pesar más de treinta kilos.

Rábano y aguacate: Véase *Aguacate y rábano*, p. 364

Rábano y alga: El *takuan* japonés, un rábano encurtido de color amarillo intenso, se elabora superponiendo capas de rodajas de *daikon* desecado en un recipiente de barro con salvado de arroz y *nori*. «Incluso en la actualidad, el penetrante olor del *takuan* flota en las cocinas de los monasterios igual que el fragante incienso en los altares», comentaba el difunto chef Shizuo Tsuji, quien añadía que, con arroz caliente, el *takuan* es tan habitual en las mesas japoneses como el pan y la mantequilla en Estados Unidos. Hoy en día, también suele servirse con arroz frío como relleno para los makis.

Rábano y cebollino: Es fácil asociar los festivales alemanes de la cerveza con carbohidratos: *wursts* en panecillos pastosos o pretzels del tamaño de un guante de béisbol con que absorber jarras de litro de Eschenbräu (o con que taparse las orejas cuando aparecen los acordeonistas vestidos con sus *lederhosen*). Sin embargo, prepárese para el rábano, en concreto para el rábano blanco de cerveza de Múnich, cortado en espiral hasta formar finos tirabuzones y aderezado con cebollino. El *Bamberger Rettich*, menos común, es un rábano blanco ahusado que se aprecia por formar una «combinación exquisita» con la cerveza. Según el Arca del Gusto de Slow Food, no hay ningún otro rábano que se le acerque. Es tan bueno que ni siquiera necesita cebollino.

Rábano y centeno:

Un día, comiendo snacks
en un mercado de Prax,
estaba Zax, fan de la sal,
y otro Zax, de la grasa fan.
En la mano tenían, quisieron los hados,
un rábano crujiente. Y se relamían
pensando en cómo estarían bien rebozados.
«¡Alto, amigo! —dijo el fan de la sal—. ¡Por su vida!
¿A untar un rábano en mantequilla llama comida?
¡Está loco! ¡Trastornado! ¡Esto es demencial!
¡Los rábanos están para untarlos en sal!».
«¿Y el loco soy yo? —dijo el fan de la grasa—.
El equivocado es usted, eso es lo que pasa.
Todos saben —le leyó la cartilla—
que están para untarlos en mantequilla».
El fan de la sal se picó como si comiera ajo.
«¡Para el caso, unte el suyo en un escupitajo!».
Hasta un tonto sabe que para realzar su sabor
el cloruro de sodio siempre es lo mejor».
«¡Cloruro de sodio! Dios mío, mi querido amigo:
debe de ser agotador ser más simple que un higo.
¡El carácter picante de esta pequeña raíz
es algo que solo los lácteos saben combatir!».
«Como guste —dijo el fan de la sal con despecho—.
Pero permítame dejarle claro este hecho:
mientras se empeñe en comer el suyo así,
no cataré yo el mío, sino que lo tiraré por ahí».
Y el fan de la grasa dijo: «Pues yo haré otro tanto,
puedo quedarme aquí sin comer mientras tanto.
Solo pensar en su numerito de la sal
basta para ponerme el cuerpo fatal».
Y durante dos años y un día ninguno comió nada
hasta quedar más secos que la mojama.
Lástima, pues del rábano el mejor compañero
parece ser el pan de centeno casero.

Rábano y chile: El rábano coreano acompaña a la guindilla en un kimchi conocido como *kakdugi*. Se trata de un tubérculo grande, con forma de zepelín y de color blanco casi en su totalidad, salvo la parte superior, que es verde. Para preparar el *kakdugi*, el rábano se corta en trozos y se mezcla con guindilla, jengibre y cebolletas antes de dejarlo fermentar. Estos quedan dulces y jugosos cuando los muerdes, una experiencia muy distinta a los kimchis elaborados con col. La guindilla que se usa se llama *gochugaru*, el chile ligeramente dulce y ahumado responsable del color rojo vivo del kimchi. El *gochugaru* también se utiliza en la *musaengchae*, una ensalada de rábano coreana con un toque algo menos picante. Para 8-10 raciones, corte en juliana 500 g de rábanos comunes (o *daikon*, el cual, según algunas recetas, es un sustituto pasable del rábano coreano, aunque otras solo lo aceptan con un suspiro de resignación implícito). Añada una cebolleta cortada muy fina y mézclela con un aliño elaborado con 2 cucharaditas de guindilla *gochugaru* en polvo, 2 cucharaditas de salsa de pescado, 2 cucharaditas de azúcar, un diente de ajo aplastado y ½ cucharadita de sal.

Rábano y huevo: Véase *Huevo y rábano*, p. 296

Rábano y lechuga: Los rábanos cortados en rodajas adornan las ensaladas de hojas verdes como si se tratara de un bonito vestido veraniego de lunares bordeados de rosa. La combinación del picante crucífero y la frescura de las hojas puede encontrarse en la col de Napa, aunque muchas recetas clásicas la emparejan con el *daikon* para potenciarla incluso más. Tanto uno como la otra se utilizan en ensaladas de col, sopas de miso o salteados, pero la mayoría de las veces se fermentan para hacer kimchi de col *baechu*.

Rábano y mostaza: Véase *Mostaza y rábano*, p. 254

Rábano y perejil: Hacen que el pepino y el eneldo parezcan comida reconfortante. El rábano y el perejil comparten ese carácter frío y mineral que los hace ideales para una ensalada de guarnición de unos kebabs agradablemente grasos. También es posible elaborar una mantequilla de perejil con que acompañar unos rábanos crudos, a los que puede añadir unas cuantas olivas picadas si la combinación resulta demasiado simple para su gusto. Para su plato de rábano, mantequilla y sal, la chef estadounidense Gabrielle Hamilton especifica que la mantequilla (sin sal) debe estar «cerosa y fresca, pero no fría».

Rábano y tofu: Véase *Tofu y rábano*, p. 336

Rábano y trigo sarraceno: Si alguna vez vuelvo a oír que alguien describe una comida como «verano servido en un plato» prometo que renunciaré a hablar y me uniré a una orden de monjas en voto de silencio. El siguiente manjar, en cambio, podría describirse como «mañana pasada por agua servida en un plato» y se acercaría mucho más a la realidad. El *oroshi soba* es un plato popular japonés a base de fideos de trigo sarraceno fríos en un caldo aderezado con rábano *daikon* rallado, el cual se conoce como *mizore*, que significa «aguanieve». Los fideos de soba de trigo sarraceno tienen reminiscencias de tierra mojada por la lluvia. Una combinación que se agradece sobre todo en condiciones húmedas. Procure no rallar el *daikon* demasiado pronto o perderá su esponjosidad y adoptará una textura de granizado.

Rábano y zanahoria: Se sirven aún con las hojas para mojarlos en cuencos de alioli durante la *fête du vin* anual que Fergus Henderson celebra en la cava St. John, en el Languedoc.

KALE

Una col fría y sin corazón: oscura, retorcida, intensa e irresistible, características que podría compartir con el antagonista taciturno de una novela del siglo XIX y que dan sentido a alguno de los otros nombres por los que se la conoce, como col crespa o berza. El kale está en su mejor momento tras una helada, algo que sobre todo se aprecia una vez cocinado, pues tiene un sabor más nítido en lo más crudo del invierno, como a agua mineral muy mineralizada. También es posible apreciar que va adquiriendo más amargor a medida que avanza la estación. Este capítulo trata sobre todo de la col crespa y la col negra (también conocida como col negra de la Toscana), si bien nos referiremos a esta última por su nombre italiano, *cavolo nero*, dado que es así como suele conocerse en el Reino Unido.

Kale y aguacate: El kale sabe ligeramente a alga si se recolecta en temporada cálida, como si se tratara de una col marina. El aguacate es de esos amigos con los que siempre puede contarse, haga frío o calor. Úselo para hacer un aliño de la diosa verde con que aderezar una col crespa cruda cosechada en su mejor momento de un suelo helado. Bata 175 ml de mayonesa con 60 ml de crema agria y una cucharada de zumo de limón. Triture un aguacate de tamaño mediano hasta obtener una consistencia homogénea e incorpórelo a la mezcla de la mayonesa con 4 cucharadas de cebollino picado, 2 cucharadas de perejil y una cucharada de estragón también picados muy finos. Opcionalmente, puede añadir 5-6 filetes de anchoa triturados. Aliñe al gusto. En verano, pique el kale muy fino, corte el aguacate en dados y sírvalos con arroz de sushi acompañado de salsa de soja, *wasabi* y jengibre encurtido.

Kale y ajo: El kale es uno de los miembros más amables de la familia de la col. Cocinado, carece del carácter sulfúreo de algunas de sus parientes, aunque si lo echa en falta, como suele ser mi caso, el ajo lo suple con facilidad. A duras penas puede decirse que la textura del kale sea refinada, ni siquiera cuando es joven y tierno, pero el plato brasileño *couve à mineira*, uno de los acompañamientos más habituales de la *feijoada*, es una manera de aligerar la sensación que deja en boca. El *couve* se elabora con col rizada, la cual, igual que el kale, es una variedad de hoja suelta. Separe las hojas de la col, apílelas, enróllelas en forma de puro y píquelas muy finas antes de saltearlas en aceite y ajo. Incluso el *cavolo nero*, la más estirada de las coles, agradece un *tête-à-tête* con el rudo ajo. Separe las hojas y cocínelas a fuego lento con dientes de ajo pelados hasta que estén blandas. Escúrralas, tritúrelas con un chorrito de aceite de oliva virgen extra y sirva la mezcla con pasta y parmesano. El kale espárrago es un tipo de brócoli, también suave, muy apreciado por su sabor cuando se saltea con ajo. Véase también *Kale y queso*, p. 246, y *Kale y piñón*, p. 245.

Kale y almendra: Véase *Almendra y kale*, p. 142
Kale y alubia blanca: Véase *Alubia blanca y kale*, p. 61
Kale y alubia negra: Véase *Alubia negra y kale*, p. 56
Kale y anacardo: Véase *Anacardo y kale*, p. 355

Kale y avena: Extraído de una edición de 1883 de la revista *Milling*: «un plato de kale bien cocido, triturado con una cuchara y una pequeña adición de mantequilla es tan agradable al paladar de un habitante de las Highlands de Escocia como las alubias al horno al de un bostoniano. Y para mejorarlo —aunque es como pretender dorar el oro refinado— solo hay que espolvorear por encima del plato de kale así preparado unos copos de avena cruda. Un aderezo tan ligero como este mejora la mayoría de los platos a juicio de los habitantes de las Highlands de Escocia». Menos mal que el kale y la avena se llevan bien. Un granjero escocés del siglo XVII tendría cubiertas todas sus necesidades solo con esta combinación. Para desayunar: gachas de kale con galletas de avena o *bannocks*. Para comer: puré de kale y patatas con *brose* (gachas), o una sopa elaborada con avena y kale. Más tarde: más puré de kale y patatas con unas galletas de avena o *bannocks*. En los últimos tiempos, las gachas saladas han vivido una especie de resurgimiento, y aunque aún se siguen combinando con kale, se ha reducido el acompañamiento de este. Las setas y el puré de calabaza son complementos que gozan de gran popularidad. Por cierto, *kailyard* era la palabra escocesa para «huerto», de la que se derivó el *kailyard school*, el término con el que se conoce la literatura escocesa bucólica y excesivamente sentimental. De ahí que pudiéramos encontrárnosla en conversaciones como: «¿Has leído *Amor entre el brezo*?». «Válgame Dios, no, Morag. Es demasiado *kailyard* para mí».

Kale y chile: La guindilla realza el carácter picante natural del kale. En polvo y ahumada, aportará a las chips de kale una rusticidad agradable. Yo utilizo *cavolo nero*, que conserva un sabor muy leve a col cuando se fríe hasta que adquiere una textura crujiente. Córtela en trozos, dispóngalos en un plato un tanto separados y hágalos al microondas a máxima potencia durante 3 minutos. Écheles un chorrito de aceite y espolvoréelos con pimentón ahumado.

Kale y ciruela: Véase *Ciruela y kale*, p. 137
Kale y fruta de la pasión: Véase *Fruta de la pasión y kale*, p. 226

Kale y jengibre: Igual que los *gremlins*, el kale debería mantenerse alejado del agua. La escritora y chef escocesa Catherine Brown cree que está mejor crudo o salteado con jengibre, una planta que congenia de manera excepcional con las notas de fruto seco del kale ligeramente frito. A diferencia de la mayoría de las recetas de hojas salteadas, Brown aconseja utilizar con él mantequilla en lugar de aceite.

Kale y limón: Mi pasión por la col crespa raya en la infidelidad. Para mí, untar sus nudosas y ásperas hojas con una vinagreta dándoles un ligero masaje no es ninguna molestia. Bajo las luces de la cocina, pongo música ambiental con sonidos de la selva tropical y uso una vinagreta aromática elaborada con zumo de limón y un poco de cáscara rallada muy fina. Si el kale está demasiado duro para comerlo crudo, cocínelo al vapor antes de mezclarlo con ralladura fina de limón y mantequilla, una combinación que contribuirá a aplacar sus sabores más toscos. La col marina no pertenece a la familia de las crucíferas, pero se parece mucho a la col crespa cuando brota en las playas de guijarros. El etnobotánico James Wong propone cocinarla al vapor durante 5 minutos y servirla con salsa holandesa y un chorrito de limón; la solución perfecta, dado que estos no son competidores del kale y permiten que conserve «su cremoso y delicado sabor marítimo». Para los autores de *The Market Garden Husbandry for Farmers and General Cultivators* (1887), la col marina es un cruce no tan delicado entre la coliflor y el espárrago. Para gustos hay coles.

Kale y maíz: Véase *Maíz y kale*, p. 88
Kale y manzana: Véase *Manzana y kale*, p. 196

Kale y menta: El kale y el chocolate tienen inclinaciones similares (véase *Almendra y kale*, p. 142). A mí me gusta mezclar la col picada con menta y aliñarlos con una vinagreta estándar: oscura y lo bastante vigorizante para ofrecerla tras la cena. Asciéndalo a categoría de plato principal añadiendo cacahuetes, zanahoria cortada en juliana y guindilla junto con un buen chorro de salsa de pescado.

Kale y naranja: Véase *Naranja y kale*, p. 223

Kale y nuez pecana: Las notas de mantequilla y azúcar moreno de la nuez pecana hacen de ella una de las mejores parejas del kale. La combinación es una especie de variación más intensa de la col blanca cortada en rodajas y cocinada en mantequilla, azúcar y pimienta blanca que compone el relleno del *strudel* de col, como el que Nora Ephron recordaba que compraba en el East Village de la década de 1960 de forma tan evocadora. La ensalada de kale aceptará un puñado de nueces pecanas, caramelizadas o no, con sumo gusto. También puede hacer su propia vinagreta con ellas para aliñarla: tueste 40 g de nueces pecanas partidas por la mitad durante 5-6 minutos en el horno a 180 °C (marca 4 del gas) y luego tritúrelas con una pizca de sal, una cucharadita de mostaza de Dijon, 2 cucharadas de vinagre de vino tinto, 4 cucharadas de aceite de girasol, 2 cucharadas de aceite de oliva y quizá un pelín de jarabe de arce.

Kale y patata: Cubren un espectro tan amplio de sabor que su sopa no necesitará nada más. El caldo verde es una versión portuguesa elaborada con el kale conocido como *couve galega* («col gallega»), patatas harinosas y a veces una pequeña cantidad de chorizo. Vierta un buen chorro de aceite en un bol antes de servir en él la sopa y el chorizo estará de más. En la Toscana, es más probable que le sirvan *cavolo nero* y patata. Si es un incondicional del kale crudo, acompáñelo con patatas fritas y un dedo de salsa bearnesa.

Kale y piñón: Los amantes de la ensalada César se volverán locos con el pesto de kale. Elaborado a base de lozano kale, piñones tostados y una buena cantidad de ajo y queso, se convierte en una salsa que sabe a lechuga romana, picatostes y aliño cremoso todo en uno. Para 2-3 raciones de acompañamiento, ponga en una batidora 20 g de kale troceado, 20 g de piñones tostados y 20 g de queso parmesano rallado con un diente de ajo y 4 cucharadas de aceite de oliva virgen extra y tritúrelos hasta obtener una pasta no demasiado fina.

Kale y pistacho: Un plebeyo y un rey. En 2007, *The Oxford Companion to American Food and Drink* aseguraba que «La mayoría de los cocineros estadounidenses desaprovechan el kale». Las cosas cambian. Echando un vistazo al menú del Alden & Harlow de Cambridge, Massachusetts, solo una década después, me topé con la «omnipresente ensalada de kale». Estaba presentada en crudo con tiras de hinojo y chips de kale con un aliño a base de pistacho, *crème fraîche*, miel y limón. Un aderezo bastante dulce, dicho de otro modo, sobre todo cuando en las variedades modernas de kale se ha eliminado el amargor. Sin embargo, funcionó, sobre todo gracias al contraste con la mineralidad crujiente de la col.

Kale y queso: Kale César. Si Caesar Cardini, coinventor de la ensalada que lleva su nombre, hubiera podido echarle mano a un kale crudo en Tijuana, la lechuga romana tendría que haberse buscado otro trabajo. Las hojas de kale parecen diseñadas a propósito para soportar el peso del denso aliño, el parmesano rallado y los picatostes. Además, mientras que ese sabor de agua fría que contrasta tan bien con el ajo salado solo se insinúa en la lechuga romana, en el kale destaca con fuerza. La chef de Brooklyn, Ilene Rosen, hace un sándwich caliente de kale, mozzarella y pipas de girasol con aceite y vinagre balsámico muy elogiado. Los italianos, por su parte, toman una sopa a base de pan, *cavolo nero* y parmesano. Y el queso azul, desmigado o en aliño, combina muy bien con las notas agridulces y metálicas del kale crudo.

Kale y sésamo: Véase *Sésamo y kale*, p. 346

COLIFLOR

La coliflor tiene un carácter ligeramente cremoso en comparación con otras crucíferas. Imagine un brócoli calabrés con complejo de camembert. Los sabores mantecosos y a seta de los marfileños cogollos de la coliflor hacen que parezca más intensa que sus parientes verdes, algo que sobre todo se aprecia cuando se cocina, aunque también se detecta en crudo. Los cogollos blancos y tiernos tienden a ser más suaves y dulces que los de tonalidad amarilla o beige. El compañero predilecto de la coliflor es el picante, aunque no es necesario limitarse a las especias: quesos, lentejas, frutos secos y otras crucíferas picantes deberían copar los primeros puestos de su lista de parejas.

Coliflor y ajenuz: Véase *Ajenuz y coliflor*, p. 388
Coliflor y cúrcuma: Véase *Cúrcuma y coliflor*, p. 260

Coliflor y dátil: Una obsesión personal. En *La enciclopedia de los sabores*, mencioné una cafetería que hace tiempo que ya no existe pero donde servían una ensalada de nueces, dátiles y coliflor cruda. Sigo arrepintiéndome de no haberles pedido la receta, ya que mis intentos a la hora de recrear el aliño nunca han estado a la altura. Insisto:

infórmeme si encuentra el aliño perfecto. Hasta entonces, mezcle cogollos pequeños de coliflor cruda con dátiles y nueces picados. Para el aliño, combine una cucharada de nata agria, una cucharada de mayonesa, una cucharadita de jarabe de arce, un chorro de zumo de limón y una pizca de sal.

Coliflor y fenogreco: Elizabeth David creía que el fenogreco era el culpable del «olor desagradable» y del «sabor tosco» del preparado de curri en polvo. En la actualidad, las estanterías de los supermercados están llenas de unos *masalas* más refinados y aromáticos que la cosmopolita David habría probado en la década de 1960. Aun así, el antiguo curri en polvo sigue teniendo un huequito en mi corazón. Dejando a un lado la nostalgia, de entre las especias que suele contener, las más chabacanas, como el fenogreco, el comino y la mostaza, saben genial con otros ingredientes igual de ofensivos, como la coliflor hervida y los huevos cocidos.

Coliflor y granada: Una combinación que es pan comido una vez superada la fase de hervir o cocer al vapor las crucíferas. En comparación con el zumo recién exprimido, la melaza de granada tiene una nota mucho más fuerte de caramelo, que encaja con los sabores tostados de la coliflor asada. También es más salada de lo que cabría esperar, con notas ácidas de queso que recuerdan al compañero clásico de esta verdura. La coliflor asada es un excelente sustituto vegano de la carne en el fesenyán, el plato iraní de ave o cordero guisado en salsa de granada y nueces. Para 4 raciones, corte una coliflor de gran tamaño (o 2 medianas) en trozos grandes. A continuación, distribuya los trozos en una bandeja de horno y hornéelos a 200 °C (marca 6 del gas) durante 25 minutos, o hasta que estén tiernos y ligeramente tostados. Mientras tanto, sofría una cebolla picada en una cucharada de aceite vegetal hasta que se poche, añada ½ cucharadita de canela molida y una pizca de azafrán en polvo y cocine durante un minuto. Agregue 250 g de nueces molidas y un poco tostadas, 500 ml de zumo de granada, una cucharada de melaza de granada, una cucharada de miel o azúcar y ½ cucharadita de sal. Remueva bien. Lleve la salsa a ebullición, luego reduzca el fuego y siga rehogando, removiendo de vez en cuando, durante 15 minutos. Eche la coliflor asada en la salsa y sírvala templada, no caliente, con arroz basmati.

Coliflor y lenteja: La lenteja es la legumbre preferida de la coliflor, pues las alubias y los guisantes carecen de contraste en cuestiones de textura. Es cierto que las lentejas rojas comparten una blandura similar a ella, pero pueden convertirse en una salsa espesa, un tipo de cobertura que la coliflor adora, siempre y cuando esté cargada de especias y acidez. La textura firme de las lentejas de Puy y beluga, que se aferran a los cogollos de la coliflor como diminutos frutos secos, ofrecen un mayor contraste. La combinación es tan dulce y melancólica como una animación checa en blanco y negro.

Coliflor y pasa: Véase *Pasa y coliflor*, p. 154

Coliflor y pimienta de Jamaica: La fragancia limpia y vivificante de la pimienta de Jamaica me recuerda a planchar una sábana de algodón secada al sol. Aporta un perfume especial a la coliflor asada y, recién molida, su carácter picante y floral queda magníficamente realzado cuando esta se prepara al gratén con mucho queso.

Coliflor y pimienta en grano: Véase *Pimienta en grano y coliflor*, p. 411

Coliflor y sésamo: Cuando la coliflor se hizo vegana recurrió al tahini. En la actualidad, esta cremosa salsa se utiliza en todo tipo de platos de coliflor, pero asar o freír la crucífera garantiza un contraste apetitoso ante la insulsez característica de las semillas de sésamos triturados. Si añora la estridencia de la salsa de queso de toda la vida, mezcle el tahini con zumo de limón, comino y ajo.

MOSTAZA

El ardor de las latitudes templadas. Los dos tipos más comunes de semillas de mostaza son las blancas y las pardas. Las primeras proceden de la *Sinapis alba* y son bastante suaves, mientras que las segundas proceden de la *Brassica juncea* y son bastante picantes. Otra variedad picante, *Brassica nigra*, o mostaza negra, tiene fama entre los gourmets de ser la mejor, y fue la que usaron Colman's, los famosos productores de mostaza, hasta la década de 1950. Sin embargo, la mostaza negra no resulta sencilla de cultivar y tiende a la acidez, por lo que ha sido desbancada por la parda. John Hemingway, antiguo director de cultivos de Colman's, considera que esta es igual de buena, si no mejor. Las semillas de mostaza revelan su sabor y su carácter picante cuando están desprovistas de su cubierta y se humedecen. El agua fría exacerba dicha cualidad, dado que tanto el calor como la acidez inhiben la reacción química responsable de su acritud. El sabor de las semillas de mostaza parda es fascinante: tienen a la vez notas de frutos secos, col, metal, sudor y, en ocasiones, un ligero gusto a quemado. Combinadas con vinagre y sal, su amargor supone un apetitoso desafío para los alimentos dulces o grasos. Muerda una semilla de mostaza blanca y detectará cierta dulzura característica de los frutos secos antes de que se active su acritud. Este capítulo también trata sobre el aceite de semilla de mostaza.

Mostaza y achicoria: Véase *Achicoria y mostaza*, p. 328

Mostaza y ajo: Antoine Maille, fundador (en 1747) de la famosa marca de mostaza, fue el gran innovador del condimento. Desarrolló variedades con capuchina, limón, trufa y ajo, de las cuales las dos últimas se hicieron extremadamente populares. También inventó mostazas específicas para cada género: las de hombre eran más acres que las de mujer. Si el espacio del que dispone en la cocina imposibilita la inclusión de una biblioteca dedicada a la mostaza, también puede comprar la clásica y adaptar pequeñas cantidades. Maje un diente de ajo y mézclelo con 4 cucharadas de mostaza de Dijon y una cucharadita de perejil picado muy fino. Puede convertirla en una socorrida salsa para mojar incorporando 125 ml de mayonesa con 2 cucharadas de mostaza de grano grueso.

Mostaza y alubia blanca: Véase *Alubia blanca y mostaza*, p. 62

Mostaza y arándano rojo: La salsa de arándanos y mostaza es muy popular en Estados Unidos. Algunas personas recurren sin más a una mezcla comprada en el supermercado. Las recetas que consulté para hacerla desde cero venían bastante cargadas de azúcar y recordaban a las almibaradas *mostardas* de fruta amarilla de Italia. Haga una versión menos empalagosa rehogando 200 g de arándanos rojos lavados con solo 20 g de azúcar, hasta que la mayoría de ellos hayan reventado.

Tritúrelos un poco más y añada 3 cucharadas de mostaza de Dijon y, si lo desea, una cucharada de oporto. Se dará cuenta de que, contra lo que cabría esperar, la acidez de los arándanos mitiga el picante de la mostaza.

Mostaza y canela: Véase *Canela y mostaza*, p. 398
Mostaza y cebollino: Véase *Cebollino y mostaza*, p. 321

Mostaza y centeno: La mostaza con pan de centeno sabe a Nueva York, un par de sabelotodos compitiendo por tu atención. La variedad deli es la más fuerte de las famosas mostazas estadounidenses. También conocida como mostaza parda picante, es más suave y podría decirse que más compleja y menos adusta que la de Dijon. Su dulzura y su agradable sabor afrutado prácticamente invitan a untarla en pan sin necesidad de añadir nada más. Es evidente que el primero que sirvió un pretzel con mostaza tuvo la misma idea. (Por cierto, tanto los pretzels como la mostaza deli son de origen alemán, si bien no suele ser una de las combinaciones más habituales en Alemania, donde reservan la mostaza para sus *Würste* y comen los pretzels embadurnados de mantequilla). Un sándwich de pan de centeno y mostaza por lo general contendrá algún embutido especiado como el pastrami, pero con mayonesa de huevo y tomate en rodajas está incluso mejor, o con unas lonchas finas de queso ahumado, una salsa *rémoulade* de apio nabo y pepinillo en vinagre al eneldo.

Mostaza y chile: Véase *Chile y mostaza*, p. 366
Mostaza y chocolate: Véase *Chocolate y mostaza*, p. 47
Mostaza y coco: Véase *Coco y mostaza*, p. 181

Mostaza y comino: Forman un chisporroteo endemoniado cuando se lanzan en un aceite o un *ghee* calientes. Las semillas de mostaza y comino liberan aromas amargos de col y queso cuando se cocinan, como ocurre al principio de muchas recetas indias. Y al final. El *tarka* es un aromático salteado que incorpora los aceites esenciales de las especias a la grasa de cocinado antes de verterla sobre platos que de otro modo resultarían insulsos, como el *dal*, o demasiado dulces como en el caso del *masala* vegetariano. Se trata de una genialidad que debería usarse en una gama de platos más amplia, como en una sopa vegetariana de raíces picante, por ejemplo, en la que notará la intensidad de los sabores en comparación con una sopa en que las especias se trituran o se muelen al principio.

Mostaza y cúrcuma: La cúrcuma es el viento bajo las alas de la mostaza y la responsable de la tonalidad conocida como mostaza amarilla. Lo detectable que sea la cúrcuma en la salsa dependerá de las semillas que se hayan utilizado en su elaboración. En la mostaza típica de los campos de béisbol, como la French's, a base de semillas blancas, la cúrcuma es muy apreciable, aunque no tanto como para hacer que se dispare la alarma del curri. Quizá se sienta tentado a desestimar la de este tipo y relegarla solo a acompañamiento barato con que alegrar los perritos calientes, pero tenga en cuenta que puede hacer maravillas con alimentos más ligeros y sabores más sutiles. En la mostaza inglesa Colman's se mezclan cúrcuma y harina con semillas blancas y pardas, lo cual da como resultado una salsa acre en la que la cúrcuma contribuye más al color que al sabor. En el picalili, los sabores deberían estar equilibrados (véase *Cúrcuma y coliflor*, p. 260).

Mostaza y huevo: Véase *Huevo y mostaza*, p. 295
Mostaza y jarabe de arce: Véase *Jarabe de arce y mostaza*, p. 433

Mostaza y judía verde: El aceite de mostaza es esencial en la cocina bengalí, donde se utiliza para freír pescado. Su sabor y su carácter mordaz también lo convierten en una base deliciosa e inconfundible para encurtidos picantes. En Cachemira, el aceite de mostaza se calienta hasta que humea y a continuación se deja enfriar antes de usarlo para cocinar, puesto que, al igual que ocurre con la mostaza en semillas o molida, el calor lo suaviza. Pruebe el aceite enfriado sobre una rebanada de pan y le sabrá sorprendentemente dulce, con unas cálidas notas de fruto seco. Tenga en cuenta, sin embargo, que en algunos países existe cierta polémica acerca del uso culinario del aceite de mostaza a causa de los altos niveles de ácido erúcico que contienen muchos de ellos y que se han relacionado con enfermedades coronarias. Casi todo el aceite de mostaza que se vende en las tiendas indias del Reino Unido y Estados Unidos está indicado solo para uso tópico, aunque recientemente se han desarrollado algunos con niveles inferiores de ácido erúcico. Si siente curiosidad por probarlo en crudo, acompáñelo con unas judías verdes por ese sabor similar al *wasabi*. Mezcle una cucharada de aceite de mostaza, una cucharadita de salsa de soja, ½ cucharadita de vinagre de arroz y ¼ de cucharadita de miel para preparar un aliño delicioso para 150 g de judías cocidas y templadas.

Mostaza y lechuga: Véase *Lechuga y mostaza*, p. 332
Mostaza y lenteja: Véase *Lenteja y mostaza*, p. 68
Mostaza y manzana: Véase *Manzana y mostaza*, p. 197
Mostaza y membrillo: Véase *Membrillo y mostaza*, p. 191
Mostaza y miel: Véase *Miel y mostaza*, p. 94

Mostaza y miso: Igual que la mostaza molida de Colman's, la *karashi* japonesa es una mezcla de semillas de mostaza blanca y parda integradas con agua para formar una pasta muy acre. Puede encontrarla aplicada a toquecitos, como si se tratara de pintura al óleo, en el borde de un plato de *katsu*, o servida con *natto*, el plato de soja fermentada de estética desafiante. El *karashi su miso* es una mezcla de dicha mostaza picante y miso salado que se sirve tradicionalmente con verduras hervidas o hechas al vapor. Tanto esta mostaza como el miso también convergen en la pasta amarilla que se usa para rellenar raíces de loto en el *karashi renkon*, una especialidad de Kumamoto. Preparar este plato no es fácil, pero puede practicar llenando los agujeros de una esponja vegetal con acondicionador capilar. La raíz de loto se fríe en una masa para rebozar amarilla y con sabor a cúrcuma, y luego se corta en rodajas para obtener unos discos de color blanco con reborde amarillo y un dibujo floral del mismo tono en el centro. Recuerdan al estampado de un minivestido sesentero.

Mostaza y ocra: Véase *Ocra y mostaza*, p. 452

Mostaza y papaya: Fitch W. Taylor escribió en 1840, en su diario de viaje *The Flag-Ship: Or, a Voyage Round the World in the United States Frigate Columbia*, que la papaya «es como un melón suave, no sorprende por su sabor, pero sigue siendo una fruta intensa y saludable. Las semillas, que ocupan la alargada y festoneada cavidad interior, son más peculiares. Tienen el tamaño de una semilla de mostaza hinchada y saben a berro». Hacia finales del siglo XIX, los químicos orgánicos identificaron isotiocianato en las semillas de papaya, el cual posteriormente se concretó en isotiocianato de bencilo, un componente de olor sulfuroso y húmedo que recuerda a las hojas de col, los rábanos y las capuchinas, además de un sabor parecido al del *wasabi* y un potente efecto adormecedor de la lengua. La papaya es la fruta con la que originalmente se elaboraba la *mostarda* (véase *Membrillo y mostaza*, p. 191). En épocas más recientes, el chef Jean-Georges Vongerichten ha combinado mostaza molida, de Dijon y vinagre de arroz, que añade a una mezcla de miel cocinada y papaya madura para hacer una salsa afrutada con que aderezar gambas a la parrilla.

Mostaza y puerro: El puerro debería ser el símbolo de Francia. Allí lo adoran y hay algo que evoca con fuerza a la *cuisine bourgeoise* en un bol de puerros cremosos, que saben como si los hubieran cocinado en mantequilla y crema cuando simplemente han estado macerándose en su propio jugo. La mostaza ataja y realza al mismo tiempo esa intensidad, como en el clásico *poireaux vinaigrette*, un plato de puerros escalfados y aliñados con una vinagreta que se come templado o a temperatura ambiente. Suele servirse *au mimosa*, espolvoreado con huevo duro picado. Es atractivo a la vista, aunque, en mi opinión, mejorable. Prepare la vinagreta con mostaza de Dijon y aceite de nuez y luego espolvoréelos con nueces y perejil picados. El aceite potenciará el sabor de los puerros más reverenciados de Francia, que se cultivan en la normanda Créances y son famosos por sus notas de nuez y avellana. Desde siempre, los británicos han sido más dados a bañar los puerros en una salsa blanca espesa elaborada con mostaza, que a veces incorporaba queso. El *mosterdsoep* neerlandés también se acerca bastante: es una sopa cremosa y espesada con un *roux* a base de puerros y beicon.

Mostaza y queso: El chuletón de ternera, las salchichas y la cabeza de jabalí aprovechan a las mil maravillas el fuerte sabor crucífero de la mostaza. La elaborada con semillas pardas además limpia la grasa que se aferra al paladar, de modo que refresca la boca y la prepara para el siguiente bocado, una labor que realiza con suprema eficiencia con las masas frías o a temperatura ambiente elaboradas con grasas saturadas. A pesar de contener un alto nivel de grasas saturadas de por sí, el queso no suele servirse con mostaza. Si no ha probado la combinación, un poco de mostaza y emmental cortado finito sobre unas crackers de centeno es una buena opción por la que empezar. Ned Palmer, escritor y maestro quesero, aboga por una mostaza de grano grueso con cheddar. Siendo así, ¿por qué es tan poco corriente verla en una tabla de quesos? Palmer detecta un toque de mostaza en el sabor de algunos quesos duros y recomienda especialmente un lincolnshire poacher de veinticuatro meses. Por mi cuenta descubrí que el ligero sabor crucífero del camembert maduro funcionaba a las mil maravillas con una mostaza parda picante. La Dijon también estaba bien, pero la otra era más amable con el queso. En el caso del queso cocido, la mezcla típicamente británica de mostaza inglesa molida y salsa Worcestershire dará fuerza —con disculpas a mis amigos galeses— a una típica tostada de queso fundido galesa. La mostaza molida no solo aporta una nota picante, sino que si la añade a una salsa blanca básica, esta sabrá a queso antes de incorporar gruyer rallado o cheddar para hacer una Mornay, lo cual demostraría la afirmación de Ned Palmer, aunque postulada a la inversa.

Mostaza y rábano: Una combinación febril. Sumerja un rábano bien frío en una salsa para mojar de mostaza y primero experimentará calor, luego frío y de nuevo calor. Las mostazas amarillas estadounidenses, las que se usan en los perritos calientes, son una buena elección como salsa para mojar, ya que el picante es lo bastante suave para no enmascarar el sabor de la mostaza. El glucosinolato responsable de su acritud, la sinalbina, es muy leve, a diferencia de la sinigrina de las mostazas elaboradas con semillas pardas, como la inglesa o la Dijon, que es la culpable de que arda la nariz y lagrimeen los ojos. Y puede llegar a irritar la frente. La acritud de los rábanos es distinta según las variedades y la estación. Los cultivados en verano serán más picantes que los invernales. El tiempo que permanezcan en la tierra también tendrá importancia: cuanto más tiempo, más oportunidades tienen de desarrollarse los acres isotiocianatos. Véase también *Huevo y mostaza*, p. 295.

Mostaza y seta: Véase *Seta y mostaza*, p. 340

Mostaza y tomate: Charles Arrowby, el quisquilloso protagonista de *El mar, el mar*, de Iris Murdoch, tiene sus propias ideas acerca de la preparación de los platos. En cierto momento, inventa un aperitivo a base de huevos escalfados en huevos revueltos calientes —interesante— y un plato principal de abadejo ligeramente espolvoreado con curri, cocinado con cebollas y servido con un poco de kétchup y mostaza. «Solo los tontos desdeñan el kétchup», observa. Según Malcolm Gladwell, esta salsa se convirtió en un fenómeno global porque toca las cinco teclas primordiales: dulce, ácido, umami, salado y amargo. Dicha afirmación trastabilla un poco en cuanto al sabor amargo, que yo no logro detectar. Sin embargo, Arrowby acaba lo que Heinz empezó cuando se combina kétchup y mostaza amarga. La prueba está en el perrito caliente. Juntas, las dos salsas transforman un tubo de carne embutida mecánicamente y metida en un bollito barato en algo por lo que serías capaz de cruzar una autopista de seis carriles sin mirar. El dúo no solo forma un gran condimento por sí mismo —insuperable en un *bubble and squeak*—, sino que además ofrece una base consistente para una salsa barbacoa casera. Un poquito de cada con una gota de salsa Worcestershire aportará a las hamburguesas de pescado, las vegetarianas y los platos rápidos de fideos un sabor tosco muy apropiado.

AMADERADOS
ENÉRGICOS

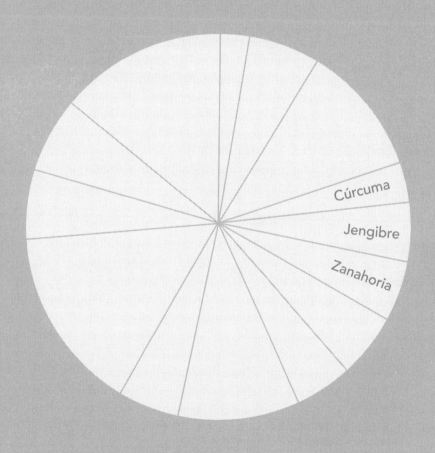

Cúrcuma

Jengibre

Zanahoria

CÚRCUMA

La actitud pasivo-agresiva hecha especia. Ya sea en forma de rizoma fresco y anaranjado o como especia molida y de color amarillo intenso, la cúrcuma es todo carisma a los ojos, pero (al menos en cantidades normales) el sabor tiende a ser más bien dócil. Si uno se concentra, puede resultar genéricamente aromática: parte jengibre, parte laurel y con un toque de madera fresca que quizá recuerda a la zanahoria. Dichas notas hacen que la especia se preste a participar en platos salados, pero la famosa leche dorada india *haldi doodh* (véase *Cúrcuma y pimienta en grano*, p. 262) demuestra su buen desempeño en los contextos dulces. El amplio y discreto aroma de la cúrcuma la convierte en una excelente base para mezclas complejas de especias. Por sí sola, es una buena introducción a las especias para los niños o los no iniciados, sobre todo porque su toque amargo se atenúa al cocinarla.

Cúrcuma y alubia negra: No son muchas las recetas que emplean esta combinación, al menos en comparación con otras legumbres, pero como detecto notas de jengibre, zanahoria y laurel en la cúrcuma, me pareció interesante probarlas juntas de todos modos. Eché un poco de cúrcuma molida sobre unas alubias negras cocidas con cebolla y ajo. Estaban muy ricas. Utilicé la mezcla como relleno para unas empanadillas, recurriendo a la cúrcuma para preparar la masa de color amarillo intenso típica de las empanadillas jamaicanas. Una cucharada de *crème fraîche* con cúrcuma sobre un bol de sopa de alubias negras fue el colofón. Este maridaje tiene mucho recorrido.

Cúrcuma y arroz integral: El *geelrys* sudafricano es el arroz amarillo que acompaña al plato nacional, el *bobotie*. Se prepara con la variedad blanca de grano largo, aromatizada con cúrcuma y mezclada con pasas. La cúrcuma también puede utilizarse para dar color a un *biryani* o en lugar del azafrán en una paella. Fíjese en el estimulante efecto que produce en el arroz integral, pues logra disipar sus asociaciones más negativas. En cantidades discretas, la cúrcuma transforma el agua en un caldo con notas de tubérculos, hierbas y curri, una buena base para muchos platos de arroz. Véase también *Haba y arroz integral*, p. 299.

Cúrcuma y café: Véase *Café y cúrcuma*, p. 42

Cúrcuma y canela: *La Kama* es una mezcla marroquí dulce y picante de cúrcuma con canela y nuez moscada. El *ras el hanout*, de la misma región, puede contener dieciséis o diecisiete especias diferentes: el nombre significa, literalmente, «en lo más alto de la tienda». *La Kama*, en cambio, es el sótano donde se encuentran las oportunidades: se utiliza para hacer sopas de diario y tajines. Mezcle 3 partes de cúrcuma, jengibre y pimienta negra molidos, 2 partes de canela molida y ¼ de nuez moscada rallada. Algunos cocineros añaden algunas especias más a su *La Kama*. La pimienta de Java y la de Jamaica son buenas candidatas. Véase también *Pimienta en grano y berenjena*, p. 409.

Cúrcuma y coco: Véase *Coco y cúrcuma*, p. 180

Cúrcuma y coliflor: La coliflor y la cúrcuma se unen en el picalili, un encurtido de un vivo color amarillo que se elabora cociendo verduras troceadas en un vinagre espesado y azucarado, aderezado con cúrcuma y mostaza. Los floretes de coliflor son los protagonistas. El origen y la etimología de la palabra «picalili» son inciertos. Mi teoría es la siguiente: la «pica» es un trastorno (también llamado «malacia») que hace que la persona que la padece ingiera cosas impropias para ser comidas, como barro o pelo; y «lili» suena a diminutivo. De ahí «picalili»: un poquitín de algo que resulta incomible, lo que sin duda cuadraría con la opinión de mis amigos no británicos. «¿Dices que os coméis *eso*?». Me costó defender mi afición al picalili hasta que me topé con la Salade Rachèle en el libro de Claudia Roden *Book of Middle Eastern Food*, en el que se añade una gran cantidad de picalili a la berenjena, el tomate y el ajo.

Cúrcuma y fenogreco: Véase *Fenogreco y cúrcuma*, p. 441

Cúrcuma y garbanzo: Forman una estupenda pareja en platos indios, tajines o pilafs, aunque todo el mundo sabe que esta legumbre se resiste a absorber los sabores. Los garbanzos partidos, como el *chana dal*, son más impresionables y se suelen cocer a fuego lento con cúrcuma. Véase también *Coco y cúrcuma*, p. 180, y *Garbanzo y chile*, p. 287.

Cúrcuma y guisante seco: Los guisantes secos amarillos son similares al *chana dal*, pero sin el característico y marcado toque sulfuroso del garbanzo partido. La cúrcuma enmascara la diferencia, lo que significa que los guisantes partidos son perfectos como *dal*. Los *phulourie* son aperitivos callejeros que se comen en Guyana y Trinidad y Tobago. Se elaboran con guisantes amarillos partidos cocidos que se trituran con cúrcuma, comino y chile hasta formar una pasta, luego se fríen y se sirven con un *chutney* agrio y una salsa de chile. También se pueden servir como guarnición del curri de plátano típico de Trinidad. En la cocina birmana, los populares chips salados llamados *pe kyaw* (o *py gyan kyaw*) también se pueden elaborar con guisantes amarillos partidos o con *chana dal*. Se elaboran con una mezcla de arroz glutinoso y no glutinoso, agente leudante y agua, y se fríen hasta que alcanzan un punto ligeramente crujiente que recordaría a la tempura si no fuera por la generosa contribución de la cúrcuma. Los guisantes partidos se ponen en remojo y luego se añaden a la masa justo antes de la preparación. La textura es crujiente, densa y dura y contrasta con la delicadeza de la masa de los chips. Los *pe kyaw* se sirven como una de las guarniciones del guiso picante de fideos y siluro conocido como *mohinga*, considerado generalmente el plato nacional de Myanmar. También puede probarlos con cualquier plato de fideos con un caldo rico y picante, o simplemente como aperitivo con alguna salsa para mojar. Véase también *Cúrcuma y lenteja*, p. 262.

Cúrcuma y jengibre: La cúrcuma pertenece a la familia del jengibre, las zingiberáceas. En ambos casos, lo que comemos es el rizoma o raíz. Recuerde la diferencia entre el jengibre fresco y el jengibre seco molido y comprenderá que la cúrcuma fresca tiene una vivacidad —una enérgica nota de eucalipto, por ejemplo— que se pierde en la forma seca molida. Las gotas de cúrcuma líquida conservan parte de esa frescura, por lo que merece la pena buscarlas si no se dispone de los rizomas. Véase también *Cúrcuma y canela*, p. 260.

Cúrcuma y judía verde: Véase *Judía verde y cúrcuma*, p. 446

Cúrcuma y lenteja: La cúrcuma suele ser la única especia que se añade al *dal* mientras se cocina. Es como un kit inicial de aromatizantes. Pruebe un *dal* condimentado con cúrcuma junto a otro cocinado sin especias y se sorprenderá de lo eficaz que puede ser esta como base para otras especias. Una vez que el *dal* está casi hecho, se le añaden otros aromas en forma de *tarka*, un sofrito aromático. Utilice una base de cúrcuma para otros guisos de lentejas, pero avisado está: sabrá a *dal*.

Cúrcuma y limón: Tenía en mi tabla de cortar diez dedos sarmentosos de cúrcuma fresca que había decidido convertir en un *bumbu* o pasta de especias indonesia. «Hay que ver qué feos sois», dije, y me puse manos a la obra y empecé a pelarlos y rallarlos. Cuando terminé, me miré las manos. La cúrcuma me había castigado por mi grosero comentario: parecía que llevase años fumando como un carretero. El jabón no ayudó mucho, pero el zumo de limón, en grandes cantidades, sí lo hizo. Su acidez neutralizadora de olores también es una buena respuesta al sabor apagado de la cúrcuma molida. Si la utiliza para aromatizar y aportar color a un plato de arroz, no es mala idea acompañarlo de un gajo de limón.

Cúrcuma y miso: La sopa de miso con cúrcuma es una revelación. El miso salado potencia los aromas de la especia. Por su parte, la cúrcuma hace que el miso tenga un sabor menos rústico, y sus aromas herbáceos y vegetales confieren al caldo un recorrido para el que normalmente se necesita una docena de ingredientes y al menos media hora de cocción.

Cúrcuma y mostaza: Véase *Mostaza y cúrcuma*, p. 251

Cúrcuma y pimienta en grano: La cúrcuma y la pimienta negra —a menudo emparejadas por sus beneficios para la salud— se utilizan para preparar una bebida llamada *haldi doodh*, leche dorada o *latte* de cúrcuma. Mezcle una taza de leche caliente con 2-3 granos de pimienta negra aplastados, ½ cucharadita de cúrcuma molida y una cucharada de un edulcorante como miel, jarabe de arce o azúcar moreno. También puede añadirle cualquier combinación de cardamomo, jengibre, canela machacados y nuez moscada rallada. Hay quienes apuestan por incorporar además un poco de *ghee*. Cuele las especias machacadas antes de beberse el resultado. La leche dorada se presta a adoptar otras formas. La base láctea especiada da como resultado un helado excelente, pero no ponga la pimienta en grano, sino recién molida por encima en su lugar.

Cúrcuma y tofu: Véase *Tofu y cúrcuma*, p. 335

Cúrcuma y vainilla: La vainilla es lo que es: una apuesta segura. Su vínculo con los helados, pasteles y galletas es tan fuerte que puede añadirla a sabores enigmáticos para hacerlos menos extraños. La cúrcuma rara vez se presta a integrarse en pasteles o galletas, aunque aparece en un plato dulce característico en forma de *sfouf*, un bizcocho libanés sin huevo hecho con sémola y aceite. Algunas recetas más recientes incluyen vainilla. Su combinación con cúrcuma me recuerda bastante a la lavanda: floral, con un toque amaderado y herbáceo. Esta receta, menos dulce que el *sfouf*, es de un pastel exclusivo para las dos. Mezcle 150 g de almendras molidas con 50 g de harina normal, una cucharadita de cúrcuma molida y una pizca de sal. En un bol lo bastante grande para que quepan todos los ingredientes, bata 3 huevos con 150 g de azúcar y una cucharadita de extracto de vainilla hasta obtener una mezcla clara y esponjosa. Incorpore la mezcla seca a los huevos y el azúcar y, a continuación, viértala en un molde desmontable de 20 cm (muy) bien engrasado con mantequilla. Espolvoree con almendras laminadas y hornéelo a 160 °C (marca 3 del gas) durante 25 minutos. Intente utilizar cúrcuma recién comprada, ya que tendrá un sabor más fresco; de lo contrario, se vuelve terrosa y adquiere cierto regusto medicinal a medida que pasa el tiempo.

Cúrcuma y zanahoria: El aroma de la cúrcuma se desvanece en contacto con la zanahoria. Es el equivalente de una ilusión óptica, solo que en materia de sabores: hay que alienar la consciencia para detectarlo.

JENGIBRE

La raíz de jengibre es el rizoma de la planta tropical *Zingiber offici-nale*. Gran parte del que se consume en el mundo procede de la India, Nigeria, Australia, China y Jamaica. Cada uno tiene su sabor característico, que se adapta a unos usos determinados: el jamaicano es picante y se emplea en la cerveza de jengibre, el australiano es cítrico y se emplea el jengibre confitado, etcétera. El jengibre combina aromas frescos de limón, flores, pino y eucalipto con un sabor fuerte y picante capaz de hacer que nos arda la boca. Y no cambia mucho cuando se cocina: el elemento que más se pierde es su cualidad terrosa. Suele combinarse con sabores importantes que necesitan un poco de más de empuje, como la melaza, el chocolate, el ajo y el pescado azul. El jengibre seco molido es más picante y menos dulce que el fresco, y suele desarrollar un sabor a jabón no del todo desagradable. También puede adquirirse encurtido, confitado, conservado en almíbar y en forma de bebidas alcohólicas y no alcohólicas.

Jengibre y achicoria: Véase *Achicoria y jengibre*, p. 327

Jengibre y alcaravea: Las galletas de jengibre más sencillas de todas y, según la entusiasta *The Magazine of Domestic Economy*, una publicación periódica del siglo XIX, «las preferibles en una gran familia donde haya muchos niños» se elaboran con harina, melaza, jengibre y semillas de alcaravea. Me pregunto si esta última se incluía para que resultasen menos apetitosas para los niños y, por tanto, menos proclives a desaparecer antes de que los adultos las viesen siquiera. La alcaravea presenta una sana resistencia a la contundencia —sobre todo si es de tipo graso o ahumado—, pero también funciona bien con las melazas. Mezcle unas semillas de alcaravea con jengibre y cáscara de naranja confitados para hacer una galleta fina, como las florentinas.

Jengibre y alga: El jengibre encurtido dulce se sirve para limpiar el paladar entre plato y plato de sushi. No se estila comerlo con el sushi en sí. De todos modos, cuando pido unos makis, miro por encima del hombro por si hay algún esnob de la comida japonesa a mi alrededor y me doy un capricho comiéndome un trozo, ya que el jengibre funciona muy bien con el intenso sabor de las algas. También tiene propiedades en cuanto a su demostrada capacidad para asentar el estómago, algo que puede ser útil si se trata de algas salvajes. En *Extreme Food: What To Eat When Your Life Depends On It*, Bear Grylls advierte de que comer demasiadas algas con el estómago vacío provoca diarrea. Dicho esto, si resulta que está atiborrándose de algas salvajes con el estómago vacío, es probable que tenga problemas aún mayores.

Jengibre y alubia negra: Véase *Alubia negra y jengibre*, p. 56
Jengibre y arándano rojo: Véase *Arándano rojo y jengibre*, p. 115

Jengibre y avena: La esponjosa avena y el peludo jengibre comparten su amor mutuo por el azúcar. El *parkin* es un pringoso bizcochito hecho con ambos ingredientes y que parece que se haya comido tu desayuno. En la siguiente torta, un sirope mantecoso es lo único que los mantiene unidos; una masa informe de avena engastada de gemas de un picante jengibre confitado: un capricho dulce en una cafetería al pie de las montañas, atendida por gente del interior, silenciosa y de gesto hierático, envuelta en lana. En un bol, mezcle 150 g de gachas de avena con una pizca de sal, ¼ de cucharadita de bicarbonato sódico, 2 cucharaditas de jengibre en polvo y una cucharadita de mezcla de especias para repostería. Caliente 75 g de mantequilla sin sal, 50 g de sirope dorado y 50 g de azúcar moreno claro en una cacerola a fuego medio hasta que se haya derretido todo. Remueva y mézclelo bien con la avena, junto con 4 cucharadas de jengibre confitado picado. Viértalo todo en un molde cuadrado de 15 cm forrado con papel encerado y hornéelo a 160 °C (marca 3 del gas) durante 20 minutos. (Duplique las cantidades para un molde de 20 cm). Retírelo del horno y, tras unos 10 minutos, divídalo en porciones individuales antes de taparlo. Deje que se endurezca, preferiblemente durante 24 horas. Guárdelo en un recipiente hermético a temperatura ambiente.

Jengibre y bayas de saúco: Hay quien añade bayas de saúco frescas a su mezcla de pan de jengibre antes de hornearlo. Con la piel holgada y oscura y unas pepitas diminutas, estas bayas se parecen a las pasas de Corinto: es una ricura ver un muñeco de jengibre con pecas. El saúco y el jengibre suelen encontrarse con mayor frecuencia en la composición de los jarabes farmacéuticos o en *chutneys* mezclados con manzana, cebolla y fruta desecada.

Jengibre y centeno: El escritor especializado en bebidas Dave Broom llama al *ginger ale* «el mejor ingrediente para mezclar con el whisky» y señala que el aroma del jengibre armoniza con las notas especiadas naturales de las barricas de madera que se usan para envejecer el whisky. Puede que el compañero de juerga habitual del bourbon sea el refresco de cola, pero, según Broom, el *ginger ale* es su mejor aliado. Incluso con el whisky de centeno, que es más difícil de mezclar, este refresco se alza con el triunfo como mejor opción, aunque Broom advierte de que no hay que diluir demasiado el centeno. Es «el whisky más díscolo de todos. Me gusta descontrolado, que pierda la cabeza, y quiero que el centeno eche fuego por la boca». Pero sobre todo, haga lo que haga, no use cerveza de jengibre por error. El *ginger ale* es mucho menos dulce, que es lo que queremos. No olvide comprobar la etiqueta para asegurarse de que el toque picante se debe al jengibre y no a los pimientos del género *Capsicum* o al chile, que a menudo se utilizan como sustituto. Dicho esto, puede utilizar una mezcla de jengibre y guindilla en mi pan de jengibre extrafuerte. (Se usa harina de centeno en algunas recetas tradicionales de esta masa). Si se toma la molestia de recortar una plantilla de un muñeco de jengibre, diséñelo levantando un par de mancuernas y así sus invitados sabrán lo que les espera. Para 24 galletas, mezcle 250 g de harina de centeno con 2 cucharaditas de jengibre molido, 2 cucharaditas de mezcla de especias, una cucharadita de bicarbonato sódico, ½ cucharadita de sal, aproximadamente ⅛ de nuez moscada rallada y unas pizcas de cayena. En un bol aparte, bata 150 g de azúcar moreno claro, 125 ml de aceite vegetal, un huevo y 2 cucharadas de melaza hasta que estén bien mezclados. Haga un hueco en los ingredientes secos, vierta los húmedos y combine hasta obtener una masa. Forme bolas del tamaño de una nuez y colóquelas en una bandeja de horno forrada, separadas, ya que aumentarán de tamaño. Hornee a 180 °C (marca 4 del gas) durante 12-15 minutos, hasta que la masa esté firme y los bordes ligeramente más oscuros.

Jengibre y cúrcuma: Véase *Cúrcuma y jengibre*, p. 261

Jengibre y dátil: El jengibre es fino y delicado. La contundencia azucarada de los dátiles contiene el tipo de sabores a azúcar moreno que lo acompañan en muchos platos dulces. Lo que tienen en común ambos es su vellosidad. Muerda cualquiera de los dos y escuche el suave chasquido de sus fibras al masticar. Utilícelos para adornar una tarta de queso hecha con la pasta tipo filo llamada *kataifi*.

Jengibre y grosella espinosa: Véase *Grosella espinosa y jengibre*, p. 120

Jengibre y kale: Véase *Kale y jengibre*, p. 243

Jengibre y lenteja: Véase *Lenteja y jengibre*, p. 67

Jengibre y miel: Véase *Miel y jengibre*, p. 93

Jengibre y miso: Véase *Miso y jengibre*, p. 21

Jengibre y pasa: Véase *Pasa y jengibre*, p. 155

Jengibre y papaya: Véase *Papaya y jengibre*, p. 232

Jengibre y pimienta de Jamaica: Véase *Pimienta de Jamaica y jengibre*, p. 403

Jengibre y pimienta en grano: Véase *Pimienta en grano y jengibre*, p. 413

Jengibre y sésamo: Véase *Sésamo y jengibre*, p. 345

Jengibre y tamarindo: Picante y ácido. El *puli inji* es un sencillo encurtido elaborado con jengibre rallado o picado, pasta de tamarindo, azúcar, granos de mostaza y guindilla. Es muy versátil, pero resulta especialmente adecuado para acompañar un cremoso *korma* o un enjundioso plato de arroz con nueces, *paneer* o cordero.

Jengibre y tofu: El *dofu hua* es como la cuajada, una especie de flan de soja, tan suave que desaparece del plato a base de ávidas cucharadas. En la provincia de Guangdong es tradicional echarle jarabe de jengibre por encima. En Indonesia, este también se puede aderezar con hojas de pandan. En Vietnam, el jengibre es más picante. La versión filipina, que se llama *taho*, se sirve con un simple jarabe de azúcar moreno y en una taza con perlas de sagú.

Jengibre y trigo sarraceno: En la provincia de Shanxi, en el norte de China, se cocina al vapor una pasta de trigo sarraceno y jengibre molido —algo así como una polenta muy fina—, se corta en trozos rectangulares y se sirve con aceite de guindilla, ajo, semillas de sésamo y más jengibre molido. Este último da un toque de frescura al lóbrego sabor del trigo sarraceno; el efecto es aún mayor con el jengibre fresco rallado sobre los fideos japoneses de trigo sarraceno. La miel de trigo sarraceno es uno de los edulcorantes favoritos para el pan de jengibre. En *Taste of Honey*, Marie Simmons la describe como «malteada, con sabor a melaza robusta y especiada».

Jengibre y yuzu: En 2021, el fabricante suizo de aromas y perfumes Firmenich rompió su tradición de seleccionar el «aroma del año» eligiendo dos: el jengibre y el yuzu, que, aparentemente, representan la fuerza emocional y el optimismo. De acuerdo con los estudios de Firmenich, los aromas que la gente suele asociar más con la felicidad son los cítricos y el jengibre. Preparé un pegajoso pastel de jengibre con un glaseado de zumo de yuzu y recubierto de tiras de cáscara del mismo confitada (muy recomendables por su sabor a yuzu puro). La primera porción me procuró una moderada sensación de bienestar, gracias a la cálida raíz de jengibre con las radiantes notas florales y vegetales de los cítricos del yuzu. A la cuarta porción, ya empezaba a sentirme un poco molesta. La felicidad está muy bien, pero en pequeñas dosis. Aun así, la combinación ofrece excelentes resultados tanto en bebidas frías como calientes.

ZANAHORIA

La excesiva familiaridad ha creado un ambiente de indiferencia hacia la zanahoria. Redescubra su carácter majestuoso probándola con la calabaza o el boniato. Tiene el mismo dulzor amable, pero también una pizca de pino y cedro, así como un poco de nuez moscada, geranio o terebinto, siendo estas últimas notas las que aportan un aroma fresco y peculiar que es común a muchas umbelíferas y da emoción al asunto. La zanahoria es uno de los ingredientes más promiscuos, pues combina a la perfección con hierbas, especias, raíces, frutos secos, legumbres e ingredientes asiáticos como el miso y el tofu. Las zanahorias ecológicas casi siempre merecen el elevado precio que cuestan por su sabor superior.

Zanahoria y ajenuz: Véase *Ajenuz y zanahoria*, p. 389

Zanahoria y alga: El alga *hijiki* se vende seca, en finísimas hebras negras, como si fueran recortes de la mismísima barba de Poseidón. Es agridulce y salada, con un tenue y agradable sabor a mar. Si se deja en remojo veinte minutos, se hincha hasta quintuplicar su tamaño. La zanahoria es una compañera habitual, tanto por el contraste de sabor como por el aspecto que aporta: dulce frente a salado, intenso naranja frente a negro. Pero tenga cuidado: el naranja y el negro suelen avisar de un peligro (señales de tráfico, ranas venenosas...). La *hijiki* contiene arsénico, y en algunos países se aconseja no comer más de cinco gramos del peso en seco de esta alga a la semana, mientras que otros países recomiendan evitarla por completo. Se cree que los japoneses son capaces de metabolizar la toxina de forma eficiente. Los supermercados nipones suelen tener dos tipos de *hijiki*: la *me-hijiki*, que son las hojas; y la *naga-hijiki*, el tallo. Acostumbra a proponerse el alga semidulce *arame* como alternativa a la *hijiki*, aunque es más clara, menos sabrosa y solo se expande ligeramente al ponerla en remojo.

Zanahoria y calabacín: Cortados en espirales y cintas, forman una bonita pareja. Utilícelos para sustituir los fideos o doble las tiras más gruesas en forma de ese y póngalas en brochetas para la barbacoa (o como cinta para decorar un sombrero extravagante, por ejemplo).

Zanahoria y cúrcuma: Véase *Cúrcuma y zanahoria*, p. 263

Zanahoria y hoja de laurel: Una hoja de laurel dará un troque de amargor y alegría a un *mirepoix* de zanahoria, cebolla y apio cortados en dados. Si no tiene de este último o no le gusta su textura, utilice hojas de laurel frescas en lugar de secas. Sustituirán parte de la vitalidad del apio.

Zanahoria y lenteja: Véase *Lenteja y zanahoria*, p. 68

Zanahoria y miso: Los autores de libros de cocina John y Jan Belleme recomiendan utilizar el miso blanco dulce en platos en los que se emplearía mantequilla, como, por ejemplo, en un puré de patata, añadiéndolo al tofu para hacer una salsa para mojar al estilo de un queso crema, o incorporándolo a una sopa. Nadie confundiría la sopa de zanahoria y miso con la crema de zanahoria, pero lo cierto es que el miso tiene un agradable efecto potenciador del sabor.

Zanahoria y nabo: Véase *Nabo y zanahoria*, p. 237

Zanahoria y orégano: El *Larousse Gastronomique* identifica la zanahoria como compañera de la mejorana, *Origanum majorana*. Fresca, esta tiene una fragancia muy similar a la del orégano fresco, pero su sabor es más débil. Utilice las hojas como si fueran una hierba aromática suave y añádalas al final de la cocción. El chef estadounidense Jerry Traunfeld afirma que su salsa de zanahoria y mejorana para vieiras es su receta más solicitada. Se elabora con zumo de zanahoria reducido, chalotas, ajo, vermut, mantequilla y zumo de limón. Solo se añade apenas un poco de mejorana fresca, para dar a la salsa una ligera infusión mientras se doran las vieiras. Pruebe la misma combinación en una sopa veraniega de zanahoria. La mejorana seca puede ser bastante suave. El último tarro que compré olía y sabía a frambuesas, así que la utilicé con zanahorias asadas y queso de cabra.

Zanahoria y pasa: Los eternos hippies del huerto autogestionado. Quizá la ensalada de pasas y zanahoria rallada esté casi paródicamente demodé, pero vale la pena devolverla a la actualidad si emplea zanahorias ecológicas (siempre merecedoras de su precio, superior al habitual) y pasas maduradas en rama, mucho más jugosas y afrutadas que las desecadas en un deshidratador, dado que han podido llevar a cabo el proceso de endulzamiento y secado antes de ser recolectadas. Gracias a la aparición de la Selma Pete, una variedad de uva blanca sin pepitas que madura unas semanas antes que la omnipresente Thompson Seedless, el cultivo de pasas en rama resulta económicamente más viable que hace unos años. Su temprana maduración y secado disminuye el peligro de que las lluvias arruinen la cosecha. Las pasas Flame, por su parte, una variedad de uva tinta sin semillas, también gozan de buena reputación por su sabor y dulzura.

Zanahoria y piñón: Véase *Piñón y zanahoria*, p. 425

Zanahoria y rábano: Véase *Rábano y zanahoria*, p. 241

Zanahoria y tofu: Si nos ponemos auténticos, la guarnición vegetal por excelencia para el tofu es el *daikon*, ese cruce verdiblanco entre un rábano y un garrote. Sin embargo, la zanahoria es más fácil de conseguir y tiene una frescura aportada por sus notas de cedro y pino que recuerda el interior revestido de madera de un restaurante japonés. Si va a preparar tofu casero, puede añadir zanahoria picada finamente a la leche de soja antes de la coagulación, para darle más sabor y textura. El tofu y la zanahoria también se mezclan con arroz y se usan para rellenar los *inari* (bolsitas de tofu frito).

Zanahoria y yogur: Véase *Yogur y zanahoria*, p. 203

FECULENTOS DULCES

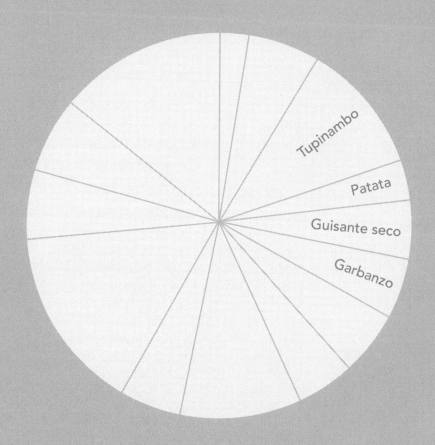

Tupinambo

Patata

Guisante seco

Garbanzo

TUPINAMBO

El cojín flatulento en versión comestible. La broma pesada de la madre naturaleza consistió en dotar al tupinambo (también llamado alcachofa de Jerusalén) de un sabor fabuloso, como si fuera una versión más dulce de la alcachofa que le da nombre, y colocarle dentro una mortífera trampa llamada inulina. La mayoría de nosotros somos incapaces de digerirla, por lo que pasa directamente al intestino antes de descomponerse. Cuando lo hace, se crean grandes cantidades de dióxido de carbono, con consecuencias notorias. Pese a que preferiría no volver a mencionar esto, lo cierto es que guarda relación con la forma de comer la raíz. La mayoría de la gente solo puede tomarla en pequeñas cantidades. Diversos estudios han descubierto que pueden dar a sus sujetos de investigación hasta 40 g de inulina en el transcurso de un día sin causar molestias; 100 g de tupinambo contienen unos 18 g de inulina, pero yo sugeriría no empezar con más de 25 g de esta raíz para ver cómo responde el cuerpo. El sabor del tupinambo también suele compararse con el del cardo, la bardana, la raíz de loto y la castaña de agua.

Tupinambo y achicoria: En un artículo académico publicado en 1918, el zoólogo estadounidense de origen británico T. D. A. Cockerell se preguntaba por qué, si los tupinambos americanos eran tan fáciles de cultivar y almacenar, no se producía más. Además, explicaba una de las sugerencias de su mujer para servirlos: cocerlos, cortarlos en rodajas y mezclarlos en una vinagreta con la achicoria rizada conocida como escarola.

Tupinambo y ajo: El tupinambo asado con ajo desprende un aroma similar al de la azucena, el tipo de olor dulzón y embriagador que se respira en un orquideario. Tanto uno como el otro contienen inulina, la fibra soluble que hace que el tupinambo cueste tanto de digerir (en el ajo está presente en cantidades mucho menores). Al igual que con las patatas asadas, obtendrá un mejor resultado si hierve primero los tupinambos: calcule 10 minutos en agua abundante. Séquelos dándoles unos golpecitos antes de echarles un buen chorro de aceite y asarlos durante unos 30 minutos a 180 °C (marca 4 del gas), moviéndolos de vez en cuando en la bandeja e incorporando dientes de ajo sin pelar a mitad de la cocción.

Tupinambo y boniato: Nicolas de Bonnefons, ayuda de cámara en la corte de Luis XIV, el Rey Sol, señaló en su libro *Les délices de la campagne* que, en ensalada, los tupinambos saben como los corazones de alcachofa, solo que no son tan finos. En forma de buñuelos, se parecen más al salsifí, y hervidos, saben a boniato. Charles Ranhofer, chef en el Delmonico's de Nueva York de finales del siglo XIX, preparaba una sopa de boniato y alcachofas que, según afirmaba, sabía a tupinambo. Es decir, los tres ingredientes conviven en una danza perpetua, y una pequeña cantidad de tupinambo puede obrar maravillas con la sopa de boniato.

Tupinambo y chocolate: Véase *Chocolate y tupinambo*, p. 49

Tupinambo y limón: El limón mete en cintura al dulzor. Echar rodajas de este cítrico en una sartén con tupinambo y ajo equilibra el sabor, además de aportar su propio aroma. A veces se dice que hervir los tupinambos en agua acidulada con zumo de limón neutraliza la inulina, pero yo diría que cambia demasiado el sabor. Un poco de ácido va bien para evitar que su color cremoso adquiera un deprimente tono de champiñón; sin embargo, el cremor tártaro surte el mismo efecto. Harold McGee aconseja añadir el ácido al principio si se desea que los tupinambos queden crujientes, o 5 minutos antes del final de la cocción si se prefieren blandos. Calcule una cucharada de zumo de limón o ¼ de cucharadita de cremor tártaro por litro de agua.

Tupinambo y miso: En Japón, el tupinambo (*kikuimo*) se encurte en miso o en lías de sake. Los tubérculos pelados se sumergen en miso y se dejan en la nevera hasta tres meses. Para entonces, según Ole G. Mouritsen y Klavs Styrbæk, autores de *Tsukemono*, se habrán convertido en un «encurtido extraordinariamente crujiente» con un «precioso color marrón dorado» que puede servirse como aperitivo o rallarse para preparar una deliciosa guarnición de huevos escalfados o marisco.

Tupinambo y nuez pecana: Ambas son originarias de Norteamérica. En *The Curious Cook*, Harold McGee describe distintos métodos para reducir los efectos secundarios de los tupinambos. Según él, cortarlos en rodajas y hervirlos durante 15 minutos ayuda a eliminar aproximadamente la mitad de su contenido en inulina. La cocción lenta sobre las ascuas de una hoguera en el suelo es otra forma de reducirlo. McGee se aproxima a este último método horneando los tubérculos a 93 °C durante 24 horas, hasta que la pulpa adquiere un tono dorado y semitransparente, como una gelatina, así como un sabor muy dulce. Según dice, horneándolos de esta forma se pueden servir como si fueran boniatos, mezclados con nata y ralladura de cítricos y espolvoreados con nueces pecanas picadas. También se puede combinar estas con tupinambo crudo, que tiene un sabor fresco y ligeramente amaderado que a veces se compara con el de la castaña de agua.

Tupinambo y patata: El tupinambo tiene muchos nombres, la mayoría de ellos relacionados con la patata: patata de caña, patata de palo, patata de tierra, patata tumba... En japonés, su nombre se traduce como «patata crisantemo», en Alemania se llaman *Zuckerkartoffel* («patata de azúcar») y en Francia a veces se los conoce como *poires de terre*, un juego de palabras con *pommes de terre*. Tanto la patata como el tupinambo son tubérculos, y el parentesco se extiende al sabor, dulce y terroso, de su carne. Cuando las patatas escasearon en Francia y Alemania tras la Segunda Guerra Mundial, la facilidad de cultivo del tupinambo provocó un breve resurgimiento de su popularidad. En lo que se diferencian es en la intensidad: las patatas son agradablemente insípidas, mientras que los tupinambos tienen un carácter que recuerda al del chardonnay envejecido en barrica de roble. El resultado es que combinan muy bien con un puré, un gratinado, un *boulangère* o un *rösti*.

Tupinambo y perejil: Véase *Perejil y tupinambo*, p. 370

Tupinambo y puerro: Raymond Blanc cuece tupinambo y puerros al vapor y los mezcla en una ensalada. Cuando era niño, según recuerda, estos tubérculos formaban parte de la *salade du pauvre*, la ensalada de los pobres, ya que solían considerarse forraje para animales. Con la combinación también se prepara una sopa fina, parecida a la vichyssoise pero mucho más rica. La cocinera australiana Stephanie Alexander desaconseja preparar la sopa de tupinambo sin haberlos pelado antes, ya que no tendrá la misma delicadeza de sabor.

Tupinambo y queso: El queso de cabra le saca todo el partido al dulzor del tupinambo, que es parecido al de la remolacha. El chef Simon Rogan, de L'Enclume, prepara unas chips con peladuras de tupinambo y las sirve con una mousse de queso de cabra. El parmesano envejecido y salado es otro maridaje habitual. Se puede utilizar una cantidad prudente de tupinambo para preparar un risotto, o bien hacer un crujiente de parmesano para servir sobre una crema de sopa de tupinambo.

Tupinambo y seta: Cualquiera a quien le guste el sabor del tupinambo, aunque resulte difícil de digerir, puede probarlo en pequeñas cantidades con algún otro compañero afín en cuanto a sabor. Los tupinambos y las patatas suelen ser la combinación más común, pero también merece la pena plantearse la opción de las setas. Prepare un caldo con ellas y úselo en una sopa de tupinambo, y verá cómo la nota de fondo boscosa de la seta da al tubérculo un toque casi de trufa. También puede cortar en láminas los champiñones y los tupinambos y freírlos en mantequilla. Ponga el colofón con tomillo o eneldo.

PATATA

Se han identificado cincuenta compuestos aromáticos en la patata cruda, aunque no aportan gran cosa. El aroma de *Solanum tuberosum* es suave. Cuando se cocina, los compuestos se multiplican, pero lo que podríamos llamar aroma de patata sigue siendo bastante insustancial. Y esto no es en absoluto una crítica. El aroma de la patata pelada y hervida tiene un ligero toque a queso y a tostados, además de notas florales afrutadas. Las patatas fritas tienden más al caramelo y las especias. Si se dejan con piel, esta les aporta una dimensión adicional de cacao, malta y centeno. Más que su sabor, son la textura y el tamaño de la variedad de la patata los que suelen determinar nuestra elección. Las de tipo céreo se recomiendan para gratinados, guisos y ensaladas de patata porque conservan su forma. Las harinosas también se pueden utilizar para guisos, aunque tendrá que añadirlas más tarde en la cocción si no quiere que se deshagan. En general, se considera que las patatas céreas son más suculentas que las harinosas. En parte se trata de una cuestión de densidad, pero las primeras parecen albergar una mayor complejidad de sabor, junto al carácter fuerte, almidonado y terroso de las harinosas o feculentas, que, por cierto, me encantan, en especial con verduras o lechuga.

Patata y acedera: Véase *Acedera y patata*, p. 206

Patata y ajenuz: Si algún día me encuentro paseándome entre las ruinas posapocalípticas de una planta procesadora de patatas, me alegraré de haber birlado un paquete de ajenuz del supermercado. Encenderé un fuego en algún contenedor y prepararé *kalonji aloo*, el clásico plato bengalí de patatas salteadas con ajenuz. Corte las patatas en trozos irregulares y saltéelas con cebolla y chile verde. Espolvoréelas con ajenuz. Sirva con *parathas* o panes *luchi* fritos y tenga cuidado con las hordas de supervivientes ciegos. También merece la pena probar el ajenuz con la típica tortilla de patatas o en bollos de patata.

Patata y alcaravea: Véase *Alcaravea y patata*, p. 379
Patata y alga: Véase *Alga y patata*, p. 471
Patata y alubia negra: Véase *Alubia negra y patata*, p. 57

Patata y cebada: Una alternativa a la que recurrir cuando la comida reconfortante de siempre deja de serlo. El *mulgipuder* estonio es una combinación de patata y cebada perlada, cocidas y trituradas para obtener una masa blanda y masticable que sabe a castañas calientes con mantequilla. Cómase un cubo entero después de una ruptura dolorosa. Sofría unas cebollas en manteca (o mantequilla), con o sin tocino, hasta que estén dulces y doradas, y échelas encima de las claras gachas mientras llora por lo que pudo haber sido y no fue.

Patata y cebollino: Véase *Cebollino y patata*, p. 321
Patata y centeno: Véase *Centeno y patata*, p. 34
Patata y ciruela: Véase *Ciruela y patata*, p. 138

Patata y espinaca: Decía Coco Chanel que, antes de salir de casa, había que mirarse al espejo y desprenderse de alguna una cosa. Es un buen consejo que podría ponerse en práctica en el momento de pedir la comida en un restaurante indio, pero ojo: ese plato nunca debería ser el *saag aloo*. Nadie se ha llevado la mano al estómago arrepintiéndose de haberse atiborrado por haber pedido un plato vegetariano colmado de espinacas. El *saag*, o salsa verde que recubre la patata, puede ser tan simple o tan especiado como desee.

Patata y fenogreco: Véase *Fenogreco y patata*, p. 442

Patata y garbanzo: Los *panelle e cazzilli* son aperitivos fritos sicilianos elaborados con garbanzos y patatas, respectivamente. Los *panelle* son buñuelos elaborados con una masa de garbanzos muy sencilla que se deja reposar y luego se corta y se fríe. Dependiendo de quién los comercialice, los buñuelos pueden ser finos o bastante gruesos. Si los compra en un puesto callejero de Palermo, es probable que también le sirvan *cazzilli*, que son como croquetas de patata, pero más finas. El nombre significa «penes pequeños», así que compruebe que, efectivamente, las croquetas aparecen en la carta antes de empezar a pedirlas a gritos. Los *panelle e cazzilli* suelen servirse como relleno en panecillos, a veces acompañados de patatas fritas. Como se indica en *Arroz integral y garbanzo* (p. 27), semejante aluvión de carbohidratos necesita un alivio potente, que en Sicilia será, sin lugar a dudas, el limón. En Armenia, la patata y los garbanzos se machacan para obtener una especie de masa que luego rellenan con cebolla, especias y tahini para hacer unas albóndigas de Cuaresma llamadas *topig*. Este maridaje también se utiliza para dar volumen al cocido madrileño.

Patata y granada: Véase *Granada y patata*, p. 110

Patata y guisante seco: La intersección del diagrama de Venn de los guisantes secos y las patatas es enorme. Cocinados nada más que con mantequilla, sal y pimienta, esta legumbre bien podría pasar por un puré si tuviera una textura un poco más blanda. De igual modo, los guisantes verdes tostados y salados —una alternativa cada vez más popular a las habas fritas o al maíz tostado— saben a patatas chips saladas. Pelar y trocear patatas para una sopa de guisantes secos es superfluo, ya que estos no necesitan el sabor ni el cuerpo que el tubérculo aporta a otras sopas de verduras. Los buñuelos de guisantes con patatas fritas, sin embargo, son harina de otro costal. Esta exquisitez es más común en los locales de *fish and chips* de la costa sur de Inglaterra. Los guisantes secos cocidos se aplastan hasta formar una especie de hamburguesa, se rebozan y se fríen. En casi todos los demás sitios, los guisantes que venden en esa clase de establecimientos vienen en un botecito de poliestireno y son bastante más húmedos.

Patata y haba: Véase *Haba y patata*, p. 301
Patata y hoja de laurel: Véase *Hoja de laurel y patata*, p. 407

Patata y judía verde: La patata atenúa el sabor de la judía verde. Ambas se combinan en la maravillosa pasta *trofie* de Liguria, bañadas en pesto (tanto la una como la otra suelen cocerse con la pasta en la misma agua, que luego se convierte en un buen caldo para la sopa). Marcella Hazan menciona un pastel, también de Liguria, en el que se hace un puré con las patatas que se mezcla con judías trituradas, huevos, parmesano y mejorana, y luego se reboza en pan rallado y se hornea. Las *boereboontjies* («judías del granjero») sudafricanas son una mezcla más sencilla de puré de patatas y judías, un poco como el *champ* irlandés, pero con vainas en lugar de cebolleta. John Seymour, el gran gurú de la autosuficiencia, afirmaba que alguien que tenga habas secas y patatas en su huerto nunca pasará hambre. Puede que sea así, pero las judías verdes ofrecen una mayor variedad de comidas, sobre todo porque se secan tan bien como las habas. En el sur de Estados Unidos, las desecadas se conocen como *leather britches* («pantalones de cuero»). Hay quien dice que cuando se rehidratan adquieren un sabor a carne o umami. Era una costumbre tradicional ensartar las judías y colgarlas en la chimenea o dentro de un saco en el ahumadero, lo que podría explicar el sabor salado; eso, o el hecho de que todas las recetas que he encontrado contenían tocino, manteca de cerdo o jamón. Véase también *Haba y patata*, p. 301.

Patata y kale: Véase *Kale y patata*, p. 245
Patata y lechuga: Véase *Lechuga y patata*, p. 332
Patata y lenteja: Véase *Lenteja y patata*, p. 68
Patata y nabo: Véase *Nabo y patata*, p. 237
Patata y orégano: Véase *Orégano y patata*, p. 386

Patata y pimienta en grano: Las patatas chips con sabor a salsa Worcestershire, a cóctel de gambas y a beicon ahumado eran muy conocidas en el Reino Unido mucho antes de que a los fabricantes se les ocurriera probar con la pimienta negra («¿Cree que a nuestros clientes les gustará? ¿Pimienta negra? ¿Con sal? No sé, no sé...»). Ahora que ya se venden en todas partes, permítame sugerirle que no las compre y que, en su lugar, muela su propia pimienta negra encima de unas chips ya saladas. Es toda una revelación, aunque hay que tener mucha personalidad para llevarse su propio molinillo de pimienta al bar. La patata, un tanto sosa, da un paso atrás para dejar todo el protagonismo a la especia. Por cierto, el puré de patatas normal, sin grasa, es el plato recomendado para acompañar las degustaciones de pimienta. La variedad blanca también combina muy bien con las patatas chips, aunque es más picante y áspera. Cuidado, porque puede convertirse en un vicio. Si se sorprende moliendo pimienta en grano sobre una bolsa de ganchitos y llamándolo *cacio e pepe*, es hora de dejarlo por un tiempo.

Patata y puerro: Véase *Puerro y patata*, p. 319
Patata y salicornia: Véase *Salicornia y patata*, p. 475
Patata y semilla de amapola: Véase *Semilla de amapola y patata*, p. 351

Patata y trigo sarraceno: Sabe a una mañana en el huerto. El pastel Yavorivsky, una especialidad del oeste de Ucrania, es un contundente plato de masa de pan que envuelve un buen montón de puré de patata, trigo sarraceno tostado y cebolla frita, y servido con crema agria. Se parece un poco a una *paratha* enorme, salvo que no se extiende una vez que la masa ha encerrado el relleno. Lo cierto es que, de hecho, en la India se comen *parathas* elaboradas con masa de trigo sarraceno y un relleno de patata, sobre todo en el norte, durante el festival otoñal de Navaratri. Los *pizzoccheri* son un plato de pasta de trigo sarraceno cocida con patatas y col que se sirve con grandes cantidades de mantequilla y queso. Originario de Valtelina, en el norte de Italia, el plato se ha puesto de moda en las últimas décadas y se ha extendido a otras regiones italianas y al extranjero.

Patata y tupinambo: Véase *Tupinambo y patata*, p. 277

GUISANTE SECO

Más dulces y con un sabor más intenso que las lentejas, a los guisantes verdes secos solo les hace falta una pizca de sal para dar lugar a una sopa perfecta. Mientras que la mayoría de los caldos de verduras dependen de la patata para dar peso y profundidad al sabor, los guisantes verdes secos contienen todo el almidón que necesitan y vienen con el sabor a patata integrado de serie. Lo de los guisantes amarillos ya es otra historia. Tienen un sabor similar, pero carecen de la riqueza de los verdes, por lo que dependen de otros ingredientes, como el tomate, para que la sopa resultante sea satisfactoria. La harina de guisantes se elabora con guisantes amarillos molidos. Para preparar unas gachas escocesas (*brose*), solo hace falta añadir agua caliente. La escritora gastronómica Catherine Brown señala que la harina de guisantes tiene un sabor más fuerte que la de avena o la *beremeal*, por lo que resulta más adecuada para dátiles o albaricoques que para frutas ácidas. La harina de guisantes se sigue produciendo en el histórico Golspie Mill, en las Highlands escocesas.

Guisante seco y acedera: El aroma de la acedera evoca mantelerías blancas y cubiertos de plata relucientes, mientras que el de los guisantes partidos remite a mesas de melamina en un restaurante cutre. Pero no importa, porque a los guisantes secos les encanta el sabor de la acedera, también conocida como «vinagrera». Se trata de una de las muchas plantas aromáticas primaverales que se añadían a la sopa de guisantes secos durante la Cuaresma. Ponga unas hojas de acedera sin el tallo a la cazuela con los condimentos aromatizantes habituales (cebolla, zanahoria, apio y, tal vez, nabo picados) y no se sorprenda si el guiso tiene un color más lóbrego de lo habitual. En el paladar resultará cualquier cosa menos lóbrego.

Guisante seco y cebada: Según una edición de 1851 de *The Vegetarian Messenger*, «Están buenos sin mantequilla». En el Noma de Copenhague, a la cebada cocida se le inyecta un cultivo iniciador *koji* y se utiliza para hacer un «peaso», en el que, en lugar de soja, se aplican las técnicas de elaboración del miso a los guisantes amarillos secos cocidos, muy populares en Dinamarca. El compañero ideal del peaso es el aceite de ajo asado.

Guisante seco y centeno: Una rebanada de pan de centeno es el acompañamiento ideal para la sopa de guisantes secos. También sirve para hacer unos picatostes rústicos y contundentes, incapaces de embeberse de líquido. La opción de sopa y sándwich que ofrecen en todos los *diners* de Estados Unidos es el sueño de todo indeciso, y sus entusiastas deberían optar directamente por un sencillo sándwich de pepinillos y eneldo hecho con pan de centeno untado con mantequilla y una taza de sopa de guisantes partidos.

Guisante seco y chile: Si consigue pasar por alto su picor por un momento, el sabor del chile verde tiene mucho en común con el de los guisantes de huerta. Si se añade a los secos, sabe a un híbrido: los guisantes semisecos. Para preparar los *gateaux piments* (buñuelos de chile) de Mauricio, ponga en remojo 250 g de guisantes amarillos partidos en mitades durante 8 horas. Escúrralos, lávelos y tritúrelos hasta obtener una masa áspera. Añada al menos una guindilla verde muy picada, 4 cebolletas cortadas en rodajas finas, 2-3 cucharadas de cilantro picado, una cucharadita de levadura en polvo y un poco de sal y pimienta. Fría unas bolas de masa del tamaño de una nuez durante 4-5 minutos, dándoles la vuelta una vez, y escúrralas sobre papel de cocina. Históricamente, los *gateaux piments* tenían forma de donuts, pero hoy en día casi siempre se les da forma de bolitas, porque son más rápidos de hacer, según Nayesh Mungrah, veterano vendedor. También señala que el chile verde ha ido desapareciendo de la mezcla, porque los niños lo encuentran demasiado picante. Se comen en el desayuno, en un panecillo tostado con mantequilla y con una taza de té.

Guisante seco y coco: Véase *Coco y guisante seco*, p. 181
Guisante seco y cúrcuma: Véase *Cúrcuma y guisante seco*, p. 261
Guisante seco y limón: Véase *Limón y guisante seco*, p. 209

Guisante seco y menta: Una combinación tan típicamente británica como almorzar en un área de servicio con té en un termo. La longevidad de este maridaje resulta un tanto misteriosa. ¿Y si la razón para añadir la menta fuera aliviar los problemas digestivos que causan a veces los guisantes secos? ¿O se trataba simplemente de darle un poco de alegría a una montaña de legumbres pastosas? ¿O era la frescura de la menta en contraste con la cansina monotonía de los guisantes secos? Es difícil sostener que la menta realza el sabor de estos, porque lo más probable es que lo aplaste, pues es un medio excelente para reducir la grasa o aligerar los sabores tostados oscuros, como el de la carne roja y el chocolate negro. Si lo que busca es una guarnición de hierbas para unos guisantes cocidos a fuego lento, el perejil es una mejor opción.

Guisante seco y nabo: Véase *Nabo y guisante seco*, p. 236
Guisante seco y patata: Véase *Patata y guisante seco*, p. 280
Guisante seco y perejil: Véase *Perejil y guisante seco*, p. 369

Guisante seco y pimienta en grano: Los guisantes verdes secos se bastan y se sobran ellos solos. Son capaces de sostener por sí mismos una sopa o un puré sin más ingrediente que el condimento: sal, pimienta blanca y una pizca de mantequilla (antiguamente se solía añadir una cucharada de azúcar). Jane Grigson era una fanática de los guisantes verdes partidos y los granos de pimienta verde. Ponga a pochar la legumbre con cebolla y zanahoria hasta que esté blanda y bátalo todo antes de añadir granos enteros de pimienta verde al gusto. Los guisantes más oscuros siguen siendo comunes en el norte de Inglaterra: los de la variedad Carlin, de color marrón rojizo (populares en el noreste) y los negros llamados *parched* (los favoritos en la zona de Lancashire y alrededores) se comen ambos con vinagre.

Guisante seco y tomate: El tomate combina mejor con los guisantes amarillos que con los verdes, al menos en las sopas y las cremas. En Alcatraz se servía una crema hecha con los dos, sin duda con tantas reminiscencias de la bruma de la bahía de San Francisco como la espesa niebla que cubría el Londres victoriano y recibe el nombre, precisamente, de *pea-souper* (literalmente, «crema de guisantes»). Se dice que la comida en el penal de La Roca era medio decente cuando la prisión era pequeña y no era difícil atender las necesidades alimentarias de los reclusos; sin embargo, con posterioridad, estos se quejaban de lo terrible que era. El día de Navidad de 1954 se sirvió a los presos pavo asado con aliño de ostras y patatas *snowflake* (un puré de patatas con crema agria y queso fresco). No suena tan mal, hasta que llegas al pastel de calabaza que servían de postre, que me habría hecho rascar la pared de mi celda con una cucharilla.

GARBANZO

Los dos tipos de garbanzos, *kabuli* y *desi*, son fáciles de distinguir. Los primeros son los garbanzos grandes, de piel fina y color beis, mientras que los segundos son conocidos como garbanzos marrones o negros, o gramo de Bengala; partidos y pelados, se convierten en *chana dal*, que visualmente se parecen a los guisantes amarillos partidos, pero más pequeños. Los garbanzos *desi* tienen un sabor más mineral que los *kabuli*, lo que los hace más adecuados para el *dal*, pero al molerlos se elimina las diferencias entre ellos en gran medida. La harina de garbanzo *desi* se llama *besan*, mientras que la harina de *kabuli* se vende generalmente como harina de garbanzo. Ambos tipos de garbanzos comparten la afición de las lentejas por las combinaciones ácidas y picantes. Tostados, son un popular aperitivo indio y pueden comprarse con o sin sal.

Garbanzo y aguacate: Los garbanzos son unos bonachones, y los ingredientes muy condimentados pueden llegar a abrumarlos. El aguacate, por su parte, es igualmente suave, y constituye un maridaje armonioso siempre y cuando se respete la siguiente regla de oro: mantener intacta la textura de uno u otro. Si se mezclan ambas, el resultado será mediocre. Una ocurrencia como el «guacahummus» está totalmente prohibida.

Garbanzo y anacardo: Véase *Anacardo y garbanzo*, p. 355
Garbanzo y arroz integral: Véase *Arroz integral y garbanzo*, p 27
Garbanzo y calabacín: Véase *Calabacín y garbanzo*, p. 456

Garbanzo y ciruela pasa: La *saloradshrov siserapur* es una sopa armenia de garbanzos cocidos y ciruelas pasas remojadas, deshuesadas y troceadas. La mitad de las legumbres se pasan por un tamiz antes de mezclarlas con el resto de los garbanzos y con suficiente líquido para hacer una sopa, que luego se calienta con los trozos de ciruela, se sazona y se adorna con eneldo y cebolleta. La ciruela pasa realza las notas de frutos secos del garbanzo. Intenté prepararlo con otras frutas desecadas, como dátiles y cerezas, pero no conseguí que hicieran buenas migas con esta legumbre, como sí lo hacían las ciruelas. Estas pueden incluirse en el relleno de una especie de albóndigas armenias llamadas *topig* (véase *Garbanzo y pata-*

ta, p. 280) y también van muy bien en los tajines de verduras y garbanzos.

Garbanzo y coco: El garbanzo tiene notas de frutos secos y combina de manera armoniosa con el coco. De hecho, es difícil saber dónde acaba uno y empieza el otro, pero lo que es seguro es que el garbanzo tiende a salado y el coco, a dulce. La combinación es tan reconfortante como un edredón de pluma de ganso y tiene las mismas probabilidades de hacer que caigamos en un sueño profundo a menos que le añadamos un toque picante o amargo. Aun así, en un meloso *barfi* con cardamomo, o en mezclas de especias y guisos revitalizados con cúrcuma y otras especias, persiste cierta somnolencia. Véase también *Coco y cúrcuma*, p. 180.

Garbanzo y comino: Véase *Comino y garbanzo*, p. 393

Garbanzo y chile: Antes de que nos conociéramos, mi marido subsistió durante un tiempo únicamente a base de *bhajis* de cebolla. Se me ocurren peores formas de desarrollar arterioesclerosis. La mezcla para rebozar *bhajis* o *pakoras* se hace con harina de garbanzos, chile en polvo y una pizca de cúrcuma. Para preparar 2 de pequeño tamaño, mezcle 100 g de harina de garbanzo con una cucharada de maicena, una cucharadita de pimentón o guindilla en polvo suave, ½ cucharadita de cúrcuma molida, ¼ de cucharadita de bicarbonato sódico y ¼ de cucharadita de sal. Haga un hueco en el centro y añada agua (unos 75 ml) hasta obtener una masa con la consistencia de la nata espesa. Si la masa es demasiado espesa, corre el riesgo de que los buñuelos le queden muy pesados, algo especialmente desaconsejable si se sigue una dieta a base de un solo alimento en un piso húmedo de Whitechapel. Corte 2 cebollas medianas en rodajas finas e incorpórelas, luego fría unas cucharadas de la mezcla en aceite caliente hasta que estén doradas y bien hechas. También puede incluir en la masa un poco de guindilla fresca bien picadita.

Garbanzo y cúrcuma: Véase *Cúrcuma y garbanzo*, p. 260

Garbanzo y espinaca: Los garbanzos con espinacas son un clásico de los bares de tapas que tiene sus raíces en la Cuaresma. Desde luego, da la sensación de estar cuarenta días y cuarenta noches para comerse un bol entero, pues los garbanzos tienen mucha más textura que sabor, al menos si no se les añade tomate, una picada de ajo y frutos secos parecida al pesto o un poco de bacalao para darles un poco de vidilla. El *missi roti* es una torta punyabí hecha con harina de garbanzos, tiras de espinacas y especias enteras; los resultados son tan fibrosos que es como si los hubieran tejido.

Garbanzo y fenogreco: Véase *Fenogreco y garbanzo*, p. 441

Garbanzo y granada: La granada aporta la acidez que precisa el garbanzo, pero su ligero sabor afrutado la convierte en una combinación especialmente interesante. Los granos de *anardana*, los arilos secos de granada, proceden de variedades con una marcada acidez, pero, una vez secos, adquieren un concentrado aroma agridulce con intensas notas de tomate y bayas. Se pueden tostar, moler y utilizar para hacer un caldo para platos picantes como el *chana masala*. La *anardana* también se puede comprar en polvo, pero hay que probarla antes de usarla, porque la que ya está molida puede ser un poco insustancial y carente de sabor.

Garbanzo y haba: El dúo aparece en la *dobara*, un guiso argelino de garbanzos secos y habas frescas con tomate, ajo, chile y especias (comino, *harissa*, *ras el hanout*), adornado con perejil. Los garbanzos y las habas también se mezclan en una variante del falafel con un verde intenso por dentro y que compite por ser el plato frito más sano del mundo. Las dos legumbres son muy sabrosas, pero cada una a su manera: una es sulfurosa y la otra sanguínea. La harina de *garfava*, sin gluten, baja en carbohidratos y rica en proteínas y fibra, se elabora con una mezcla de habas y garbanzos.

Garbanzo y huevo: Véase *Huevo y garbanzo*, p. 294
Garbanzo y lechuga: Véase *Lechuga y garbanzo*, p. 330

Garbanzo y limón: Los garbanzos crecen en parejas, dentro de vainas bivalvas regordetas, peludas y de un vivo color verde. Son comestibles en su estado fresco, al igual que las vainas, pero descubrirá que suelen secarse por una buena razón: en el mejor de los casos, los garbanzos son más bien suaves, pero cuando están frescos el sabor es casi indetectable: muy muy leve y con un toque de hierba. La cosa mejora tras unos minutos de cocción y de condimentarlos a conciencia con un poco de zumo de limón y sal. Algunos cocineros incluso preparan una especie de hummus fresco con garbanzos también frescos.

Garbanzo y nabo: Véase *Nabo y garbanzo*, p. 235
Garbanzo y ocra: Véase *Ocra y garbanzo*, p. 450

Garbanzo y pasa: Cuando era adolescente tuve un novio cuya madre le echaba pasas sultanas o de cualquier otra clase a todo. Localizarlas e ir retirándolas con cierto disimulo era un mal necesario si quería seguir yendo a su casa. El proceso no era tan difícil si las ponía en las alubias al curri, pero era una pesadilla en su pastel de carne «afrutado», su especialidad absoluta. Ningún plato estaba a salvo. Había olvidado cuánto odiaba encontrarme trozos de fruta desecada en sitios inesperados hasta que me vi masticando una pasa en un puñado de *chanachur*, el aperitivo salado. «¡Será posible!», pensé, pero luego me paré a pensar más, mientras las pasas iban desplegando sus argumentos y se integraban en la mezcla. Eran de color marrón oscuro y gomosas, por lo que lo más probable era que no las hubiesen tratado con dióxido de azufre, que hace que la fruta desecada sea más clara, suave y afrutada. Eran tan ácidas como dulces y resultaron demostrar una gran afinidad con las tiras crujientes de harina de garbanzo llamadas *gathiya*. Desde entonces me han gustado los falafels con pasas en la mezcla y me he enamorado perdidamente de los garbanzos con ciruelas pasas (véase *Garbanzo y ciruela pasa*, p. 286).

Garbanzo y patata: Véase *Patata y garbanzo*, p. 280
Garbanzo y perejil: Véase *Perejil y garbanzo*, p. 369
Garbanzo y pimienta en grano: Véase *Pimienta en grano y garbanzo*, p. 412
Garbanzo y sésamo: Véase *Sésamo y garbanzo*, p. 344

Garbanzo y yogur: Es como una poción mágica. El aperitivo *khaman dhokla*, de origen guyaratí, es un buen ejemplo. Mezcle garbanzos y yogur con un poco de agente leudante y luego traslade la mezcla a un molde redondo para cocerla al vapor. ¡Tachán! ¡Por arte de birlibirloque, he aquí un sabroso bizcocho! La cosa es aún más mágica si se espolvorea con una *tarka* de comino frito y semillas de mostaza y se adorna con coco desecado, guindilla roja y hojas de cilantro. Para su próximo truco de magia, pruebe el *besan gatte ki sabji*, una especie de albóndigas de garbanzos hechas con yogur y especias que se sirven en salsa de yogur. Su elaboración requiere la misma maña que se necesita para hacer unos buenos ñoquis. Luego tenemos el extraordinario *kadhi*, una rica, aromática y opaca salsa amarilla hecha con garbanzos que compone la base de la *kadhi pakora* punyabí, con buñuelos fritos de cebolla cabeceando en ella (la *pakora* también puede hacerse con masa de garbanzo y yogur). Comparado con esta, el *fatteh*, el plato libanés para el desayuno, puede parecer bastante sencillo: se vierten los garbanzos calientes y su caldo sobre pan de pita tostado, se cubren con yogur y se adornan con piñones tostados. A veces se le añade ajo o tahini al yogur. A primera hora de la mañana, los trabajadores hacen cola para comprarle un bol a algún vendedor ambulante. Aquí la magia es que desaparece ante tus propios ojos.

ANIMALES

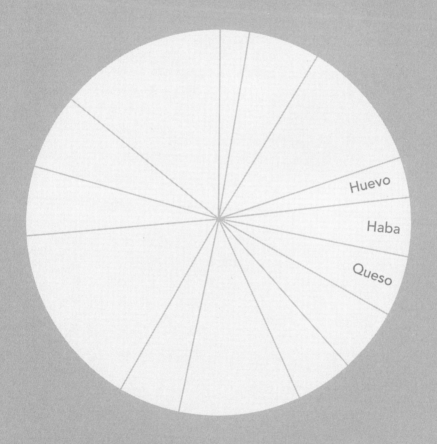

Huevo

Haba

Queso

HUEVO

El aroma engañosamente suave del huevo está integrado por más de un centenar de compuestos orgánicos volátiles. Lo perceptibles que sean depende en gran medida de cómo se cocine aquel. Cuanto más hecho esté, más sulfuroso será el aroma. Piense en la diferencia entre un huevo pasado por agua y uno que ha estado cociéndose hasta que la yema adquiere un reborde gris. Su carácter sulfuroso también se hace evidente cuando se hornea. En los bizcochos se emplean vainilla y otros aromatizantes por el mismo motivo que las tartas de crema se aromatizan con nuez moscada: para enmascarar la leve nota a huevo cocido. Salvo que esté demasiado hecha, la yema tiene un sabor salado y ligeramente mantecoso, mientras que la clara posee un filo metálico. La frescura y las condiciones de almacenamiento también repercutirán en el sabor del huevo, así como la dieta del ave de la que proceda.

Huevo y acedera: Véase *Acedera y huevo*, p. 205
Huevo y achicoria: Véase *Achicoria y huevo*, p. 326

Huevo y alcaravea: Cuando mi marido fue a verme a la sala de maternidad, se ofreció a ir a buscarme un sándwich. «Sí, por favor», dije yo, alimentada como estaba a base de patatas asadas de cualquier manera y *wraps* de hummus fríos y pringosos. Volvió con un sándwich de huevo, tomate y mayonesa. El pan tenía semillas de alcaravea. Mal. («Para una sola cosa que te había pedido...»). Yo quería comida reconfortante de verdad: un sándwich de huevo y mayonesa como los que hacía mi madre. Solo con huevo y mayonesa. Y en pan normal. Le di un mordisco. Y en ese valiente y abnegado momento descubrí el mejor sándwich de huevo y mayonesa de todos los tiempos. Mejoraba la versión tradicional tanto en intensidad como en frescura. Diría que el toque a encurtido y eneldo de la alcaravea, la acidez del tomate y la mayonesa se confabularon para crear algo parecido a una salsa secreta de color melocotón. La magia del sándwich de huevo perfecto era que sabía un poco a hamburguesa.

Huevo y alga: Véase *Alga y huevo*, p. 471
Huevo y alubia negra: Véase *Alubia negra y huevo*, p. 55
Huevo y arroz integral: Véase *Arroz integral y huevo*, p. 27

Huevo y calabacín: El típico matrimonio donde siempre hay un tercero en discordia. O donde debería haberlo. Ojalá que el tercero sea el queso.

Huevo y cebollino: Véase *Cebollino y huevo*, p. 320

Huevo y centeno: La mayonesa bien podría haberse inventado para que el huevo fuera compatible con el pan de centeno. La mantequilla no acaba de funcionar (le falta acidez). Y solo con mostaza es demasiado intenso.

Huevo y dátil: Véase *Dátil y huevo*, p. 165
Huevo y espinaca: Véase *Espinaca y huevo*, p. 461
Huevo y fruta de la pasión: Véase *Fruta de la pasión y huevo*, p. 226

Huevo y garbanzo: El *lablabi* es el plato nacional de Túnez. Se casca un huevo en un bol de garbanzos con el caldo aún caliente y se deja cocinar. Este suele estar condimentado con comino, ajo y *harissa*, y por lo general también habrá un trozo de pan en el fondo del bol. Permite multitud de adiciones y aderezos, entre ellos: atún, alcaparras, verduras encurtidas y aceitunas. En su cafetería londinense Honey & Co., Itamar Srulovich y Sarit Packer sirven huevos haminados, o huevos cocidos a fuego lento, con *mashawsha*, una variación de hummus elaborado con los mismos ingredientes, pero en proporciones distintas (en especial, menos tahini), que se sirve tibio. Véase también *Comino y garbanzo*, p. 393.

Huevo y haba: En *The Turkish Cookbook*, Musa Dağdeviren habla de la especialidad de su madre: habas en sus vainas con huevos. Las vainas se cortan muy finas y se cocinan con cebolla en aceite de oliva, ajo, chile y menta fresca antes de añadir los huevos. El *yumurtali bakla kavurmasi*, como se llama el plato, se come con los dedos, ayudándose tan solo de un trozo de torta troceado con la mano, y se acompaña con *ayran*, una bebida elaborada con yogur salado (véase *Yogur y men-*

ta, p. 202). (Tiene que probarlo, el *ayran* es a las habas lo que el sauternes al roquefort). Una variación menos aromática es el plato francés *fèves à la ménagère*, en el que se usan habas, pero sin la vaina. *À la ménagère* significa «al estilo ama de casa», lo cual implica que se trata de un plato rápido y sencillo, algo que no le impedirá seguir planchando (o con la botella de Baileys). Los huevos cocidos son un acompañamiento típico del guiso de habas egipcio *ful medames* (véase *Haba y ajo*, p. 298). Las sobras pueden servirse con huevos revueltos y torta para desayunar, al estilo iraquí.

Huevo y jarabe de arce: Véase *Jarabe de arce y huevo*, p. 432
Huevo y lechuga: Véase *Lechuga y huevo*, p. 331

Huevo y miel: La etimología de *omelette* («tortilla») se deriva del latín *ova melita*, dado que las primeras versiones incluían miel. Rebecca Seal comenta que Albert Einstein comía huevos fritos en miel para desayunar, lo cual explica esos pelos. Véase también *Miel y almendra*, p. 91.

Huevo y miso: Véase *Miso y huevo*, p. 21

Huevo y mostaza: El secreto de la chef estadounidense Gabrielle Hamilton para los huevos rellenos es mezclar las yemas con mostaza de Dijon, mayonesa y una pizca de cayena. (Toda una mejora de la receta secreta que prepara la madre de Cliff en *Cheers*, quien usa agua en lugar de mayonesa). El sándwich de huevo y berro es una institución británica, el éxito de ventas de la cadena de bocadillería Pret A Manger. Tradicionalmente, lo que se llamaba berro era una mezcla de berro hortelano y brotes diminutos de *Sinapis alba* o mostaza blanca. En la actualidad, el que se usa en los sándwiches suelen ser brotes de colza, que no acaban de tener la misma nota picante. Si desea probar una combinación más auténtica, puede cultivar sus propios ingredientes (plante la mostaza unos días después del berro para poder recogerlos al mismo tiempo).

Huevo y ocra: Véase *Ocra y huevo*, p. 451
Huevo y pimienta en grano: Véase *Pimienta en grano y huevo*, p. 412
Huevo y piñón: Véase *Piñón y huevo*, p. 421

Huevo y puerro: El chef Simon Hopkinson pone de relieve la afinidad del puerro con las trufas y el caviar. Si su presupuesto da más para huevos de gallina que de esturión, no se desanime, porque el británico también considera que no hay nada más exquisito que una quiche de puerros. La *flamiche* picarda es una especie de tarta al estilo de una quiche que se elabora con puerros, huevos, *crème fraîche* y, a veces, beicon.

Huevo y rábano: En Malasia, se añaden trocitos de *daikon* encurtido en la elaboración de la tortilla conocida como *chai poh nooi*, y en Tailandia, el huevo se mezcla con brotes de soja y fideos (además de otros ingredientes) para elaborar el conocido *pad thai*. El *chai poh* puede prepararse tanto dulce como salado. En la novela de Balzac *El reverso de la historia contemporánea*, madame Vauthier sirve a Godefroid, un joven sin un centavo, un café con leche y una «tortilla humeante» con mantequilla fresca y rabanitos rosas para desayunar. El French Breakfast es un rábano largo y rojo que parece mojado en pintura blanca, de los que te animan el día de buena mañana: sencillo, picante y con una deliciosa textura crujiente.

Huevo y salicornia: Véase *Salicornia y huevo*, p. 474

Huevo y sésamo: El legendario bocadillo israelí conocido como *sabij* suele consistir en un pan de pita templado y relleno de huevo, berenjena y tahini. Un trío suave que debe hacer frente a la picante *harissa* y a la *amba*, la increíblemente deliciosa salsa elaborada con mango y fenogreco. El pepino y el tomate, cortados en dados, triangulan el enfrentamiento con un toque de frescura. El huevo se cocina al estilo haminado, es decir, lentamente, a baja temperatura, con pieles de cebolla y granos de café, los cuales le dan un tono parduzco una vez pelado.

Huevo y tamarindo: En el *kai look keuy* («huevos de yerno») tailandés, los huevos se pasan por agua y se pelan antes de sumergirlos en aceite caliente, lo cual consigue crear una superficie marrón y gomosa que contrasta maravillosamente con su cremoso interior. Se sirven con una mezcla de tamarindo, azúcar de palma y salsa de pescado, y se aderezan con guindilla, hojas de cilantro y chalotas fritas. Una de las teorías que explican el nombre del plato postula que deriva de la palabra que se utiliza en el argot tailandés para «testículos». Hervirlos y freírlos en abundante aceite es lo que la suegra le hará en los huevos si no cuida a su hija. Los huevos de yerno pueden tomarse como aperitivo, con arroz o como acompañamiento de platos, pero cualquier futuro yerno que yo pueda tener debería tomar nota de que a mí los huevos me gustan en un bollo blando de pan blanco, una versión tailandesa de un sándwich de huevo frito con salsa inglesa.

Huevo y té verde: Véase *Té verde y huevo*, p. 467
Huevo y tofu: Véase *Tofu y huevo*, p. 335
Huevo y trigo sarraceno: Véase *Trigo sarraceno y huevo*, p. 75
Huevo y yogur: Véase *Yogur y huevo*, p. 200

Huevo y yuzu: La ralladura de yuzu se utiliza para adornar el *chawanmushi*, el plato japonés salado a base de natilla de huevo que se toma frío en verano y caliente en invierno. Sobre un fondo tan delicado, es fácil detectar las notas florales y verdes suaves del yuzu, tan parecidas a las del tomillo. Para una versión dulce de la combinación de zumo de yuzu y huevo, véase *Yuzu y limón*, p. 218.

HABA

Medio vegetal, medio mamífero. El sabor de las habas es oscuramente sanguinolento, como a asaduras, y un poco como a queso, lo cual las hace una elección obvia para Hannibal Lecter, quien las utiliza de acompañamiento del hígado de una de sus víctimas en la novela *El silencio de los corderos*, de Thomas Harris, junto con «un gran vaso de Amarone», un vino que se toma con callos y carnes rojas de sabor intenso. En la película es «un buen Chianti», pero la premisa sigue valiendo. Habas: el plato de acompañamiento del caníbal. Los aromas corpóreos son menos apreciables en las habas frescas, que solo retienen cierto carácter mineral en la piel. Cuando son más grandes y esta es más gruesa, o cuando han sido enlatadas o secadas, desarrollan notas más acres e inusuales. Del mismo modo que otros ingredientes que también provocan disparidad de opiniones, como los quesos curados de corteza lavada, las trufas y el tofu maloliente, los mejores compañeros de las habas maduras o secas son aquellos con sabores apagados que les permitan exhibir su sabor a caza. Piense en ingredientes que combinen con el cordero. Las habas verdes y frescas resaltan de verdad con compañeros salados, sobre todo lácteos, y otros vegetales jóvenes.

Haba y achicoria: Una combinación cautivadora. Ambos sabores tienen una nota metálica. Las *fave e cicoria* es un clásico irrefutable de la cocina italiana que combina habas peladas y secas con hojas amargas y jugosas. Y, como todo clásico, solo hay una manera adecuada de prepararlas: en forma de puré de habas con achicoria cocinada. Y punto. El nombre lo deja claro, *fave e cicoria*, tan inmutable y unitario como la propia identidad italiana. Aunque también puede tomar la forma de una sopa. Y las hojas pueden ir encima o junto a las habas. Salvo que, claro está, quien cocine decida preparar con ellas un puré de hojas verdes. En cualquier caso, hay algo que no es negociable: las *fave e cicoria* se sirven en tostada. A no ser que viva en una región en la que no se sirven así. La achicoria puede ser achicoria o una hoja amarga completamente distinta, como el cardo. O moradas, las hojas pueden ser moradas. Se hierven en agua con sal y, antes de que se blanqueen, se fríen en aceite y ajo. Como digo, un clásico italiano.

Haba y ajo: El *ful medames* es un plato nacional digno de su nombre. No hay egipcio que no lo adore, ni uno. Se cocinan habas secas y se mezclan con ajo aplastado y aceite de oliva. A partir de ahí, puede tomar distintas direcciones (dulce, amarga, con sabor a tierra, ácida) según el ingrediente que añada (tomate, perejil, comino en polvo o zumo de limón). El tahini le aportará cremosidad. Y los huevos duros lo harán incluso más contundente. Al plato le es indiferente la hora del día, por lo que puede tomarse tanto en el desayuno como en la comida o la cena; según la escritora gastronómica Ghillie Basan, «en la calle o en el campo, en casas humildes o en lujosas mansiones, en un pueblo y en restaurantes caros». Si las habas tienen sabor a carne, el *ful medames* es un costillar de cordero con ajo, rústico, sanguinolento y jugoso. Para 4 raciones, ponga en remojo 300 g de habas secas sin pelar en agua fría durante 8 horas. Enjuáguelas, escúrralas y póngalas en una cazuela. Cúbralas con agua y añada uno o dos centímetros más. Cuando empiecen a hervir, baje el fuego al mínimo, tápelas y deje que se cocinen al menos durante 30 minutos antes de comprobar si están blandas. Si continúan duras, vuelva a taparlas y vaya mirándolas cada

10 minutos. Es posible que necesiten hasta otros 30 minutos. Añada un poco de sal cuando crea que están prácticamente listas. Mientras tanto, prepare la guarnición. Cueza 4 huevos a su gusto (yo prefiero la yema aterciopelada que queda tras unos 7 minutos, si los huevos estaban a temperatura ambiente), sáquelos del agua y déjelos enfriar. Corte 4 tomates y un limón en cuñas. Pique las hojas de un pequeño ramillete de perejil. Tueste una cucharada de semillas de comino a fuego bajo-medio hasta que tomen un poco de color y se vuelvan fragantes. No se despiste, porque pueden quemarse en un abrir y cerrar de ojos. Tritúrelas una vez que se hayan enfriado. Pele y corte los huevos por la mitad longitudinalmente y, a continuación, disponga cada guarnición (huevos, tomates, limones, perejil, comino y tahini) en un plato distinto. Tueste varios panes de pita. Escurra las habas calientes y repártalas en cuatro boles. Añada un poco de ajo aplastado y aceite de oliva. Anime a sus invitados a personalizar su ración con las guarniciones y páseles el pan de pita y más aceite de oliva.

Haba y arroz integral: Todas las legumbres tienen su plato de arroz preferido. En el caso de las habas frescas es el *baghali polo* persa, una combinación sencilla de habas cocidas y peladas, arroz, cebollas fritas y eneldo. También persa, aunque menos conocido, es el *dampokhtak*, una mezcla de habas secas y partidas, arroz y cúrcuma que suele servirse con un huevo frito encima. Tanto uno como el otro funcionan bien con el arroz basmati integral en lugar del blanco, si bien a costa de su autenticidad.

Haba y cebada: Véase *Cebada y haba*, p. 38

Haba y cebollino: La débil nota de queso de las habas combina a la perfección con el cebollino. Alíelos en una ensalada, en un estofado de verduras de primavera o en una sopa. Si cultiva sus propias habas, añada unas cuantas vainas pequeñas a la cazuela donde esté haciéndose la sopa, por el mismo motivo por el que se emplean guisantes en vaina para elaborar el *risi e bisi*, un plato veneciano de arroz: aportan un sabor intenso, casi adusto, igual que los huesos al caldo. Pero, además, tenga en cuenta que, de entre las variedades de haba, las Windsor tienen buena reputación por su sabor. Véase también *Huevo y haba*, p. 294.

Haba y chile: Las habas y el chile coinciden en la *doubanjiang*, una pasta caliente y fermentada de la provincia china de Sichuan. La mejor de todas se elabora en el distrito de Pidu o Pixian con los ingredientes naturales más básicos: habas, guindilla, harina y agua. En gran medida, es la *doubanjiang* lo que hace que el *mapu tofu*, un plato picante de ternera y tofu, sea tan irresistible. También se emplea en otras recetas de arroz y fideos. En España, las habas fritas en abundante aceite son un aperitivo popular. Es difícil detectar su débil nota metálica en los sabores genéricos del frito e imperceptible cuando están espolvoreadas con pimentón, motivo por el que los menos adeptos a las habas las comen la mar de felices.

Haba y comino: Véase *Comino y haba*, p. 393
Haba y garbanzo: Véase *Garbanzo y haba*, p. 288

Haba e hinojo: En Grecia es tradicional empezar la noche con un aperitivo de habas extraídas de las vainas con un pellizco a la par que disfrutar de un ouzo bien frío. Mientras se documentaba para su libro sobre la cultura gastronómica turca regional, el chef Musa Dağdeviren descubrió las *iç bakla haşlamasi* («habas de burro»), que se preparan friendo hojas de hinojo y cebollas picadas en aceite de oliva y añadiendo habas verdes en su vaina. Estas se saltean durante 5 minutos y se sazonan con zumo de limón y sal, luego se cubren con una tapa y en 10 minutos están listas para comer. El hinojo fresco anima el sabor a humedad de las habas. En Sicilia, el hinojo silvestre es uno de los vegetales que se mezclan con habas secas trituradas para elaborar el *maccu*, que podría decirse que es otra variación de las *fave e cicoria* (véase *Haba y achicoria*, p. 298). A veces es una salsa para pasta, pero por lo general se toma en forma de sopa, sobre todo durante la festividad de San José, el 19 de marzo. Si el *maccu* no era muy ralo, las sobras pueden extenderse en un plato hasta que se endurezcan. Al día siguiente, se corta en rodajas y se fríe en aceite de oliva, como si fueran *panelle* de garbanzos. Véase también *Patata y garbanzo*, p. 280.

Haba y huevo: Véase *Huevo y haba*, p. 294

Haba y lechuga: Recordará que la trama de *Traición*, de Harold Pinter, sucede al revés. He visto la obra de teatro tres veces y sigo sin saber cómo empieza. Siempre me distrae la referencia a Torcello, una isla de la laguna de Venecia. Hace muchos años, leí en una guía de viajes una reseña sobre un restaurante del lugar dirigido por una mujer que cultivaba sus propias verduras, entre ellas unas habas, lechugas y alcachofas maravillosas. Te sentabas en una mesa junto al huerto y ella te llevaba platos deliciosos elaborados con lo que hubiera recogido. El que me hizo salivar fue la *vignarola*, un estofado de verduras de primavera. Las recetas contemporáneas incluyen invariablemente *prosciutto* o panceta, pero la ideal para mí no sabe a jamón. El escritor gastronómico Richard Olney sabe capturarlo a la perfección en su artículo sobre las verduras que componen la versión francesa de la *vignarola*: «[...] olvidadas por la carne, sin salsas inconexas que distraigan al paladar, la pureza y la fragancia [de las verduras] adquieren relieve». Su receta no puede ser más sencilla: verduras de temporada cocinadas a fuego lento en mantequilla con ajedrea y aderezadas con perejil. Ofrece una lista de productos de primavera que tener en cuenta, pero las cebollas, dice Olney, son imprescindibles. En el Reino Unido, a principios de junio podría hacerse una combinación perfecta de habas peladas, lechuga picada, guisantes tiernos y cebolletas. Deberíamos tener un nombre propio para un plato así. *Aestival*, por ejemplo. Tras aquel tercer pase de *Traición*, busqué un ejemplar de segunda mano de la guía de viajes. Resultó que el restaurante estaba en Sant'Erasmo, no en Torcello, pero lo mismo da.

Haba y maíz: Véase *Maíz y haba*, p. 87
Haba y menta: Véase *Menta y haba*, p. 382

Haba y patata: «[...] y si ha secado habas y patatas, no pasará hambre», dijo John Seymour, el gran promotor de la autosuficiencia. Razón no le falta, aunque puede que no las disfrute mucho dada la tendencia de las primeras a ahogar el sabor de las segundas. Las habas frescas permiten más variaciones. Combinándolas con patatas se obtiene un buen puré y una sopa excelente, sobre todo con ajedrea. También puede estofarlas con cebollas y otras verduras de primavera, hacer una ensalada sencilla o un fragante plato indio del estilo del *aloo matar* (patatas y guisantes en una salsa intensa y picante) usando habas en lugar de guisantes. Y si se le acaban las ideas, siempre puede hacer una *frittata*.

Haba y perejil: Véase *Perejil y haba*, p. 369

Haba y pimienta de Jamaica: Véase *Pimienta de Jamaica y haba*, p. 401

Haba y queso: El 1 de mayo es deber de todo romano sentarse a horcajadas en su Vespa y dirigirse a un lugar bonito donde celebrar un pícnic compuesto de habas frescas, queso pecorino y una botella de vino. Era mayo, aunque no el primer día del mes, y me encontraba en Londres. Mi marido llevaba fuera varias semanas y las exigencias del trabajo y los niños pequeños, no siempre demasiado compatibles, me habían dejado exhausta. Me imaginé bajando por la via delle Fornaci a toda velocidad, con una brisa cálida alborotándome el pelo, mientras empujaba el carrito gemelar hasta la guardería, que estaba a casi dos kilómetros y medio de casa. En el camino de vuelta, pasé por la verdulería y compré varios puñados de las habas más pequeñas que tenían. Di un rodeo para pasar por la exclusiva quesería y luego por la exclusiva bodega, donde el hombre que atendía el mostrador no fue de mucha ayuda a la hora de recomendarme el mejor vino para las habas. Esa noche, después de meter a los niños en la cama, apilé las habas crudas en una tabla de cortar con una cuña de pecorino romano y varias rebanadas gruesas de pan blanco de corteza crujiente y espolvoreada de harina. Descorché mi mejor aceite de oliva y la botella enfriada de vino blanco pecorino, apagué la radio y me dispuse a comer en silencio, mezclando y combinando los tres ingredientes y el aceite. Pan y queso salado de oveja, habas y queso, habas y pan, los tres juntos. Puede que las habas no fueran tan pequeñas ni tan dulces como las que los romanos extraen de las vainas el 1 de mayo, pero disfruté hasta la última, mientras meditaba, hasta que oscureció tanto que me vi reflejada en la ventana.

Haba y salicornia: Rebócelas en mantequilla con unos ñoquis de ricota. Las habas adoran un acompañante salado y la salicornia tiene sal de sobra. En la cazuela parecen tibias y calaveras, recordando quizá una de las objeciones de Pitágoras a las habas, pues el insigne griego creía que se parecían demasiado a una cabeza humana. Otra teoría postula que las consideraba las almas en transmigración. Como digo en la introducción, tienen cierto sabor corporal. Tal vez él pensara igual.

Haba y yogur: A todo el mundo le gusta desgranar vainas. Los spas deberían ofrecer «habaterapia», aunque la gente se muestra menos entusiasta a la hora de retirarles la piel una vez cocinadas. Si es su caso, no se agobie y haga los clásicos *mezze* de habas cocinadas y frías mezcladas con yogur griego. El sabor rústico de las pieles combina a la perfección con el lácteo y da como resultado un fuerte y delicioso sabor a queso; además, la resistencia de las pieles es una gran ayuda. Algunos añaden un poco de ajo, eneldo, menta o perejil picados, aunque la combinación no los necesita. Véase también *Huevo y haba*, p. 294.

QUESO

Este capítulo trata sobre los quesos duros, blandos, de corteza lavada y azules, elaborados con leche de todo tipo, así como sobre el queso vegano. Me he centrado en las variedades más conocidas, pero, en términos generales, los ejemplos pueden utilizarse como punto de partida para experimentar con otras menos usuales. Los quesos blandos y frescos tienen un fuerte sabor lácteo y notas herbáceas que armonizan con los frutos y las hierbas aromáticas ácidos, y contrastan de manera agradable con los tubérculos dulces. Lo mismo puede decirse del queso de cabra, que asimismo agradece la compañía de *partenaires* picantes como el cilantro, el anís y el berro. A medida que los quesos maduran, desarrollan notas más intensas y cercanas a los frutos secos que son compatibles con sabores más densos y frutales, así como con ingredientes ricos en umami. A los quesos azules también les gustan las frutas de sabor más intenso, sobre todo si tienen notas de oporto. Sorprendentemente, hay pocas combinaciones clásicas de queso azul con verduras, y menos aún cuando están cocinadas. Los quesos de corteza lavada suelen encontrar su mejor expresión acompañados de pan normal o crackers, pero ingredientes con un carácter picante análogo, como el comino o el ajo, realzan su sabor.

Queso y acedera: Al igual que el de limón, el ácido zumo que resulta de exprimir las hojas de acedera puede utilizarse para cuajar la leche y hacer queso. En cuanto al maridaje con este último, lo mejor es optar por algo ligero y fresco, como un queso de cabra cremoso: el paraíso hecho sándwich con acedera, donde las hojas enteras crujen y emiten un apetitoso chasquido al morderlas. Si lo prefiere, puede prescindir del pan y enrollar un poco de queso dentro de una hoja.

También puede combinar la acedera con requesón en unas empanadillas de hojaldre, con queso curado en un suflé o con queso crema en una tarta tipo quiche.

Queso y achicoria: Véase *Achicoria y queso*, p. 328

Queso y alcaravea: Una vez, en Gotemburgo, me alojé en un antiguo y bellísimo buque de vela reconvertido en hotel. El desayuno se servía en el pequeño y claustrofóbico comedor. Había panes de centeno por todas partes: dispuestos en abanico en las mesas, apilados en platos, metidos en cestas, apoyados entre los platos y las cestas, colgando de las vigas, colocados en estanterías como novelas comestibles... Algunos tenían cortezas con dibujos y otros sin, pero todos compartían el color de la arcilla. Era como comer en un horno de cerámica. Y me encantó. Al final del desayuno había desarrollado un síndrome de Estocolmo culinario. Mi preferido, incrustado de semillas de alcaravea, lo comí con *Västerbottensost*, un queso de leche de vaca salado, afrutado y duro cuyo sabor habría situado entre el parmesano y el cheddar de no haber sido por la profusión de agujeritos que tenía, que le daban un curioso carácter carbonatado. Un parmesano efervescente. La adaptación estadounidense del pan alemán *pumpernickel* se aromatiza con alcaravea. Henry Theophilus Finck, crítico musical y experto en Wagner, escribió en 1913 que «gourmets de todo el mundo consideran que no hay nada mejor con que acompañar un queso de tipo limburger que el *pumpernickel*». En los Países Bajos, donde se cultiva gran parte de la alcaravea que se vende en Europa, la especia se añade directamente a los quesos de estilo gouda, mientras que en Vermont lo hacen con el cheddar. Según el escritor gastronómico Gary Allen, la alcaravea también se utiliza para aromatizar la mozzarella y el Torta Gaudenzio, un queso blando elaborado con capas de mascarpone y gorgonzola, «de una intensidad a veces mitigada por la urgencia poco sutil de la alcaravea». Durante el solsticio de verano, en Letonia es tradicional hacer *Jāņi*, un queso aderezado con alcaravea.

Queso y alubia negra: Las alubias negras y las pintas tienen una afinidad con el queso de la que carecen las blancas. La variedad local monocroma y poco común conocida como alubia Black Nightfall tiene sabor a pino y notas herbáceas. Vanessa Barrington propone cocinarlas con romero y servirlas con queso seco rallado. Este último, también conocido como queso añejo, es un queso duro de leche de cabra o de vaca de sabor fuerte. Si le resulta difícil de encontrar, la chef mexicana Pati Jinich propone sustituirlo por parmesano o pecorino romano, aunque apunta que el queso mexicano es más intenso que el parmesano. Puede mezclar unas alubias refritas con queso para elaborar el relleno de una pupusa salvadoreña: al tiempo que la tortilla, hecha con masa de maíz, se dora en el grill, el queso del interior se funde. Las pupusas se acompañan de una guarnición llamada curtido, una especie de ensalada de col encurtida de sabor potente. La sopa italiana de alubias borlotti suele servirse con unas cuantas cucharadas de parmesano rallado.

Queso y ajenuz: Véase *Ajenuz y queso*, p. 389
Queso y arándano rojo: Véase *Arándano rojo y queso*, p. 117
Queso y arroz integral: Véase *Arroz integral y queso*, p. 29

Queso y avena: Extraído de *The North Lonsdale Magazine and Lake District Miscellany* (1867): «Es de consenso universal que un vaso de *ale* de Kendal con una loncha de queso de Lancaster y una cantidad suficiente de tortitas de avena es el mejor sustituto de una cena que se haya inventado nunca». No queda claro si el autor se refiere a una galleta de avena o a una tortita de Staffordshire (una especie de crepe salada del tamaño de un plato llano), pero cualquiera de las dos se adecúa a la propuesta. Unas galletas de avena con sabor a queso también irían bien con una *ale*. Para 12-14 unidades, mezcle en un bol 125 g de harina de avena con 4 cucharadas de parmesano rallado muy fino y ¼ de cucharadita de sal y haga un hoyo en el centro. Derrita 2 cucharadas de mantequilla en 2 cucharadas de agua caliente, añádala a la harina de avena y mézclelo bien hasta obtener una masa. Ponga un poco más de agua si fuera necesario. Envuelva la masa y déjela reposar 30 minutos. A continuación, estírela hasta obtener un grosor de unos 3 mm y corte redondeles de 10 cm de diámetro con un molde de galletas. Hornéelas en una bandeja forrada con papel parafinado a 180 °C (marca 4 del gas) durante 20-25 minutos, hasta que empiecen a dorarse los bordes.

Queso y baya de saúco: El bodeguero italiano Torrazzetta, que también elabora mermeladas, recomienda la que prepara con saúco, granulosa y ligeramente ácida, para acompañar el queso de cabra. Hice una jalea rápida de saúco con gelatina, usando mucho menos azúcar del que se usaría normalmente en una mermelada o jalea tradicional; parecía un tarro de asfalto derretido. Estaba muy buena con queso de cabra, pero su sabor a oporto la hacía aún mejor con queso azul.

Queso y calabacín: Véase *Calabacín y queso*, p. 458
Queso y cebada: Véase *Cebada y queso*, p. 40
Queso y cebollino: Véase *Cebollino y queso*, p. 321
Queso y centeno: Véase *Centeno y queso*, p. 35
Queso y ciruela: Véase *Ciruela y queso*, p. 139

Queso y ciruela pasa: El sabor natural de la pasa a vino enriquecido la convierte en una de las parejas obvias del queso. El *Larousse Gastronomique* ofrece una bonita propuesta, sobre todo si busca algo para pasar el rato. Deshuese varias ciruelas pasas de Agen y aplástelas con un cuchillo (una tarea muy gratificante). Mezcle un poco de roquefort triturado, avellanas picadas, un poco de *crème fraîche* y un chorrito de oporto y rellene las ciruelas pasas con la pasta. Ciérrelas lo mejor que pueda. También puede dejarse de tanto trabajo y componer un bodegón de stilton, brillantes ciruelas pasas, frutos secos, cascanueces y una botella de oporto.

Queso y dátil: Durante el primer confinamiento por la COVID-19, la ausencia de tráfico nos permitió utilizar el jardín delantero de casa, que da a una calle principal, por primera vez desde que vivimos allí. Un día de mucho calor, los niños hicieron una tienda con unos palos y una sábana. El jardín era el Kalahari y ellos habían acampado junto a un oasis (la piscina inflable). Les llevé dátiles, pan de pita, daditos de queso feta, tomates cherry y una jarrita de miel que había birlado del bufet de un hotel, de cuando había hoteles de los que birlar cosas. Todo tan auténticamente tuareg como nos permitían nuestras posibilidades. Al anochecer, cuando los nómadas se reunieron alrededor del fuego —que resulta encontrarse junto a la televisión—, recogí los huesos de los dátiles, limpié las gotitas de miel, que estaban tachonadas de insectos, me serví una copa de cava y me deleité con mi propio festín nómada a base de pan, dátiles, feta, gouda curado y una lonchita de gorgonzola. Y así disfruté de aquella velada al sol del atardecer mientras los pájaros empezaban a hacerse oír y los autobuses pasaban vacíos por la calle.

Queso y espinaca: Véase *Espinaca y queso*, p. 463

Queso y fenogreco: La primera vez que probé la hoja seca de fenogreco estaba espolvoreada sobre un *dal* (véase *Fenogreco y lenteja*, p. 442). Intrigada por sus notas dulces y almizcladas de apio y estragón, mezclé varias cucharaditas con queso crema. Las hojas de pronto sabían a regaliz salado, pero como si la sal la aportara medio kilo de fuco. Con un chupito de aspirina. El fenogreco es impredecible. Su semilla se emplea en varios quesos, entre ellos algunos goudas, y en el Killeen, un gouda de cabra irlandés que adquiere notas de nuez a medida que envejece (véase *Fenogreco y anacardo*, p. 439).

Queso y flor de saúco: Véase *Flor de saúco y queso*, p. 126
Queso y granada: Véase *Granada y queso*, p. 111
Queso y haba: Véase *Haba y queso*, p. 302
Queso e hinojo: Véase *Hinojo y queso*, p. 373
Queso y judía verde: Véase *Judía verde y queso*, p. 447
Queso y kale: Véase *Kale y queso*, p. 246

Queso y lechuga: George Ellwanger sostenía en *The Pleasures of the Table* (1902) que «Servir queso con la ensalada es una gran injusticia para con el asado, al que la ensalada pertenece de pleno derecho». Una majadería absoluta. El padre de un amigo mío francés comía un camembert con una ensalada simple de lechuga todos los días. Era agricultor, así que no lo tomaba como plato único: más bien era el colofón de un almuerzo compuesto por otros cuatro, que terminaba con el currusco de la baguette y media botella de Anjou-Villages. La lechuga era de su propio huerto, una escarapela de hojas verdes. La clase de lechuga que le gustaría a una lechuga: la lechuga de entre las lechugas. Las hojas son suaves como las sedas tradicionales y con una sombrosa textura de mantequilla, con un amargor suave pero satisfactorio que podría perderse en una ensalada más compleja. El camembert o el brie poseen un amargor de mantequilla similar que convierte al maridaje en una verdadera delicia. Ellwanger murió en 1924, antes de que se inventara la ensalada César, la cumbre de la ensalada y el queso. Otros clásicos son los canónigos con queso de cabra y la rúcula con parmesano. La lechuga iceberg con aliño de queso azul tiene mala fama, pero no en lo que a mí respecta. La palabra «lechuga» deriva del latín *lactuca*, de *lactis*, es decir, la sustancia lechosa que exuda si se exprime. Goethe señala la relación en sus escritos sobre Sicilia, donde las lechugas eran «especialmente tiernas y de sabor lácteo».

Queso y lichi: Véase *Lichi y queso*, p. 123

Queso y maíz: Muy proclives a la metamorfosis. *Grits* con cheddar. Polenta con parmesano. Nachos. Las arepas colombianas, o sus parientes venezolanas, las cachapas, suelen servirse con queso fresco. El relleno principal de las quesadillas es el queso, salvo que se encuentre en Ciudad de México, donde la ocurrencia lo delataría de inmediato como forastero. Los esquites crean menos controversia: se trata de un vaso de granos de maíz en caldo vegetal o de pollo, servido con un chorrito de mayonesa o crema agria mexicana, queso seco, chile y lima.

Queso y membrillo: Véase *Membrillo y queso*, p. 191
Queso y miel: Véase *Miel y queso*, p. 96
Queso y mostaza: Véase *Mostaza y queso*, p. 253

Queso y nuez pecana: Los *tassies* son tartaletas joya elaboradas con masa de queso crema y rellenas con nueces pecanas. Las baguettes de trigo sarraceno de la Bouchon Bakery de Thomas Keller se elaboraban con nueces pecanas picadas y azúcar moreno, si bien no con la intención de que supieran a aquellas, sino para contrarrestar la textura seca y el amargor del salvado de la harina. El relleno del bocadillo podría ser queso azul o pavo ahumado.

Queso y orégano: Un poco de orégano seco sobre un salino queso feta me transporta de inmediato a la playa de Zogeria, en Spetses, con el pelo alborotado por una brisa cálida de fragancia herbal mientras los niños les gritan a los pececitos que se arremolinan alrededor de sus piernas en el agua transparente. En la cocina, guardo el orégano griego seco en un tarro de boca ancha en el que puedo meter los dedos con facilidad y sacarlo a pellizcos. Frotar entre las yemas las hojitas cortadas de cualquier manera mientras las espolvoreo despierta su fragancia, que perdura en mi piel durante horas. El orégano fresco quizá resulte muy fuerte para algunos platos, ya que puede evocar tanto un gallinero creosotado como una playa del Egeo. Empléelo para aromatizar una marinada con que acompañar un queso halloumi, o introduzca una ramita en un pescado o un pollo, del que puede retirarla con facilidad una vez que haya cumplido con su cometido. Secar el orégano suele suavizar su potencia, pero no hasta el punto de rechazar a un compañero robusto. El queso feta es su pareja ideal, en parte porque su alto contenido en sal reduce un tanto su amargor.

Queso y papaya: Véase *Papaya y queso*, p. 234
Queso y pasa: Véase *Pasa y queso*, p. 156
Queso y pimienta en grano: Véase *Pimienta en grano y queso*, p. 414
Queso y piñón: Véase *Piñón y queso*, p. 424

Queso y pistacho: Los frutos secos coinciden con el queso en la *cassata*, un postre tradicional siciliano incrustado de algunos de los mejores productos de la región: cítricos, pistachos y ricota de leche de oveja. Giorgio Locatelli escogió la *cassata* de postre cuando le pidieron que imaginara su última cena. Tras un plato de bizcocho empapado en licor y cubierto hasta arriba de ricota, fruta confitada, chocolate y glaseado, es posible que no pudiera llegar por su propio pie hasta el patíbulo. La adaptación del Locanda Locatelli es mucho más ligera: una mousse de ricota y helado de pistacho espolvoreada con más pistachos y trocitos de fruta confitada.

Queso y puerro: El queso y la cebolla con el meñique levantado. Michel Roux hijo superpone varias capas de puerro y queso de cabra en una tarrina prieta. La ceniza de esta aliácea puede sonar a algo propio de los restaurantes de Roux, pero es muy fácil de hacer en casa y es una buena manera de utilizar las partes más verdes del puerro que, de otro modo, acaban en el caldo. Lávelas, séquelas y déjelas en una barbacoa caliente durante una media hora, hasta que se hayan deshidratado y estén negras. Déjelas enfriar y muélalas en un molinillo de especias. Úselas en un plato con un buen queso salado, que contrarrestará el amargor del chamuscado. La tarta griega *prásopíta* es una variación pegajosa y jugosa de la *spanakopita*, más famosa: una mezcla de puerro, cebolla y queso feta entre crujientes capas de pasta filo. En Gales, las salchichas Glamorgan se elaboran con queso Caerphilly, puerro blando picado, pan rallado, huevo y mostaza. Puede darle forma cilíndrica a la mezcla o de hamburguesa. El queso azul es una pareja excelente para el puerro, sobre todo desmenuzado sobre unos puerros en vinagreta.

Queso y semilla de amapola: Véase *Semilla de amapola y queso*, p. 351
Queso y tamarindo: Véase *Tamarindo y queso*, p. 161

Queso y té verde: El experto en té Will Battle opina que un buen matcha tiene «un sabor a fruto seco suavizado por una dulzura clorofílica», una cualidad esta que funciona bien con algunos quesos de sabor más suave. Pruebe un *sencha* con un queso de cabra fresco y ligero. El té verde también puede sustituir al vino tinto para acompañar un plato de queso. (Algunos sostienen que, en realidad, el vino tinto no combina bien con el queso, algo ante lo que solo tengo una cosa que decir: hay errores que vale la pena cometer).

Queso y trigo sarraceno: Véase *Trigo sarraceno y queso*, p. 77
Queso y tupinambo: Véase *Tupinambo y queso*, p. 278

ALIÁCEOS

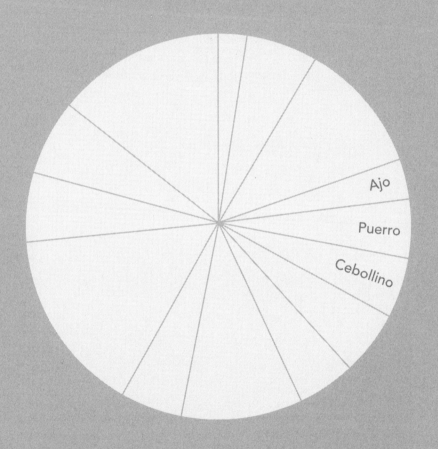

Ajo

Puerro

Cebollino

AJO

El ajo contiene un sulfóxido llamado aliína, que se transforma en alicina cuando aquel se corta o se machaca. La alicina, a su vez, se transforma en los sulfuros responsables del aroma característico del ajo. Cuanto más se machaca un diente de ajo, mayor cantidad de este compuesto se crea y más potente es el sabor. El triturador no es para los timoratos. El calor destruye la alicina, cuya desaparición da paso a cierto dulzor que contribuye a un sabor a ajo más suave y con notas de fruto seco. La acidez también detiene la producción de alicina, por lo que si desea un aliño con sabor a ajo para una ensalada, procure dejarlo reposar unos minutos después de haberlo picado para que el aroma se desarrolle antes de añadirlo a un bol con vinagre o zumo de limón y mostaza. Hay platos dulces en los que se utiliza el ajo, pero con sus reminiscencias de marisco y trufa es mejor usarlo para realzar los salados, o incluso a modo de estrella del plato, como en el extraordinariamente sencillo *spaghetti aglio e olio*. El ajo negro, una preparación asiática en sus orígenes, se elabora cocinando una cabeza de ajo muy lentamente durante varias semanas, hasta que los dientes se vuelven negros y adquieren notas de melaza, tamarindo, regaliz y vinagre balsámico.

Ajo y achicoria: Véase *Achicoria y ajo*, p. 325
Ajo y alubia blanca: Véase *Alubia blanca y ajo*, p. 61

Ajo y alubia negra: Las *fagioli al fiasco* es el tipo de plato con una presentación bucólica que debería ponerle en guardia por si aparece un acordeonista interpretando el tema de *El padrino*. Pero no deje que eso lo disuada. Tradicionalmente, las alubias borlotti se cocinaban con aceite y ajo en una botella vieja de chianti, que se colocaba entre las brasas para que fueran haciéndose poco a poco durante un buen rato o hasta que el restaurante se incendiara si, por descuido, habían olvidado quitarle la rafia a la botella. En la actualidad, puede hacerse en una cazuela de barro con una tapa que encaje bien. Para 6-8 raciones, deje en remojo 500 g de alubias borlotti (o similares) durante toda la noche. Enjuáguelas y escúrralas. Luego póngalas en la cazuela junto con una cabeza de ajo cortada por la mitad horizontalmente, 5 cucharadas de aceite de oliva y el agua justa para cubrirlas. Tápelas y métalas en el horno para que se cocinen a baja temperatura (120-140 °C, marca ½-1 del gas) durante 2 horas. Pruébelas para comprobar si están blandas. En tal caso, añada sal y devuélvalas al horno durante otros 15 minutos. Si todavía no están blandas, espere a añadir la sal más tarde y devuélvalas al horno durante otros 30 minutos o hasta que estén tiernas. Sírvalas con pan crujiente y una ensalada sencilla.

Ajo y alubia roja: Véase *Alubia roja y ajo*, p. 58
Ajo y anacardo: Véase *Anacardo y ajo*, p. 353
Ajo y calabacín: Véase *Calabacín y ajo*, p. 455

Ajo y cebollino: Los cebollinos chinos son más largos, gruesos y acres que los cebollinos comunes (véase *Cebollino y huevo*, p. 320), y algunos los consideran los mejores para hacer pan de ajo. Waverley Root disentía de la idea de que el sabor del cebollino común se encontraba a medio camino entre el ajo y la cebolla. Su carácter propio es tan marcado, opinaba, que «a medio camino» no contribuía a definirlo. El cebollino, según Root, es más delicado e incisivo que la cebolla. Mi estudio acientífico de recetas centradas en este ingrediente parece confirmar su análisis. El cebollino suele estar respaldado por otra aliácea, por lo general el ajo o la cebolleta, para darle un empujón armonioso a su sabor. Alice Waters combina cebolleta y cebollino con mayonesa en una *focaccia* inspirada en el famoso sándwich de James Beard —cebolla y perejil con mayonesa en pan de brioche—, que a su vez se inspiró en la combinación judía clásica de cebolla picada y *schmaltz* (manteca de pollo o ganso) en pan moreno.

Ajo y centeno: El sabor picante y alquitranado del centeno integral le va más que a la perfección a la bomba que supone el ajo crudo. El *kepta duona* lituano es un buen ejemplo: un pan moreno frito y cortado en tiras gruesas, un muchachote báltico frente a la esbelta elegancia de los *grissini* italianos. Corte rebanadas de pan de centeno integral en trozos del tamaño de las teclas de xilofón. Fríalos en 1-2 cm de aceite de oliva, escúrralos en papel de cocina, espolvoréelos con sal y úntelos a conciencia con un diente de ajo cortado por la mitad. Ideal con una jarra de cerveza y una canción picantona de taberna.

Ajo y espinaca: Las parejas tradicionales de las espinacas son la mantequilla, la nata y el queso. Los amantes de esta verdura que no toman lácteos deberían echarles un vistazo a las espinacas de Cuaresma, que, según Pellegrino Artusi, se hicieron muy populares en la Roma del siglo XIX, donde se hervían, se escurrían al máximo y luego se freían con aceite de oliva, dientes de ajo enteros, perejil picado muy fino, sal y pimienta.

Ajo y fenogreco: La sal de Svaneti es una sal georgiana condimentada con ajo, alholva azul, semillas de cilantro, guindilla y pétalos de caléndula. La alholva azul, *Trigonella caerulea*, tiene un sabor ligeramente más suave que el fenogreco (*Trigonella foenum-graecum*): «vegetal, resinosa, con una nota láctea de jarabe de arce», según la escritora y perfumista Victoria Frolova. La sal de Svaneti se emplea en platos de alubias y en ensaladas de pepino y tomate. Según la Fundación Slow Food, las versiones auténticas también incluyen una flor de alcaravea poco común.

Ajo y haba: Véase *Haba y ajo*, p. 298
Ajo e hinojo: Véase *Hinojo y ajo*, p. 371

Ajo y hoja de laurel: Hugh Fearnley-Whittingstall es un incondicional del laurel. Prefiere el fresco al seco siempre y propone añadir unas cuantas hojas en una cazuela con ajo en la que esté friendo unos filetes de caballa, pues, según él, cuando el laurel entra en contacto con la piel del pescado se crea «un nuevo sabor». Véase también *Hoja de laurel y pimienta en grano*, p. 407.

Ajo y judía verde: Véase *Judía verde y ajo*, p. 444
Ajo y kale: Véase *Kale y ajo*, p. 242
Ajo y lechuga: Véase *Lechuga y ajo*, p. 330

Ajo y lenteja: Las lentejas rojas cocidas suelen reducirse hasta quedar convertidas en una pasta suave. La proporción habitual de agua y lentejas acostumbra a ser de 3:1. Recuerde que continuarán absorbiendo agua mientras se enfrían. Algunos las consideran insulsas, pero solo necesitan un poco de mantequilla de ajo para convertirse en una magnífica guarnición. Compárelas con la polenta, que necesita un contenedor entero de queso para que resulte apetitosa. También debería probar el puré de lenteja y ajo hecho el día anterior como base para un *bubble and squeak* o para croquetas.

Ajo y maíz: Véase *Maíz y ajo*, p. 84
Ajo y membrillo: Véase *Membrillo y ajo*, p. 189

Ajo y miso: «Hueles a miso» es un insulto que los urbanitas japoneses más esnobs dedican a la gente de campo. Es el equivalente a insultar a alguien diciéndole que huele a ajo en la Europa continental. Evite ofender a colectivos socioeconómicos concretos ofendiéndolos a todos. Los importadores de miso Clearspring consideran el ajo un gran aliado del miso, al igual que el jengibre, los cítricos y el tahini. Mezcle todos los ingredientes como para un aliño: para preparar unos 120 ml, se necesitan 2 cucharaditas de miso rojo, 2 dientes de ajo majados, 2 cucharaditas de jengibre rallado, una cucharada de zumo de limón, unos 75 ml de tahini, una cucharadita de miel y un poco de agua para diluirlo todo. Es ideal con las verduras de hojas duras como el kale. También se pueden añadir unos dientes de ajo pelados que encontrará en *Miso y huevo*, p. 21.

Ajo y mostaza: Véase *Mostaza y ajo*, p. 249

Ajo y ocra: La ocra encurtida es el pasaporte que le facilita el libre acceso a las personas que la odian. En su libro *Okra*, la chef estadounidense Virginia Willis propone añadir una vaina a un martini con vodka. No puede ser peor que encontrarse un gusano en el fondo del tequila. Lave y seque las vainas de ocra y retire cualquier vestigio de fibras. Métalas en un recipiente para encurtidos y prepare una salmuera sencilla con vinagre, dientes de ajo y azúcar. Déjelas 2 días en el frigorífico y consúmalas antes de 2 semanas. El ajo dominará sobre los demás sabores, pero aún detectará una nota de la verde y crujiente ocra. Experimente con otras especias para encurtir, entre ellas la guindilla, si lo desea. Si la textura de la ocra no acaba de entusiasmarle, procure no cortar la cabeza de las vainas; una vez que su viscoso interior se libera en el recipiente, este envuelve a los demás ingredientes. En Trinidad, la ocra (u *ochro*) se saltea con cebolla y ajo.

Ajo y orégano: Véase *Orégano y ajo*, p. 384
Ajo y piñón: Véase *Piñón y ajo*, p. 420
Ajo y salicornia: Véase *Salicornia y ajo*, p. 479
Ajo y tupinambo: Véase *Tupinambo y ajo*, p. 275
Ajo y yogur: Véase *Yogur y ajo*, p. 198

PUERRO

A pesar del sabor aliáceo dulce y suave, tiene un marcado carácter vegetal. A simple vista, no parecen nada del otro mundo, pero los puerros poseen una finura misteriosa que le valió un lugar en los restaurantes más distinguidos de Nueva York a una crema de patata. También disfrutan de otras cualidades menos obvias, entre ellas una nota metálica encubierta, como de lata, con matices tropicales y de menta. No son aptos en ninguna mesa salvo que se laven de manera apropiada. Es esencial quitarles toda la tierra o la arena de entre las apretadas capas. Igual que ocurre con el ajo y la cebolla, cuando se corta el puerro se inicia una reacción química —básicamente un mecanismo de defensa— que libera su característica fragancia, de ahí que los puerros enteros cocinados sepan menos a cebolla que los cortados. Por lo general se come la parte blanca; la verde, la de las hojas, es dura, pero puede emplearse en caldos a modo de aderezo. Las rodajas de puerro seco son uno de los ases que vale la pena guardar en la alacena si suele hacer sopas o tartas.

Puerro y acedera: Véase *Acedera y puerro*, p. 206
Puerro y almendra: Véase *Almendra y puerro*, p. 143

Puerro y alubia blanca: Los puerros tienen un efecto curioso en el sabor de las alubias blancas. Igual que ocurre cuando se combinan con salvia, se percibe una intensa nota de cerdo. Si es justo lo que busca y está cocinando unas alubias secas, previamente puestas en remojo, puede incorporar los extremos verdes más duros de los puerros a la cazuela para aportar una dimensión de sabor adicional a las legumbres y el caldo. Con la pareja también se prepara un puré irresistible. Rehogue rodajas blancas de puerro en mantequilla a fuego lento con un chorrito de vino blanco hasta que se ablanden. Añada las alubias y tritúrelas mientras están tibias. Excelente con el *haggis* vegetariano de la página 401 o un pescado graso. Véase también *Alubia blanca y mostaza*, p. 62.

Puerro y cebollino: Comparten el sello sulfuroso personal de la familia de las aliáceas, pero son lo bastante distintos para prestarse capas de sabor. El cebollino sabe ligeramente a cebolla y hierba, mientras que el puerro sabe a cebolla dulce, hoja y lirio. La combinación posee una acritud que aconseja comerlos al aire libre. Muy recomendados como relleno para panes o bollos, espolvoreados con semillas de ajenuz. También puede probar estas empanadillas. Para 6 unidades, lave 2 puerros grandes y córtelos en rodajas de 1 cm. Descarte la parte más oscura de las hojas. Cocínelos en un poco de aceite de oliva a fuego medio durante unos 15 minutos, añadiendo unas pizquitas de sal. Coloque un colador sobre un bol y vuélquelos en él para que vayan escurriendo el aceite y los jugos. Cuando vaya a hornearlos, incorpore 2 cucharadas de cebollino picado a los puerros. Extienda una lámina de 350 g de hojaldre y corte 6 cuadrados. Coloque una sexta parte de la mezcla de puerros en cada cuadrado, humedezca los bordes de la pasta y dóblelos por la mitad en diagonal para hacer una empanadilla triangular. Con un pincel, úntelas con aceite de oliva y espolvoréelas con semillas de ajenuz. Hornéelas a 200 °C (marca 6 del gas) durante 20-25 minutos, hasta que se doren ligeramente.

Puerro y ciruela pasa: Véase *Ciruela pasa y puerro*, p. 151

Puerro y espinaca: Detrás de todo plato de espinacas exitoso hay un puerro. Vale, puede que no de todos, pero más de los que imaginaría. Y si no es por él, entonces se trata de su miniyó, la cebolleta. En los puerros convergen una serie de sabores de cebolla, vegetal frondoso y ligeramente herbáceos que intensifican el de la espinaca en platos rústicos como el *spanakopita*, el *spanakorizo* y la tarta de pasta filo. En el *kuku*, también conocido como «tortilla persa», la pareja se combina con eneldo, cilantro, perejil y cebollino. Igual que ocurre con el tabulé, preparar un *kuku* significa someterse a una dura prueba de picado de ingredientes, y todo por algo que parece un trozo de césped artificial, pero cuando le dé el primer mordisco comprobará que valía la pena.

Puerro e hinojo: Véase *Hinojo y puerro*, p. 373
Puerro y huevo: Véase *Huevo y puerro*, p. 296
Puerro y maíz: Véase *Maíz y puerro*, p. 90
Puerro y miso: Véase *Miso y puerro*, p. 23
Puerro y mostaza: Véase *Mostaza y puerro*, p. 253

Puerro y patata: La vichyssoise es una ensalada de patata hecha crema. Batido con nata y servido frío, el puerro tiene la intensidad sulfurosa perfecta para contrarrestar el insulso sabor de la patata y satisfacer su apetito. El plato galés *Wyau Ynys Môn* («huevos Anglesey») consiste en un puré de ambos con huevos duros y salsa de queso que, si bien debería tomarse en la mesa de fórmica de una caravana mientras la lluvia golpea las ventanillas, continúa siendo un plato digno de un rey.

Puerro y queso: Véase *Queso y puerro*, p. 309

Puerro y seta: Las setas apenas necesitan poco más que una aliácea y grasa. La ventaja del puerro sobre el ajo y la cebolla radica en su consistencia: puedes hacer una deliciosa tarta de puerro y champiñones sin necesidad de nada más que aguante la corteza. Y también son bastante autosuficientes en cuanto al sabor. En lo que respecta a las setas, siempre conviene tener en cuenta el parasol o galamperna, cuya nota láctea transforma el puerro como por arte de magia en una salsa que recuerda a una resbaladiza soubise. En los restaurantes vegetarianos de The Gate, hacen una versión de la torta de Eccles con setas silvestres cortadas en dados, puerros, ajo y vino blanco. Del mismo modo que con la verdadera torta de Eccles, nunca le viene mal un poco de queso como acompañamiento.

Puerro y tupinambo: Véase *Tupinambo y puerro*, p. 277

CEBOLLINO

El miembro más tímido de la familia de las aliáceas. El *Allium schoenoprasum* tiene un sabor que recuerda a la cebolla, pero, como su esbelta y tubular forma sugiere, no es más que una flauta al lado de las notas aterciopeladas de oboe del puerro. Los aritos recién picados de cebollino fresco funcionan mejor con sabores suaves. Emparejarlo con otra aliácea crea capas de sabor refulgentes. Con cebolla o con ajo son combinaciones ganadoras, si bien bastante conocidas, pero pruebe el cebollino con puerro o con cebolleta en una empanada de hojaldre (véase *Puerro y cebollino*, p. 318). A pesar de lo dicho anteriormente, la crema agria es la mejor amiga del cebollino: juntos saben a queso joven y cebolla. Este capítulo también trata sobre el cebollino chino (*Allium tuberosum*), que tiene un ligero sabor a ajo, hojas en forma de cintas y flores blancas, a diferencia de las moradas del cebollino común.

Cebollino y ajo: Véase *Ajo y cebollino*, p. 314
Cebollino y anacardo: Véase *Anacardo y cebollino*, p. 353
Cebollino y haba: Véase *Haba y cebollino*, p. 299

Cebollino y huevo: Stephanie Alexander sostiene en *The Cook's Companion* que «Los cebollinos son la hierba aromática por excelencia para los huevos». Glynn Christian disiente, sobre todo cuando le sirven huevos revueltos y salmón ahumado espolvoreados con cebollino si el aderezo no se mencionaba en el menú. «Para mí —dice—, el cebollino es como la lluvia ácida». En Japón, el cebollino chino, más acre, se emplea en platos como el *niratama*, huevos revueltos con suficiente cebollino como para considerarlo una verdura en lugar de un aderezo. El *niratama zosui* es una adaptación del plato anterior en la que se utiliza arroz para hacer unas gachas. El cebollino chino no solo es más robusto que el común respecto al sabor, sino también estructuralmente: es más largo, grueso (alrededor de 5 mm) y oblongo. En el nordeste de China se usa una mezcla de huevos revueltos y cebollino para rellenar buñuelos, a la que también pueden incorporarse fideos o setas *shiitake*.

Cebollino y lechuga: Si desea darles un ligero toque aliáceo a sus ensaladas de hoja verde, tenga en cuenta que un poco de cebollino picado y espolvoreado por encima les dará una nota más fresca y limpia que frotar el bol con un diente de ajo cortado.

Cebollino y lenteja: El *urad dal* (lenteja negra) y una especie de cebollino llamado *jimbu* se toman juntos en Tíbet y Nepal. Este último casi siempre se emplea seco. Tiene un sabor suave, al menos hasta que se fríe para un *tarka*, la mezcla de hierbas aromáticas fritas que a menudo se añade a este tipo de platos justo antes de servirlos. Las finas hojas de los cebollinos también se usan como un vistoso y atractivo aderezo de filamentos negros, a la manera del alga *hijiki*, véase *Zanahoria y alga*, p. 269.

Cebollino y miso: Espolvoree libremente cebollino picado sobre una sopa de miso rojo y espere unos minutos antes de tomarla: sabe a salsa de cebolla aromatizada con jerez.

Cebollino y mostaza: Igual que Cheech y Chong, son felices juntos. En crackers o masas horneadas, incluida la pasta brisa, la mostaza adquiere notas de queso que potencian su afinidad natural con el cebollino.

Cebollino y patata: El cebollino es el telonero. Espolvoréelo sobre una vichyssoise o un puré de patatas para despertar las papilas gustativas. También puede hornearlo en un pan de patata o unos *scones* para inundar la cocina de una fragancia apetitosa. Imbatibles combinados con mantequilla o crema agria, animan las pieles de patata y las patatas asadas. La escritora Alice Arndt observa que algunos restaurantes usan hojas de cebolleta en lugar de las «exquisitas rodajitas de cebollino». Según ella, se trata de «una vil traición de un gran equipo de sabor».

Cebollino y perejil: Véase *Perejil y cebollino*, p. 368
Cebollino y puerro: Véase *Puerro y cebollino*, p. 318

Cebollino y queso: Se dice que el cebollino fue una vez tan popular que los granjeros neerlandeses alimentaban con él a sus vacas para aromatizar la leche. La de cebollino se usa en China como remedio para el dolor de garganta, pero diría que la variedad neerlandesa estaba destinada a hacer queso. En la actualidad, los proveedores de los productores de quesos venden bolsas de cebollino ya picado y recomiendan añadirlo al gouda, el feta, el queso de cabra y el queso crema. Uno de sabor fuerte e intenso combina a la perfección con el carácter penetrante del cebollino. El queso crema con esta aliácea constituye la mezcla por antonomasia del clásico sándwich para el té, o como acompañamiento del pepino o del salmón. Sin embargo, es mejor evitarlo si planea proseguir con algo dulce: puede que el cebollino no permanezca tanto en el aliento como la cebolla o el ajo crudos, pero creará estragos con una tarta de fresas.

Cebollino y rábano: Véase *Rábano y cebollino*, p. 238
Cebollino y tofu: Véase *Tofu y cebollino*, p. 334

Cebollino y tomate: El tomate se empareja a menudo con hierbas aromáticas más embriagadoras y picantes que el cebollino, como la albahaca y el orégano. Esta aliácea no forma una combinación tan potente, algo ideal si dispone de tomates deliciosamente maduros. Prepare una ensalada tan atractiva como un jardín de casita de campo añadiendo sus flores, moradas y con un ligero sabor a cebolla, junto con las rodajitas verdes. El cebollino es el miembro alegre de la familia de las aliáceas: nunca te hace llorar. En *The Herbs*, un libro infantil de Michael Bond, todos los personajes, humanos y animales, llevan el nombre de una hierba aromática. Eneldo es un perro atolondrado, Salvia es un búho somnoliento y los Cebollinos son una bandada de niños traviesos, algo bastante apropiado.

Cebollino y yogur: La crema agria con cebollino es una versión del clásico de los bares deportivos para quienes hacen deporte de verdad. Dicho esto, a pesar de su sabor más afilado y menos graso, sigue siendo una mezcla asidua de los boles de aperitivos gracias a esa combinación que inunda la boca con su cosquilleo lácteo y su nota sulfurosa. El salvador de los platos fritos monótonos o dulzonamente insulsos, el yogur con cebollino animará sopas de tubérculos, blinis de trigo sarraceno, tortitas de maíz y purés de patata. Incorporado en un yogur espeso puede ser tanto un colchón para unos huevos escalfados como una salsa para salmón. Sin embargo, cuídese del cebollino que haya perdido su intensidad: el sabor se desvanece tras cortarlo, de modo que procure evitar las insípidas hojas cortadas que vienen empaquetadas. Si no lo cultiva en casa, el cebollino seco es una alternativa perfecta. A finales de la década de 1950, G. Armanino and Son desarrollaron una técnica para liofilizarlo de manera que conservara su delicado sabor y, según asegura el escritor Kenneth T. Farrell, es «prácticamente imposible de distinguir» del fresco.

FRUTOS SECOS LECHOSOS

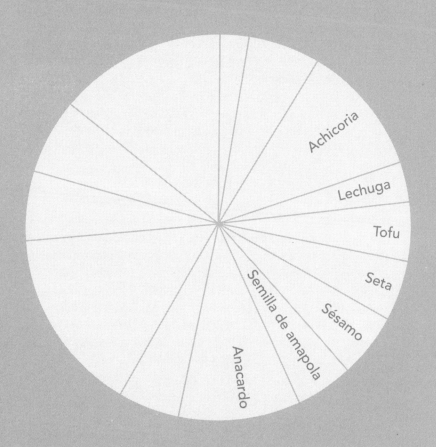

Achicoria

Lechuga

Tofu

Seta

Sésamo

Semilla de amapola

Anacardo

ACHICORIA

Si no hay demasiadas combinaciones disponibles para esta familia de herbáceas, tal vez se deba a que los escritores gastronómicos tienen que emplear mucho espacio para aclarar los distintos términos. Yo uso el de achicoria común o endibia para referirme a esos cogollos amargos de hojas apretadas que vienen en amarillo ácido o rojo *radicchio*. Con achicoria rizada gruesa me refiero a la lechuga que parece una col que acaba de explotar. Hay quienes dicen que la escarola es una versión de hojas más finas, otros que es lo mismo, pero no hay ninguna diferencia cuando de lo que se trata es de establecer maridajes de sabores. Por su parte, la *puntarelle* o *cicoria di catalogna* es de hoja larga, como un diente de león de tallo grueso. La escarola lisa tiene hojas más gruesas y planas, y es una excepción en la familia de la achicoria, ya que solo tiene un nombre. Amarga y pobre en su forma cruda, la achicoria resulta más sabrosa con compañeros salados y grasos, pero también puede aportar un agradable toque refrescante a platos sosos y dulces a base de arroz o alubias.

Achicoria y ajo: La achicoria verde puede dejar un sabor limpio, pero la *puntarelle* lo lleva al extremo. Hasta se parece a una fregona. Se trata de una variante alargada y tiesa de la achicoria que se vende en cubos de agua helada en las verdulerías romanas. Los tallos, gruesos, blancos y huecos, se cortan y se introducen casi hasta el fondo por la rejilla de alambre de un artilugio especial, el *tagliapuntarelle*, hasta que al final acabas con la típica Vileda de tamaño casa de muñecas: en el agua helada, las hebras se enroscan y forman un buen montón de flecos. Los romanos compran la *puntarelle* al peso y la mezclan, con un grado de limpieza casi aséptico, con un aliño de ajo y anchoas que confiere un contraste fuerte y picante. Las *puntarelle alla romana* se han convertido en un éxito internacional. También se puede freír la achicoria con ajo, y lo que esta pierde en amargor, lo gana el ajo.

Achicoria y alubia blanca: Humbert Humbert y Charlotte Haze, un matrimonio entre la amargura y la sosería. La sopa de escarola y alubias blancas cannellini es una especialidad de Campania, en el sudoeste de Italia. Como ocurre con todas las variedades de achicoria, el amargor de la escarola disminuye con la cocción, mientras que su suave sabor a almendras y frutos secos se hace más evidente.

Achicoria y café: Los «chicons» (o «cabezas de endibia») que comemos en ensalada se obtienen de la achicoria común, *Cichorium intybus*, una planta perenne y leñosa emparentada con la margarita, con una raíz primaria en bruto que se tuesta y se muele para utilizarla como sustituto (o suplemento) del café. Debemos el descubrimiento de la endibia a Franciscus Bresiers, jardinero jefe del Jardín Botánico de Bruselas, que había guardado unas raíces de achicoria en un sótano oscuro con la intención de molerlas para hacer café. Cuando fue a ver cómo estaban, descubrió que les habían salido unos *chicons*. Probó uno y le pareció delicioso. Los aficionados a la endibia gratinada pueden dar las gracias a las autoridades bruselenses por contratar a un jardinero jefe con un paladar tan sofisticado. En su *History of Coffee* (1850), William Law describe el café de achicoria como «un mosto intenso y dulzón que recuerda ligeramente al sabor del regaliz y cuyo color recuerda al del jerez oscuro». En su opinión, el café sin achicoria tenía un sabor demasiado aguado, mientras que si se le añadía, la bebida era más aromática y adquiría mejor color y textura. En Francia, señala Law, la proporción solía ser de 7 partes de café por cada 3 de achicoria, la proporción inversa de la principal marca de café instantáneo actual, Ricoré. La de Camp, el sirope de café de achicoria que alcanzó su máxima popularidad durante la Segunda Guerra Mundial, es de aproximadamente 6 partes de achicoria por cada una de café. La chef irlandesa Darina Allen prefiere evitar la esencia de vainilla, pero es una gran entusiasta de la esencia de café, e incluso utiliza Camp para la elaboración de un pastel glaseado con crema de mantequilla. En Nueva Orleans, el Café Du Monde es famoso por su café de achicoria, servido con *beignets* espolvoreados con azúcar.

Achicoria y haba: Véase *Haba y achicoria*, p. 298

Achicoria y huevo: El huevo deja amplio margen a la achicoria para que sea ella misma, dando un paso atrás y dejando todo el protagonismo en manos del elemento efervescente de la hoja para que se regodee en su distintiva peculiaridad. Hoy en día no es tan popular, pero la pareja solía aparecer en la ensalada polonesa de achicoria, un plato de endibias cocidas, enteras o cortadas por la mitad, espolvoreadas con huevo cocido picado, perejil y pan rallado tostado. El clásico verdaderamente inmortal es el plato lionés *frisée aux lardons*, la ensalada de escarola que atrapa a su presa de picatostes oleosos y trocitos de beicon. En lo alto, la yema líquida de un huevo escalfado estará listo para impregnar y suavizar la ácida vinagreta. Un plato alegre y desordenado capaz de provocarle una hernia a Marie Kondo. Los *lardons* de halloumi a la parrilla son una excelente opción vegetariana. Los «pétalos» de achicoria también son una clara mejora con respecto a los espárragos como sustitutos bajos en carbohidratos de las tiras de pan tostado para mojar en el huevo. Écheles sal y sumérjalos rápidamente en vinagre balsámico antes de hundirlos en la yema, y así tal vez logre mitigar su ansia por el pan crujiente de masa madre.

Achicoria y jengibre: El chef Ollie Dabbous ha sacudido las papilas gustativas del Londres culinario con su maridaje de Castelfranco, una variedad de achicoria jaspeada, y pan de jengibre. Para hacerlas aún más crujientes y suavizar su amargor, Dabbous envasa las hojas al vacío con agua helada antes de aliñarlas con limón, cubrirlas con una capa de puré de pan de jengibre y espolvorearlas con migas del mismo. Las hojas de la Castelfranco son como el papel de guardas marmoleado florentino: de color verde menta claro con jaspeado de color rosa. Si quiere hacer una exhibición de achicoria y *radicchio*, elija la Castelfranco como su pieza central.

Achicoria y lenteja: En términos de sabor, nadie le pone peros a las lentejas: no hay notas agudas, amargas o picantes que desentonen con su contundencia terrosa. Con la achicoria, en cambio, todo son fricciones. Incluso al calentarla, la variedad rizada o escarola conserva ese filo amargo. Mézclala con lentejas calientes para disfrutar de su aroma depurado y vegetal. La achicoria asada desarrolla un dulzor que equilibra el sabor amargo. Acompañadas de lentejas de Puy guisadas con un *mirepoix* de cebolla, zanahoria y apio picados (o un *mirepoix au gras*, con la adición de beicon o jamón), se convierten en una sofisticada variante del *fave e cicoria*, el clásico italiano descrito en *Haba y achicoria*, p. 298. Corte las cabezas de endibia longitudinalmente por la mitad y áselas con el lado cortado hacia abajo, hasta que los bordes adquieran un color dorado oscuro. Sazone con sal y sírvalas con las lentejas.

Achicoria y mostaza: Una combinación tan amarga como una pareja de actores en paro. Este maridaje debería gustar a los consumidores de *ristretto* y de cerveza IPA, a los fans del pomelo y a la hierática élite de los aficionados al cacao 85 por ciento. Cada grano de mostaza en una vinagreta integral es una pequeña detonación de intenso calor amargo. Mi mayor recuerdo de la que preparaban en Quaglino's, en el barrio de St. James's de Londres, era que usaban tanta mostaza que después de comer un poco de ensalada podías deslizarte por la barandilla de su famosa escalera, pero no hacia abajo, sino hacia arriba. En un bote con tapón de rosca, mezcle 4 cucharadas de mostaza de grano grueso con 2 cucharadas de vinagre de vino blanco y un poco de sal y pimienta, y agítelo todo bien. Añada 4 cucharadas de aceite —lo ideal sería una proporción de una cucharada de aceite de nuez por 3 de aceite de cacahuete o de girasol—, agite la mezcla de nuevo y añada 200 ml de nata. Utilice la vinagreta para aliñar las hojas de 4 cogollos de achicoria y deles el toque final con cebollino picado. Se puede sustituir la nata de leche por nata de avena. Y, por cierto, se puede utilizar leche de avena o de vaca para hacer una bechamel con sabor a mostaza, la clásica salsa para las endibias al horno.

Achicoria y naranja: Véase *Naranja y achicoria*, p. 220
Achicoria y nuez pecana: Véase *Nuez pecana y achicoria*, p. 425

Achicoria y queso: El queso azul y la achicoria saben a electricidad: excitantemente inquietante. Ambos tienen un regusto metálico: el queso en sus vetas, y la achicoria en sus jugos amargos. En crudo, la textura de esta última es extraordinaria, con esos tallos gruesos, blancos y jugosos y los bordes de las hojas más delicados, que aportan una variedad de contrastes en cuanto a su textura crujiente. Fíjese bien y verá que las hojas están cubiertas de unos filamentos cortos, como los del vello de la nuca. Es posible que se hayan adaptado evolutivamente para atrapar los trocitos desmenuzados de queso, como en la omnipresente ensalada de roquefort, achicoria y nueces. Este es más áspero que muchos otros quesos azules, por lo que no necesita un aliño tan ácido como el stilton o el dolcelatte. La achicoria roja o *radicchio* con queso gorgonzola es una variante que ha salido de la ensaladera para introducirse en los risottos y platos de pasta, así como en la pizza y la *bruschetta*.

Achicoria y tupinambo: Véase *Tupinambo y achicoria*, p. 275

LECHUGA

La lechuga suele tener un sabor suave, dominado por las notas de hierba y tierra que se desprenden al romper las hojas con los dientes. El amargor característico de algunas variedades es la defensa de la planta contra las plagas, atenuado por los agricultores que, a lo largo de los años, se han dedicado a hacer las hojas más apetecibles, lo cual es una lástima, ya que es justo para eso para lo que sirve el aliño. La mayonesa y las vinagretas son los mejores aderezos para aportar picante y sabor a las hojas, casi siempre en forma de mostaza, ajo o limón. A la lechuga le encanta la grasa, como el queso y el aceite —el ejemplo clásico de ensalada César combina ambos— y es una delicia cuando se rehoga en nata, un caldo de alubias o con los jugos de la carne. En cuanto a la textura, el pomólogo Edward Bunyard tenía una opinión bastante firme: «La lechuga es admirable, tensa y estricta en la fuerza de su juventud. Crujiente como la escarcha y quebradiza como el cristal». Se quejaba de que en las ensaladas inglesas rara vez se lucían: «¿Por qué tienen que fracasar de forma tan estrepitosa en el último momento? [...] Sin rastro de textura crujiente, se asemejan a un ejemplar de *The Times* que haya ido flotando por un río desde Hammersmith hasta Deptford». Comprendo al pobre Bunyard, me lo imagino hurgando en su plato de hojas hastiadas, pero lo cierto es que hay variedades que no son crujientes y que merece la pena buscar, como la Butterhead y la lechuga hoja de roble.

Lechuga y acedera: Eliza Acton propone preparar una ensalada con una proporción de 1:1 de acedera por cada hoja de lechuga tierna y joven, y advierte de que el aliño no debe ser demasiado ácido. A mí me gusta la acedera mezclada con berros, rúcula y espinacas *baby*.

Margaret Costa afirma que intenta reproducir el sabor de la acedera añadiendo zumo de limón a la crema de lechuga o espinacas, pero yo no he tenido mucha suerte con eso de momento.

Lechuga y aguacate: Véase *Aguacate y lechuga*, p. 363

Lechuga y ajo: En la Norteamérica de mediados del siglo xx, estaba de moda que el hombre de la casa preparara una ensalada verde en un cuenco de madera. El truco consistía en aplastar el ajo en la base del cuenco y luego incorporarlo al aliño, o simplemente frotar el interior con un diente cortado. En cualquier caso, el cuenco nunca se lavaba. Al igual que ocurre con los woks o los moldes de *kugelhopf,* se creía que las ensaladeras de madera conservaban la esencia de la comida anterior, creando así un rico palimpsesto de sabores a lo largo de los años. Eso no tiene ningún sentido. El único palimpsesto que acumularía la ensalada es la esencia de basura. O las familias norteamericanas no se daban cuenta o desconfiaban demasiado del ego patriarcal para quejarse. Si de verdad le gusta frotar dientes de ajo en cuencos de madera, haga lo que le parezca, pero empiece con un cuenco limpio, haga el favor. Un consejo más útil para conseguir una ensalada bien aliñada es preparar una vinagreta con un diente de ajo majado dentro y guardarla en la nevera en un bote con la tapa de rosca. Al cabo de un día o dos, las diferencias entre los sabores del ajo, el vinagre y la mostaza se habrán reducido a una unidad platónica. Añada poco a poco el aliño a las hojas de la ensalada, removiéndolas con las manos hasta que cada una quede tan impregnada como de espíritu festivo se impregnaba el ambiente del Moulin Rouge.

Lechuga y cebollino: Véase *Cebollino y lechuga*, p. 320

Lechuga y garbanzo: El garbanzo sabe a frutos secos y a guisantes, ambos maridajes clásicos de la lechuga. Para una especie de *petit pois à la française* de la temporada de otoño, rehogue unas hojas troceadas de lechuga romana en un buen caldo, junto con unos garbanzos cocidos y cebolla roja cortada en rodajas.

Lechuga y haba: Véase *Haba y lechuga*, p. 300

Lechuga y huevo: Una amiga con hijos unos años mayores que los nuestros nos dio una vez un consejo: que no dudásemos en salir a restaurantes con ellos cuando aún son pequeños. Para empezar, salir ayuda a no volverse loco. En segundo lugar, estarán en su cochecitos o atados a una trona. Es cuando ya se pueden mover cuando salir a comer fuera se convierte en todo un reto. Reservamos mesa en la Brasserie Zédel en Piccadilly, parte del imperio de restaurantes Corbin and King, famosos por su sangre fría. Cuando dirigían Le Caprice, podías entrar con un hacha en la cabeza y, sin mover un músculo de la cara, te conducían hasta tu mesa y te daban una tirita y una copa de champán. Aparcamos el cochecito y sentamos a los mellizos en sus tronas. Después de que el contenido de cuatro vasos acabara en el suelo y de que se rompieran otros dos, hasta nuestro increíblemente relajado camarero parecía un poco tenso, a juzgar por la solidez de su mandíbula. Aun así, me terminé mi ensalada de huevo con mayonesa. La pido sistemáticamente. Tres mitades de huevo cocido con una mayonesa sedosa alrededor de un círculo de lechuga troceada, como si fuera una margarita a medio deshojar mientras decimos: «me quiere, no me quiere». El vaso número siete se encontró cara a cara con su destino cuando mi hijo descubrió el placer de sacar la mantequilla de su platito y embadurnar con ella la bandeja de su trona. Pedimos la cuenta y nos saltamos el postre.

Lechuga y limón: La *yedikule* es una variedad turca de lechuga romana que debe su apreciado sabor a su alto contenido en aceites naturales. Si se les añade zumo de limón, las hojas ya quedan aliñadas. Se sirven en un vaso tipo jarrón acompañadas de zumo de limón aparte para mojarlas. También pueden servirse con sal, azúcar, miel o melaza de uva. La rúcula tiene su propia relación especial con el limón, no solo cruda en ensaladas, sino rehogada y mezclada con espaguetis y parmesano para preparar una especie de *cacio e pepe fresca*.

Lechuga y maíz: Lo que crece unido permanece unido, solía decir mi mejor amiga de la infancia, Melissa. La última vez que la vi lucía un tatuaje de un pentagrama en el cuello y le gustaba pegar cabezas de la familia Sylvanian en los cuerpos de las muñecas Barbie. Puede que esa regla funcione mejor con las verduras que con las chicas de los barrios de las afueras. El canónigo o *mâche*, también conocido como *salad corn* en inglés, es una hierba forrajera que crece alrededor del maíz. A la difunta Judy Rodgers le sabía al olor de los pétalos de rosa triturados. John Wright, experto recolector, escribe que su aroma es «extraordinariamente perfumado cuando la planta está en flor». Menudo ramo formaría, sobre todo si tenemos en cuenta que el propio maíz tiene aroma de violetas y azahar. Cuando Melissa y yo éramos niñas, la comida francesa no tenía parangón. Leía los libros de recetas francesas de mi madre como si fueran los cuadernos de bitácora de una utopía perdida. ¡Qué técnicas! ¡Qué productos! ¡Qué *terroir*! Luego fui de excursión con el colegio a Reims y nos sirvieron montones de maíz en lata. Pero muchísimo. Y esto se fue repitiendo a lo largo de los años, desde los *routiers* de Bretaña hasta los exclusivos clubes de playa de Saint-Tropez y las elegantes *brasseries* de Montparnasse: ensaladas con media lata de maíz en conserva. La verdad es que a mí no me importaba esa explosión de amarillo pop art, tan atrevido como los tubos del Centro Pompidou.

Lechuga y mostaza: Según escribe el cronista John Evelyn en *Acetaria: A Discourse of Sallets* (1699), la mostaza es «un ingrediente tan necesario para todas las ensaladas frías y crudas que es francamente insólito, si es que llega a ocurrir, que no se la incluya en ellas». Un análisis minucioso sugiere que la receta de Evelyn pide una cucharadita de mostaza por cada cucharada de vinagre y 3 cucharadas de aceite, es decir, una vinagreta estándar. La mostaza no solo añade sabor, sino que espesa el aliño; si le gusta muy espeso, añada también una yema de huevo.

Lechuga y nabo: Véase *Nabo y lechuga*, p. 236

Lechuga y patata: En sus memorias, *Éramos unos niños*, Patti Smith recuerda que estaba tan pelada de dinero que preparaba sopa de lechuga para Robert Mapplethorpe añadiéndole unas hojas de lechuga a un caldo cualquiera. Seguro que el fotógrafo no veía la hora de llegar a casa después de un largo día en el estudio. El plato de Smith me recuerda a la receta de la sopa de lady Westmorland, recogida por Florence White en *Good Things in England*: «No es más que el agua en la que se ha hervido la col tierna». Que no se diga que la aristocracia inglesa se pasa de espléndida. Debo añadir que White consideraba que esta sopa era deliciosa, con un sabor «muy parecido al caldo de pollo». La lechuga mostraría cierta resistencia. La mayoría de las sopas con hojas verdes dependen de la patata para llegar a tener algo de cuerpo y alma.

Lechuga y queso: Véase *Queso y lechuga*, p. 307
Lechuga y rábano: Véase *Rábano y lechuga*, p. 240
Lechuga y salicornia: Véase *Salicornia y lechuga*, p. 475
Lechuga y semilla de amapola: Véase *Semilla de amapola y lechuga*, p. 349

Lechuga y tomate: El sándwich de lechuga y tomate fue popular en la década de los treinta en Estados Unidos. Tras la Gran Depresión, perduró como opción barata en los *diners*, y en Nueva York se lo conoció por las siglas IRT. No le dé demasiadas vueltas: si no sabe cómo surgió, nunca lo entenderá. Las siglas BLT eran originalmente BMT: *bacon mit tomato* («beicon con tomate»), lo que refleja su origen germanoamericano (*mit* en alemán equivale a la preposición «con»). BMT también era la abreviatura de la Brooklyn-Manhattan Transit Company, lo que inauguró la tradición de bautizar los bocadillos con nombres de redes de transporte urbano. La Interborough Rapid Transit Company se agenció la combinación de lechuga y tomate, simplemente porque aún no se le había asignado un sándwich. El bocadillo ha sobrevivido cuando no lo ha hecho la empresa, y por buenos motivos: es un triunfo de la sencillez. Tueste dos rebanadas de pan con semillas y úntelas con mayonesa Hellman's. Corte los tomates en rodajas gruesas y sazónelos con una buena pizca de sal. Añada unos trozos de lechuga romana o cogollos y haga presión. Las hojas frescas y amargas, junto con la textura carnosa de los tomates y sus ácidas y gelatinosas semillas mezcladas con la intensa mayonesa ácida es la perfección. Estuve dos semanas comiéndolo todos los días para almorzar y ahora, si me disculpan, tengo que preparar otro.

TOFU

El tofu es legión. El tofu de algodón (*momen*) se encuentra en la sección de refrigerados y se puede prensar hasta conseguir diversas texturas: blando, medio, firme o extrafirme. El tofu de seda (*kinu*) se coagula en su recipiente (a menudo un envase de cartón). Tendrá que comparar precios para encontrar uno bueno, ya que varían. Ambos tipos son suaves, limpios y ligeramente dulces. Su sabor específico dependerá del proceso de fabricación y de la soja utilizada. Se pueden detectar en el tofu notas de leche fresca, huevo, tiza, hierba, alubias, setas o un toque de moho, pero en general su sabor es como un paisaje impresionista en tonos pastel muy claros. El tiempo también tiene su efecto. A medida que envejece, el tofu desarrolla aromas más terrosos o minerales y acaba agriándose. Una prueba de cata de *Cook's Illustrated* del tofu de algodón reveló que era el contenido en proteínas lo que determinaba la calidad del mismo, más que el agente coagulante, el tiempo de prensado o la temperatura de pasteurización. El punto óptimo era de 8-9 g de proteína por 100 g. Otras variedades de tofu menos conocidas son las que no contienen soja, como el tofu *goma*, elaborado con pasta de sésamo (véase *Sésamo y miso*, p. 347). También hay productos de tofu fermentado, ahumado, seco, frito o congelado, con distintos efectos sobre el sabor y la textura.

Tofu y alga: Véase *Alga y tofu*, p. 473

Tofu y cebollino: El sabor del tofu recuerda al del huevo y la leche, por lo que combina a la perfección con el cebollino. En Japón se cultiva el *atasuki* (*Allium ledebourianum*), también conocido como cebollino gigante de Siberia. Según escribió Dai Nihon Nōkai en 1895, el *atasuki* es «menos oloroso» y más suave que el más popular *negi* (puerro japonés). En *The Book of Tofu*, William Shurtleff y Akiko Aoyagi incluyen una sopa de miso «ejemplar» para el invierno, hecha con miso amarillo claro, tofu, *atasuki* y leche. Este cebollino también se utiliza para adornar el tofu de seda al vapor, servido en un poco de caldo aromatizado con soja.

Tofu y chile: El tofu es como una compresa fría para el ardor del chile. Esa es la magia del plato conocido como *mapo tofu*. Su salsa picante, elaborada con la pasta de habas y chile *doubanjiang* (véase *Haba y chile*, p. 300) y carne picada, funciona a las mil maravillas con fideos o arroz, pero impregnando dados de tofu resulta extrañamente emocionante. Fuchsia Dunlop habla del «tofu peludo», que «se esconde en palés de madera bajo una gruesa capa blanca de moho, producto, según me aseguran los lugareños, de un microclima y una humedad locales particulares. El tofu peludo se fríe en la sartén hasta que se dora por todos lados y se come con una salsa de chile encurtido. Posee una textura como de queso y un sabor delicado y terroso, con un toque ácido que recuerda al *rarebit* galés». El autor y experto en fermentación Sandor Katz describe sus intentos de hacer su propio tofu peludo, que no tuvieron éxito hasta que adquirió un cultivo llamado *Actinomucor elegans* procedente del Departamento de Agricultura de Estados Unidos. Describe el resultado final como «extremadamente parecido al queso [...] cada vez más delicioso con el paso de las semanas».

Tofu y cúrcuma: La cúrcuma es la responsable de que el revuelto de tofu tenga color amarillo (véase *Seta y tofu*, p. 341), pero también le da un ligero sabor a jengibre. Si se condimenta con una pizca de sulfurosa sal negra, el plato puede saber más a huevo que los propios huevos.

Tofu y espinaca: Véase *Espinaca y tofu*, p. 464

Tofu y huevo: Imitadores mutuos. El tofu de seda recuerda a la clara de huevo pasado por agua, no solo porque es tan blanco y brillante como un azulejo del baño, sino porque comparte su suave sabor sulfuroso. El tofu de algodón tiene un acabado más mate, pero conserva el olor a azufre. Cortado en trocitos, puede sustituir la proteína animal en un sándwich vegano de «huevo» y mayonesa. La sustitución funciona en ambos sentidos. El huevo se añade a un poco de caldo *dashi* y se cuece al vapor hasta que se reblandece y se obtiene un sucedáneo de tofu, el *tamago tofu*. Cuando no se hacen pasar el uno por el otro, los dos ingredientes se encuentran en platos como el *donburi* de tofu y huevo, en el que se calienta tofu blando en *dashi*, se añaden un par de huevos crudos y se van removiendo hasta que cuajan antes de servirlo todo sobre arroz. Este es un plato tan delicado que sería una falta de respeto comerlo en otro recipiente que no fuera un simple cuenco blanco con una cuchara blanca. En una receta de tofu con huevo pasado por agua del libro *Japanese Cooking*, de Harumi Kurihara, se cuece un huevo, luego se pela y se traslada a un agujero hecho en un bloque de tofu. Se sirve con una salsa a base de salsa de soja, mirin, sake y virutas de bonito. Es como un ejercicio de entrenamiento culinario, al igual que el *tahu telur*, una especie de tortilla vertical de tofu originaria de Indonesia. Si ya se ha cansado de poner a prueba sus habilidades en la cocina, desafíe a sus papilas gustativas con un plato de *pidan tofu*: tofu de seda cubierto con un huevo centenario, en conserva, de color marrón oscuro y también conocido, por razones evidentes, como «huevo de orines de caballo».

Tofu y jengibre: Véase *Jengibre y tofu*, p. 267

Tofu y miso: Propongo un nuevo arte marcial: el tofudo. Si aún no se luce ningún cinturón significa que todavía no se han superado los tópicos de los escépticos del tofu (es viscoso, esponjoso, insípido y, así, en general, puaj). El cinturón azul claro se concede cuando se empieza a apreciarlo en marinados glutinosos en salsas; en realidad uno se lo come porque lleva la salsa, pero por algo hay que iniciarse. El cinturón blanco se concede al *tofudoka* que comienza a disfrutar del tofu por méritos propios, por su textura. A este se le puede ver disfrutando del *tofu dengaku*, rebanadas de tofu glaseadas con una mezcla de miso, sake, mirin y azúcar: pegajoso y dulce, y, por tanto, fácil que guste, pero la textura es demasiado avanzada para un cinturón azul claro. La siguiente tarea del *tofudoka* consiste en conseguir que comer los dados de tofu de su sopa de miso sea un placer y no una obligación. A uno cinturón marrón se le hará la boca agua con solo pensar en el tofu. A estas alturas, el *tofudoka* ya habrá alcanzado el nivel de sabiduría suficiente para esbozar una media sonrisa con condescendencia cuando la gente empiece a insistir en lo soso e innecesario que es el tofu. Todos fuimos así una vez. El oso fue una vez un saltamontes y el león, una mosca. Un cinturón negro solo come buen tofu, servido de forma sencilla, como el *yudofu*, en pequeños bloques rehogados en *dashi*, o tofu frío cortado en cubos uniformes con media cucharadita de miso como condimento. Puede que los cinturones negros de décimo grado piensen que no pueden llegar más alto, pero sí pueden. El místico *tofudoka* de undécimo grado elabora su propio tofu y miso y los combina en el *tofu misozuke*, que algunos llaman «queso de tofu con miso». No importa. Cómaselo y entonces puede que el *tofudoka* se desintegre por completo y pase al estado conocido como *soratofu* o «tofu del cielo».

Tofu y rábano: El *agedashi tofu* se elabora secando un bloque de tofu blando, cubriéndolo con fécula de patata y friéndolo antes de servirlo con una guarnición de *daikon* rallado. El tofu queda crujiente por fuera y caliente y untuoso por dentro, como una especie de *coulant* de soja. Siempre que lo hago, acaba con una corteza gruesa, como de croqueta, pero en manos de un maestro en un restaurante japonés, el exterior quedará tan crujiente y delicado como la cáscara de un huevo. El *daikon* le da vida, pero, ojo, es tradición ser más bien austero con él: una cucharada de postre como mucho. Compre un *daikon* para hacer *agedashi tofu* casero y le sobrará un montón de rábano. Puede blandirlo y amenazar a su vecino con él o cortarlo en trozos e ir consumiéndolo poco a poco. La parte inferior es la más picante, así que resérvela para rallarla sobre el *agedashi tofu* del día siguiente o sobre un cuenco de fideos soba. La parte central puede cortarse en trozos para hacer un guiso, quizá rehogándolo con tofu en salsa de soja y mirin para hacer un *nimono* (tenga en cuenta que el sabor del *daikon* cocido se parece más al del nabo). La punta es la parte más dulce y se puede preparar en forma de encurtido.

Tofu y sésamo: La inocencia y la experiencia unidas. El tofu huele a juventud. Es limpio, fresco y un poco lechoso. «Casi como la cabecita de un bebé», dice Neil McLennan, fundador de Clean Bean, en Brick Lane. El sésamo —y aquí me refiero al aceite de sésamo tostado— huele a algo capaz de contar unas cuantas batallitas. La combinación funciona de maravilla, pero hay que tener en cuenta que el tofu es reacio a absorber aromas, incluso uno tan potente como el del aceite de sésamo. Más bien lo lleva como si fuera un perfume pesado. Véase también *Judía verde y sésamo*, p. 447.

Tofu y seta: Véase *Seta y tofu*, p. 341

Tofu y té verde: Mi forma favorita de degustar el tofu es a temperatura ambiente, cortado en dados, para picar y acompañándolo con una taza de té verde. El calor y los taninos del té resaltan el suave toque de cereal cocido del tofu. Por esta razón, el maridaje recuerda al *genmaicha* (véase *Té verde y arroz integral*, p. 466). Algunos tipos de tofu de seda tienen sus propios aromas inherentes de té verde. Con matcha y tofu blando se elabora un postre espeso parecido a las natillas, al que se suele añadir algún lácteo y un agente coagulante.

Tofu y tomate: El tofu es un fanático del umami. Pruébelo con tomate, ambos ingredientes crudos y cortados en rodajas. Añada una pizca de sal y un poco de aceite de oliva virgen extra. Fíjese, además, en lo bien que le sienta el aceite al tofu.

Tofu y trigo sarraceno: «De todas las cosas comestibles, a los zorros lo que más les gusta es el tofu y el soba», escribió Lafcadio Hearn en *Glimpses of Unfamiliar Japan* (1894). Le perdonaremos la formulación de la frase —suponiendo que no comía zorros— y admitiremos que la afición por el tofu, tanto sin freír como en forma de paquetitos fritos conocidos como *aburaage*, está profundamente arraigado en la mitología japonesa. El *aburaage* se utiliza sobre todo para hacer *sushi inari*, así como en una receta de fideos soba llamada *kitsune* («zorro»). El tofu y el trigo sarraceno no suelen aparecer juntos en Japón, aunque en un día caluroso se agradece encontrarlos fríos, sobre todo con las guarniciones que suelen compartir: salsa de soja, jengibre rallado y cebolleta en rodajas. La textura áspera y el amargor del trigo sarraceno resultan especialmente agradables en contraste con el tofu de seda.

Tofu y zanahoria: Véase *Zanahoria y tofu*, p. 271

SETA

Se calcula que existen más de dos mil variedades comestibles de setas. El espectro de sabores es amplio: almendra, fenogreco, albaricoque, marisco, pollo, zanahoria y cebolla. Al cocinarse, su suave sabor a hongo da paso a algo más parecido a la patata y a las notas caramelizadas y tostadas que hacen de las setas una alternativa tan satisfactoria a la carne. Estas carecen del gusto a salado, dulce y agrio, pero pueden ser amargas y son famosas por su riqueza en umami, una cualidad que, además, parecen apreciar en sus maridajes con alimentos como las algas, el ajo, el parmesano y el marisco. Existe un consenso bastante amplio en torno a que las setas silvestres saben mejor que las cultivadas. Al secarse, muchas especies adquieren sabores nuevos y más complejos. Es el caso, por ejemplo, de las *shiitake*, que frescas tienen un sabor más bien genérico, pero secas, el sabor es mágico.

Seta y alga: Véase *Alga y seta*, p. 473

Seta y alubia blanca: Véase *Alubia blanca y seta*, p. 64

Seta y arroz integral: Todo un homenaje. Pero no utilice arroz integral para preparar un risotto de setas, ya que no proporciona el suficiente almidón para que el plato quede cremoso. Sin embargo, deténgase un momento antes de echar mano del *arborio* blanco, porque diversos estudios demuestran que el risotto de setas es el plato que más suelen ofrecer los no vegetarianos a sus amigos veganos o vegetarianos. Deles un respiro y, en su lugar, ofrézcales un plato de arroz en el que los granos estén sueltos: algo parecido a un pilaf o al arroz frito tailandés que se describe en *Arroz integral y huevo*, p. 27.

Seta y cebada: Véase *Cebada y seta*, p. 40

Seta y centeno: Las notas aromáticas más patentes del centeno son la seta, la patata y la hierba. ¿Puede haber un aroma con los pies más en el suelo? Es como darle un mordisco a Adele. La fermentación de la masa madre transforma el cereal, aportándole notas malteadas, avainilladas y a mantequilla. Cabría la tentación de compararlo con el cuento de la Cenicienta si no fuera por las típicas notas de sudor y vinagre que lo acompañan. Sea como sea, las setas se encuentran cómodas con cualquiera de las características aromáticas del centeno, ya sea en un paté untado en tostadas o en el plato conocido como «Un paseo por el bosque», elaborado en el Atelier Crenn de San Francisco. Se trata de una imaginativa mezcla de setas servida sobre un merengue de pino quemado. Por cierto, las semillas de centeno son un sustrato popular y fiable para cultivar setas en casa.

Seta y ciruela pasa: Véase *Ciruela pasa y seta*, p. 151

Seta y espinaca: Betty Fussell escribió: «Una de las razones de la popularidad de la ensalada de setas y espinacas es que el contraste de blanco y verde es tan bonito como el contraste entre la insipidez de las setas y la acidez de las hojas de la ensalada». Esto era, por supuesto, antes de que Instagram subiera la apuesta.

Seta y jarabe de arce: El género de hongos de los níscalos o robellones incluye *Lactarius camphoratus*, *L. rubidus* y *L. rufulus*, todos ellos pequeños y con una leche clara y acuosa. Su aroma recuerda al jarabe de arce (o al fenogreco, o al azúcar quemado; véase *Jarabe de arce y fenogreco*, p. 431), que es más intenso cuando las setas son secas. Según Britt Bunyard y Tavis Lynch, las tres especies se diferencian de la mayoría de las setas en que dan muy buen resultado en platos dulces. Sin embargo, hay que tener en cuenta que el *Lactarius helvus* es venenoso. Como siempre, hay que conocer las setas, o salir a buscarlas con alguien que entienda de hongos.

Seta y judía verde: Véase *Judía verde y seta*, p. 448

Seta y maíz: Los sabores del maíz y el hongo se unen en el *huitlacoche* («tizón del maíz»), una seta comestible considerada una auténtica exquisitez en México. Cuando llueve mucho, esta infecta los granos de maíz, que se vuelven grises, se hinchan y se desprenden de la cáscara. El hongo resultante puede estar teñido de negro por las esporas reventadas: por su aspecto, parece salido de más allá de la cúpula del trueno de *Mad Max*. Si se atreve a probarlo, tenga en cuenta que se dice que el tizón de la punta de la mazorca es más sabroso que el del tallo. También está disponible en lata. Las setas y el maíz pueden ser una combinación caída del cielo, como en un deslumbrante ragú de champiñones sobre polenta.

Seta y miel: El *Armillaria mellea*, el «hongo de miel», no sabe a miel. El nombre hace referencia al color del sombrero de la seta. Si le atrae la combinación de sabores, siga el excelente consejo del micólogo Tradd Cotter: deshidrate y triture su seta favorita, y mezcle el polvo con miel. Sugiere utilizarlo para untar unas vieiras o preparar un té, pero también puede emplearse para hacer pan o pasta, o en cualquier otra cosa en la que le apetezca detectar el sabor de las setas, pero sin la humedad y con un toque de dulzor. En opinión de Cotter, la presentación en polvo también es una buena opción para quienes les gusta el sabor de las setas pero no su textura. Necesitará aproximadamente una cucharada de setas en polvo por cada 200 ml de miel cruda.

Seta y mostaza: Las setas son una alternativa excelente y rica en umami a la ternera *stroganoff*. Aun así, Nigella Lawson señala que, para compensar la falta de jugos de esta última, hay que aumentar la dosis de nuez moscada y pimentón. En Mildreds, la cadena londinense de restaurantes veganos, añaden a su *stroganoff* de setas una base de Lapsang Souchong ahumado mezclado con mostaza, pimentón, tomate concentrado, eneldo y ajo. Algunos cocineros añaden cintas cortas y gruesas de pasta integral —los *pizzoccheri* de trigo sarraceno son ideales— para conseguir un contraste de texturas con las sedosas setas y devolverles un toque de carne masticable.

Seta y pimienta en grano: El sabor pimentero es un calificativo común para las setas, a menudo no en el buen sentido. El níscalo picante, *Lactarius piperatus*, rezuma un látex muy muy mordaz y tiene pequeñas verrugas en sus esporas. No, usted primero, de verdad. Por regla general, los manuales para los buscadores de setas aconsejan morder un trocito de seta y, si pica, escupirla. Los rebozuelos pican en su forma cruda, pero se distinguen fácilmente por su color y forma. Asombrosamente, cuando se guisan recuerdan más a los albaricoques o las ciruelas. Si lo que busca es un sabor a pimienta y setas —para una salsa, por ejemplo—, es más seguro recurrir al molinillo de pimienta.

Seta y piñón: Véase *Piñón y seta*, p. 424
Seta y puerro: Véase *Puerro y seta*, p. 319

Seta y orégano: Algunos italianos llaman al orégano «la hierba de las setas», al igual que a la planta perenne *Rungia klossii*, cuyas hojas saben a hongos. Dejemos que se las arreglen entre ellos. Antonio Carluccio utiliza setas y orégano fresco en un strudel, y orégano seco como condimento en unos hongos salteados.

Seta y tofu: En *Asian Tofu*, Andrea Nguyen sugiere que «el perfume húmedo, la textura carnosa y el aroma intenso de las setas son un buen complemento para el tofu». En crudo, también comparten una desconcertante falta de sabores. No son ni salados ni amargos, ni agrios ni notablemente dulces. El huevo se encuentra (casi) en el mismo territorio neutral. El *iridofu* es un popular plato casero japonés que a veces se compara con el huevo revuelto y, de hecho, se traduce como «revuelto de tofu». Al igual que el huevo, el *iridofu* puede prepararse con setas o cebollino. Los *ganmodoki* son buñuelos hechos con tofu, verduras y (a menudo) setas.

Seta y trigo sarraceno: Véase *Trigo sarraceno y seta*, p. 78
Seta y tupinambo: Véase *Tupinambo y seta*, p. 278
Seta y yuzu: Véase *Yuzu y seta*, p. 219

SÉSAMO

El diminuto sésamo abarca continentes enteros de sabores. Las semillas sin cáscara y sin tostar tienen un suave aroma a madera dulce y frutos secos, con un toque de hierbas y cítricos. En el otro extremo, las semillas tostadas con piel poseen un rico aroma a café, frutos secos, palomitas de maíz y malta. Además de las conocidas semillas de color crema o beis, puede encontrarlas blancas o negras. Estas últimas tienen un sabor marcadamente amargo. Cualquiera de estas variedades puede utilizarse para hacer tahini o pasta de sésamo. Algunos tienen un sabor graso y delicadamente terroso, como una crema de sopa de sésamo; otros son ricos en frutos secos, dulces y ásperos, como un praliné que se puede comer con cuchara. El aceite de sésamo y el *halva* también se pueden catalogar en una gama que va del suave al muy tostado. Al igual que ocurre con el cacahuete, el sésamo es muy versátil: no es tanto una cuestión de si funcionará como de decidir qué tipo o marca tiene la intensidad de sabor ideal para cada plato.

Sésamo y ajenuz: Véase *Ajenuz y sésamo*, p. 389
Sésamo y alga: Véase *Alga y sésamo*, p. 472
Sésamo y anacardo: Véase *Anacardo y sésamo*, p. 356
Sésamo y arroz integral: Véase *Arroz integral y sésamo*, p. 29

Sésamo y berenjena: El sésamo es pequeñito pero matón. Cuando las diminutas semillas se tuestan y se prensan, el aceite resultante es bastante potente. En términos de rendimiento por gramo, debe de ser el ingrediente con mejor relación calidad-precio del mundo. La berenjena aprovecha toda la gloria del sésamo, ya sea en forma de aceite, semillas o tahini. Asada y combinada con un suave tahini, la pulpa puede parecer tan dulce como para adquirir rango de postre. Sin duda, desenmascara a la berenjena como fruta. Si se añade la piel, la cosa cambia, sobre todo si está chamuscada, cuando el tahini se fijará en el ahumado. El tahini oscuro recuerda más al aceite de sésamo tostado. Sus ricas notas de carne asada y chocolate dejan a la berenjena sin prácticamente nada que hacer, aparte de aportar textura.

Sésamo y boniato: La escritora gastronómica Sarah Jampel señala que la variedad japonesa de boniato Murasaki, de carne blanca, adquiere el color del champán cuando se cocina. Es tan sabrosamente autosuficiente que no necesita nada más que sal en escamas o, mejor aún, *gomasio*, la mezcla japonesa de sal y semillas de sésamo tostadas. Más secos y cremosos que los habituales boniatos de pulpa naranja, los Murasaki se queman con facilidad y, cuando se cuecen al vapor, según Jampel, quedan «densos, jugosos y se pueden comer con cuchara: la textura de una tarta de queso realmente buena». Para preparar el *gomasio*, tueste unas semillas de sésamo en una sartén seca hasta que se doren (tenga cuidado porque pueden quemarse muy rápidamente). Deje enfriar las semillas, tritúrelas hasta obtener una textura gruesa y mézclelas con sal de buena calidad. Empiece por 2 cucharadas de semillas de sésamo y una pizca de sal, y luego rectifique de sazón.

Sésamo y café: El furfuriltiol es un compuesto orgánico que huele a café tostado o a carne. Se crea cuando se tuestan las semillas de sésamo y destaca más en la variedad blanca que en la negra. El autor de libros de cocina Jeff Koehler recoge la práctica marroquí de añadir semillas de sésamo tostadas al café, ya que acentúan sus intensos sabores a nuez. Sugiere añadir 2 cucharadas de café y una cucharadita de semillas de sésamo tostadas a 480 ml de agua, así como también ⅛ de cucharadita de canela molida, 2 vainas de cardamomo machacadas, 2 pizcas de jengibre molido, anís y pimienta negra, y una pizca de nuez moscada rallada. Cambie las proporciones mezclando ¼ de cucharadita de gránulos de café disueltos en una cucharadita de agua caliente con 3 cucharadas de tahini y una pizca de sal, y obtendrá una pasta salada exquisita para untar en el pan. También supone un excelente *tarator* oscuro para el *shawarma* de coliflor. Para la elaboración de panes y galletas dulces de sésamo para servir con café, véase *Sésamo y canela*, p. 343, y *Vainilla y sésamo*, p. 175.

Sésamo y canela: El tahini espolvoreado con canela y azúcar moreno o miel constituye un suntuoso relleno rebosante de dulzor para los ricos panecillos armenios llamados *tahinov hatz*, que deberían ser tan populares como los *pains au chocolat* o los cruasanes de almendra.

Sésamo y chile: Véase *Chile y sésamo*, p. 367

Sésamo y chocolate: El chef libanés afincado en Nueva York Philippe Massoud dice que la mejor merienda de todos los tiempos es un sándwich de virutas de chocolate, *halva* y mantequilla. Cuando era lo bastante joven como para que mi metabolismo aguantara semejante bomba, hacer virutas con una tableta de chocolate me habría parecido una hazaña equiparable a atravesar a nado el canal de la Mancha. Pero el *halva* de chocolate, sacado de la tarrina con una cucharilla, habría sido una alternativa muy aceptable. Es como una chocolatina Milky Way derretida en la bolsa de la playa y resolidificada en la nevera. Para disfrutar de una experiencia más chocolatosa, Lindt fabrica una tableta de chocolate negro y sésamo con semillas enteras tostadas: las pequeñas cáscaras crujientes crepitan y se derriten en la boca mientras el chocolate se funde tranquilamente.

Sésamo y coliflor: Véase *Coliflor y sésamo*, p. 248
Sésamo y dátil: Véase *Dátil y sésamo*, p. 167

Sésamo y espinaca: En su versión más simple, el aliño japonés *goma-ae* se elabora con semillas de sésamo, azúcar y salsa de soja, y es más conocido en el Reino Unido por su uso con espinacas escaldadas y escurridas. Siendo estrictos, debería moler usted mismo sus propias semillas de sésamo tostadas, pero lo cierto es que también puede utilizar pasta de sésamo japonesa, que suele tener una intensidad apropiada. Si se empeña en hacer trampas utilizando tahini, tendrá que añadir un poco de aceite de sésamo tostado para dar al aliño su característico sabor a frutos secos, que tan bien combina con las verduras verdes. Sin embargo, ninguno de estos atajos le dará la agradable textura gruesa de la versión auténtica. Si lo prepara como es debido, las semillas de sésamo blanco o negro darán igual de buen resultado.

Sésamo y garbanzo: Hay casi tantas recetas de hummus como escritores gastronómicos haciendo chascarrillos sobre la cantidad de recetas de hummus que existen. Dejando a un lado las absurdas variantes que se encuentran en el supermercado —hummus de espinacas, de tomates secos, de alubias al horno—, la versión más llamativa de este clásico inmemorial es el hummus de sésamo y garbanzos que aparece en *The Ivy Cookbook*, hecho con aceite de sésamo ligero en lugar de tahini. Lo probé, y aunque el sabor estaba bien, el resbaladizo aceite no tenía ni rastro del agarre esencial que aporta el tahini. En la cadena de comida rápida Leon, según su cofundadora, Allegra McEvedy, al principio cocían sus propios garbanzos secos para el hummus hasta que se dieron cuenta de que preferían el que se hacía con las legumbres en conserva. A mí me pasó lo contrario. El único hummus decente que he preparado lo he encontrado en el maravilloso libro *Honey & Co: Food from the Middle East*, de Sarit Packer e Itamar Srulovich. Aunque puede que en este caso el secreto tuviera menos que ver con la frescura de los garbanzos que con la enorme cantidad de tahini, que se añadía en una proporción de 1:1 en relación con las legumbres. Gran parte de las decepciones que nos llevamos con el hummus provienen de no admitir que los niveles poco saludables de sésamo triturado son básicamente innegociables. Los forofos de la combinación se alegrarán de saber que en las tiendas de comestibles turcas se venden paquetes de garbanzos tostados recubiertos de tahini como tentempié. Hummus para llevar en el bolso.

Sésamo y granada: Véase *Granada y sésamo*, p. 110
Sésamo e hinojo: Véase *Hinojo y sésamo*, p. 374
Sésamo y huevo: Véase *Huevo y sésamo*, p. 296

Sésamo y jengibre: El aroma del sésamo tostado es como la ciudad de noche: denso y ahumado, con un persistente aroma a caucho, palomitas de maíz, frituras y sebo. El jengibre fresco brilla en la oscuridad como un neón. Combínelos en un aliño para ensalada. El sabor salado y a frutos secos hace que todos los ingredientes del plato sepan mucho más frescos y jugosos. En un bote con la tapa de rosca, mezcle una cucharada de aceite de sésamo, una cucharada de aceite de cacahuete, 2 cucharadas de salsa de soja, 2 cucharadas de vinagre de arroz, 1-2 cucharaditas de jengibre rallado, un diente de ajo majado y una cucharadita de miel. El sésamo y el jengibre se mezclan de forma algo menos espectacular en el «aceite para wok», donde el aceite de girasol barato se mezcla con aceite de sésamo, jengibre y ajo y se utiliza para salteados.

Sésamo y judía verde: Véase *Judía verde y sésamo*, p. 447

Sésamo y kale: El *ogiri-saro* es un condimento a base de semillas de sésamo fermentadas originario de Sierra Leona. Requiere un proceso laborioso que se hace por amor al arte. Las semillas se ponen en remojo, se descascarillan, se trituran, se hierven y se meten dentro de un saco de yute. Este, a su vez, se coloca dentro de un segundo saco, sobre el que se ejerce presión para eliminar el exceso de agua, y se dejan fermentar durante 6-7 días a temperatura ambiente, antes de ahumarlas. Luego se extraen del saco y se salan. Después se les da forma de pelotas de tenis, se envuelven en hojas de plátano maduras y se vuelven a ahumar. El resultado final tiene un penetrante olor a amoniaco y es popular sobre todo en la sopa de verduras; al igual que ocurre con el tahini, el sésamo aporta cierta riqueza.

Sésamo y limón: Prepare *tarator*, una sencilla salsa que se utiliza con las verduras y el pescado cocidos, para rociar un kebab o como salsa para mojar pan. Aun con la exuberancia del zumo de limón y el ajo, la salsa tiene un sabor que parece de hace cuatro mil años. Uno se imagina a Gilgamesh comiéndola. En materia de salsas, peca de intransigente: amarga, ácida, terrosa y tánica. Machaque 1-3 dientes de ajo con un poco de sal. Añada el zumo de 2 limones y 250 g de tahini. Agregue agua con cuidado hasta obtener la consistencia deseada; es muy fácil pasarse y diluirla demasiado, así que hágalo despacio. Algunos cocineros utilizan yogur en lugar de agua para diluirlo, pero hay que tener en cuenta que esto atenuará el sabor del sésamo. También puede probar la aromática ralladura de limón y semillas de sésamo en una galleta.

Sésamo y miel: El sabor de la flojera. Creo que nunca he visto galletas de sésamo en los estantes de los pasillos del supermercado; donde sí suelen estar es al lado de las cajas, tan habituales como los Tic Tac y los paquetes de clínex. Este legendario dulce, conocido como *pasteli* en Grecia, se elabora hirviendo miel hasta la fase en que alcanza una consistencia muy dura y añadiendo el mismo peso de semillas de sésamo tostadas. A veces se agrega ralladura de limón y agua de azahar. En Kalamata añaden pistachos y en Andros, nueces. Se puede encontrar la misma creación en Oriente Próximo, India y Pakistán. El libro de cocina árabe medieval *Kitāb al-Tabīj* («El libro de cocina») incluye la *halwa yasiba*, una mezcla de almendras, sésamo o semillas de amapola aromatizadas con azafrán y canela. Los coreanos tienen las *yakgwa*, unas galletas dulces hechas con una masa de harina, aceite de sésamo y *soju* (aguardiente claro), fritas y empapadas en jarabe de miel. Véase también *Sésamo y canela*, p. 343, y *Sésamo y miso*, p. 347.

Sésamo y miso: El *goma tofu* se elabora con pasta de sésamo, *kuzu* y agua; ni rastro de la soja habitual. El *kuzu* es una especie de almidón que confiere a la mezcla una textura parecida al tofu, pero el sésamo domina en términos de sabor. Elemento importante del *shojin ryori*, la cocina vegetariana practicada por los monjes budistas zen japoneses, el *goma tofu* se come con salsa de soja y *wasabi*. Fuera de los monasterios, se toma como postre con miso dulce o con miel. La pasta de sésamo y el miso pueden mezclarse con vinagre de arroz, en una proporción de 3:3:1, para obtener una salsa versátil para las verduras verdes. Añada un poco de agua para diluirla si lo cree necesario.

Sésamo y orégano: Véase *Orégano y sésamo*, p. 386
Sésamo y pistacho: Véase *Pistacho y sésamo*, p. 362

Sésamo y semilla de amapola: El aderezo *everything seasoning* nació como una aromática mezcla de semillas de sésamo, semillas de amapola, cebolla seca, ajo y pimienta negra, que se utilizaba para condimentar los *bagels*. Según cuenta la leyenda, su fuente de inspiración fueron los desperdicios del suelo de una panadería. Pero no siempre se puede tener todo. Las semillas de amapola negras y las de sésamo blanco constituyen por sí solas una combinación aromática y un contraste visual excelentes.

Sésamo y té verde: Véase *Té verde y sésamo*, p. 468
Sésamo y tofu: Véase *Tofu y sésamo*, p. 337

Sésamo y trigo sarraceno: Están en lo más alto de la clasificación de la liga de los maridajes de sabores —junto con el mango y la lima, o el tomate y la albahaca—, en gran medida porque no necesitan nada más. Los fideos de trigo sarraceno con aceite de sésamo no tienen parangón.

Sésamo y vainilla: Véase *Vainilla y sésamo*, p. 175

Sésamo y yogur: Véase *Yogur y sésamo*, p. 203

Sésamo y yuzu: En los supermercados japoneses se encuentran por todas partes: en el condimento *shichimi* de yuzu y sésamo, en el aliño embotellado para ensaladas e incluso en botes de semillas de sésamo aromatizadas con yuzu. Las semillas de sésamo negro y el yuzu aparecen juntos en tartas y pasteles.

SEMILLA DE AMAPOLA

Hacen buena pareja con los espejos compactos: las semillas de amapola se acumulan entre los dientes como las bolas de las máquinas de *pinball* listas para salir disparadas. La parte positiva es que, de vez en cuando, generalmente mucho después de habernos olvidado ya del panecillo que nos comimos hace un rato, una semilla se suelta, queda aplastada entre los dientes y libera una inesperada explosión de sabor, que el escritor gastronómico Gary Allen describe como «cálido y nostálgico y que reconforta el paladar». Las semillas de amapola deben la potencia de su sabor a su elevada proporción de aceite, pero esto tiene el inconveniente de que se ponen rancias muy pronto. Este apartado trata tanto de las semillas de amapola blancas como de las negras. Estas últimas son las que tienen un sabor más fuerte. Tostadas, adquieren un toque dulce a frutos secos, con notas de heno, miel y levadura.

Semilla de amapola y alcaravea: Véase *Alcaravea y semilla de amapola*, p. 380

Semilla de amapola y almendra: Las semillas de amapola tienen un suave aroma a almendra con una nota aún más suave de cartón. Imagínese una miga de macaron pegada al papel de arroz y se hará una idea. La variedad blanca posee un sabor más parecido al de la almendra dulce, ya que tienen menos regusto amargo que sus homólogas de color pizarra. Los panaderos suelen preferir las semillas blancas por su textura, que en teoría tiene menos tendencia a la viscosidad cuando se hidratan. El extracto de almendra se añade profusamente a las latas de semillas de amapola para rellenos que se comercializan en Europa del Este, lo que confiere a la pasta negra azulada un fuerte aroma a almendra amarga. Las semillas de amapola y la almendra suelen sugerirse como ingredientes intercambiables en la repostería austriaca o bávara, pero también merece la pena plantearse una mezcla de ambas.

Semilla de amapola y canela: El *Makowiec*, un rollo dulce polaco que se come en Navidad, se adereza con una mezcla de semillas de amapola aromatizada con canela que se hace cociéndolas a fuego lento con leche o agua, canela, ralladura de limón y miel hasta que la mezcla adquiere un aspecto oscuro y brillante como la superficie del mar sobre el que riela la luna; algunos cocineros añaden también pasas remojadas en ron.

Semilla de amapola y ciruela: Las semillas de amapola hacen que la ciruela deshuesada vuelva a estar de una pieza. Según Luisa Weiss, autora del libro *Classic German Baking*, aquellas tienen un «sabor inquietante y pétreo». Mezcle ambas en un pastel, añadiendo a la masa del bizcocho gran cantidad de semillas de amapola molidas y ciruelas en rodajas. El resultado es una fascinante versión ligeramente amarga y con sabor a frutos rojos de la tarta clásica de manzana y almendra. El pudin austriaco *Germknödel* es una enorme bola de masa al vapor con mermelada de ciruela y servida con un puñado de semillas de amapola y mantequilla derretida. Si no le gusta esta, puede servirlo con natillas de vainilla. Si no es su caso, sírvalo con ambas.

Semilla de amapola y coco: Véase *Coco y semilla de amapola*, p. 183

Semilla de amapola y lechuga: Añada semillas de amapola tostadas a un aliño de aceite de oliva virgen extra y zumo de limón y viértalo sobre una ensalada de hojas crujientes. Descubrirá que el sustancioso sabor de las semillas se intensifica al final de cada bocado y deja un regusto tostado y a frutos secos. Algunos autores del todo respetables han afirmado que la semilla de amapola culinaria no procede de la amapola real o adormidera, de la que se extrae el opio. Se equivocan. Se aconseja a cualquier persona que deba someterse a un control de detección de drogas que no consuma demasiadas. ¿Cuántas son demasiadas? Bueno, si se ha puesto a escuchar «Anemone» de

The Brian Jonestown Massacre, probablemente sea demasiado tarde. Es posible que la cantidad que vaya a utilizar en un aliño para ensalada sea inofensiva, pero tenga en cuenta que muchos tipos de lechuga también contienen un líquido que huele como la amapola y tiene el correspondiente efecto soporífero. Lechuga: SIMPLEMENTE DI NO.

Semilla de amapola y limón: Véase *Limón y semilla de amapola*, p. 212

Semilla de amapola y miel: El antiguo retórico griego Ateneo describe una delicia cretense llamada *gastris* a base de semillas de amapola, nueces y miel, sazonada con mucha pimienta y presentada dentro de una especie de envoltorio de sésamo. Una mezcla similar, con mejorana en lugar de pimienta, se encuentra en recetas medievales de pasteles y galletas. En el *kutia*, un pudin que se come en Polonia y Ucrania, se omite el condimento fuerte: se elabora con semillas de amapola, miel, nueces y bayas de trigo.

Semilla de amapola y naranja: Si fuera música, no sería una combinación demasiado estridente. Más explosiva (y más pop) en cuanto a colorido musical es la pareja que forman las semillas de amapola y el limón, algo así como ir a un concierto de Nick Cave y Kylie Minogue. El dúo de semillas de amapola y naranja, en cambio, es como ir a ver a Nick Cave y PJ Harvey. Lo sé porque me comí todos los trozos de naranja confitada de una lata de *masa makowa* polaca, una pasta negra de semillas de amapola con trozos incrustados de naranja amarga y con extracto de almendra. En las cocinas de los grandes castillos góticos se enrolla para hacer rollos dulces y strudels, mientras los relámpagos caen sobre las almenas. En las zonas donde las recetas con semillas de amapola siguen siendo populares, los cocineros continúan utilizando los antiguos molinillos para elaborar su *masa makowa* casera. Intente moler las semillas de amapola en un robot de cocina, pero solo conseguirá marearlas. Un molinillo de café o especias puede servir en caso de apuro. La naranja y las semillas de amapola son también uno de los rellenos de las *hamantaschen*, las galletas triangulares rellenas que se comparten en la festividad de Purim. En la *Wigilia*, la cena de Nochebuena en Polonia, es tradicional servir semillas de amapola tostadas, piel de naranja seca y frutos secos picados mezclados con fideos de pasta al huevo con mantequilla y azúcar glas.

Semilla de amapola y patata: Según la profesora de cocina india Mridula Baljecker, la combinación bengalí de patatas y semillas de amapola blanca (*aloo posto*) es una «obra maestra». Unos trozos de patata frita se aderezan con una salsa espesa hecha con semillas de amapola molidas, ajenuz, hojas de curri y chile verde. Predominan las primeras, y si está más acostumbrado a las semillas negras azuladas, como las utilizadas en el pan, puede que le sorprenda cómo se despliega el suave sabor a fruto seco de las semillas blancas en una salsa espesa y suave. En comparación con las salsas de frutos secos como el coco o el anacardo, los reducidos niveles de azúcar de las semillas las convierten en una propuesta claramente salada: un complemento ideal para la patata y estupendo si su paladar se cansa enseguida de las salsas más dulces.

Semilla de amapola y queso: Un *bagel* espolvoreado con semillas y que contenga un toque mínimo de queso de untar le dará una idea de este maridaje. Para disfrutar de una experiencia más intensa, pruebe el *Mohn-Käsekuchen*, una enorme y contundente tarta de queso con semillas de amapola. Dentro de un molde profundo para hojaldre, un queso de color marfil está salpicado de manchas negras irregulares de pasta de semillas de amapola. Graso, salado y ácido, este actúa como un triple potenciador del sabor de estas últimas. Existe una versión más depurada del *Mohn-Käsekuchen*, en la que las semillas de amapola se colocan en una sola capa debajo del queso crema. Está bueno, pero no tanto como la versión que parece a punto de soltar un mugido de un momento a otro. Las semillas de amapola tostadas tienen suficiente sabor para resistir quesos más fuertes: utilícelas para decorar bollos o galletas de queso.

Semilla de amapola y sésamo: Véase *Sésamo y semilla de amapola*, p. 347

Semilla de amapola y vainilla: Algunas marcas de *masa makowa* en lata (véase *Semilla de amapola y naranja*, p. 350) se aromatizan con vainilla. El resultado es una variación de sabor algo menos melancólico. Hay constancia de que ya en el siglo XIX se añadía vainilla a los pasteles de semillas de amapola, sobre todo en el *Mohnkuchen* alemán, en el que sobre una base de bizcocho o de masa para repostería dulce se extiende una capa gruesa de semillas de amapola molidas aromatizadas con vainilla y mezcladas con un poco de harina de cereales, sémola o trigo, cubierta con el *crumble* de mantequilla conocido como *streusel*. También puede probar el pudin de pan húngaro sin huevo, el *mákos guba*. Lo tradicional es utilizar el pan de levadura con forma de cruasán llamado *kifli*, pero también se puede preparar con una baguette. Corte el pan en trozos, póngalos en leche caliente, azucarada y aromatizada con vainilla, y déjelos en remojo hasta que se ablanden, pero sin que lleguen a apelmazarse. Retire el exceso de leche. Traslade la mitad del pan a una fuente de horno engrasada, espolvoree semillas de amapola molidas y azúcar glas, y cubra con la otra mitad del pan, volviendo a espolvorear más semillas de amapola y azúcar. En algunas recetas, el pudin pasa 10-20 minutos en el horno a 180 °C (marca 4 del gas), para que la parte superior quede crujiente en contraste con el interior, más esponjoso.

ANACARDO

La llamada «manzana del anacardo» es una falsa fruta. Parece un pimiento pequeño con un anacardo alojado en el extremo de la flor. Este en sí tiene «el tamaño y la forma del riñón de una liebre», según un volumen de *The Naturalist* de 1839, publicado en una época en la que los lectores estaban más familiarizados con los pimientos que con los anacardos, originarios de Brasil. Los portugueses llevaron el árbol a África y la India, donde los elefantes fueron en parte responsables de su propagación, hasta que los humanos se dieron cuenta de lo deliciosos que son los anacardos. Aunque son árboles vigorosos, resistentes a la sequía y que requieren poco mantenimiento, sus frutos son difíciles de digerir, ya que su piel contiene una toxina llamada urushiol. Sin embargo, el precio que la gente está dispuesta a pagar por su extraordinario sabor ha hecho que los anacardos se hayan abierto un hueco en el mercado. Los maridajes de sabores son casi siempre armoniosos —otros frutos secos y el pollo frito son los clásicos—, pero también forman algunas parejas con mucho contraste, normalmente con frutas. La manzana del anacardo tiene un zumo astringente y sabe a pepino, fresa, mango y pimiento. Como la fruta es muy perecedera, gran parte de ella se convierte en mermelada o en bebidas como el potente licor *feni*, de Goa.

Anacardo y ajo: Los anacardos crudos y el ajo en polvo se muelen junto con levadura nutricional y sal para elaborar un sustituto vegano del parmesano. Al igual que el queso, es ácido y salado, pero carece del dulce elemento picante que se desarrolla en el parmesano a medida que madura. Una pizca de pimienta de Jamaica molida y nuez moscada ayudará a solucionarlo.

Anacardo y almendra: Véase *Almendra y anacardo*, p. 141
Anacardo y arroz integral: Véase *Arroz integral y anacardo*, p. 26

Anacardo y avena: En un texto que escribió en 2005, el chef y propietario de una tienda de comestibles Glynn Christian señalaba que, aparte de su uso crudo en la cocina india y su combinación con pollo y cerdo en los restaurantes chinos, el anacardo estaba infrautilizado. Él preveía un futuro diáfano y cremoso donde se añadiera en tartas, flanes y bollos o en galletas saladas para el queso, sobre todo en aquellas hechas con avena, que, según decía, poseen un dulzor comparable. Su predicción se cumplió, aunque no exactamente como él había previsto. Los anacardos se utilizan de todas las maneras imaginables: en forma de leche y nata, así como en el queso vegano, helados, granola y barritas de cereales.

Anacardo y calabacín: Véase *Calabacín y anacardo*, p. 456

Anacardo y cebollino: Aparecen combinados en el queso crema vegano. Dejando aparte la falta de sofisticación del nombre, es un dúo muy dinámico. Muchas personas consideran que la leche de anacardos es la leche vegetal que más se acerca al sabor de la leche de vaca. Si se le añade un chorrito de vinagre de sidra, se obtiene ese sabor láctico a queso, pero es el cebollino el que lo lleva más allá: el hormigueo sulfuroso de la aliácea deja en segundo plano la pobreza de sabor y textura. Para preparar queso crema vegano con cebollino, ponga en remojo 200 g de anacardos en agua fría durante 3 horas. Escúrralos, séquelos y bátalos en una batidora potente con unas gotas de vinagre de sidra, una pizca de sal y un chorrito de limón. Añada cebollino picado al gusto y rectifique el equilibrio entre sal y amargor según sea necesario. Se conserva en el frigorífico hasta 3 días.

Anacardo y chile: Los anacardos picantes son un tentempié típico de los bares y cafés de Sri Lanka. Deliciosos, sin duda, pero mi firme convicción de que este fruto seco es un artículo de lujo me impide disfrutar de ellos si llevan recubrimientos aromatizados. Sería como ahogar caviar en salsa barbacoa ahumada. (Aunque, ahora que lo pienso...). En el Reino Unido los anacardos son caros, razón por la cual en los bares suelen mezclarse con cacahuetes baratos. He aquí una buena idea para poner a prueba a su pareja en una primera cita: pida las copas, pero no pique de los frutos secos. Si su cita se come todos los anacardos, tenga por seguro que al cabo de unas semanas acaparará el edredón e insistirá en elegir la película del sábado por la noche. Si solo se come los cacahuetes, tendrá el problema contrario: exceso de sumisión. Si acaba con todos, no hay duda sobre el diagnóstico: psicópata. Levántese y ponga fin a la cita ahí mismo. Entonces, se preguntará, ¿cómo va a conseguir su pobre pretendiente una segunda cita con usted? Muy fácil: que le proponga salir de ese bar pretencioso en el que sirven frutos secos en cuencos chinos lacados y le lleve al pub, donde podrá coger una bolsa de patatas fritas con sal y vinagre y mezclarlas con cacahuetes. En ese caso, cásese con su pretendiente de inmediato y váyanse de luna de miel a Sri Lanka, donde podrá comer anacardos baratos con chile hasta que le salga fuego por la boca.

Anacardo y coco: Véase *Coco y anacardo*, p. 180

Anacardo y dátil: Un maridaje bastante agradable, pero ambos pierden algo en el cambio de textura en aras de la suavidad. Inevitablemente, la mantequilla de anacardo no consigue reproducir el sabor de los frutos secos envasados: en el mejor de los casos, es sosa; en el peor, sabe a papel de cocina barato. La crema de dátil carece del seductor almizcle y el suave toque de la fruta entera. La combinación de fruto seco y fruta suele aparecer en las barritas saludables, pero pruebe el dátil Thoory, también conocido como «dátil de pan», del que hay quien dice que sabe a anacardo.

Anacardo y fenogreco: Véase *Fenogreco y anacardo*, p. 439

Anacardo y garbanzo: Una vez comí un «hummus» creado por un chef con estrellas Michelin que llevaba mantequilla de anacardos en lugar de la mayor parte del tahini. Sabía como un hummus vergonzoso: demasiado cortés, sin la terrosidad seca de la pasta de sésamo. El anacardo y el garbanzo gozan de mayor éxito combinados en la repostería india. Algunas versiones de los dulces esféricos llamados *laddoos* se hacen con frutos secos y harina de garbanzo, al igual que los dados de *burfi* o *halwa*.

Anacardo y hoja de laurel: Véase *Hoja de laurel y anacardo*, p. 405

Anacardo y kale: Según un diccionario de los sabores de los anacardos elaborado por la científica especializada en alimentos Laura Griffin, los anacardos a veces tienen un sabor «amargo de madera verde». El término es nuevo para mí, pero ella lo define como una nota de «crucífera cruda». A un catador no profesional le resultará difícil detectarla en los anacardos, y si mezcla los frutos secos tostados con kale crudo, le sorprenderá más el contraste que el parentesco. Y qué gran contraste. El kale sabe a hierro, clorofila y agua mineral, mientras que los anacardos tostados saben a masa de bizcocho frita.

Anacardo y miel: La miel de los anacardos tostados con miel es como Marlon Brando en la primera película de *Superman*: un actor de primera para un simple cameo. En Pampanga, Filipinas, se bate miel caliente y almíbar junto con clara de huevo y se mezcla con anacardos para obtener una versión del turrón de almendra español. En lugar de elaborar tabletas grandes, la masa endurecida se corta en barritas pequeñas y se envuelve en papel de arroz comestible, cosa que provoca gran hilaridad cada vez que algún turista incauto intenta arrancar el papel para separarlo de su pegajoso contenido.

Anacardo y naranja: Véase *Naranja y anacardo*, p. 222

Anacardo y pasa: Se utilizan para decorar los postres indios a base de leche. Pero no piense ni por un segundo que se sacan sin más ceremonia de sus paquetes y se echan ahí, a lo bruto: se fríen en *ghee* hasta que están lo bastante jugosas y aromatizadas para adornar extravagantes postres a base de arroz, especias, frutos secos, azúcar y cremosa leche caramelizada. Si el arroz con leche indio es un espectáculo de

Bollywood, el británico, sacado directamente de una lata y acompañado —con suerte— con una cucharadita de mermelada fría por encima, es una película de Ken Loach de la mitad de su carrera.

Anacardo y sésamo: El pollo con anacardos era uno de los platos emblemáticos de mi infancia. Cuando, años más tarde, aprendí por fin a cocinar una versión medio decente, descubrí algo asombroso: se puede prescindir del pollo. Los ingredientes esenciales son los anacardos tostados y el aceite de sésamo. La prueba irrefutable de su exquisitez es el plato de fideos que preparo para mis hijos cuando tengo poco tiempo. Surgió cuando mi hija advirtió el aroma del aceite de sésamo tostado en un salteado que estaba haciéndome para mí y al día siguiente me pidió una cena con «olor especial». Para una ración, ponga un puñadito de brócoli picado y otro puñadito de guisantes congelados en una cacerola pequeña. Añada un nido de fideos de huevo secos. Vierta agua hirviendo y deje que se cuezan a fuego lento durante 4 minutos. Escurra y aderece los fideos con un chorrito de aceite de sésamo y salsa de soja. Ponga el toque final con un puñado de anacardos tostados.

Anacardo y vainilla: Véase *Vainilla y anacardo*, p. 171

VERDES CLAROS

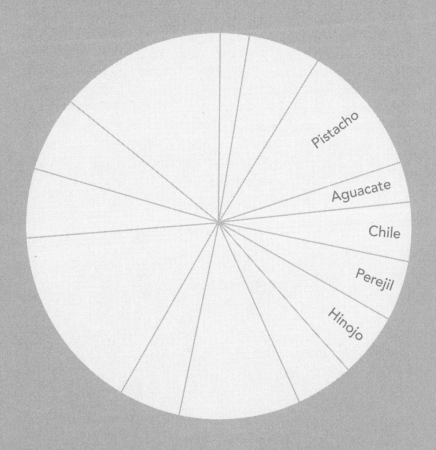

Pistacho

Aguacate

Chile

Perejil

Hinojo

PISTACHO

El pistacho es miembro de las anacardiáceas o familia de los anacardos. A pesar de su origen tropical, es capaz de soportar climas más fríos siempre y cuando sean secos y soleados. Se ha adaptado a la perfección en Turquía, Sicilia y California. El pistacho es la semilla de una drupa. Los racimos de pequeños frutos de dorada cáscara rosácea contienen semillas de un verde vívido con sabor a madera húmeda y savia, así como una suave nota picante envuelta de hierbas aromáticas. Son dulces, aunque la piel tiene un toque ácido y cierto amargor. La sal los eleva a la perfección. El maravilloso sabor del pistacho sobrevive al proceso de trituración más allá que su pariente, el anacardo. Es posible encontrar pastas y mantequillas de pistacho en los supermercados. El aceite que se elabora con esta anacardiácea es de un verde sorprendente y conserva el sabor con una fuerza extraordinaria. A menudo se emplea con remolacha o queso de cabra y está sensacional rociado por encima de un helado con vetas de frambuesa.

Pistacho y almendra: A veces se alude al pistacho como «la almendra verde», probablemente por razones botánicas, dado que ambos son drupas. La similitud acaba ahí, si bien no es algo que detenga a los fabricantes de helado barato de «pistacho», un producto que a menudo debe su tono a un colorante alimentario y su sabor, a la esencia de almendra amarga, que sabe a pistacho tanto como el jarabe infantil a fresas frescas. Las almendras dulces, por otro lado, de sabor más suave y bastante menos caras que los pistachos, son una buena alternativa a la hora de elaborar una crema *frangipane* con estos últimos sin que se vaya de presupuesto. Lo mismo ocurre con los *friands* o *financiers* de pistacho. Si desea que el sabor de esta drupa destaque, use una proporción de pistachos y almendras molidos de 3:1.

Pistacho y chocolate: Véase *Chocolate y pistacho*, p. 48

Pistacho y ciruela: En su blog de perfume, *Bois de Jamin*, Victoria Frolova describe el sabor del pistacho en términos de «savia verde y dulce». Las ciruelas crudas también suelen tener un sabor verde y dulce, aunque este tiende más a hierba que a savia. Esta fruta llega al mercado a principios de otoño, pero si aún hace demasiado calor para preparar postres contundentes, pruebe a combinar el helado de pistacho con un sorbete de ciruela. La chef Judy Rodgers defendía que hay pocas variedades de ciruela que puedan considerarse deliciosas en crudo y que hacerlas un puré endulzado las mejora. Propone elaborar con ellas un sorbete endulzando, salando y acidulando un puré hecho con 300 g de ciruelas crudas. La acidez la aportará la incorporación posterior de unas cuantas pieles que hayan quedado en el pasapurés. Para endulzarlo, es posible que necesite 45-120 g de azúcar. Si a pesar de todas las rectificaciones su puré sigue careciendo de chispa, Rodgers dice que añadir una cucharadita o dos de grappa le aportará un «encanto arrebatador».

Pistacho y dátil: Véase *Dátil y pistacho*, p. 166

Pistacho y granada: El sabor es irrelevante. Esparcidos sobre yogur griego, el verde y el rosa parecen un bordado de flores. Hacen que todo sea bonito... Bueno, todo salvo las berenjenas asadas.

Pistacho y jarabe de arce: El jarabe de arce de grado A se divide a su vez en otros cuatro grados. Ámbar es el segundo más suave en color y gusto y se entenderá a la perfección con los sutiles sabores afrutados, mantecados y de frutos secos del pistacho. Prepare una panacota italoamericana disolviendo 3 láminas de gelatina previamente hidratadas y escurridas en 200 ml de nata espesa caliente, pero sin que llegue a hervir. Incorpore 3 cucharadas de crema o pasta de pistacho, 2-4 cucharadas de jarabe de arce ámbar, al gusto, una pizca de sal y otros 300 ml de nata espesa fría. Repártalo en 4 flaneras o copas y déjelo asentar en el frigorífico al menos 3 horas.

Pistacho y kale: Véase *Kale y pistacho*, p. 245

Pistacho y limón: Una oferta que nadie podría rechazar. Los *cannoli* sicilianos están rellenos de ricota dulce tachonada de trocitos de piel de limón confitada y pistachos picados. Los chefs de Hackney Gelato, Enrico Pavoncelli y Sam Newman, perfeccionaron sus conocimientos en la elaboración de helados en Sicilia, Calabria y la Basilicata, y su *gelato* de pistacho, almendra y limón suplica comerlo con un brioche. La chef estadounidense Christina Tosi, fundadora de la cadena de pastelerías Milk Bar, hace un bizcocho de pistacho con capas de crema de limón, un principio que apliqué a un elegante macaron.

Pistacho y miel: Véase *Miel y pistacho*, p. 95

Pistacho y naranja: No se dan premios a la belleza en el mundo de la crema de pistacho. Una buena tendrá el aspecto de un tarro de cieno recogido durante la marea baja. La crema se elabora triturando los frutos secos con grasa y algún tipo de edulcorante hasta conseguir una pasta. Mi favorita la elabora la empresa siciliana Pariani. A diferencia de la mayoría de las cremas de pistacho, la suya no emplea vainilla, y media cucharadita parece contener mil y un pistachos. Tiene un sabor muy nítido —esencia pura—, aunque con una nota refinada de agua de azahar y cáscara de mandarina, una aportación que funciona como recordatorio de que el pistacho y la naranja es una de las combinaciones más elegantes de fruto seco y fruta. Pruebe a incorporar *biscotti* de pistacho y cáscara de naranja en una masa, añadir naranja confitada a unas galletas florentinas de pistacho o aromatizar un sorbete de pistacho con agua de azahar.

Pistacho y pimienta de Jamaica: Waverley Root, el gran escritor gastronómico estadounidense, sostenía que los pistachos eran un poco picantes. Si los suyos no pican, anímelos con una pizquita de pimienta de Jamaica.

Pistacho y pimienta en grano: Giorgio Locatelli comenta que en Sicilia los pistachos se trituran muy finos y se espolvorean sobre el pescado a la plancha a modo de condimento. Extraordinario en un *carpaccio* de pez espada con aceite de oliva, zumo de limón y pimienta negra. El pistacho y la pimienta en grano también constituyen la base de un pesto sencillo, aligerado con aceite de oliva o de girasol. Para una ración, triture 25 g de pistachos ligeramente tostados con 10 granos de pimienta y una pizca de sal e incorpore luego una cucharada de aceite. Mezcle el pesto con 75 g de orzo o tagliatelle al huevo recién hervidos en agua con una cantidad generosa de sal. Puede usar parmesano, pero no es imprescindible. Vivek Singh, chef ejecutivo del Cinnamon Club de Londres, hace un bizcocho de pistacho con unas pizquitas de pimienta negra y cardamomo que sirve con helado de *pippali* (pimienta larga) y *chutney* de satsuma.

Pistacho y queso: Véase *Queso y pistacho*, p. 309

Pistacho y sésamo: Carezco de la fuerza de voluntad necesaria para saber cuándo parar ante una *halva* de pistacho. Un par de mordisquitos al bloque de color beige incrustado de pistachos y me pierdo. En el supermercado turco de mi localidad, me he acostumbrado a comprar dulces de frutos secos y sésamo a granel en su lugar. La otra noche saqué uno de la bolsa. Parecía un *minibaklava*, un pastelillo con los extremos untados en pistacho picado. Un bocado y, una vez que el sabor del fruto seco disminuyó, me di cuenta de que el relleno era *halva* de pistacho.

Pistacho y vainilla: Véase *Vainilla y pistacho*, p. 174
Pistacho y yogur: Véase *Yogur y pistacho*, p. 202

AGUACATE

Herbáceo y mantecoso. El sabor del aguacate se acerca al de la judía verde, sin la nota de tierra de esta. Algunos tienen reminiscencias de anís y avellana, mientras que otros tienden hacia un toque ahumado. Sin embargo, la textura suele eclipsar su sabor. La mayoría de los aguacates son mantecosos, una cualidad que la variedad Hass, de piel verde oscuro y texturizada, ejemplifica a la perfección. Macháquelos ligeramente y póngalos sobre una tostada, como haría con unos huevos revueltos, o tritúrelos hasta obtener una pasta homogénea con que elaborar una especie de mantequilla con un toque vegetal. Si los bate hasta lograr una textura que puede comerse con cuchara, tendrá una crema espesa y fría que atempera el picante de la guindilla o la pimienta negra.

Aguacate y alga: Se ha puesto de moda comparar el sabor del alga *dulse* con el beicon. De acuerdo, se parecen un poco, pero si la similitud fuera tanta, la costa estaría tomada por multitudes durante la marea baja. El alga *dulse* posee el carácter salado del beicon, y también comparte cierto toque ahumado, pero todo ello se ve eclipsado por un sabor marino que nunca querrías descubrir en la panceta. El aguacate acentúa la asociación entre ambos. Prepare un sándwich club vegetal con *dulse* y aguacate en rodajas, además de tomate, lechuga y mayonesa, si bien la combinación más habitual de estos ingredientes se encuentra en los makis de aguacate o en los sushis cónicos enrollados a mano conocidos como *temaki*.

Aguacate y alubia negra: Poseen esa belleza irresistible del chocolate y la menta. Me encanta la forma en que el verde del aguacate hace que las alubias parezcan más oscuras. Por cierto, si quiere que las legumbres no pierdan el color, cocínelas sin haberlas tenido en remojo previamente. El aguacate frío sirve de aderezo para un guiso picante y ahumado de alubia negra al mismo tiempo que ofrece cierto alivio al paladar. Triture una parte en el mismo guiso para añadirle cremosidad. Su toque herbáceo le devolverá a la alubia parte de la frescura que pierden en seco con el paso del tiempo. Ambos ingredientes son originarios del continente americano. En México, las alubias negras se cocinan con hoja de aguacate, mientras que en el Reino Unido se opta por el laurel. Ambas hojas contienen notas balsámicas y de pino, pero el aguacate además cuenta con otras más especiadas, sobre todo de anís y canela.

Aguacate y arroz integral: Véase *Arroz integral y aguacate*, p. 25
Aguacate y centeno: Véase *Centeno y aguacate*, p. 31
Aguacate y garbanzo: Véase *Garbanzo y aguacate*, p. 286
Aguacate y kale: Véase *Kale y aguacate*, p. 242

Aguacate y lechuga: Los dos saben a lácteos herbáceos. La armonía es tanta que, si no fuera por el contraste de texturas, podría resultar un poco insípida. Parta unos cogollos Little Gem en seis gajos cada uno. Corte los aguacates a lo largo, retire el hueso y rebane la carne. La ensalada perfecta para cuando no le apetece una ensalada: con tropezones y contundente. Alíñela con una vinagreta en lugar de una salsa con cierta cremosidad, cualidad que ya aporta el aguacate.

Aguacate y maíz: Véase *Maíz y aguacate*, p. 84

Aguacate y miel: Probar el aguacate con miel por primera vez es como pasear de nuevo por la casa en la que viviste hace muchos años:

familiar al mismo tiempo que inquietantemente extraño. Si desea conservar el sabor natural del aguacate cuanto sea posible, escoja una miel ligera, como la de azahar o acacia. Si no toma miel, use azúcar glas. Algunos le añaden leche para hacer un batido, como la de avellana, una combinación espectacular.

Aguacate y papaya: Tan blandos y densos que no sabes si estás bebiéndote un batido o un peluche. Sus sutiles sabores combinan a la perfección. Suelen servirse con marisco por su carácter dulce y salado a la vez, pero también se prestan a acompañar a un queso azul fuerte.

Aguacate y piñón: Véase *Piñón y aguacate*, p. 419

Aguacate y rábano: Triture la carne del aguacate frío con un buen aceite de oliva, limón y sal, y use la crema a modo de mantequilla para acompañar un plato de rábanos crujientes y picantes. La ventaja del aguacate respecto de la mantequilla es que no se aferra al paladar. En Japón, el *daikon* suele servirse con alimentos grasos para ayudar a hacer la digestión. El aguacate cremoso y frío, así como el rábano crujiente y picante, son platos imprescindibles entre las guarniciones típicas del guiso caldoso mexicano conocido como pozole. Aunque llamarlo «guarnición» no hace honor a la verdad, dado que muchos pozoles parecen guisos disfrazados de ensalada.

Aguacate y té verde: Véase *Té verde y aguacate*, p. 466

CHILE

Igual que los pimientos verdes, los chiles verdes frescos son frutos que no han acabado de madurar, por lo que combinan notas típicamente vegetales y herbosas con un ligero amargor. Tienen un perfil de sabor similar al de las judías verdes, pero con un gusto más nítido e intenso. Los chiles rojos frescos están maduros y son dulces. En seco son incluso más dulces y comparten los sabores genéricos de los frutos desecados comunes a los tomates secos, las pasas y las ciruelas pasas. Son afrutados, con un toque a cuero, tal vez un poco vinosos, con notas de tabaco, té verde o aceituna negra. Algunos también son ahumados y tienen un recuerdo de barbacoa. Las salsas, los aceites y las pastas de chile, incluso el vodka infusionado con chile, pueden emplearse para transmitir su sabor y su carácter picante a los platos.

Chile y alubia roja: Véase *Alubia roja y chile*, p. 59
Chile y anacardo: Véase *Anacardo y chile*, p. 354
Chile y fenogreco: Véase *Fenogreco y chile*, p. 440
Chile y garbanzo: Véase *Garbanzo y chile*, p. 287
Chile y guisante seco: Véase *Guisante seco y chile*, p. 284
Chile y haba: Véase *Haba y chile*, p. 300

Chile y judía verde: Una combinación verdaderamente mágica, según el chef canadiense Bill Jones, quien fríe chile, ajo y chalota picados muy finos en aceite de semilla de uva y luego añade judías verdes cocidas 5 minutos a fuego lento y refrescadas en agua fría. Deja que estas chisporroteen hasta que se forman ampollas en la piel y, a continuación, las condimenta con cilantro picado. Los *peixinhos da horta* portugueses, que podría traducirse como «pececitos de huerto», son judías verdes rebozadas en una masa ligera y fritas en abundante aceite que se sirven con gajos de limón. Algunos historiadores gastronómicos creen que la tempura se inspiró originalmente en los *peixinhos da horta*. Servidas en un bol para compartir con unas cervezas frías y servilletas de papel es una magnífica manera de aprovechar la sobreabundancia de judías que suele haber en verano. Igual que el pescadito frito, lo único que puede mejorarlo es un espolvoreado final de pimentón o cayena.

Chile y kale: Véase *Kale y chile*, p. 243

Chile y lenteja: Hace unos años, cuando una amiga renunció a la carne, le hice el chili vegetariano de Nigella Lawson, elaborado a base de lentejas, guindilla, alubias rojas y tomate y condimentado con comino, cilantro, cardamomo y coco. A mi amiga le encantó y me pidió la receta, la cual acabé recomendando a vegetarianos y carnívoros por igual, si bien atribuyendo en todo momento el mérito a su verdadera autora. Por ejemplo, mi hermana me llamaba y me decía: «Estoy haciendo tu chili vegetariano». Y yo contestaba: «Ah, genial, pero no es mío, es de Nigella». «Lo que tú digas». Un día, mi amiga me llamó para contarme que se lo había preparado a una amiga un poco famosa. A esta le había encantado y, cómo no, le había pedido la receta. «Ah, qué bien —dije yo—, es de las mías». Se hizo un silencio. «No es tuya, es de Nigella», apuntó mi amiga.

Chile y maíz: Véase *Maíz y chile*, p. 85
Chile y miso: Véase *Miso y chile*, p. 20

Chile y mostaza: Mezclados con harina, se obtiene una cobertura endemoniadamente picante y especiada con la que suelen rebozarse boquerones, riñones o setas antes de freírlos (aunque hay quienes consideran que la harina de trigo ya es el demonio para empezar). Mezcle una pizca de cayena y ½ cucharadita de mostaza en polvo con 4 cucharadas de harina de trigo. También puede añadir pimienta negra, o pimentón si quiere adentrarse en los círculos ahumados.

Chile y ocra: La ocra parece una adaptación cubista de un calabacín joven. Del mismo modo que los surcos de los churros retienen azúcar, las hendiduras alargadas de las ocras podrían haber sido diseñadas para atrapar una buena cantidad de especias. La sal con guindilla es una buena opción. El *chat masala*, una mezcla de sal negra, cayena, *amchoor* y especias es una aún mejor: sabe un poco a huevo cocido con un toque picante y ácido, en concordancia con el gusto particular y tan agradable de la ocra. Asimismo, en Malasia acompañan la ocra salteada con *sambal belacan*, una pasta típica picante y muy salada gracias al marisco que contiene. Inspirada por estas ideas, unté 12 ocras con un poco de aceite de cacahuete, las espolvoreé con asafétida y luego las asé a 200 °C (marca 6 del gas) durante unos 10 minutos, hasta que se doraron ligeramente. Las acompañé con tabasco, pan negro y mantequilla: ocras haciéndose pasar por ostras.

Chile y papaya: En su libro *La Grotta Ices*, Kitty Travers describe la agradable tarea de manipular la papaya para hacer un sorbete: «se dispone a lo largo como un bello y magnífico pescado de gran tamaño y se corta longitudinalmente con suavidad, para dejar a la vista unas entrañas del color rosado de la trucha y una barriga llena de semillas brillantes como caviar». Luego, ella la mezcla con chile verde fresco, almíbar y lima. En el sudeste asiático es típico untar la papaya en sal de guindilla.

Chile y pimienta de Jamaica: Véase *Pimienta de Jamaica y chile*, p. 400
Chile y pimienta en grano: Véase *Pimienta en grano y chile*, p. 410
Chile y rábano: Véase *Rábano y chile*, p. 240

Chile y sésamo: El *shichimi togarashi* (una especia japonesa en polvo integrada por siete especias) hace las veces de mezcla de siete compuestos aromáticos y lista de los mejores acompañamientos del sésamo. Elaborado por la chef y docente japonesa Hiroko Shimbo, contiene semillas de sésamo, de amapola, pimienta coreana *sansho*, cáscara seca de naranja, hojuelas de nori, semillas de cáñamo y una guindilla llamada *akatogarashi*. El *shichimi togarashi* que puede comprar en las tiendas suele venderse en forma de un polvo muy fino, aunque algunos creen que se aprecia mejor cuanto menos molido esté. Lo encontrará a mano en la mesa de la mayoría de los restaurantes de fideos japoneses. Es fruto y flor, almendra y semilla, mar y orilla, cosquillas y picor.

Chile y tamarindo: Véase *Tamarindo y chile*, p. 158
Chile y tofu: Véase *Tofu y chile*, p. 334

Chile y trigo sarraceno: En el distrito de Bumthang de Bután, los fideos fríos de trigo sarraceno (o *jare*) se sirven con chile frito y cebolletas, y a veces con un huevo frito. O con chile y cebollino. Si alguna vez ha hecho fideos con trigo sarraceno, o con cualquier otro grano sin gluten, sabrá que si no se añade un poco de harina de trigo o de huevo para que les aporte algo de pegajosidad, es como pelearse con unas anguilas. En Bután, el trigo sarraceno es tan preciado por su dureza que todos los hogares cuentan con un utensilio de madera que hace de la producción de fideos un juego de niños. Se parece un poco a un balancín en miniatura. Hay que sentarse en un extremo; de ese modo el peso ayuda a empujar la masa a través de un extrusor, debajo del cual se sitúa un bol. A quien le guste jugar con el set de peluquería de plastilina de sus hijos —si no está familiarizado con él, consiste en empujar el pegote para que asome a través de los folículos de una sonriente muñeca de plástico y luego cortar los «pelos» con unas tijeras romas—, querrá tener uno. También puede ceñirse a los fideos de soba del supermercado, que también vienen al pelo. En Nepal, el trigo sarraceno y el chile coinciden en unas tortitas llamadas *phapar ko roti*, cuya masa, bastante espesa, puede condimentarse con chile verde, jengibre, ajo y pimienta de Sichuan.

Chile y yogur: Véase *Yogur y chile*, p. 199
Chile y yuzu: Véase *Yuzu y chile*, p. 217

PEREJIL

Fresco y estimulante, y un poco como su amiga umbelífera la zanahoria, aunque sin la dulzura de esta. El perejil consigue ser efectivo al mismo tiempo que corriente: la Angela Merkel de las hierbas aromáticas, de ahí que pueda emplearse para condimentar una amplia gama de platos sin atraer demasiado la atención. Su capacidad para refrescar el paladar lo ha convertido en una pareja clásica de alimentos salados y contundentes como el graso pescado frito, el ahumado y el jamón. Su ligero amargor también ayuda en este sentido. La variedad de perejil de hoja lisa se considera superior a la rizada, no solo en cuanto al sabor, sino también por cuestiones de textura, dado que sus hojas son sedosas en comparación con las filigranas abrasivas del *Petroselinum crispum* var. *crispum*. Si le gusta el perejil, cuando lo pique recuerde incluir parte del tallo por su sabor fuerte y nítido.

Perejil y acedera: Véase *Acedera y perejil*, p. 206

Perejil y arroz integral: En mi búsqueda obstinada de recetas de arroz integral, descubrí que muchas recurrían al uso generoso de hierbas aromáticas, cosa que entiendo. Su textura le asigna un papel secundario, como el bulgur en el tabulé. Cualquier arroz integral, rojo, moreno o negro, agradecerá grandes cantidades de perejil. Una mezcla de arroz rojo, perejil, cebollino, estragón y eneldo es excelente servida con calabaza asada.

Perejil y cebollino: Una pareja corriente en el mundo de las finas hierbas. El estragón y el perifollo aportan clase. El cebollino y el perejil son lo bastante resistentes para poder picarlos muy fino, pero a los otros dos no les gusta que los toqueteen mucho. El chef Rowley

Leigh recomienda picarlos muy poco para no maltratar las delicadas hojas o afectar su sabor.

Perejil y garbanzo: El perejil lleva la lluvia al árido garbanzo. A mí me gusta condimentar los garbanzos cocidos, escurridos y aún calientes con perejil y ajo picados —como si fuera a preparar una *persillade*—, y les añado un poco más cuando estoy a punto de servirlos. Reserve el líquido de cocción para hacer un plato de cuchara con los garbanzos rebozados en hierba aromática que hayan sobrado.

Perejil y granada: Mezcle unos granos de granada con una buena cantidad de perejil y menta picados, además de un poco de pepino y tomate cortados en dados pequeños, y aliñe con aceite de oliva y abundante zumo de limón. El resultado es un primo cercano del tabulé, en el que los granos de granada sustituyen al bulgur. Puede seguir investigando esta alianza con la salsa que se describe en *Granada y tomate*, p. 111, o añadir aceitunas Kalamata, remolacha cocida y nueces para obtener una ensalada con más enjundia.

Perejil y guisante seco: Los guisantes verdes secos saben a jamón, huevo y patatas fritas. Es fácil adivinar por qué eran tan populares durante la Cuaresma. El perejil es amigo de todos ellos, y la hierba aromática ideal para los guisantes secos.

Perejil y haba: Las habas a menudo acaban en una salsa cremosa de perejil, muy adecuada si hace tiempo para un plato contundente. La salsa verde las vestirá mejor en temporadas más cálidas. El restaurador Russell Norman marida vainas frescas con un poco de aceite de oliva y una *gremolata* de perejil, ajo y cáscara de limón donde, una vez más, encontramos a las habas disfrutando de un trato que suele reservarse para la carne de sabor intenso. *Del Cibo Pitagorico* («De los alimentos pitagóricos»), de Vincenzo Corrado, filósofo y cocinero del siglo XVIII, contiene una receta para las *fave alla bianca*, una *bruschetta* de habas cocinadas a fuego lento con aceite, perejil, apio, laurel y sal.

Perejil y hoja de laurel: Véase *Hoja de laurel y perejil*, p. 407

Perejil y judía verde: Tonalidades opuestas de verde. Igual que la menta y la alcachofa, la judía verde es tan sombría como un paseo por el bosque en un día nublado de verano. El perejil despeja el cielo. Añadirlo en fresco a unas judías verdes cocidas es aportarles una nota más chispeante que la que tienen en crudo. Jane Grigson propone cuatro maneras de acabar unas judías verdes cocidas y en tres de ellas emplea perejil. La primera es una *beurre maître d'hôtel* —que dicho así suena bastante más apetitoso que «mantequilla del jefe de sala»—, una mantequilla elaborada con perejil, zumo de limón y sal. La segunda es una versión libre de más o menos lo mismo: mantequilla, nata, zumo de limón y perejil. Y la tercera, una mezcla de cebolleta y ajo rehogados en mantequilla y aderezados con perejil picado.

Perejil y rábano: Véase *Rábano y perejil*, p. 240

Perejil y tupinambo: Están «hechos el uno para el otro», afirma Nigel Slater, quien sugiere preparar con ellos una ensalada o una sopa añadiendo perejil en abundantes cantidades.

HINOJO

Como dejó constancia Alejandro Dumas antes de que se inventaran las fiambreras, «No es insólito ver a la gente normal y corriente llevando bajo el brazo un ramillete de hinojo que constituirá su comida o su cena, acompañado con pan». Dumas también lamenta, injustamente, en mi opinión, que los napolitanos coman tanto hinojo. La variedad italiana tiene un sabor magnífico, sobre todo comparado con la rumana o la gallega, que suelen ser más alcanforadas. El gusto anisado del bulbo se pierde un tanto al cocinarlo. Igual que su compañero el regaliz, con el que comparte este toque, el hinojo es muy compatible con la fruta. Asimismo, aporta intensidad a platos de alubias y caldos, y es un acompañante clásico del marisco. Este capítulo abarca tanto los bulbos de hinojo (a veces llamado hinojo de Florencia) como las semillas.

Hinojo y ajenuz: El ajenuz es un miembro de la familia del ranúnculo. Sostenga una semilla bajo la barbilla de alguien y sabrá si le gusta el pan, pues estas se han empleado para aderezar el pan egipcio desde los tiempos de los faraones. También lo encontrará en la *paratha* india y en el *luchi*. Según Jill Norman, en Irak se mezcla con hinojo para condimentar el pan. También aparecen emparejados en la mezcla de especias bengalí *panch phoron*; véase *Ajenuz y comino*, p. 388.

Hinojo y ajo: Las cabezas de ajo son zalameras afectuosas. Los bulbos de hinojo son fríos y distantes y prefieren reservarse sus encantos para ellos mismos. Cocinados juntos, el ajo distrae del punto de dulzura del hinojo que algunos encuentran desagradable. Como si a este le importara.

Hinojo y alcaravea: Véase *Alcaravea e hinojo*, p. 378

Hinojo y almendra: Con hinojo silvestre y almendras se obtiene un pesto cremoso y perfumado de anís. Aquel tiene el aspecto neurótico del eneldo: tallos largos con hojas frondosas. El hinojo de Florencia, sin embargo, se cultiva por su bulbo dilatado, y Rolando Beramendi también lo acompaña con almendras en *Autentico: Cooking Italian, the Authentic Way*: lo lamina antes de estofarlo en chianti y espolvorearlo con almendras molidas y pan rallado. Según Beramendi, los vinateros toscanos ofrecen a los clientes ingleses un poco de hinojo de Florencia entre catas para limpiar el paladar, de modo «que el sabor de un vino no interfiera con el siguiente. Luego, los vinateros [les] venderán un vino inferior a un precio más elevado». De ahí el término *infinocchiare*, o dar gato por liebre. («Fulanito me ha hinojado por completo»). Fiona Becket, por el contrario, sostiene que el hinojo es «de los pocos vegetales capaces de influir en el acompañamiento de un plato principal [con un vino], casi siempre para mejor. Su aroma anisado parece tener una profunda afinidad con muchos vinos, sobre todo con los blancos».

Hinojo y alubia blanca: En comparación con la cualidad de fruto seco de la haricot y el sabor fuerte de las alubias blancas manteca, las alubias cannellini son un poco insulsas, pero muchos de los acompañamientos clásicos del cerdo pueden animarlas. Esta variedad siempre me había recordado ligeramente a la manteca, una imagen que me repelía, hasta que un día las mezclé con hinojo, como si se tratara de una salsa italiana de sabor potente. Y por ese mismo motivo, un poco de ajo y guindilla solo conseguirá mejorarlo. Para 4 raciones de acompañamiento, fría una cebolla cortada en dados y 3 dientes de ajo aplastados en 2 cucharadas de aceite de oliva, tapados, durante 10 minutos. Retire la tapa y añada ¼ de cucharadita de semillas de hinojo y ¼ de cucharadita de chile en hojuelas, y deje que se haga durante otros 10 minutos, removiendo con frecuencia. Añada 500 g de alubias cannellini secas cocidas con 250 ml del agua de cocción (o 2 latas de alubias escurridas con 250 ml de caldo ligero) y ½ cucharadita de sal, y deje que cueza hasta que el líquido se haya evaporado. Tritúrelo un poco si así lo desea. Puede servirse con verduras asadas y salsa de manzana, con salchichas o untarlo en una baguette templada con un chorrito de salsa verde.

Hinojo y baya de saúco: Véase *Baya de saúco e hinojo*, p. 132
Hinojo y boniato: Véase *Boniato e hinojo*, p. 177
Hinojo y café: Véase *Café e hinojo*, p. 43
Hinojo y centeno: Véase *Centeno e hinojo*, p. 32
Hinojo y ciruela: Véase *Ciruela e hinojo*, p. 136
Hinojo y ciruela pasa: Véase *Ciruela pasa e hinojo*, p. 149

Hinojo y fruta de la pasión: ¿Hay algún problema más típico de la clase media que andar cortos de nuevos problemas de clase media? Pues yo tengo uno: la superabundancia de hinojo. Los burgueses del norte de Londres tienen a su disposición el *chutney* de hinojo y fruta de la pasión que propone la edición de 2009 del *Larousse Gastronomique*.

Hinojo y grosella espinosa: Véase *Grosella espinosa e hinojo*, p. 119
Hinojo y haba: Véase *Haba e hinojo*, p. 300
Hinojo y hoja de laurel: Véase *Hoja de laurel e hinojo*, p. 406
Hinojo y jarabe de arce: Véase *Jarabe de arce e hinojo*, p. 432
Hinojo y limón: Véase *Limón e hinojo*, p. 209
Hinojo y miel: Véase *Miel e hinojo*, p. 92

Hinojo y naranja: Escogida como una combinación fascinante en una edición de 1996 de la revista *Gourmet*. Una opinión que habría hecho enarcar más de una ceja en Italia, donde el emparejamiento de hinojo y fruta es más vieja que las Siete Colinas. Rompedora o tradicional, es una apuesta segura como aperitivo, pero es aún mejor tras una comida copiosa para combatir el letargo digestivo. Aporte un matiz nizardo a sus guisos de ternera y pescado añadiendo semillas de hinojo y tiras de piel de naranja fresca, pero no olvide probarlo también con alubias. Véase *Alubia negra y naranja*, p. 56.

Hinojo y pimienta en grano: Madhur Jaffrey comenta que uno de sus alumnos dijo que las semillas de ajowan sabían a hinojo y pimienta negra. A mí me recuerdan al tomillo, o a una versión brutalista del tomillo en la que están apagados sus aromas más herbáceos y agradables, y también detecto un toque anisado, aunque puede que la boca arda demasiado para notarlo.

Hinojo y piñón: Véase *Piñón e hinojo*, p. 421

Hinojo y puerro: Una combinación que recuerda al estragón. Y como en el caso del estragón, añada mantequilla o nata y el emparejamiento alcanza cotas inesperadas: no necesita nada más para una sopa o para una salsa suntuosa que acompañe un plato principal vegetariano. También son muy buenos cuando interpretan papeles secundarios: añadidos a una *mirepoix* de cebolla, zanahoria y apio, el puerro y el hinojo picados aportarán capas adicionales de sabor a caldos y guisos de marisco.

Hinojo y queso: Un rumor de regaliz salado. En Cerdeña es popular un plato a base de hinojo escaldado, pan rallado y pecorino fresco en capas que a veces se riega con caldo de cordero. Lo bastante contundente para considerarlo un plato principal, sobre todo si sigue el consejo de Elizabeth David y separa los platos de verdura y de carne a fin de apreciar mejor los sabores y los acompaña con los vinos que más los favorecen. Para un gratinado de hinojo, ella propone un Lacryma Christi («lágrima de Cristo»), elaborado con uvas cultivadas en las laderas del Vesubio. Algunos dicen que, en cuanto a sabor, es lo más parecido al vino que se bebía en la Antigua Roma. John R. Fischer lo describe como un «vino blanco seco y suave, con un ligero aroma a almendras, manzanas y flores». En cambio, en 1830, James Paul Cobbett sostenía que tanto las variedades de vino tinto como de blanco son «notoriamente fogosas», una característica bastante apropiada para un vino procedente de un volcán. El hinojo crudo cortado muy fino es un grato acompañamiento para una tabla de quesos, sobre todo, según Jane Grigson, si en esta se incluye uno de cabra o un parmesano. Y también recomienda servir hinojo con fruta después de comer.

Hinojo y sésamo: Los sabores que consideramos refrescantes a menudo proceden de ingredientes ácidos o con gran cantidad de agua. Las semillas de hinojo no son ni lo uno ni lo otro y, sin embargo, disfrutan de esa cualidad limpiadora. En la India se toman para refrescar la boca después de comer. El sésamo se encuentra justo en el espectro opuesto. Igual que la mantequilla de cacahuete, la pasta de esta semilla recubre la boca, a veces de manera inamovible. (Tahinimantequifobia: miedo a que la pasta de sésamo se te quede pegada al paladar, probablemente). Como ocurre con muchos contrastes, es una gran combinación. Con el hinojo y las semillas de sésamo se obtiene un praliné celestial, con o sin frutos secos. También puede probar la combinación en estas galletas, inspiradas en las tortas de aceite españolas. En un bol, mezcle 100 g de harina de trigo con 2 cucharadas de azúcar moreno claro, una cucharada de semillas de sésamo tostadas, ¾ de cucharadita de semillas de hinojo majadas, ½ cucharadita de levadura en polvo y ¼ de cucharadita de sal. Haga un hoyo en el centro y añada 3 cucharadas de aceite de oliva y el agua que necesite (no más de 2 cucharadas) para obtener una masa flexible. Divídala en 12 bolas de más o menos el mismo tamaño. Coloque una de las bolas en un papel de hornear de 30 cm × 30 cm y use una taza o algo similar para aplastarla y formar un círculo. A continuación, extiéndala con un rodillo de cocina hasta que tenga unos 2 mm de grosor, tratando de que conserve la forma circular en la medida de lo posible. A veces resulta un poco complicado separar la galleta del papel de hornear, por lo que yo suelo darle la vuelta a todo junto y colocarlo, con la galleta en la parte de abajo, en una bandeja forrada con otro papel de hornear. De esa manera resulta más sencillo retirar, con cuidado, el papel superior y además puede usarlo para la siguiente galleta. Como son grandes, seguramente no cabrán más de 3 o 4 en una bandeja estándar de horno, por lo que tendrá que trabajar por tandas. Pinte las galletas con clara de huevo batida y espolvoréelas con azúcar demerara. Hornéelas a 200 °C (marca 6 del gas) durante 7-9 minutos, hasta que estén ligeramente doradas.

Hinojo y tomate: Véase *Tomate e hinojo*, p. 103

HERBÁCEOS

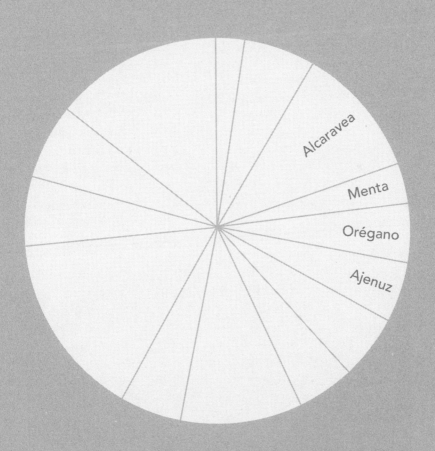

Alcaravea

Menta

Orégano

Ajenuz

ALCARAVEA

La semilla de alcaravea es el fruto seco de una planta llamada *Carum carvi*. Miembro de la familia de las umbelíferas, está emparentada con el perejil, el apio, el cilantro y la asafétida. Suele decirse que la alcaravea tiene un sabor similar al del anís. Aun así, es difícil confundirlos. Beba un poco de Kümmel, el licor aromatizado con ella, y a continuación un poco de pastís: si no los diferencia, está borracho. La propiedad principal de la alcaravea es su aroma limpiador, una cualidad que la convierte en compañera idónea de ingredientes fermentados y curados, como sabrá si alguna vez ha probado un sándwich de ternera salmuerizada o un chucrut clásico. Asimismo, vale la pena usarla con huevos duros, quesos acres y comino. Además de las semillas, la raíz y las primeras hojas de la alcaravea también se comen. En Vietnam, las semillas se germinan y se usan en ensaladas.

Alcaravea y canela: El *meghli* es un postre libanés que se sirve para celebrar un nacimiento. Se prepara una mezcla de harina de arroz y azúcar condimentados con semillas de alcaravea, canela y anís, aunque también admite jengibre o cardamomo. A continuación, se deja cocinar a fuego lento —*meghli* significa «hervido»— un buen rato y se decora con piñones, almendras y coco, y a veces nueces y pistachos, previamente en remojo. El *meghli* es tan popular que la mezcla se vende ya preparada. En las East Midlands británicas se elaboran unos dulces tradicionales llamados *Cattern cakes* para celebrar el día de Santa Catalina, el 25 de noviembre («Cattern» es una deformación de Catherine, Catalina). Pueden ser tanto bollitos como galletas y se condimentan con semillas de alcaravea, si bien en ocasiones también con canela y pasas de Corinto.

Alcaravea y centeno: No asociar el aroma de la alcaravea con el pan que suele venderse en las delicatesen es tan difícil como no asociar el personaje de Basil Fawlty con John Cleese. Una vez, le ofrecí una galleta de jengibre con alcaravea a un amigo estadounidense que me había dicho: «Me apetece un poco de pastrami con pan de centeno». El pan de las delicatesen y el *pumpernickel*, el primero elaborado con harina de trigo y de centeno y el segundo con la añadidura de harina de trigo integral, combinan a la perfección con sabores fuertes, sobre todo con carnes y pescados ahumados, encurtidos y la mostaza. En *El teatro de Sabbath*, de Philip Roth, el anciano protagonista, el execrable Mickey Sabbath, se pasea por el lujoso apartamento de sus amigos del Upper West Side y husmea entre las cosas de estos mientras come «un cuscurro duro de *pumpernickel* con semillas untado con una capa gruesa de Little Scarlet». La mermelada Little Scarlet era una de las favoritas de Roth, tal vez lo único que recordaba con cariño del Reino Unido. La elabora Wilkin & Sons, de Tiptree (Essex), y está llena de diminutas fresas silvestres enteras. Solo alguien tan transgresor como Mickey la comería con *pumpernickel*. A James Bond le gustaba con tostadas de pan integral. Yo creo que verdaderamente combina con un sencillo *scone*, sobre un grueso colchón de nata cremosa (o bajo un edredón, si así es como le apetece). Véase también *Queso y alcaravea*, p. 304.

Alcaravea y comino: Algunos escritores gastronómicos aseguran que la alcaravea sabe a comino. Para nada. De hecho, la alcaravea prácticamente es su polo opuesto: crujiente y fresca, mientras que el comino huele a moho y calcetín sucio. La horticultora Alys Fowler comenta que las semillas de alcaravea que crecen a lo largo de las orillas de los fiordos noruegos tienen «un sabor limpio y jabonoso tan intenso que casi resulta abrumador». Entre los emparejamientos clásicos que combinan sucio y limpio se encuentran el pan de soda y el salmón ahumado, el perejil y el ajo, y el eneldo y las setas.

Alcaravea e hinojo: En Alemania, la combinación de hinojo, alcaravea, cilantro y anís se llama *Brotgewürz*, «especias de pan». No hay una fórmula estándar para las proporciones, por lo que la mezcla varía según la región. En *The Rye Baker*, Stanley Ginsberg recomienda usar 5 partes de alcaravea por 3 partes de hinojo, 3 partes de anís y una parte de cilantro. Se tuestan a fuego medio durante 2-3 minutos y luego se trituran para aderezar un *Bauernbrot* o «pan de granjero». El aquavit, un licor escandinavo, se elabora con alcaravea, la cual prevalece sobre los demás aromatizantes, igual que ocurre con la enebrina en el caso de la ginebra. Es la bebida que suele tomarse en las «fiestas del cangrejo» suecas, pero también es un excelente acompañamiento de alimentos muy tostados como el salmonete al hinojo, la berenjena a la brasa o, según la compañía de bebidas Nordic Drinks, la pizza.

Alcaravea y huevo: Véase *Huevo y alcaravea*, p. 293
Alcaravea y jengibre: Véase *Jengibre y alcaravea*, p. 264
Alcaravea y manzana: Véase *Manzana y alcaravea*, p. 194
Alcaravea y naranja: Véase *Naranja y alcaravea*, p. 221

Alcaravea y pasa: La *Oxford Encyclopedia of Food and Drink in America* señala que la popularidad de los pasteles contundentes, aparte de los de frutas, aumentó en la década de 1730, sobre todo en el caso de los bizcochos de cuatro cuartos, elaborados con una pequeña cantidad de pasas de Corinto o semillas de alcaravea. Para uno hecho con 200 g de harina de trigo, 200 g de mantequilla, 200 g de azúcar y huevos, use una cucharada de semillas de alcaravea y 50 g de pasas. También puede probar a añadir una cantidad moderada de semillas de alcaravea a un pastel donde la fruta tenga un gran protagonismo. Por algún motivo, tanto esta como la pasa se han convertido en Estados Unidos en los sabores insignia del pan de soda irlandés, algo que probablemente haría enarcar más de una ceja en las panaderías de Dublín o Kilkenny.

Alcaravea y patata: En *The German Cookbook*, Mimi Sheraton propone una receta de *Salzkartoffeln*, un plato de acompañamiento elaborado a base de patatas peladas y cortadas en cuartos que se cuecen a fuego lento en agua con abundante sal. Tras escurrirlas, se devuelven a la cazuela caliente para que se sequen a fuego bajo. Esta se menea con energía a fin de deshacerlas un poco y se rebozan en mantequilla y semillas de alcaravea (o mantequilla tostada y pan rallado) para terminar el plato.

Alcaravea y pimienta de Jamaica: Harold y Maude. Una historia de amor inesperada. El licor Pimento Dram se elabora con ron y pimienta de Jamaica. Se emplea en el Kingston, un cóctel del *Savoy Cocktail Book*: una parte de zumo de naranja y Kümmel, dos partes de ron y un chorrito de Pimento Dram. Una mezcla atrevida. La especia dulce y cítrica con una pizquita de frescura nórdica es como unas Navidades en el Caribe. El Pimento Dram se hizo popular a principios del siglo XX, y tuvo gran predicamento en las coctelerías de estética hawaiana alrededor de los cincuenta, pero desapareció del mapa hasta hace unos años. En la actualidad existen otras marcas, algunas con nombres más explícitos como Allspice Dram. Sin embargo, siguen sin ser fáciles de encontrar, de modo que siempre puede experimentar elaborando su propia bebida de alcaravea y pimienta de Jamaica dejando en remojo varias semillas de la primera y unos granos de la segunda ligeramente majados en un ron fuerte durante un par de semanas y mezclándolo luego con almíbar al gusto. Puede cambiar el ron por whisky de centeno, que contiene notas de ambas especias. La alcaravea y la pimienta de Jamaica también suelen utilizarse juntas en el chucrut.

Alcaravea y queso: Véase *Queso y alcaravea*, p. 304

Alcaravea y semilla de amapola: Leopold y Molly Bloom están tumbados, abrazados, en Howth Head. «Con delicadeza, me dio en la boca el dulce de semillas, caliente y masticado». Muy bien, pero ¿qué tipo de dulce de semillas? Será por variedad de dulces. ¿Una galleta con semillas? ¿Una tarta enriquecida, con levadura, aromatizada con alcaravea y espolvoreada de semillas de amapola? ¿O el bizcocho con frutos desecados y especias del que se habla en *Alcaravea y pasa*, p. 379? ¿Cuál estaría mejor premasticado? ¿Tal vez un trozo de ese pastel ligeramente espolvoreado con semillas que Fergus Henderson toma todos los días a las once de la mañana con una copa de madeira?

MENTA

La hierbabuena y la menta piperita son las dos mentas más empleadas con propósitos culinarios. La primera, *Mentha spicata*, es refrescante, dulce y limpia, pero posee un trasfondo oscuro que mantiene al paladar intrigado. La *Mentha spicata* var. *crispa* es la variedad que se usa para el té en Oriente Próximo. La menta piperita, *Mentha × piperita*, es, como sugiere su nombre, picante y acre. En seco, esta planta adopta cierto matiz de madera que podría recordar al orégano, así como una nota de eucalipto que seguramente asociará al laurel. Asimismo, la menta piperita seca tiene notas de lavanda y hierba. La menta cuenta con muchas variantes aromáticas como la del limón, la manzana, la albahaca y la fresa. El escritor Mark Diacono asegura que la del chocolate es la mejor de todas y que debería utilizarse para escalfar melocotones. También añade que no vale la pena perder el tiempo con la del plátano.

Menta y calabacín: Véase *Calabacín y menta*, p. 457

Menta y dátil: Según Anthony Burgess, en el Reino Unido beber té es una ley de vida tan esencial como respirar. En Marruecos, incluso más. Visite a un amigo en Marrakech y le ofrecerán un té con hierbabuena cada vez que coja aire. La costumbre dicta que el té con hierbabuena debe servirse acompañado de una pastita o de dátiles, un encuentro en el que la hierba aromática y el fruto se extraen sus perfumes mutuamente. Las coincidencias entre el dátil y la menta siempre son una delicia. La combinación funciona de maravilla en el cuscús, donde el amargor refrescante de la segunda atenúa el dulce y vehemente dátil. Añada unas cuantas bayas de agracejo para darle un toque de acidez, una pizquita de guindilla y difícilmente necesitará nada más. Bueno, quizá un poco del salado queso halloumi recién salido del grill. Bateel, la empresa saudí productora de dátiles, recomienda acompañar con café, en lugar de té con hierbabuena, sus intensos dátiles Kholas, que poseen aroma de *toffee*, una pareja más armoniosa que opuesta.

Menta y flor de saúco: Una combinación rural, pero no rústica. La menta aporta un aroma parecido al de la ortiga, situando este maridaje a la sombra de un seto, mientras que muchos otros compañeros de la flor de saúco la llevan hacia prados soleados. Esta se considera un remedio para muchas dolencias, pero combinada con menta es un tónico reconstituyente para cualquiera que haya pasado demasiado tiempo sin salir a la calle.

Menta y grosella espinosa: En las salsas clásicas de grosella espinosa, la fruta debe cocinarse primero, pero en River Cottage, en la frontera entre Devon y Dorset, se mezclan en crudo con menta y se utilizan para acompañar el pescado azul asado a la parrilla, preferiblemente a la barbacoa. Mezcle 150 g de grosellas espinosas crudas cortadas en rodajas con una cucharada de vinagre de sidra y una cucharada de azúcar caster, y déjelas macerar durante una hora, después añada una cucharada de menta picada y sazone al gusto. En el restaurante Noma, en Copenhague, usan la técnica de la lactofermentación con las grosellas espinosas antes de mezclarlas con menta en una alegre salsa verde.

Menta y guisante seco: Véase *Guisante seco y menta*, p. 284

Menta y haba: La escritora gastronómica Paola Gavin aporta una especialidad napolitana a base de habas y menta en una vinagreta (que recuerda la comparación entre las habas secas y un costillar de cordero, véase *Haba y ajo*, p. 298). Las habas secas se emplean en la elaboración de una salsa para mojar maltesa llamada *bigilla*, que se vende en papel encerado en puestos callejeros. Las habas cocinadas se trituran con ajo y hierbas aromáticas, menta por lo general, y a veces perejil.

Menta y kale: Véase *Kale y menta*, p. 244

Menta y lenteja: La menta tiene afinidad con alimentos con un sabor mineral pronunciado, como el chocolate negro, las habas, las espinacas y la morcilla. Y las lentejas de Puy son muy apreciadas por su carácter mineral, que algunos atribuyen al hecho de que se cultivan en suelos volcánicos ricos en minerales.

Menta y miel: Véase *Miel y menta*, p. 93
Menta y papaya: Véase *Papaya y menta*, p. 233

Menta y piñón: En Túnez suelen añadir piñones al té con menta. A veces los tuestan un tanto, lo cual aporta cierta intensidad al herbáceo y dulce té. Incluso en crudo, el agua caliente los suavizará y los cocinará ligeramente, un proceso que extrae su sabor. El uso de piñones para aderezar bebidas está bastante extendido. En Corea, los encontrará cabeceando en la superficie de un té de canela y jengibre llamado *sujeonggwa*. Véase también *Piñón y pasa*, p. 424.

Menta y tamarindo: Les encanta llevar la voz cantante en un *chaat*, que es tan variopinto como popular. Por lo general, consiste en una mezcla de aperitivos crujientes y ensalada animados con un chorro de salsa. La salsa de tamarindo, aderezada con comino, asafétida, jengibre y chile, es marrón y poco refinada, en consonancia con el batiburrillo de los trocitos crujientes. La menta, batida con chiles verdes, hojas de cilantro y zumo de limón para hacer la salsa verde, da un empujoncito a la ensalada y al acompañamiento vegetal. El primer *chaat* que hice fue un *bhel puri*. Venía en una caja, como si fuera un kit de montaje, un regalo para alguien que se pasó la infancia construyendo maquetas de aviones de Airfix. Se pican unos tomates, se cuecen unas patatas —al igual que las nubes y el personal de tierra de las cajas de Airfix, no venían incluidos— y luego se mezclan con las bolsitas de *bhel* (arroz inflado), *puri* (crackers pequeñas) y *sev* (fideos crujientes de harina de garbanzo). Las salsas se añaden a la hora de sentarse a comer.

Menta y té verde: Véase *Té verde y menta*, p. 467
Menta y yogur: Véase *Yogur y menta*, p. 202

ORÉGANO

«Orégano» proviene del término griego *origanon*, que significa «alegría de las montañas», aunque es probable que un botánico lo hubiera denominado «pesadilla del taxonomista». Lo que nosotros llamamos orégano puede ser cualquiera de las sesenta y una especies pertenecientes a un total de diecisiete géneros. Las hierbas aromáticas de gusto similar, como el tomillo, la mejorana, el zatar, la ajedrea y el orégano de Creta, solo contribuyen a alborotar el gallinero de la nomenclatura. Por ejemplo, el orégano cubano también se conoce como menta mexicana. Y como tomillo español. Salvo que se diga lo contrario, este capítulo tratará del *Origanum vulgare* subsp. *hirtum*, el orégano turco o griego, la variedad que probablemente tenga en su especiero. Los aromas del orégano y el tomillo comparten varios compuestos primarios, pero el primero contiene más carvacrol que timol, y por ese motivo el segundo recuerda más a huerto y el primero al cobertizo tratado con creosota. Las hojas del orégano son más fuertes que las del tomillo, sobre todo cuando están frescas, aunque siguen siendo bastante potentes en seco y no se amilanan ante sabores presuntuosos como el de las aceitunas, el apio y el cordero. Las flores de orégano también tienen un uso extendido, sobre todo en Sicilia. El *raki rigoni* es un brandy albanés elaborado con orégano.

Orégano y ajo: En Grecia, el orégano es uno de los aderezos habituales de las patatas chips. La lista de ingredientes de la bolsa —ya, bueno, cada uno en sus vacaciones hace lo que quiere— también incluye ajo, apio, perejil y cebolla. Ábrala y liberará al genio de la comida rápida. El orégano es uno de los aderezos más utilizados por los proveedores de comida preparada no solo porque hace que todo sepa a pizza, sino porque su fuerza ayuda a potenciar el sabor de la comida de manera sencilla ahora que la legislación exige continuas reducciones de sal y grasas.

Orégano y boniato: Espeso, ahumado y herbáceo. El denso boniato es capaz de extraerle al orégano su carácter intenso y verdoso, que recuerda vagamente a marihuana y pachuli. Para disfrutar sentado en la parte del tejado al que da la ventana de su habitación mientras escucha *The Piper at the Gates of Dawn*.

Orégano y calabacín: Pellegrino Artusi, autor de *La ciencia en la cocina y el arte de comer bien* (1891), considera que un sencillo plato de calabacín y orégano puede hacer las veces tanto de guarnición como de plato principal. Nota: que nadie me sirva calabacines y orégano como plato fuerte. Gracias. Para 4 raciones de acompañamiento, corte 500 g de calabacines en rodajas de 2-3 mm de grosor y fríalas en 4 cucharadas de aceite de oliva. Cuando empiecen a dorarse, salpimiéntelas. Continúe friéndolas hasta que adquieran un color tostado, espolvoréelas con orégano seco y retírelas con una espumadera para servirlas.

Orégano y canela: Véase *Canela y orégano*, p. 398

Orégano y comino: Típicamente mexicanos. El nombre en latín del orégano mexicano es *Lippia graveolens*, de manera que su denominación indica que pertenece a la familia de la verbena, a diferencia del orégano mediterráneo (*Origanum vulgare*), que pertenece a la familia de la menta. Aun así, el sabor es similar, aunque el primero es más potente debido a que sus hojas, más grandes y oscuras, contienen el doble de aceite que las de su homólogo mediterráneo. Como ocurre con la casia y la canela, la potencia adicional actúa en detrimento de sus matices. El *Lippia graveolens* tiene la acritud terpena del orégano con un aroma adicional a comino. Recuerda más a carne y es menos amargo. El comino y el orégano, de cualquier tipo, pueden utilizarse para condimentar alubias negras y pintas o maíz. También puede probarlos con un encurtido rápido de cebollas. Pique una cebolla roja grande y espolvoréela con una cucharada de sal. Enjuáguela, séquela con papel de cocina y métala en un recipiente hermético con una cucharadita de orégano mexicano seco, una cucharadita de semillas de comino, una hoja de laurel, un diente de ajo cortado en láminas y ½ cucharadita de granos de pimienta negra. Rellénelo con vinagre de vino tinto hasta que la cebolla quede cubierta, tápelo y déjelo en el frigorífico medio día para que los sabores se desarrollen. Se conservará durante un par de semanas. En Yucatán, suelen acompañar el pescado con este escabeche.

Orégano y limón: Véase *Limón y orégano*, p. 211

Orégano y miel: A las abejas les encantan el orégano, la mejorana y el tomillo. La fragancia de la miel de orégano está impregnada de un leve matiz de limón, y su sabor contiene las notas florales y herbáceas esperadas, pero también recuerda a la naranja y la cera de abeja. El orégano a veces se utiliza para infusionar miel, un dato que vale la pena recordar cuando compre un tarro de miel barata de supermercado que bien podría ser almíbar teñido de color ámbar. El orégano le dará cierto carácter. Cuando haya logrado terminarse esa cosa, compre una miel virgen decente a un especialista: véase *Miel*, pp. 90-97 para algunos consejos. Los días que estoy demasiado cansada para preparar algo como es debido o para recordarle a mi marido que ya han pasado dos semanas desde la última vez que lo hizo él, vierto un poco de miel de orégano sobre un taco de queso feta, añado un poco de orégano seco y un chorrito de aceite de oliva, lo envuelvo en papel de aluminio y lo horneo a 200 °C (marca 6 del gas) durante 15 minutos. También meto un poco de pan en el horno al mismo tiempo. Unas *koulouria*, unas rosquillas de pan griego con semillas de sésamo espolvoreadas por encima, serían lo ideal, pero lo ideal puede esperar en noches así.

Orégano y naranja: Tan limpio y masculino que debería ser un gel de ducha. La naranja acompaña al orégano en una de sus escasas aplicaciones dulces en la tarta de almendra y aceite de oliva que Helen Best-Shaw publica en su blog, *Fuss Free Flavours*. El restaurante italiano Zafferano, en Knightsbridge, servía un sorbete de mandarina con un toque de orégano, lo justo para potenciar la naranja.

Orégano y patata: Añada orégano a la patata y conocerá su tenacidad. Estófelos en un caldo, áselos en aceite o espolvoree orégano seco sobre una ensalada de patata: el orégano seguirá siendo orégano. Algo poco habitual en una hierba aromática, y una manera de distinguirlo de la mejorana, que es más delicada y prefiere el trato reservado para las hierbas blandas.

Orégano y queso: Véase *Queso y orégano*, p. 308

Orégano y sésamo: El zatar quizá resulte difícil de definir. El término puede hacer referencia a una hierba del género orégano, *Origanum syriacum*, o al tomillo, la calaminta, la ajedrea o incluso al hisopo de la Biblia, el cual, para complicar aún más las cosas, ni quisiera es un verdadero hisopo. Claro que no. El zatar también puede ser una mezcla de hierbas aromáticas que incluye orégano seco, semillas de sésamo y zumaque, aunque a veces, en lugar de orégano, lleva tomillo o mejorana. De acuerdo: el zatar, en realidad, es una especie de pingüino desértico, o el olor a cenicero de bar bajo la lluvia. Suponiendo que su zatar contenga orégano, tenga en cuenta que la hierba aportará aromas de menta, de paja, de humedad, medicinales y amargos que se verán suavizados, hasta cierto punto, por el carácter tostado y aceitoso de las semillas de sésamo y animados por el zumaque, ácido y afrutado. El *manakish*, una torta similar a una pizza, se unta con *labneh* (yogur colado) y se espolvorea con zatar antes de hornearlo. No tenía tortas, ni ganas de hacerlas, pero decidí untar un poco de tahini sobre unas tostadas de pan blanco correoso, que aderecé con un poco de zatar y sal. Fue como comer cortezas de cerdo sin los remordimientos posteriores. El orégano tiene una relación un tanto turbia con el zumaque, dado que hubo una época en que las hojas de este último se utilizaron mucho como adulterante. Pero el orégano es, con diferencia, la hierba aromática que más se vende en el mundo, así que entenderá la tentación. En la actualidad, todo el que entra en Estados Unidos se examina con suma atención en busca de adulterantes, entre ellos hojas de avellana, mirto y olivo. Creo que a los estafadores se les escapó la oportunidad de llamarlo, no sé, zatar, y venderlo a precio de oro.

AJENUZ

El ajenuz tiene varios nombres engañosos: comino negro, alcaravea negra, sésamo negro y semilla de cebolla negra, entre otros. Cualquier semilla que sea negra. *Nigella*, género al que pertenece, alude al color negro. Envasado, el ajenuz tiene una fragancia ligera que recuerda vagamente a una escuela de primaria: a abrillantador de suelo y leche. Cuando se calientan, las semillas desarrollan el aroma del orégano o el tomillo, pero sin su cualidad picante y áspera. Es amargo, igual que el primero, pero con un carácter sutilmente más marcado, similar al de una cerveza de malta oscura o una cerveza negra. Puede decantarse hacia algo cercano al aceite de motor o al maravilloso efecto embriagador del éter de petróleo de una gasolinera. Algunos lo consideran ahumado, pero para mí es más almizclado, como el sésamo, sobre todo cuando se tuesta. Otros detectan una cualidad afrutada de uva o de caramelo. Según el horticultor K. V. Peter, cuando se muelen, las semillas de ajenuz adquieren un regusto a fresa.

Ajenuz y centeno: Una combinación popular en Rusia y Polonia, donde el ajenuz se llama *chamushka*. Hay panaderos que le dirán que es tan indispensable para elaborar un pan de centeno como la alcaravea.

Ajenuz y coco: El tostado despierta el aroma de fruto seco del ajenuz y lo hace más adecuado para platos dulces. Espolvoreado sobre un *naan* de Peshawar, el sabor de la especia impregna de un ahumado suave el relleno de pasa y coco. De vez en cuando, todavía lloro recordando las palomitas de *toffee*, ajenuz y coco que desaparecieron del Marks & Spencer de mi localidad de la noche a la mañana. Unas cuantas semillas de ajenuz en un macaron de coco consiguen reproducir la magia hasta cierto punto, pero cuando veo una semillita negra sobre el fondo blanco me recuerda a una lágrima de Pierrot y ya empiezo de nuevo.

Ajenuz y coliflor: El ajenuz prefiere la caja de luz de los sabores sencillos y apagados. El pan es el ejemplo obvio, pero un queso ligero como un brie, el coco o la coliflor se encuentran entre las mejores combinaciones. De vez en cuando uso semillas de ajenuz para aderezar el arroz con coliflor con que acompaño guisos y *dal* indios. En cuanto al sabor, se encuentra entre el *aloo gobi* y el *naan*.

Ajenuz y comino: The Spice House, la tienda de especias online, considera que el sabor del ajenuz se encuentra «más o menos entre el comino y el tomillo». Una descripción que parece otorgarle bastante carácter. En la *panch phoron*, una mezcla aromática bengalí donde se combina con comino, fenogreco, hinojo y semilla de mostaza, el ajenuz es el componente tímido y modesto. Su presencia es innegable, pero es feliz al fondo, como Charlie Watts. Úsela con tortas y *dal* indios. Véase también *Fenogreco y ajenuz*, p. 439.

Ajenuz y dátil: Véase *Dátil y ajenuz*, p. 162
Ajenuz y fenogreco: Véase *Fenogreco y ajenuz*, p. 439
Ajenuz e hinojo: Véase *Hinojo y ajenuz*, p. 370

Ajenuz y limón: El sabor del ajenuz posee un toque cítrico gracias a la gran proporción de cimeno que contiene. Se trata este de un componente aromático que también se encuentra en el comino y la nuez moscada. En Marruecos, el ajenuz se añade a los limones conservados en sal.

Ajenuz y patata: Véase *Patata y ajenuz*, p. 279

Ajenuz y pimienta en grano: El perfumista Steffen Arctander considera que el sabor de las semillas de ajenuz se parece un poco al de la pimienta de Java, una similitud que soy incapaz de detectar. A diferencia de esta, el ajenuz es una de las especias que no se aferran al paladar. De hecho, tiene el carácter sosegado de otras semillas que también suelen emplearse para decorar el pan, como las de amapola o sésamo. No hay mejor manera de aprovechar el contraste entre el matiz de madera de los granos de pimienta y el sabor herbáceo y tostado del ajenuz que en las crujientes crackers indias con que se acompaña el dulce *masala chai* a la hora del té.

Ajenuz y queso: El *tel banir* es un queso hilado armenio aromatizado con ajenuz. La trenza se desgrana en fibras que puede ir separando y llevándose a la boca, donde puede que le sorprenda como un híbrido de mozzarella y queso halloumi: una mezcla del carácter lácteo del primero y el sabor, más salado y categórico, del segundo. Las semillas de ajenuz le dan un potente aroma a pan de costra crujiente recién horneado que le va al pelo.

Ajenuz y sésamo: Mezcladas y espolvoreadas sobre panes como un *naan* indio o un barbarí iraní, o bien usadas por separado. El panadero israelí Uri Scheft recuerda que su madre preparaba un jalá que consistía en una trenza muy fina decorada con semillas de ajenuz sobre una trenza gruesa decorada con semillas de sésamo. Ella lo llamaba «jalá de gala». En la cocina palestina, el ajenuz y el sésamo se trituran hasta obtener una pasta llamada *qizha*, que se mezcla con miel o jarabe de dátil para hacer una crema untable. Una combinación muy potente. Si no le gusta, guárdela en el armarito de los medicamentos, porque se supone que sirve para tratar las picaduras de escorpión.

Ajenuz y tomate: Véase *Tomate y ajenuz*, p. 101

Ajenuz y zanahoria: Hace mucho que el ajenuz se emplea en las mezclas para encurtidos y escabeches. Pero pruébelo con bastones de zanahoria, una de las maneras más deliciosas de descubrir la esencia de la especia. Pele 2 zanahorias medianas y córtelas en bastones finos. Espolvoréelos con una cucharadita de sal marina fina y déjelos reposar unos 20 minutos antes de enjuagarlos y secarlos con papel de cocina. Transfiera los bastones a un recipiente pequeño de cristal o de plástico con tapa y agregue 4 cucharadas de vinagre de sidra, una cucharada de agua, 2 cucharaditas de azúcar y una cucharadita de semillas de ajenuz ligeramente tostadas. Tápelo y déjelo enfriar en la nevera durante al menos 4 horas antes de consumirlo. Puede conservarse hasta 2 semanas.

AMADERADOS
PICANTES

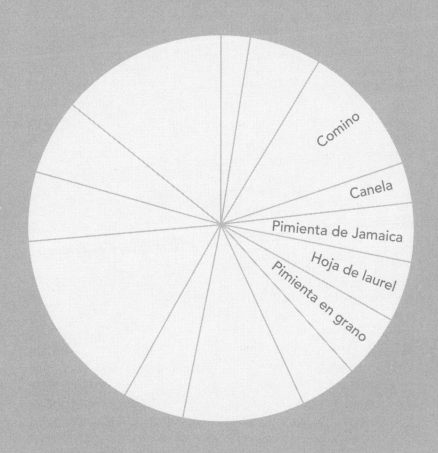

Comino

Canela

Pimienta de Jamaica

Hoja de laurel

Pimienta en grano

COMINO

El comino (*Cuminum cyminum*) debe su sabor característico a sus aldehídos, entre ellos el cumínico, que es fuerte y áspero —como descubrirá si mastica una semilla directamente del bote— y el aldehído perílico, que tiene un aroma y un sabor afrutados. Las otras notas significativas son resinosas, a zanahoria y a cítricos. Para mí, el comino molido huele a una tienda de muebles de segunda mano. Sofrito en aceite o *ghee*, se suaviza, pero no demasiado. Esta especia es un pilar de las cocinas vegetarianas y veganas porque supone un reto para el implacable dulzor de las plantas: el comino es salado sin paliativos. Ocupa un lugar destacado en muchas mezclas de especias clásicas, incluidas las tradicionales de Oriente Próximo como el *ras el hanout*, el *dukkah* y el *baharat*, y otras como el *garam masala* indio y su primo persa el *advieh*.

Comino y ajenuz: Véase *Ajenuz y comino*, p. 388
Comino y alcaravea: Véase *Alcaravea y comino*, p. 378
Comino y alubia negra: Véase *Alubia negra y comino*, p. 54
Comino y alubia roja: Véase *Alubia roja y comino*, p. 59
Comino y cebada: Véase *Cebada y comino*, p. 38
Comino y fenogreco: Véase *Fenogreco y comino*, p. 441

Comino y garbanzo: Si está cocinando garbanzos secos y a los 40 minutos los prueba para comprobar si ya se están ablandando, le sorprenderá lo mucho que se parece su sabor al del huevo cocido. Tome nota. Siempre merece la pena explorar la combinación con garbanzos para todos los sabores que suelen emparejarse con el huevo. Por ejemplo, un toque de comino casa de forma muy armoniosa en la tortita de garbanzos llamada *socca* (p. 412) o en el hummus, y puede ser más generoso con el comino en los aromáticos platos indios de garbanzos como el *chole* o el *chana masala*. Véase también *Huevo y garbanzo*, p. 294.

Comino y haba: Las habas secas cocidas, o *ful*, se venden en latas en los supermercados de Oriente Próximo (o puede prepararlas usted mismo; véase *Haba y ajo*, p. 298). La marca Californian Garden pone a la venta muchas variantes, y a mí siempre me gusta tener algunas en la alacena. La *ful* egipcia se aromatiza con comino, mientras que la libanesa se mezcla con garbanzos. Hay versiones con tahini o tomate, una *ful* de habas peladas y una *ful* de habas trituradas. En el tiempo que se tarda en calentar las habas, se puede cocer un huevo, tostar un pan de pita y picar un tomate y un poco de perejil: *ful medames* para una persona en diez minutos.

Comino y lenteja: Es a lo que sabía antiguamente el vegetarianismo. El comino redobla el sabor terroso de las lentejas pardas y, en las manos equivocadas, puede recordar al cartón viejo. Digo pardas porque los restaurantes vegetarianos que frecuentaba no aceptaban ningún otro tipo; las rojas eran demasiado frívolas y las negras, demasiado suntuosas. El comino hacía todo lo que estaba en su cítrica mano contra los montones de lentejas pardas, pero era un esfuerzo tan inútil como los intentos de Trillian para animar a Marvin el Androide Paranoico en la *Guía del autoestopista galáctico*. Una causa perdida. Lo que se necesitaba eran más cítricos. Se añade limón a los guisos de lentejas sefardíes, pero el yogur, la granada, los albaricoques desecados o la lima negra también aportan un toque afrutado.

Comino y mostaza: Véase *Mostaza y comino*, p. 250

Comino y nabo: Los nabos gozan de una gran popularidad en el Punyab. Si busca *shalgam ki sabji* o *shalgam masala*, encontrará una plétora de recetas de trozos de nabo en salsas especiadas con comino, cilantro, cúrcuma y jengibre. En el Reino Unido, los nabos suelen tener una textura bastante desgranada una vez cocinados, por lo que deslucirán un poco en platos que requieran trozos grandes del tubérculo. El *shalgam ka bharta* resuelve ese problema, ya que primero se trituran los nabos hasta conseguir un puré y luego se fríen, lo cual elimina el exceso de agua. Para 4 raciones de acompañamiento, triture 500 g de nabos hechos al vapor. Caliente 2 cucharadas de *ghee* en una sartén y añada una cucharadita de semillas de comino. Cuando estas empiecen a saltar, agregue una pizca de asafétida y, a continuación, 10 g de ajo y 10 g de jengibre picados muy finos. Fríalos hasta que hayan perdido su olor crudo y luego agregue el nabo triturado, una lata de 400 g de alubias carilla escurridas y 2 tomates cortados en dados. Fríalo, removiendo con frecuencia, durante unos 15 minutos. Adórnelo con cilantro picado.

Comino y ocra: La ocra asada adquiere un ligero sabor sulfuroso, muy afín al comino (piense en lo bien que combina esta especia con otros ingredientes sulfurosos, como los huevos cocidos o la coliflor asada). Para 2-3 raciones, mezcle 250 g de vainas enteras de ocra con aceite de oliva, comino molido y sal al gusto; a continuación, colóquelas en una bandeja de horno y áselas a 200 °C (marca 6 del gas) durante 10 minutos, o hasta que estén tiernas. Sírvalas como guarnición con huevo o tofu revueltos.

Comino y orégano: Véase *Orégano y comino*, p. 384
Comino y pimienta en grano: Véase *Pimienta en grano y comino*, p. 411

Comino y tamarindo: Las salsas de tamarindo compradas en el supermercado suelen saber más a comino que a tamarindo, una verdadera lata. No las emplee en platos dulces, ni en salados, en realidad, hasta que haya investigado su sabor a conciencia. Es mejor elaborar su propia pasta de tamarindo (véase la introducción al mismo en la página 158) y moler sus propias semillas de comino. El comino molido en casa «no se parece absolutamente en nada al comino molido normal», según escribe Rukmini Iyer, quien, como máxima exponente de la simplicidad que es, no le pediría que se tomase la molestia a menos que de verdad mereciese la pena. No he vuelto a comprar comino ya molido desde que leí su *India Express*.

Comino y yogur: Sabe a queso crema de corteza lavada. El comino aporta la nota suave entre animal y sudorosa y el yogur, el sabor láctico. Utilice uno espeso para obtener una salsa cítrica. También puede mezclarlo con hielo y una pizca de sal para preparar un *lassi* de *jeera* («comino»). Es menos parecido a un *lassi* de mango que a un ajo blanco o un gazpacho: salado, potente y refrescante. Prepare cada bebida con una cucharadita de comino recién molido por cada 200 ml de yogur. Mezcle toda la especia menos ¼ de cucharadita, que reservará para espolvorearla por encima. También puede añadir azúcar para darle un toque dulce, poco habitual en el comino.

CANELA

El olor característico de la canela se atribuye al compuesto orgánico cinamaldehído. La verdadera canela procede de la corteza interior del *Cinnamomum verum*. Aparte del sabor a cinamaldehído, las delicadas volutas contienen notas de clavo, flores y heno, junto con un distintivo toque dulce y fresco a corteza de árbol de hoja perenne. Su pariente, la *C. cassia*, tiene un carácter más singular, gracias a unos niveles más altos de cinamaldehído y a un menor contenido en moléculas aromáticas definidas. Esto la convierte en una buena elección para mezclas complejas (como la cola) o platos en los que las sutilezas de la canela auténtica podrían pasar desapercibidas. Es sabido que esta especia combina muy bien con los cereales, pero en mi opinión está infrautilizada en las verduras y en las recetas de la cocina de verano.

Canela y alcaravea: Véase *Alcaravea y canela*, p. 377

Canela y arándano rojo: La canela permanece en segundo plano en la salsa de arándanos como los cascabeles de los trineos en un villancico de Navidad. Una agradable combinación que las velas y ambientadores baratos para el mercado de los compradores navideños han echado a perder, con un aroma genérico a frutos del bosque que se hacen pasar por arándanos rojos.

Canela y avena: Véase *Avena y canela*, p. 80
Canela y baya de saúco: Véase *Baya de saúco y canela*, p. 131

Canela y boniato: El boniato hace honor a su otro nombre, «patata dulce», pues es bastante dulce. O eso es lo que se cree. El «boniato confitado» es la comida de Acción de Gracias para aquellos a quienes no les gusta esperar a que termine el plato principal para empezar con el postre. Se elabora cociendo trozos de boniato a fuego lento en mantequilla, azúcar moreno y canela. Esta última acentúa el dulzor, elemento que puede llegar a niveles capaces de inducir un coma si se le añade nubes de malvavisco. En Dominica, el boniato se cuece con leche de coco, leche condensada, canela y vainilla hasta que adquiere una consistencia espesa y cremosa. Luego se espesa aún más al enfriarse en la nevera. El plato se llama «dulce de batata», que no debe confundirse con el dulce argentino del mismo nombre. Véase también *Boniato y vainilla*, p. 178.

Canela y calabacín: Véase *Calabacín y canela*, p. 456

Canela y ciruela: La receta de Marian Burros de la tarta de ciruelas aromatizada con canela se publicó en el *New York Times* todos los meses de septiembre de 1983 a 1989. Se trata de un bizcocho azucarado con ciruelas cortadas por la mitad y espolvoreado con canela. Yo preparé la masa, la metí en el horno, programé el temporizador y me fui a tomar algo al jardín con un amigo. Al cabo de una hora y veinte minutos, mi marido me preguntó si había programado el temporizador para algo, porque había sonado hacía un rato. Lo que salió del horno parecía la figura de detrás de la cafetería de *Mulholland Drive*, de David Lynch. Las ciruelas se habían hundido hasta el fondo de la masa, como si no quisieran saber nada de todo aquello. Me comí un trozo. No estaba mal. Sí, estaba seco, y el sabor de las pegajosas manchas negras de azúcar quemado era un poco fuerte, pero no me costó nada apartarlo. Dos días después, la familia se había comido la tarta entera. Ahora sabía por qué la receta era tan popular. Si estaba tan buena cuando estaba mala... La volví a hacer, no sin antes destituir a mi marido de su puesto como vigilante del temporizador del horno. Salió perfecta. Nos gustó más la primera.

Canela y ciruela pasa: Añadir canela a las ciruelas pasas es acabar un trabajo que ya estaba empezado, pues estas poseen una nota marcada a especia para repostería. El escritor gastronómico inglés Ambrose Heath mezclaba castañas asadas y ciruelas pasas con un poco de azúcar, canela, zumo de limón y jerez, y lo servía caliente. El chef repostero y chocolatero Gilles Marchal, de La Maison du Chocolat de París, elabora una galleta *sablé* de canela que sirve con ciruelas pasas pochadas en té Earl Grey con vainilla.

Canela y cúrcuma: Véase *Cúrcuma y canela*, p. 260

Canela y dátil: La canela rivaliza con el cardamomo en cuanto a aroma favorito del dátil. El relleno del *makroudh*, un pastoso dulce magrebí de sémola, se elabora con una mezcla de pasta de dátil y canela. En Argelia hacen una versión similar que allí se conoce como *bradj* y cuya pasta también puede incluir ajenuz. El agua de rosas o el de azahar aportan una grata nota de amargor. Algunas variedades de dátil, como el Ajwa, casi negro y de sabor intenso, poseen un toque natural de canela. El escritor y pomólogo David Karp describe el sabor del dátil Bahri en su grado de maduración *khalal* como una mezcla de canela, coco y azúcar de caña.

Canela y hoja de laurel: Véase *Hoja de laurel y canela*, p. 406
Canela y jarabe de arce: Véase *Jarabe de arce y canela*, p. 430
Canela y judía verde: Véase *Judía verde y canela*, p. 446
Canela y maíz: Véase *Maíz y canela*, p. 85
Canela y membrillo: Véase *Membrillo y canela*, p. 190

Canela y miel: La miel puede ser un poco demasiado seria. La canela la saca de la clase de biología y se la lleva a jugar al recreo. Cuando esta se añade al jarabe de miel y se vierte sobre los *loukoumades* (pequeños donuts griegos) o los buñuelos de frutas otoñales, les da ese irresistible aroma a feria y festividad. El *metheglin*, la antigua bebida galesa de miel fermentada, se diferencia de su pariente cercano, el hidromiel, en que está aromatizado, a menudo con canela. El experto recolector y escritor John Wright dice que hay cuatro categorías de *metheglin*: especiado, herbáceo, floral y raro.

Canela y mostaza: La mostaza de Tewkesbury, que data del siglo XVI, era una mezcla de mostaza y rábano picante amasada en forma de bola. Se cortaba la cantidad necesaria y se mezclaba con agua, vinagre de sidra, leche o el líquido que se prefiriera: el equivalente a un plato preparado en la época de los Tudor. De vez en cuando se agregaba canela a la mezcla. Hoy en día, es una de las especias que se añaden a la mostaza amarilla (originalmente) alemana, junto con la pimienta de Jamaica y el jengibre. Las especias pueden ser difíciles de detectar entre los poderosos sabores de la semilla de mostaza y el vinagre, pero aportan un toque adicional de profundidad y otro toque de dulzor.

Canela y nuez pecana: Véase *Nuez pecana y canela*, p. 427

Canela y orégano: Amaderados ambos, pero de distinta manera. El orégano posee el aroma veraniego de las cálidas agujas de pino; la canela, de una corteza otoñal, melosa y rojiza. Combinados, su perfume es fresco y dulce a la vez, y excelente con el pan de maíz.

Canela y papaya: Véase *Papaya y canela*, p. 231

Canela y pasa: Omnipresentes. Aparecen en los bollos con especias, los bollos de Chelsea, los *lardy cakes* y todo tipo de pasteles pringosos. El *bagel* de pasas y canela (también conocido como «*bagel* de Navidad») es como un pastel de carne picada en forma de anillo. Podría colgarlo en la puerta en lugar de una corona navideña. Es, de todos los tipos de *bagels*, el más parecido a un pastel, con diferencia. Pruebe a untarlo con mantequilla de brandy. Piense también en lo bien que queda el cuscús de pasas y canela con todo tipo de carnes, verduras, quesos o pescado, y obre en consecuencia. En la misma línea, el famoso sándwich de pescado frito de las Bermudas, servido con salsa tártara y ensalada de col, se prepara con rebanadas tostadas de un pan enriquecido con canela y pasas.

Canela y pimienta de Jamaica: El nombre en inglés de la pimienta de Jamaica, *allspice* (literalmente, «todas las especias»), es un tanto exagerado. Debe esta denominación a que sabe como otras tres especias: canela, clavo y nuez moscada. Por eso, si se ha quedado sin pimienta de Jamaica, puede sustituirla por la misma cantidad de estas tres especias. De todas ellas, la pimienta de Jamaica tiene más moléculas en común con la canela, pero su sabor es más parecido al del clavo. En Jamaica, una mezcla típica de especias para elaboraciones al horno se hace con pimienta de Jamaica junto con canela, anís, nuez moscada y cáscara de naranja seca, en una proporción de 3:2:2:2:1 en volumen, molida o rallada.

Canela y pimienta en grano: Véase *Pimienta en grano y canela*, p. 409
Canela y piñón: Véase *Piñón y canela*, p. 420
Canela y semilla de amapola: Véase *Semilla de amapola y canela*, p. 349
Canela y sésamo: Véase *Sésamo y canela*, p. 343

PIMIENTA DE JAMAICA

Las bayas del árbol de hoja perenne *Pimenta dioica* se cogen cuando aún están verdes y se secan al sol durante una semana, hasta que adquieren un color marrón rojizo. Las mejores tienen el contenido más alto en aceite esencial y proceden de Jamaica, donde se llaman *pimento*. Su nombre en inglés, *allspice*, hace referencia al aroma, que alude a una combinación de especias populares. Los análisis científicos han demostrado que, efectivamente, la pimienta de Jamaica contiene compuestos aromáticos comunes con las especias a las que se asemeja, pero posee, además, cualidades propias, como una frescura afilada que se abre paso a través de la grasa y casa a la perfección con la ralladura de cítricos. Puede que el sabor de la pimienta de Jamaica le recuerde a la carne, ya que es un ingrediente de muchas mezclas de embutidos, tanto por sus propiedades conservantes como por su sabor. En Alemania e Italia, se utiliza habitualmente en la charcutería y a los escandinavos les gusta en los arenques en escabeche.

Pimienta de Jamaica y alcaravea: Véase *Alcaravea y pimienta de Jamaica*, p. 379

Pimienta de Jamaica y arroz integral: Según Alice Arndt, en Turquía, la pimienta de Jamaica se utiliza mucho para condimentar el arroz. A menudo se emplea una mezcla de ambos para aderezar hojas de parra o cualquier verdura que se pueda rellenar, y se puede comprar premezclada con menta seca, eneldo, comino, cilantro y pimienta. La pimienta de Jamaica es originaria del Nuevo Mundo, pero se ha integrado tan bien en la cocina turca que se ha ganado el nombre local de especia *dolma* (término para designar un plato relleno, más o menos equivalente al *farci* francés).

Pimienta de Jamaica y baya de saúco: Véase *Baya de saúco y pimienta de Jamaica*, p. 134
Pimienta de Jamaica y canela: Véase *Canela y pimienta de Jamaica*, p. 399

Pimienta de Jamaica y chile: El tándem característico del condimento *jerk*. En un artículo para la revista *Smithsonian*, Vaughn Stafford Gray señala que este tiene su origen en un método de cocción utilizado por los cimarrones, esclavos que escaparon al interior montañoso de Jamaica en el siglo XVII. Frotaban la carne con una mezcla de pimienta de Jamaica y pequeños chiles piquines antes de envolverla en hojas de alumbre y cocinarla sobre una brasa. Desde entonces, el condimento *jerk* se ha vuelto más complejo y ahora suele consistir en una mezcla de chiles Scotch Bonnet y pimienta de Jamaica con cebolleta, jengibre, ajo, canela y tomillo. Se hace una pasta con vinagre, zumo de naranja y de lima, azúcar y a veces salsa de soja. La pimienta de Jamaica también crece en México, por lo que allí se utiliza mucho. Sus hojas y bayas se mezclan con chiles en el guiso de pollo *chilpozontle*, y ambas se emplean a veces para aromatizar el chocolate.

Pimienta de Jamaica y chocolate: La pimienta de Jamaica es una animada alternativa a la vainilla para aromatizar el chocolate. Prepare una taza de chocolate caliente de esta forma y seguro que no se duerme antes de acabárselo. Su cualidad silvestre la convierte en un maridaje popular con los granos de cacao.

Pimienta de Jamaica y coco: Kenneth T. Farrell afirma que la pimienta de Jamaica se importó por primera vez a Europa como posible sustituto del cardamomo, lo cual resulta extraño, porque no se parecen en nada. Sin embargo, este último sí comparte la afinidad de la pimienta de Jamaica con el coco, como demuestra la sencilla receta de galletas de Pierre Hermé, que combina coco rallado con pimienta de Jamaica y un poco de nuez moscada, vainilla y café.

Pimienta de Jamaica y coliflor: Véase *Coliflor y pimienta de Jamaica*, p. 248

Pimienta de Jamaica y espinaca: Véase *Espinaca y pimienta de Jamaica*, p. 463

Pimienta de Jamaica y haba: Según escribe Felicity Cloake: «El sabor principal del *haggis* es el sabor a casquería [...], difícil de recrear sin materia animal». En The Ubiquitous Chip, en Glasgow, lo preparan muy bien. La última vez que lo probé, su *haggis* vegetariano carecía del carácter animal, pero tenía algo que sonaba al auténtico. «Quizá sea la pimienta de Jamaica», sugirió el camarero. No llegué a prepararlo hasta que me puse a documentarme para el capítulo de las habas de este libro. Las habas secas con piel tienen un ligero aroma a sangre, lo que me llevó a hacer la siguiente adaptación del *haggis* vegetariano perfecto de Cloake: para 4 raciones, ponga en remojo y cueza luego a fuego lento 50 g de guisantes verdes partidos hasta que estén blandos; escúrralos y resérvelos. Cueza a fuego lento 50 g de cebada perlada hasta que esté al dente. Cueza también a fuego lento 75 g de habas secas con piel hasta que estén blandas (o cueza un poco más y dese un capricho al día siguiente con un *ful medames*; véase *Haba y ajo*, p. 298). A continuación, escúrralas y reserve 350 ml del agua de cocción. En una cazuela grande, rehogue en mantequilla una cebolla grande cortada en dados pequeños y añada una zanahoria grande troceadita. Agregue los guisantes partidos escurridos y 100 g de copos de avena tostados. Triture las habas cocidas (o 150 g si ha preparado de más) y añádalas, junto con una cucharadita y media de pimienta de Jamaica molida, una pizca de cayena, un poco de nuez moscada, ½ cucharadita de salvia seca, ½ cucharadita de pimienta blanca y ½ cucharadita de sal. Disuelva 2 cucharaditas de Marmite y una cucharada de melaza negra en el agua de las habas reservada y añádalo a la cazuela. Luego, cuézalos todo a fuego lento, removiendo intermitentemente, hasta que la mayor parte del líquido se haya evaporado. Mientras tanto, precaliente el horno a 180 °C (marca 4 del gas) y unte generosamente con mantequilla una fuente cuadrada de 18 cm. Incorpore la cebada perlada a la mezcla de *haggis* de la sartén, viértalo todo en la fuente y deje que se haga durante 30 minutos tapado y 30 minutos sin tapar. Servir con los clásicos *neeps* y *tatties* (puré de patatas y nabo).

Pimienta de Jamaica y hoja de laurel: Las hojas de la planta de la pimienta de Jamaica, *Pimenta dioica*, tienen un aroma y sabor similar que el laurel europeo, *Laurus nobilis*, solo que más suaves, y se utilizan para cocinar de forma muy parecida. Con *Pimenta racemosa*, pariente cercano de la pimienta de Jamaica, se elabora el ron de laurel, un popular tónico capilar y loción para después del afeitado. Las ventas se dispararon durante la ley seca, ya que la gente se había aficionado a beberlo. Y ¿quién puede culparles? Parece delicioso. La baya de la pimienta de Jamaica tiene más moléculas en común con la hoja de laurel que con cualquier otra planta alimentaria, y una o dos majadas son una buena alternativa a este último en una sopa, una bechamel o una cazuela de alubias.

Pimienta de Jamaica y jengibre: Lo mejor de ambos viene de Jamaica. La pimienta de Jamaica añade un toque extra al pan de jengibre caliente y a los pasteles. El licor que se elabora con ella, el Pimento Dram (véase *Alcaravea y pimienta de Jamaica*, p. 379), añadido al ron y al jengibre hará que un Dark and Stormy sea mucho más oscuro y tormentoso. Las notas de cata del ron son una buena fuente de inspiración si lo que busca es una mezcla compleja de sabores para un plato o una bebida en la que destaque la pimienta de Jamaica. La marca de ron Equiano, por ejemplo, combina notas de *toffee*, frambuesa y naranja sanguina con un toque de té de hibisco.

Pimienta de Jamaica y lenteja: La pimienta de Jamaica es una buena compañera en los juegos de equipo. Rara vez aparece sin unas cuantas docenas de ingredientes más. La encontrará en el *harak osbao*, un plato sirio de lentejas y pasta con melaza de granada, comino, perejil y hojas de cilantro. La *mujadara* es otra mezcla de legumbres y cereales de Oriente Próximo que suele aparecer en los recetarios occidentales, concretamente como plato de arroz y lentejas (véase *Arroz integral y lenteja*, p. 28); en este caso, la pimienta de Jamaica se mezcla con canela, nuez moscada y comino. No es habitual añadirla a un *dal*, pero la chef Monisha Bharadwaj señala que a veces es el «ingrediente secreto y mágico que da un aroma divino a los curris y *biryanis* del norte de la India».

Pimienta de Jamaica y limón: Véase *Limón y pimienta de Jamaica*, p. 211

Pimienta de Jamaica y naranja: El tangelo Allspice se creó en 1917 en California. Se trata de un híbrido de la mandarina y el pomelo. Según el chef californiano David Kinch, su sabor a pimienta de Jamaica es convincente, aunque las ventas habrían despegado si lo hubieran llamado tangelo de Navidad, por su festiva combinación de cítricos y especias dulces. Él lo sirve acompañado de crujientes rodajas de rábano y nabo bañadas en aceite de avellana y zumo de limón y sazonadas con sal y pimienta, puré de rúcula, granola salada y un poco de cuajada de leche.

Pimienta de Jamaica y pasa: Véase *Pasa y pimienta de Jamaica*, p. 156

Pimienta de Jamaica y pimienta en grano: Mezcle pimienta de Jamaica con pimienta negra en grano en un molinillo de pimienta. Si esto suena a coincidencia, es una feliz coincidencia, y merece la pena comprar un molinillo extra solo para la combinación. El aroma a clavel de la pimienta de Jamaica confiere a la pimienta un toque floral, más excitante que cualquiera de los carísimos granos de pimienta que componen mi colección. Elija la pimienta de Jamaica no solo porque la mayoría de los comerciantes de especias coinciden en que es la mejor, sino porque su pequeño tamaño significa que debería caberle en su molinillo. Combínela con zumo de limón y un aceite de oliva fresco y picante para obtener una vinagreta con un signo de exclamación triple.

Pimienta de Jamaica y pistacho: Véase *Pistacho y pimienta de Jamaica*, p. 361

Pimienta de Jamaica y tomate: Saque todo el partido al dulzor de la pimienta de Jamaica en salsas y sopas de tomate. Al igual que la canela, redondea la acidez del fruto, pero de forma mucho menos llamativa. La pimienta de Jamaica es un ingrediente de la mayoría de los kétchups y, una vez familiarizado con su aroma, seguramente podrá distinguirla. Honey y Co. elaboran un condimento más sencillo a base de tomate concentrado, pimienta de Jamaica, pimentón y chile, y lo proponen como sustituto de la pasta picante turca *aci biber salcasi*.

Pimienta de Jamaica y vainilla: Véase *Vainilla y pimienta de Jamaica*, p. 174

HOJA DE LAUREL

Las hojas del laurel europeo, *Laurus nobilis*, se utilizan mucho en la cocina de los lugares donde crece. Añaden a la cazuela una mezcla cálida y discreta de sabores a hierbas y especias. El laurel se emplea casi automáticamente en platos salados, pero antes de que la vainilla se hiciera tan omnipresente, también era popular en flanes y postres de leche. Todavía se añade con frecuencia a las mermeladas de frutas de hueso y a las compotas de frutos secos. En Estados Unidos, *Laurus nobilis* se conoce como laurel turco, para distinguirlo del laurel de California, que es menos apreciado por su sabor fuertemente medicinal y parecido al eucalipto. El laurel de las Indias Occidentales es la hoja del árbol de la pimienta de Jamaica (véase *Pimienta de Jamaica*, p. 400).

Hoja de laurel y ajo: Véase *Ajo y hoja de laurel*, p. 315
Hoja de laurel y alubia negra: Véase *Alubia negra y hoja de laurel*, p. 55

Hoja de laurel y anacardo: Hice un «queso crema» vegano con anacardos y lo serví en un ramequín, pero me parecía un poco pobre, así que le puse una hoja de laurel. Cuando lo probé, me pareció mucho más paté que queso, gracias al laurel. Para hacer el paté vegano, ponga 125 g de anacardos en remojo con un par de hojas de laurel durante unas 2 horas. Rehogue 2 chalotas y 2 dientes de ajo picados en una cucharada de aceite de oliva, añada 2 cucharadas de oporto y cueza hasta obtener una reducción aromática similar a la de una holandesa, es decir, aproximadamente la mitad del volumen inicial. Cuando se enfríe, páselo a la batidora y añada los anacardos escurridos (sin las hojas de laurel), un poco de sal y pimienta negra. Bata hasta obtener una mezcla homogénea, viértala con una cuchara en un ramequín y coloque una hoja de laurel encima. Cúbralo y póngalo a enfriar en el frigorífico durante un día antes de comerlo con galletas saladas o tostadas.

Hoja de laurel y arroz integral: Las hojas de laurel se añaden automáticamente a los guisos y ragús, por lo que puede resultar chocante darse cuenta de que uno no tiene realmente ni idea de a qué saben. Glynn Christian sugiere una buena manera de familiarizarse con su sabor. Añada las hojas, y nada más que las hojas, al cocinar el arroz: 2-4 hojas frescas por cada 200 g de arroz. El limón y vainilla son notas que suelen atribuirse al laurel, pero cuando probé el experimento de Christian, no supe detectarlas. Sí percibí alcanfor, el familiar olor a Vicks para los que suelen coger resfriados, así como un toque de vermut rojo, amargo de Angostura y cola. Quizá por eso son tan populares. El arroz cocido con laurel es la base perfecta para una ensalada de arroz de invierno con gajos de naranja con piel, hinojo y nueces. Sin embargo, el laurel no gusta a todos los seres que pueblan la Tierra: es muy común guardar sus hojas en el armario del arroz para evitar las plagas. También sirve para los cereales y la harina.

Hoja de laurel y canela: Un nido de sabor construido con hojas y ramas. Utilícelos para aromatizar higos. *Cinnamomum tamala* es un árbol de hoja perenne que produce hojas conocidas como laurel de Indias o *tejpat*. Tienen una forma y un color parecidos a los del laurel europeo, pero con tres venas que las recorren hasta la punta en lugar de una. Son ricas en aromas de canela y clavo: dependiendo de dónde crezca el árbol, puede predominar uno u otro, pero, en cualquier caso, cuando abra una bolsa, el interior olerá a bollos con especias calientes. *Cinnamomum tamala* es una de las especies que nos da la casia, que suele utilizarse menudo en lugar de la canela (sobre todo en Estados Unidos) y debe su aroma, más fuerte y áspero, a que contiene un 80 por ciento de aldehído cinámico, más que *Cinnamomum verum* o «canela verdadera». Las hojas de *tejpat* son perfectas para *dals* y curris, y también pueden aportar su fragancia dulce y picante, parecida a la albahaca, a las salsas italianas a base de tomate.

Hoja de laurel y ciruela: El laurel cerezo es un ingrediente que aparece en los libros de recetas del siglo XIX. Parece delicioso, pero es tóxico, por lo que es mejor dejarlo para señalar el perímetro del jardín. El error surgió cuando los traductores de libros de cocina franceses confundieron el *Laurus nobilis* con el *Prunus laurocerasus*. Si el laurel tiene un sabor a fruto seco y almendra amarga, puede darle calambres estomacales. El laurel culinario sabe más a nuez moscada. Es este picante cálido lo que hace que sea tan idóneo en los tarros de mermelada de ciruelas o melocotones en escabeche, y también aporta una riqueza similar al vermut a la compota de ciruelas.

Hoja de laurel y ciruela pasa: Véase *Ciruela pasa y hoja de laurel*, p. 149
Hoja de laurel y grosella espinosa: Véase *Grosella espinosa y hoja de laurel*, p. 120

Hoja de laurel e hinojo: Hojas de hinojo, laurel y ralladura de limón: un *bouquet garni* para el marisco. Su aroma puede transportarle momentáneamente a una terraza de Menton al atardecer, mientras se toma un aperitivo de hierbas. Luego, de vuelta a la cocina, con un pescado. Si no consigue pescar ninguno, póngase el aromático *bou-*

quet garni a modo de adorno para el pelo. Dicho esto, también puede perfumar con él una compota de frutos secos o un guiso de lentejas de Puy. Si poda el hinojo y el laurel en el jardín, guarde los trozos cortados para crear un humo aromático para su próxima barbacoa.

Hoja de laurel y lenteja: Véase *Lenteja y hoja de laurel*, p. 67

Hoja de laurel y naranja: Patience Gray, que, como Hugh Fearnley-Whittingstall, prefería el laurel fresco al seco, solía poner una hoja del mismo en un tarro de mermelada. No es mala idea. Introducir semejante grado de amargura y complejidad en el desayuno significa que el día solo puede mejorar y hacerse más dulce y sencillo.

Hoja de laurel y patata: Hay cocineros que juran que añadir una o dos hojas de laurel a las patatas cocidas a fuego lento mejora el sabor del puré, las patatas asadas o las patatas nuevas con mantequilla. Una vez que estas se enfrían lo bastante para probarlas, se puede detectar el sabor, si uno se concentra lo suficiente. Al cabo de uno o dos días —por ejemplo, si se han guardado unas patatas cocidas en la nevera para una ensalada— el sabor es mucho más evidente. Algunos cocineros insertan una o dos hojas de laurel en cada hendidura de sus patatas Hasselback.

Hoja de laurel y perejil: El perejil fresco, el laurel seco y una ramita o tres de tomillo forman un ramillete de hierbas típico para los estofados y guisos franceses. Evite el romero, advierte Elizabeth David en *Spices, Salt and Aromatics in the English Kitchen*, pues es demasiado fuerte. Esto se me ha quedado grabado en la cabeza porque en la cubierta de mi ejemplar del libro aparece una foto en primer plano de un ramillete de laurel, perejil y romero. Aun así, el consejo de David es acertado, a pesar de que hay ocasiones en las que una pequeña cantidad de romero o salvia, una tira de piel de naranja o una ramita de canela pueden dar un poco de vida a algunos platos como, por ejemplo, en una cazuela de alubias.

Hoja de laurel y pimienta de Jamaica: Véase *Pimienta de Jamaica y hoja de laurel*, p. 402

Hoja de laurel y pimienta en grano: Les gusta gustar. Ambas aportan fragancia y frescura a un plato, pero rara vez tanto como para llamar la atención sobre sí mismas. Añádalas al caldo para darle un toque sutil de profundidad, un susurro de amargura. En cambio, son indispensables en un *adobo* filipino, la hierba y la especia principales, respectivamente, y fluyen en un caldo a base de vinagre, salsa de soja, ajo y quizá un poco de azúcar. El pollo y el cerdo son las proteínas habituales, y la grasa que aportan también es esencial. Un *adobo* sin grasa se parecería demasiado a un escabeche.

Hoja de laurel y zanahoria: Véase *Zanahoria y hoja de laurel*, p. 269

PIMIENTA EN GRANO

Es la especia más popular del mundo. Como todo buen líder, la pimienta negra saca lo mejor de los demás y rara vez se arroga el mérito. Los granos tanto de esta como de la blanca y la verde proceden de la enredadera de hoja perenne *Piper nigrum*. Las bayas aún no maduras de las que obtenemos los granos de pimienta negra y verde tienen, predominantemente, un sabor a pino con un toque picante y, en el caso de esta última, también una nota herbácea. Sin embargo, es fácil pasar por alto dichas características de sabor cuando es el picante el que acapara toda la atención. Su combinación de sabores frescos y ardientes hace de los granos de pimienta un condimento versátil, pero hay platos en los que son algo más que un añadido de última hora, y el *cacio e pepe* es el ejemplo más paradigmático. Es menos probable que detecte las notas aromáticas de la pimienta si la compra ya molida, ya que estas se disipan tan rápido tras el proceso de molido que en realidad es solo polvo picante. Cómprese un molinillo decente, de los que se puede ajustar el tamaño del resultado de la molienda. Una vez equipado con él, intente sintonizar sus papilas gustativas con cualquiera de los siguientes aromas: afrutado, cedro, regaliz, alcanfor, floral, amargo, jabón carbólico, canela, nuez moscada, tabaco, menta, medicinal, hierba cortada, cartón, pino, cereza, cítrico, té Lapsang Souchong, mentol, terroso, árbol de Navidad. Los granos de pimienta blanca proceden de las mismas bayas que la negra, pero se han dejado madurar, se les ha quitado la cáscara y se han secado. En el caso de la rosa no son granos de pimienta, sino bayas secas de una de tres especies diferentes. A mí me saben a laca. También se incluyen en este capítulo la pimienta larga, los granos del paraíso, la pimienta coreana *sansho*, la pimienta de Sichuan, la pimienta de Java y la pimienta de Timur.

Pimienta en grano y ajenuz: Véase *Ajenuz y pimienta en grano*, p. 388
Pimienta en grano y alubia negra: Véase *Alubia negra y pimienta en grano*, p. 57

Pimienta en grano y berenjena: En su libro *Pepper*, Christine McFadden señala que, aunque la pimienta negra Wayanad, de Kerala, puede saturar el pollo o el pescado, da excelentes resultados con la pasta o las berenjenas. Estas también combinan bien con la pimienta de Java indonesia, que es negra y lleva incorporada una pequeña cola, como si fuera un renacuajo carbonizado. Muchos dicen que tiene un fuerte aroma a nuez moscada o macis, pero a mí me recuerda más a la menta que a otra cosa. En Tánger, según Paula Wolfert, la pimienta de Java forma parte de la mezcla de especias de *La Kama*. Esta puede ser bastante básica (véase *Cúrcuma y canela*, p. 260) o, como esta versión, ideal para un tajine, un poco más elaborada. Mezcle 3 partes de cúrcuma molida, jengibre y pimienta negra con 2 partes de canela molida y pimienta de Java y una parte de nuez moscada rallada.

Pimienta en grano y canela: No hay que andarse por las ramas: la pimienta es chica, pero pica. El chef Paul Gayler propone una mantequilla aromatizada con canela y pimienta verde en grano. La pimienta larga, también conocida como *pipli*, es un pariente aromático de la *Piper nigrum* que se presenta en forma oblonga o de amento y sabe a canela o a jengibre seco, en función de a quién se pregunte. Yo creo que sabe a ambas cosas. La primera vez que la probé, mis papilas gustativas cantaron sobre el *lebkuchen*. La segunda vez, percibí jengibre, canela y cardamomo rociados con algo intenso y amaderado, como un *aftershave* caro. Es maravillosa, sobre todo en la mezcla etíope de especias *mekelesha*, o *wot kimem*, hecha con pimienta larga, canela, comino, pimienta negra, clavo, nuez moscada y cardamomo negro. Hay dos variantes de pimienta larga, *Piper longum* y *P. retrofractum*. La tienda especializada Spice Mountain, en el Borough Market, sugiere utilizar la segunda en la piña. Otros la emplean para escalfar peras, un buen complemento para sus notas de canela y jengibre. También puede echar simplemente un amento en la sopa, como haría con una hoja de laurel. Estos no caben en un molinillo de pimienta normal, pero se pueden comprar molinillos especiales para ellos y otras especias más grandes o utilizar también un mortero.

Pimienta en grano y chile: ¿Amigos o rivales? En Asia, los chiles desplazaron a los granos de pimienta como proveedores por defecto de picante porque son mucho más fáciles de cultivar. La acritud de los granos de pimienta procede de un alcaloide llamado piperina. En estado puro, esta alcanza las 100.000 SHU (unidades Scoville, por sus siglas en inglés), la medida del picante de un ingrediente. La capsaicina pura, el alcaloide responsable del picante de los chiles, alcanza los 16 millones de SHU. Aparte de la intensidad de cada uno, el ardor de los granos de pimienta y el del chile también difieren en el tiempo que tardan en hacer su aparición. El de los primeros se detecta al instante, pero es fugaz. El del segundo tarda más en desarrollarse, pero perdura. Suelen combinarse en mezclas de especias como el condimento *jerk* de las Indias Occidentales o el sazonador cajún ennegrecido. Hace muchos años, en una cita en un restaurante cajún muy caro de Chelsea, pedí atún ennegrecido, pensando que el establecimiento era demasiado lujoso para que sirvieran algo verdaderamente picante. Craso error. Me lo comí, sí, pero apenas podía abrir la boca para hablar ni beber vino, ya que empeoraba la sensación de ardor. Una semana después le pregunté a nuestro amigo común por qué mi cita no había vuelto a llamarme. Yo no era su tipo, me dijo. Demasiado callada.

Pimienta en grano y chocolate: Según los comerciantes de especias Schwartz, los granos de pimienta negra acentúan la riqueza del chocolate. Por su parte, el cacao crudo es una nota aromática habitual en ellos. El *panforte*, el bizcocho de frutas italiano —y, a la vez, excelente ejercicio para la mandíbula—, es una masa a base de frutos secos, frutas y especias aglutinados gracias al chocolate y la miel. Muchas recetas de *panforte* llevan pimienta blanca o negra. Sous Chef, el proveedor de ingredientes gourmet, vende la variedad Voatsiperifery, una rara pimienta silvestre de Madagascar que, según dicen, funciona a las mil maravillas en el pastel de chocolate.

Pimienta en grano y coco: Los granos de pimienta verde fresca suelen aparecer flotando en los platos tailandeses. Su sabor brusco y agrio se suaviza con la leche de coco, al igual que la nata en la clásica salsa para filetes. Aunque guardan más relación con el cardamomo, los granos del paraíso (*Aframomum melegueta*) suelen incluirse en la sección de pimientas de las tiendas de alimentación o de los libros de cocina, en gran parte porque se utilizaban como tal antes de que estos últimos estuvieran más extendidos. Algunos comerciantes de especias detectan un aroma a coco en los granos del paraíso, pero el parentesco con el cardamomo es más evidente (tanto los unos como el otro son miembros de las *Zingiberaceae*, la familia del jengibre). En su libro *Pepper*, Joe Barth atribuye a los granos del paraíso «un aroma ligero y limpio», junto con «algo de coco, cardamomo y aromas picantes».

Pimienta en grano y coliflor: Los vegetarianos tentados por las frituras de calamares o gambas con sal y pimienta pueden recurrir a la coliflor. Es un muy buen sustituto del marisco, pues posee la misma combinación de dulzor y azufre, perfectamente compensada por la untuosidad de la fritura y el toque amargo de la pimienta negra. Al freírlo, el tronco de la coliflor adquiere una textura blanda y flexible, mientras que los ramilletes se separan y se vuelven tan correosos como los tentáculos de los calamares. En la cadena de restaurantes Busaba Eathai, los calamares fritos se sirven con una guarnición de granos frescos de pimienta verde, que provocan y refrescan el paladar con su aroma resinoso y herbáceo y su textura crujiente.

Pimienta en grano y comino: Los aromas de los muebles de segunda mano. La resina de pino en la pimienta negra y el moho en el comino. La frescura amaderada de la primera la convierte en un ingrediente popular en los *aftershaves* masculinos. El segundo no se utiliza mucho en perfumería, pero a veces se emplea para aportar una nota íntima y animal (véase también *Fenogreco y comino*, p. 441). El contraste entre la frescura de la pimienta y el sabor a moho del comino hace que las dos especias por sí solas puedan aromatizar un plato entero, como en el *tarka* mezclado con arroz y el *mung dal* en el *ven pongal*, el plato del sur de la India. El *milagu sadam* es un plato similar, sin *dal*, pero con abundante pimienta negra.

Pimienta en grano y cúrcuma: Véase *Cúrcuma y pimienta en grano*, p. 262

Pimienta en grano y garbanzo: Lo único que necesitan los garbanzos son unos cuantos giros al molinillo de pimienta negra por encima. La *socca* es una sencilla tortita hecha con harina de garbanzos, aceite de oliva y agua, aderezada con sal y una generosa cantidad de pimienta negra. Especialidad de Niza, se vende en los puestos callejeros del casco antiguo y parece como si hubiera caído directamente sobre la plancha desde una de las fachadas descascarilladas de los edificios de la *belle époque* que los contemplan desde arriba: es del mismo color amarillo natilla sucio y con la superficie renegrida, como los diseños de hierro forjado de los balcones. Prepare algo parecido a la *socca* mezclando 200 g de harina de garbanzos tamizada con 350 ml de agua templada, 3 cucharadas de aceite de oliva y una cucharadita de sal hasta obtener una masa homogénea. Déjela a temperatura ambiente durante un par de horas y, a continuación, fríala como si fueran crepes, utilizando aceite de oliva para untar la sartén. Termine con una generosa cantidad de pimienta negra molida gruesa.

Pimienta en grano y guisante seco: Véase *Guisante seco y pimienta en grano*, p. 285
Pimienta en grano e hinojo: Véase *Hinojo y pimienta en grano*, p. 373
Pimienta en grano y hoja de laurel: Véase *Hoja de laurel y pimienta en grano*, p. 407

Pimienta en grano y huevo: Me resulta difícil disociar la pimienta blanca de los platos británicos más humildes de mi infancia: estofado de ternera, tostadas con alubias, huevos revueltos (la pimienta negra era para los huevos fritos, mientras que los revueltos requerían la blanca: eso era innegociable). Mi primera experiencia con esta variedad en un contexto más exótico fue a los veinte años, comiendo *pad thai* en el Blue Elephant de Fulham. El sabor de la pimienta blanca a menudo se describe como «a granja», a veces como si eso fuera un demérito, pero es precisamente la cualidad rústica —su carácter reminiscente a coles, para ser más precisos— lo que me encanta de esta especia. Su ligero sabor sulfuroso combina a las mil maravillas con la yema de huevo cocida. Las variedades de Wayanad, en el sur de la India, y Sarawak son las que gozan de mejor reputación. Además, la pimienta blanca es más picante que la negra y se sitúa entre el chile y la salsa sulfurosa de pescado en platos como el *pad thai*.

Pimienta en grano y jarabe de arce: Véase *Jarabe de arce y pimienta en grano*, p. 434

Pimienta en grano y jengibre: Los granos de pimienta se utilizaban antiguamente para hacer más picante el pan de jengibre, hasta que la cayena ocupó su lugar. Esta es mucho más fuerte, sin duda, pero hay que tener en cuenta que se puede aumentar el picante de los granos de pimienta partiéndolos. La pimienta negra majada dará a las galletas y al pan de jengibre un picante amaderado y levemente afrutado que combina bien con las mismas notas de la zingiberácea. En la India, el jengibre y los granos de pimienta encienden la lengua en el *masala chai*, en mayor cantidad a medida que se viaja hacia el norte y desciende la temperatura. Junto con la nuez moscada y el clavo, el jengibre y los granos de pimienta blanca componen la mezcla de especias francesa *quatre épices*. Esta se utiliza clásicamente para la carne, sobre todo de cerdo, pero también se puede probar con crucíferas o alubias blancas.

Pimienta en grano y lima: Véase *Lima y pimienta en grano*, p. 216
Pimienta en grano y limón: Véase *Limón y pimienta en grano*, p. 211

Pimienta en grano y manzana: La experta en conservas Pam Corbin añade pimienta negra molida al queso de manzana, lo que le da un extra de sabor, además de textura y un punto picante. El queso de frutas puede ser anestesiantemente dulce, por lo que se agradece la aportación, ya que las notas amaderadas de fondo de la pimienta dan amplio margen a la manzana para que entone su dulce melodía. El resultado es como una manzana reineta, pero más emocionante.

Pimienta en grano y miso: La pimienta coreana *sansho* pertenece a la familia de los cítricos. Se utiliza para aromatizar la sopa de miso, sobre todo la elaborada con miso rojo, y sus fuertes notas de limón y hierba limón proceden de los monoterpenos geraniol, citronelal y dipenteno. La pimienta larga de la India tiene notas cítricas similares, junto con la canela y el anís. La tienda de comestibles japonesa Nishikidôri, con sede en París, pone a la venta un miso blanco aromatizado con esta variedad. Sugieren servirla como condimento con salmón ahumado, tartar de carne o fresas frescas. Pruebe los granos de pimienta negra estándar, molidos gruesos, en sopa de miso y prepárese para experimentar su sabor muy muy de cerca.

Pimienta en grano y naranja: Puede detectar notas de piel de naranja en la pimienta negra brasileña. Mezcle 60 ml de zumo de naranja fresco con ½ cucharadita de granos de pimienta negra majados y una pizca de sal y azúcar para preparar un sencillo elixir. Se parece un poco al *tuk meric*, la salsa camboyana para mojar que se prepara con pimienta y lima, pero la naranja aporta un sutil toque afrutado para relamerse, sin el asertivo sabor ni la acidez de la lima. Es ideal para darle un toque picante a un salteado sin restar protagonismo a los demás ingredientes.

Pimienta en grano y patata: Véase *Patata y pimienta en grano*, p. 281

Pimienta en grano y pimienta de Jamaica: Véase *Pimienta de Jamaica y pimienta en grano*, p. 404

Pimienta en grano y pistacho: Véase *Pistacho y pimienta en grano*, p. 361

Pimienta en grano y queso: *Cacio e pepe*: de humilde república a imperio. Donde antiguamente la salsa romana de queso y pimienta se limitaba a la pasta, ahora hay patatas, maíz, sándwiches y galletas *cacio e pepe*. El queso, por supuesto, no es un ingrediente novedoso para este tipo de alimentos. La novedad está en la pimienta, sobre todo como ingrediente principal. No se muele, sino que se rompe, lo que hace que la mandíbula se transforme en el molinillo de pimienta —para captar mejor el efímero sabor—, y además la grasa y la sal del queso hacen que sea más fácil apreciar los aromas de la especia. Si tiene una pimienta negra algo más sofisticada a mano, este es el plato ideal para probarla. Los granos de la variedad Tellicherry, procedentes de Kerala, son brillantes, poseen aromas de cedro y cereza y gozan de popularidad sobre todo entre los fabricantes italianos de salami. Una combinación de pimienta y queso alternativa al *cacio e pepe* es un simple queso Boursin, con incrustaciones de pimienta negra gruesa. También puede probar un queso de cabra con granos de pimienta verde.

Pimienta en grano y seta: Véase *Seta y pimienta en grano*, p. 341

Pimienta en grano y tomate: El Bloody Mary no necesita otra guarnición. Ya cuesta lo suyo evitar que la rama de apio se te meta en el ojo, así que puedo prescindir perfectamente del cerco arenoso de pimienta negra machacada del borde del vaso. De hecho, para cuando me pido un Bloody Mary, ya me he machacado bastante durante la jornada. Guarde los granos de pimienta para mezclarlos con la masa de la pizza, como recomienda el escritor gastronómico Edward Behr, o úselos para hacer un *rasam* (véase *Tomate y tamarindo*, p. 107). En Nepal, una popular salsa de tomate ahumado se aromatiza con pimienta de Timur, que se parece bastante a la de Sichuan, con su cosquilleo anestesiante y su nota cítrica de pomelo. Es como un Peta Zetas sin azúcar. Mezcle tomates cherry asados con ajo picado, chiles verdes, una pizca de sal y pimienta Timur o de Sichuan al gusto. Ponga el toque final con cilantro picado.

Pimienta en grano y vainilla: Véase *Vainilla y pimienta en grano*, p. 174

AMADERADOS DULCES

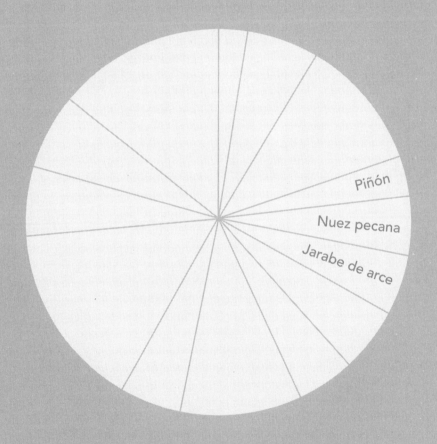

Piñón

Nuez pecana

Jarabe de arce

PIÑÓN

Unas treinta especies del género *Pinus* producen piñones comestibles (que en realidad son semillas). El más cultivado es el pino coreano, que crece en Asia, prefiere los climas frescos y es un arbusto de aire navideño. Los piñones son un alimento básico de la dieta tradicional de los indios nativos norteamericanos, pero también abundan en el norte de África y el Mediterráneo, donde crecen en árboles nudosos con forma de paraguas. Los italianos afirman que cultivan los mejores *pinoli* del mundo. Para comprobarlo, probé dos de sus variedades, una del supermercado y otra de una tienda especializada, además de un paquete de piñones cultivados en China, los que venden la mayoría de las grandes superficies. Colocados uno al lado del otro, los piñones parecían piezas del Museo de Historia Natural. Los de las variedades italianas eran largos y delgados, como garras; los chinos parecían más bien dientes, rechonchos y triangulares. Al probarlos crudos, estos últimos eran más dulces y claramente resinosos, con una textura cerosa: era como masticar una vela perfumada. Las dos variedades italianas eran mantecosas, aunque los piñones de la tienda especializada tenían un regusto ahumado, con reminiscencias a incendio forestal. Los matices dieron paso a notas tostadas generalizadas una vez asados los piñones. ¿El resultado de la prueba? Madre mía, los piñones son una delicia absoluta. El aceite que se prepara con ellos se comercializa ampliamente, y los restos de su producción se añaden a la elaboración de granola o se muelen para utilizarlos en repostería. Un importante número de personas sufre del llamado «síndrome de la boca de pino», que consiste en la aparición de un sabor metálico en la boca entre uno y tres días después de la ingesta de piñones, y que puede prolongarse hasta dos semanas.

Piñón y aguacate: Retire los piñones tostados en el momento justo y le sabrán claramente a beicon. Es una injusticia, pues, no mezclarlos con aguacate en un sándwich o espolvorearlos sobre una tostada de aguacate.

Piñón y ajo: En Turquía, a veces se muelen los piñones y se utilizan en lugar del tahini en un *tarator*. La pasta se mezcla con ajo y zumo de limón: un pesto para los que no comen verduras. Como los piñones son tan caros, a veces se suplementan con pan rallado tostado. El *tarator* de piñones se utiliza como salsa para pescados y verduras asadas. También se puede añadir a una sopa o utilizar como guarnición de una paella vegana.

Piñón y almendra: Como valen una cuarta parte del precio de los piñones, las almendras suelen desempeñar un papel secundario cuando aquellos son los protagonistas. Las galletas italianas llamadas *pignoli* se elaboran con una sencilla mezcla de almendra molida, azúcar y clara de huevo, a la que se da forma y se reboza en piñones antes de hornearla. Mezcle 100 g de almendras molidas con 100 g de azúcar caster y añada la cantidad justa de clara de huevo ligeramente montada para que ligue. A continuación, enfríe la masa para que se vuelva menos pegajosa; déjela reposar al menos 30 minutos. Ponga 100 g de piñones en un plato. Divida la masa en 10 bolas más o menos del mismo tamaño y, a continuación, presione cada una de ellas contra los piñones para que se aplanen a medida que las simientes se van pegando a la masa. Coloque las galletas en una bandeja de horno bien engrasada dejando amplio espacio entre ellas, y hornee a 160 °C (marca 3 del gas) durante unos 15 minutos, hasta que estén firmes y doradas. Del mismo modo, se pueden espolvorear piñones enteros sobre una tarta rellena de *frangipane*, pero tenga en cuenta el consejo que aparece en *Limón y piñón*, p. 212.

Piñón y canela: He cogido unos piñones tostados que sobraron de la cena de anoche. Tenían un gusto tan fuerte a canela que he tenido que inspeccionarlos para detectar algún indicio de contaminación. La canela es, de hecho, una nota aromática común en algunos piñones, lo que los convierte en un ingrediente adicional estupendo para galletas, pasteles y panes. Tanto los unos como la otra son originarios de México. Una de las recetas del libro *Recipes from the Regional Cooks of Mexico*, de Diana Kennedy, es una crema de piñones donde estos se mezclan molidos con una crema pastelera de canela y un chorrito de brandy o ron. La mitad de la mezcla se pone en una fuente untada con mantequilla, se cubre con galletas Savoy y se rocía con más brandy o ron. Se añade el resto de la crema pastelera, se decora con piñones enteros y se deja enfriar a temperatura ambiente antes de servir.

Piñón y dátil: En Corea se prepara un pastel de arroz glutinoso llamado *yaksik* con piñones y dátiles chinos. Estos, también llamados dátiles rojos, tienen la nota a *toffee* de las manzanas secadas al sol. El piñón desempeña un papel importante en la cocina coreana, por ejemplo en unas gachas ligeras (*jatjuk*) hechas con piñones molidos y arroz blanco y decoradas con piñones enteros. Asimismo, los dátiles estarían bien, pero podrían romper la estética marfil. Véase también *Piñón y pasa*, p. 424.

Piñón y espinaca: Véase *Espinaca y piñón*, p. 463

Piñón e hinojo: La *coca de pinyons* es una torta catalana recubierta con azúcar, piñones y licor de anís. Se elabora con una masa de pan normal enriquecida con un poco de aceite de oliva. Tras la fermentación, esta se aplana con el rodillo, se marca y se espolvorea con azúcar, piñones y un poco de anís. Colman Andrews escribe sobre la *coca de pinyons* que comió en una panadería de El Pla del Penedès, a cincuenta kilómetros de Barcelona, y señala que debe comerse caliente o a temperatura ambiente, en el desayuno o a media mañana, con una copa de cava o vino dulce. Algunas versiones se elaboran solo con azúcar y piñones, omitiendo el anís.

Piñón y huevo: ¿Huevos revueltos con frutos secos? Una abominación propia del laboratorio de cocina de un adolescente... a menos que sean piñones, tostados para sacar su lado salado. Crudos, tienen una frescura dulce, como de pino. Cocinados, el dulzor persiste, pero el sabor desarrolla matices de los viejos amigos del huevo: el beicon y las setas. Cualquiera que haya intentado tostar piñones en una sartén sabrá que la rentabilidad de la industria del piñón depende de que las primeras tandas se quemen hasta quedar negras e incomibles. Si se asan en el horno a 160 °C (marca 3 del gas), se tostarán más poco a poco y se obtendrá el mejor sabor: vigílelos como un halcón una vez transcurridos 5 minutos.

Piñón y jarabe de arce: Véase *Jarabe de arce y piñón*, p. 434
Piñón y kale: Véase *Kale y piñón*, p. 245

Piñón y limón: Véase *Limón y piñón*, p. 212

Piñón y maíz: Según señala Ronald M. Lanner en *The Piñon Pine: A Natural and Cultural History*, «Los navajos machacaban las semillas del *edulis*, abundante en aceite, hasta obtener una rica y sabrosa mantequilla (*'atlhic*), como la de cacahuete, que untaban en tortas de maíz calientes». El piñón del pino piñonero (*Pinus edulis*) es uno de los alimentos silvestres más sabrosos del mundo, según el legendario recolector Euell Gibbons (recomiendo encarecidamente el artículo que escribió sobre él John McPhee, publicado en el *New Yorker* en 1968). De las muchas variedades de piñones comestibles, el *edulis* es uno de los más grasos, con un 66 por ciento de grasa y un 14 por ciento de proteína, frente al piñón italiano, *Pinus pinea*, con un 48 por ciento y un 34 por ciento, respectivamente. En el norte de China, es habitual saltear los piñones con granos de maíz frescos.

Piñón y manzana: Mientras mi marido dormía la siesta, yo me senté en la terraza de nuestra *pensione* en Burano, una isla periférica de la laguna de Venecia —Croydon, básicamente, si San Marcos es el West End—, y empecé a planear nuestra salida del domingo por la noche en la ciudad italiana. Decidí que tomaríamos el *vaporetto* a San Marcos a última hora de la tarde y daríamos un largo paseo antes de cenar en Cannaregio. Así tendríamos tiempo para un *digestivo* en el bar del puerto antes de coger el último barco de vuelta al hotel. Desde la plaza de San Marcos nos dirigimos hacia el norte. Me detuve a comprar un par de zapatos de seda china del color de un cielo de Tiziano. En la tienda de comestibles de al lado, me llamó la atención un pastel. En la etiqueta se leía *pinza*, y parecía un trozo de tarta de frutas que hubiera pasado unos días en el canal. Compré dos porciones. Después de cenar —un plato de pasta con marisco más bien mediocre, redimido por una botella de Soave que sabía a melón y miel— nos dirigimos al puerto. Había unos pilotes de madera desvencijados sufriendo los embates del agua turbia, pero ningún bar. «Es un puerto —dije—. ¿Cómo puede no haber un bar en un puerto?». Mi marido se encogió de hombros. «Es domingo», dijo. «No. Te digo que no hay ningún bar», insistí yo. Y no lo había. Ni siquiera uno cerrado. La zona del puerto era, abierta y sarcásticamente, residencial. «A lo mejor está un poco apartado», sugirió mi marido. Así que nos adentramos en las callejuelas, ya no paseando, sino dando zancadas, decididos, en busca de algún cartel de neón o una sombrilla con el logotipo de alguna marca. *Niente.* Nos dimos media vuelta, derrotados. Y entonces oí algo. «¡Chisss!». El suave murmullo de gente bebiendo en la calle. Seguimos el rastro del ruido como los detectives de los dibujos animados. En una plazoleta detrás de una iglesia encontramos exactamente lo que buscábamos, solo que mejor: ese pilar de la civilización europea que es el bar informal, con unas cuantas mesas dispuestas tan despreocupadamente sobre las losas del suelo que podría haber sido el patio trasero de cualquier vecino. Atravesamos la cortina antimoscas y preguntamos al hombre si todavía servían comida. Parecía un dux en su día libre: un dux en casa. «No —contestó sonriendo—, pero pueden beber algo». No es que pareciera el patio trasero de un vecino: es que era el patio de un vecino, concretamente el suyo. Nos sentamos fuera, en una mesa llena de amigos del dux. A todos les hizo mucha gracia nuestro error. O eso creíamos, hasta que examinamos las botellas que había en la mesa. Dos contenían grandes cogollos de marihuana sumergidos en vodka. Una tercera albergaba una especie de licor verdoso infusionado con setas mágicas. Todos estaban colocadísimos. Mi marido y yo bebimos un chupito del vodka de marihuana. El tiempo no tardó en convertirse en una sustancia tridimensional con una especie de consistencia blanda, como un globo relleno de maicena. Alguien preguntó: «¿A qué hora sale su barco?», y casi al instante echamos a correr —descalza, en mi caso, ya que mis nuevos y baratos zapatos de Tiziano me apretaban demasiado en la punta— por las callejuelas, con poca o ninguna idea de dónde estaba el agua, corriendo como si nos persiguiera un loco armado con un cuchillo y vestido con un abrigo rojo ante la perspectiva de tener que pasar la noche en un banco de la calle o volver a casa del dux y empezar con las setas. Si soy sincera, el recuerdo que tengo es el de saltar desde el embarcadero a un *vaporetto* que ya estaba zarpando. Salvo por algunos miembros de la tripulación que jugaban a las cartas en la cubierta inferior, éramos los únicos pasajeros. Cuando recuperé el aliento, me di cuenta de que me moría de hambre. El corazón me dio un brinco de pura felicidad cuando me acordé de los dos trozos de tarta húmeda que llevaba en el bolso. Resultó que la humedad se debía a las rodajas de manzana del centro. Por lo demás, el pastel tenía piñones, pasas y semillas de hinojo. Devoramos ambos trozos y luego buscamos las pasas perdidas en la bolsa de papel. Estaba delicioso.

Volví a ponerme los zapatos de Tiziano y puse los pies encima de la barandilla, dejando que el aire nocturno me refrescara los tobillos. Al día siguiente me enteré de que la *pinza* se come tradicionalmente con vino tinto en la Noche de Reyes, cuando las hogueras queman lo viejo y dejan paso a lo nuevo; se cree que trae buena suerte. ¿Qué habría pasado esa noche sin ella?

Piñón y menta: Véase *Menta y piñón*, p. 382

Piñón y pasa: Exhiben sus diferencias. Y ¿qué hay más italiano que eso? Los sicilianos usan *passoli e pinoli* («pasas y piñones») en la *caponata*, la ensalada de achicoria, la pasta con sardinas, la pasta con coliflor y migas, y con bacalao salado o pez espada. Para mí son un condimento de segunda categoría. Una vez que nos hemos ocupado de la sal y la pimienta, pasamos a los asados y afrutados. Los *passoli e pinoli* también pueden incluirse en el arroz del relleno de las hojas de parra. Las pasas y los piñones son los ingredientes clave de la *sauce romaine*, que para mí es la variación más interesante de la salsa oscura, la clásica salsa marrón francesa. Y también los contiene la bebida de Oriente Próximo llamada *jallab*, una mezcla de jarabe de dátiles, algarroba, rosas y uva que se sirve con hielo.

Piñón y queso: Algunos parmesanos veganos se hacen con piñones y otros, con anacardos. El sabor naturalmente picante que poseen los piñones combina mejor con el queso. Los no veganos pueden comprobarlo probando estas pequeñas tejas. Ralle 120 g de parmesano y colóquelo en montones formados por una cucharada en una bandeja de horno forrada con papel de hornear. Inserte media docena de piñones encima de cada montoncito y hornéelos a 180 °C (marca 4 del gas) durante 5-7 minutos, hasta que se doren.

Piñón y seta: En Japón, la «seta de pino» es una forma de *matsutake* que, cuando se consume poco después de su recolección, resulta carnosa con notas de pino y frutas. En Europa, el mismo nombre es un alias del níscalo o robellón, cuyo binomio es alentador: *Lactarius deliciosus*. El nombre de seta de pino se debe a que crece en los bosques de coníferas. Los níscalos también se encuentran en Australia, se cree que en los pinos importados. El chef Neil Perry, afincado en Sídney, lo considera el mejor hongo silvestre australiano por su sabor y textura. Cocínelos con mantequilla, ajo y tomillo, y adórnelos con abundantes piñones tostados.

Piñón y zanahoria: Ambos recuerdan tanto a pino que podría estar inundándose los pulmones de aire en una cocina de los setenta.

NUEZ PECANA

De las catorce especies de nueces de nogal autóctonas de Norteamérica, la pecana se considera la de mejor sabor y la más fácil de pelar. La mayoría de ellas se cultivan en Estados Unidos y México. Para tener un huerto de pecanas se necesita espacio, ya que los árboles deben estar separados por unos 25 metros. Hubo una época en que se plantaban tantos nogales que el excedente de la cosecha se descargaba en las escuelas. La omnipresencia de la nuez pecana en la cultura estadounidense puede explicar por qué los astronautas del Apolo 16 regresaron con sus paquetes de pecanas envasadas al vacío intactos: todo el país estaba harto de ellas. Ahora, sin embargo, esta nuez es apreciada tanto en Estados Unidos como en Canadá por su sabor dulce y mantecoso. No ha acabado de despegar del todo en Europa, donde se considera un fruto seco de lujo, asociado sobre todo a la tarta de nueces pecanas y a la repostería dulce. Históricamente, algunos indios nativos norteamericanos la utilizaban para elaborar una leche para beber y enriquecer guisos y panes, del mismo modo que se empleaba la almendra en la Europa medieval.

Nuez pecana y achicoria: Corte un trozo de baguette de la longitud de su antebrazo. Tenga cuidado de no cortarse la mano. Abra el pan, unte la mitad inferior con mantequilla de nuez pecana comprada y sazone con sal al gusto. Empape las hojas de achicoria rizada, o escarola, en una vinagreta picante. Colóquelas en la mitad inferior de la baguette mientras rocía la parte interior de la mitad superior con más vinagreta. Apriete el sándwich como si fuera una maleta llena hasta los topes antes de comérselo.

Nuez pecana y arándano rojo: El arándano rojo sabe como una manzana ácida muy suave. Es perfecto para la nuez pecana. Combinan de manera armoniosa en una tarta, galletas o un relleno de arroz salvaje. Pero... ¡a la porra con eso! Los arándanos rojos necesitan azúcar y las nueces pecanas la adoran, así que emparéjelos en un *fudge*.

Nuez pecana y avena: Según el libro de cocina *Gail's Artisan Bakery Cookbook*, «Las nueces pecanas quedan especialmente bien con la avena». Resulta que un análisis sensorial realizado por Menard Heydanek y Robert McGorrin en 1986 reveló una nota de «nuez pecana» en la avena cocida. He adaptado ligeramente la receta de Gail para las galletas de avena, nuez pecana y arándanos rojos. En un bol, mezcle 75 g de harina de trigo, ½ cucharadita de levadura en polvo, ¼ de cucharadita de sal, 50 g de nueces pecanas picadas y ligeramente tostadas, 40 g de arándanos rojos secos picados y 100 g de copos de avena. En otro cuenco, bata 75 g de mantequilla sin sal con 50 g de azúcar moreno claro y 75 g de azúcar blanco e incorpore una yema de huevo y ½ cucharadita de extracto de vainilla. Añada los ingredientes secos a los húmedos, removiendo para que se mezclen bien, y luego métalos en el frigorífico para que se enfríen durante aproximadamente una hora. Divida la masa en 16 bolas más o menos del mismo tamaño y distribúyalas, bien espaciadas, en una bandeja de horno forrada y engrasada. Aplaste las bolas con el talón de la mano, procurando que sigan separadas unos centímetros. Hornee a 180 °C (marca 4 del gas) durante unos 12 minutos, hasta que se doren.

Nuez pecana y boniato: Thomas Jefferson era un gourmet de tomo y lomo. Su receta de bollos de boniato y pecana ha sido adaptada por la City Tavern de Filadelfia, donde los hornean todos los días. Son suntuosos, afrutados y con sabor a frutos secos, con toques de especias y cremosidad. Esta es mi adaptación de su adaptación. Mezcle 100 g de mantequilla con 250 g de harina de trigo hasta obtener una mezcla parecida al pan rallado. Añada 100 g de azúcar moreno claro, una cucharada de levadura en polvo y ½ cucharadita de jengibre molido, otra media de pimienta de Jamaica y otra media de canela, y haga luego un hueco en el centro. Añada 250 g de puré de boniato frío, 125 ml de nata espesa y 4 cucharadas de nueces pecanas picadas, y mezcle hasta obtener una masa homogénea. Estire la masa con el rodillo hasta que tenga un grosor de 3 cm y corte unos redondeles de 5 cm, que colocará separados a 2 cm de distancia en una bandeja de horno ligeramente engrasada. Hornee los bollos a 180 °C (marca 4 del gas) durante 25-30 minutos, hasta que hayan subido y estén dorados.

Nuez pecana y café: Véase *Café y nuez pecana*, p. 44

Nuez pecana y canela: En un universo alternativo en el que las banderas nacionales fueran rectángulos de tela lisa con olores diferentes, esta combinación sería la de Estados Unidos: el tostado dulce como el arce de la nuez pecana con el sabor a cola del *Cinnamomum cassia*. Esta combinación se utiliza sobre todo en el pastel de café o espirales de repostería, pero también se pueden trocear los frutos secos, mezclarlos con jarabe de arce y un poco de canela, y verterlo todo en los huecos descorazonados de las manzanas para hacerlas al horno.

Nuez pecana y chocolate: Partiendo de la base de que seguramente se podrían utilizar nueces pecanas dondequiera que se utilizaran avellanas, hice una pasta con ellas y chocolate para untar. El resultado fue una porquería. No existe una variante de Nutella con nueces pecanas por buenas razones. Hay que tostar los frutos secos para que puedan asomar la cabeza por encima del parapeto del chocolate. Eso funciona maravillosamente con la avellana, cuya dulzura amaderada es fácil de detectar incluso en el chocolate negro. Al calentar las nueces pecanas, en cambio, se desprende un aroma de masa cruda para bizcocho de vainilla que se pierde un poco en el chocolate. A veces también se detecta un toque de amoniaco en polvo cuando se tuestan. La nuez pecana funciona mejor con el chocolate si este se deja en trozos lo bastante grandes para masticarlos, pero sus propias notas aromáticas —sobre todo el caramelo mantecoso y la vainilla— son indicios de que hay mejores combinaciones para este fruto seco. Y el chocolate también podría encontrar un mejor partido.

Nuez pecana y ciruela pasa: Véase *Ciruela pasa y nuez pecana*, p. 150
Nuez pecana y coco: Véase *Coco y nuez pecana*, p. 182
Nuez pecana y dátil: Véase *Dátil y nuez pecana*, p. 166
Nuez pecana y grosella espinosa: Véase *Grosella espinosa y nuez pecana*, p. 121

Nuez pecana y jarabe de arce: Véase *Jarabe de arce y nuez pecana*, p. 433

Nuez pecana y kale: Véase *Kale y nuez pecana*, p. 244

Nuez pecana y manzana: No se conoce el verdadero sabor de la nuez pecana hasta que no se ha probado con manzana ácida: la fruta señala con una gran flecha verde el sabor mantecoso a arce del fruto seco. La combinación puede ser rica. Evelyn Anderson Florance, que cocinaba en la taberna Huguenot de Charleston (Carolina del Sur) en los años cuarenta, llamaba a su pudin de nuez y manzana «tarta Huguenot». Aseguraba haberse inspirado en el pastel de nueces de Ozark. El escritor e historiador gastronómico John Egerton ha encontrado un pudin anterior tanto al Huguenot como al Ozark, registrado por una tal S. R. Dull en su libro *Southern Cooking* (1928). Bata 2 huevos con 200 g de azúcar, una cucharada de harina de trigo, una cucharadita y media de levadura en polvo, ⅛ de cucharadita de sal, una cucharadita de extracto de vainilla, ½ taza de nueces pecanas picadas y una taza de manzanas ácidas peladas y troceadas. Cuando esté todo bien mezclado, viértalo en una fuente de horno untada con mantequilla de 30 cm × 20 cm y hornee a 180 °C (marca 4 del gas) durante 30 minutos.

Nuez pecana y miso: La mantequilla es la nota aromática más común de las nueces pecanas, y se revela al final de la masticación. Sin embargo, algunas variedades tienen un sabor más parecido a la leche vegetal, como el de la de soja templada y ligeramente azucarada, lo que convierte al miso en un maridaje natural. La combinación de un dulce miso blanco y nueces pecanas recuerda a un pastel, mientras que con miso rojo recuerda a la fruta con hueso. La fabricante de miso Bonnie Chung combina el miso rojo y la nuez pecana con jarabe de arce y vinagre de arroz para hacer un condimento para los fideos udon y verduras cocidas en *dashi* o caldo de verduras.

Nuez pecana y pasas: Estados Unidos cultiva el 80 por ciento de las nueces pecanas del mundo y es el segundo productor mundial de pasas. A mediados del siglo XX, el empuje del país para dominar el mercado mundial de este fruto seco provocó un excedente. Se pidió a las escuelas que encontraran formas de darlas a los niños y se contrató a especialistas en el tratamiento de alimentos para que inventaran recetas. Un éxito notable fue el bollo de pecanas y caramelo, que también se incluía en los paquetes de ayuda que se enviaban a los soldados durante la Segunda Guerra Mundial. Aderezados con pasas, le valieron a Angela Dodd un importante premio en el America's Best Raisin Bread Contest de 2010. No es desmerecer su logro señalar que el maridaje de sabores no era nada nuevo. En el siglo XIX, se añadían nueces pecanas y pasas a los bizcochos de mantequilla, junto con nuez moscada y whisky. La tarta Osgood, de tipo empanada, se rellenaba con nueces pecanas y pasas, y se le echaba un chorrito de vinagre para darle un toque especial. Esta nuez es una especie fruto del nogal americano. Lo que nosotros llamamos nueces de jicoria ovada son distintas de las pecanas, pero también se combinan con pasas en un bizcocho de mantequilla que aparece en *Good Things to Eat*, de Rufus Estes, el primer libro de cocina de un chef afroamericano, publicado en 1911. Si no ha probado nunca una nuez de jicoria ovada, el escritor y naturalista de Wisconsin John Motoviloff la describe como una nuez pecana intensamente aromatizada, al igual que la colmenilla podría considerarse una variación más intensa del champiñón. La nuez de jicoria ovada es la pecana condensada y embellecida con un dulzor ahumado.

Nuez pecana y queso: Véase *Queso y nuez pecana*, p. 308
Nuez pecana y tupinambo: Véase *Tupinambo y nuez pecana*, p. 277

Nuez pecana y vainilla: La vainilla acompaña a la nuez pecana en sus formas más populares, en el helado de mantequilla de pecana y en las galletas de boda mexicanas, a veces llamadas «polvorones» por los mantecados españoles hechos con almendras y canela. Adaptados a los frutos secos y especias locales, los polvorones se hicieron populares en toda América. Interprete eso como una pista y pruebe a sustituir la almendra y la canela por nuez pecana y vainilla en la elaboración de otros pasteles y galletas típicamente españoles, como la tarta de Santiago. También puede emplear un poco de azúcar moreno, ya que combina muy bien con el helado.

JARABE DE ARCE

Las ciento veinticuatro variedades de arce producen una savia comestible, pero es la del *Acer saccharum*, el arce azucarero, la que es suficientemente clara y dulce para haber creado una industria multimillonaria. Se trata esta de una planta muy sensible, pues necesita la combinación perfecta de noches heladas y días soleados para que su savia fluya entre una semana y dos meses en primavera. A lo largo de la temporada de extracción, cambia la composición y, por tanto, el sabor del jarabe. Cuando el árbol empieza a retoñar al fin, aparece un sabor extraño. La mayoría de las grandes marcas compran su materia prima a pequeños productores y la mezclan para crear su jarabe de arce estándar, del mismo modo que las casas *négociant* de la denominación francesa de Champagne compran uvas a los viticultores y las mezclan para crear su estilo propio. Antiguamente, la clasificación del jarabe de arce era un galimatías incomprensible por su complejidad. En la actualidad, Estados Unidos y Canadá utilizan el mismo sistema de clasificación: dorado (sabor delicado), ámbar (rico), oscuro (robusto) y muy oscuro (fuerte). Los jarabes más oscuros son cada vez más populares. Los verdaderos entusiastas de esta melaza pueden calibrar su colección con la rueda de sabores del jarabe de arce, elaborada en 2004 por el organismo gubernamental Agriculture and Agri-Food Canada.

Jarabe de arce y arándano rojo: Véase *Arándano rojo y jarabe de arce*, p. 114
Jarabe de arce y arroz integral: Véase *Arroz integral y jarabe de arce*, p. 28
Jarabe de arce y avena: Véase *Avena y jarabe de arce*, p. 81
Jarabe de arce y boniato: Véase *Boniato y jarabe de arce*, p. 177
Jarabe de arce y café: Véase *Café y jarabe de arce*, p. 43

Jarabe de arce y canela: Un fondo de armario para el invierno. Tan reconfortantes como una camisa de franela y unas botas forradas de borreguito. El *grands-pères au sirop* canadiense es el postre que necesitas cuando regresas del parque y no te notas las mejillas. La masa de bollos escalfada en jarabe de arce puede pecar de empalagosa, pero si se le añade canela, la cosa mejora considerablemente. Esta puede resultar avasalladora y acallar algunas de las notas frescas del jarabe, pero su amargor es capaz de resucitar a un muerto. El *pouding chômeur* («pudin del parado») consiste en una simple salsa de jarabe de arce sobre un bizcocho. En el horno, el bizcocho sube y la salsa baja, por lo que se obtiene un delicioso pudin pegajoso. No suele aromatizarse con canela, pero al igual que ocurre con el *grands-pères*, lo aligera de forma muy agradable. Tradicionalmente, los jarabes de arce más oscuros se utilizaban para cocinar u hornear más que para rociar las preparaciones con ellos, ya que suelen ser más fuertes y especiados que los más claros, que tienen notas de canela, clavo y anís. ¿Lo quiere más oscuro? El jarabe de arce «de grado de procesado» se utiliza como ingrediente en la producción comercial de alimentos, ya que se considera demasiado fuerte para uso doméstico. No me eche a mí la culpa si se engancha a él.

Jarabe de arce y ciruela: En el sabor del jarabe de arce se esconde una sinfonía de frutas. Las desecadas son las más llamativas —ciruela pasa y pasas, sin duda—, pero también se puede detectar pomelo, mango o melocotón. Las ciruelas responden mejor que todas ellas al toque del jarabe de arce. Retire los huesos de algunas mitades de ciruela (de lo contrario, el aroma almendrado de estos se impondrá al aroma del arce), corte cada mitad en 3 trozos y escáldelas en un poco de jarabe. Por cada 500 g de ciruelas, ponga 3 cucharadas de jarabe de arce y 2 cucharadas de agua. Llévelo a ebullición, añada las ciruelas, tape y cocine durante 15 minutos. Para servir una crema de jarabe de arce con ellas, bata 250 ml de nata espesa con 2 cucharadas de jarabe y una pizca de sal.

Jarabe de arce y fenogreco: Los aromas de jarabe de arce se elaboran con semillas de fenogreco, gracias a una potente lactona que comparten ambos ingredientes. A quienes no les guste su pegadizo nombre común, el sotolón, quizá prefieran conocerlo como 3-hidroxi-4,5-dimetil-2(5H)-furanona. También se encuentra en el apio de monte, el apio común, las nueces, la malta y el ron añejo. En 2009, prácticamente toda la población de Manhattan se despertó con ganas de una gran pila de tortitas, debido a una misteriosa niebla con olor a jarabe de arce que se cernía sobre la ciudad. Al final se identificó el origen como una fábrica de Nueva Jersey que procesaba fenogreco. François Chartier, autor de *Papilas y moléculas*, preparó en una ocasión un menú entero inspirado en el jarabe de arce y el sotolón.

Jarabe de arce e hinojo: El sabor del jarabe de arce es inmejorable. O casi. El hinojo podría llegar a ser un candidato para ello. Las semillas de esta apiácea entonan con una nota del jarabe atribuible al compuesto orgánico cicloteno, también conocido como lactona de arce. Aparte del jarabe de arce, las notas de cata de esta suelen incluir café, pan tostado y regaliz. La semilla de hinojo también posee un elemento verde y refrescante que se abre paso a través del dulzor del jarabe. Es comparable al efecto que tienen la ralladura y el zumo de limón sobre el jarabe dorado, realzando su veta cítrica. Prepare una *tarte au sucre* espolvoreando 100 g de pan rallado sobre un molde de masa para tarta precocinada de 18 cm (lo mejor es una masa quebrada normal). Vierta 400 ml de jarabe de arce, espolvoree uno o dos puñaditos de semillas de hinojo trituradas por encima y hornee durante 30 minutos a 160 °C (marca 3 del gas).

Jarabe de arce y huevo: En ninguna cafetería o restaurante de Vermont puede faltar el jarabe de arce para los huevos, el beicon, las tostadas francesas, las tortitas, las salchichas o los bollos. Incluso existe una especialidad local de huevos escalfados en jarabe de arce. El plato estrella de L'Arpège, el restaurante de tres estrellas de Alain Passard en París, es el «huevo caliente frío», una yema cocida espolvoreada con cebollino y cubierta de nata montada con especias y vinagre de jerez. Se le da el toque final con un poco de jarabe de arce y *fleur de sel*.

Jarabe de arce y limón: Añada limón al jarabe de arce y sabrá a jarabe dorado; uno ligeramente superior, es cierto, pero por el que no merece la pena pagar cuatro veces más.

Jarabe de arce y maíz: Véase *Maíz y jarabe de arce*, p. 87

Jarabe de arce y manzana: El poeta Robert Frost se trasladó a Vermont en 1920 y vivió algunas temporadas allí hasta su muerte, en 1963. En su poema «Tarde en un huerto de azúcar», el narrador pasea por el huerto nevado observando los arces con los cubos de savia pegados a los troncos y las ramas iluminadas por una esquirla de luna. Frost cultivaba muchas variedades de manzana, entre ellas la de piel roja y carne blanca conocida como Fameuse, que, según dicen algunos, sabe a fresa. En el Reino Unido, la más parecida y casi siempre disponible es la Worcester Pearmain. No es que el jarabe de arce sea demasiado exigente con la manzana con la que se combina; solo hay que asegurarse de que esta tenga un sabor intenso y haya cantidad suficiente para que se note. No hay nada mejor que una esponjosa compota de manzana rociada con vetas de jarabe de arce por encima.

Jarabe de arce y mostaza: Mostaza de miel vegana. Para hacer un aliño de mostaza de jarabe de arce, utilice 3 cucharadas de mostaza de Dijon, 3 cucharadas de jarabe de arce, 3 cucharadas de aceite de oliva o de nuez y una cucharada de vinagre de sidra. Combina bien con cereales y manzanas, especialmente con una ensalada de kale con manzana, nueces y apio.

Jarabe de arce y nuez pecana: Las nueces pecanas saben a azúcar de arce cremoso con mantequilla dulce y se comen con una cuchara de madera de nogal. Los lazos de parentesco entre esta y el jarabe de arce son muy muy profundos: ese sabor específicamente norteamericano de los bosques y las hogueras, el humo, los malvaviscos, la leña y el café. El jarabe de arce se obtiene hirviendo la savia del arce. La regla general es que por cada diez litros de savia se obtiene un litro de jarabe, dependiendo del contenido de azúcar de esta, pues puede oscilar entre el 1 y el 5 por ciento; lo normal es entre el 2 y el 3 por ciento. El agua se hierve hasta que el contenido de azúcar alcanza el 66 por ciento. Cualquiera que haya tenido que esperar a que reduzca una olla de caldo comprenderá que hacer lo mismo con la savia de arce debe de hacer que esperar a que se seque la pintura parezca una película de los hermanos Safdie. Si se deja reducir más del 66 por ciento, se elimina por completo la humedad y solo queda azúcar de arce. Por eso es un producto tan caro: en los supermercados británicos cuesta veinte veces más que el azúcar moreno normal. Sin embargo, está tan rico que tendrá que sujetarse los ojos para que no se le salgan de las órbitas. Utilícelo con buen criterio, por ejemplo en las *pecan sandies*, unas galletas norteamericanas que se ganan a pulso su lugar en la familia de las galletas de mantequilla, que normalmente son simples y con un contenido lo bastante reducido en azúcar para que la mantequilla sea la protagonista. Las *sandies*, en cambio, son más dulces, llevan nueces incrustadas y están bañadas en más azúcar. Bata 50 g de azúcar de arce y 50 g de azúcar caster con 150 g de mantequilla sin sal hasta que la mezcla quede clara y suave. Añada una cucharadita de extracto de vainilla y, a continuación, incorpore poco a poco 225 g de harina de trigo, una cucharadita de levadura en polvo, 75 g de nueces pecanas picadas y ½ cucharadita de sal, hasta obtener una mezcla homogénea. Divida la masa en 10 bolas del mismo tamaño, páselas por azúcar de arce y distribúyalas en una bandeja de horno forrada. Hornee a 160 °C (marca 3 del gas) durante 20 minutos o hasta que se doren los bordes y, a continuación, trasládelas con cuidado a una rejilla para que se enfríen.

Jarabe de arce y pimienta en grano: Añada un poco de pimienta en grano a los postres con jarabe de arce. El aroma fresco del pino combina bien con la nota amaderada del jarabe, y la explosión de picante responde al elemento ligeramente refrescante del arce como un acuerdo en el que ambas partes acuerdan no estar de acuerdo.

Jarabe de arce y piñón: En 1886, el naturalista estadounidense John Burroughs opinó que el jarabe de arce tenía «una delicadeza salvaje de sabor que no puede igualar ningún otro dulce. Lo que se huele en la madera de arce recién cortada, o se saborea en la flor del árbol, está en él. Es, en efecto, la esencia destilada del árbol». El jarabe de arce contiene numerosos terpenos, los compuestos aromáticos que dan a las coníferas su aroma distintivo. Los piñones tienen una fuerte reminiscencia a árbol de Navidad. Yo prefiero el jarabe de arce y los piñones a la combinación habitual de *glühwein* y salchichas bratwurst de un metro de largo que se sirven en los mercadillos durante las pascuas. Pruebe el siguiente pastel navideño: se puede preparar un praliné sencillo de los dos ingredientes hirviendo a fuego lento el jarabe de arce hasta que alcance el punto de «caramelo fuerte» (149-154 °C), añadiendo piñones tostados y una pizca de sal, y vertiéndolo después en una bandeja de horno untada con aceite para que se solidifique. ¿Sabe mejor que un (mucho más barato) praliné de cacahuete y azúcar? No, pero sí suena mejor.

Jarabe de arce y pistacho: Véase *Pistacho y jarabe de arce*, p. 360
Jarabe de arce y plátano: Véase *Plátano y jarabe de arce*, p. 184
Jarabe de arce y seta: Véase *Seta y jarabe de arce*, p. 339

Jarabe de arce y vainilla: El aroma del jarabe de arce depende del clima, el suelo, la distribución del terreno y el árbol en concreto. Sin embargo, lo que parece una constante en todas las regiones productoras de arce es el aroma a vainilla del jarabe que se elabora a principio de la temporada. Lo que consideramos aroma de arce tiende a aumentar a medida que avanza la estación. Tanto al principio como al final de esta, la vainilla es un elemento tan destacado del jarabe de arce que, al combinar estos dos ingredientes, puede resultar difícil distinguir dónde acaba uno y empieza el otro. Es más fácil distinguirlos cuando se vierte el jarabe sobre helado de vainilla de buena calidad. Si se añade una pizca de escamas de sal, las diferencias se acentúan aún más.

Jarabe de arce y yogur: Típica comida reconfortante, solo que fría. Los sabores de la crujiente manzana verde y la *crème fraîche* en el yogur espeso lo convierten en el compañero por antonomasia del jarabe de arce. La combinación recuerda a una tarta Tatin. Si su yogur es lo bastante espeso, haga un hueco en él con una cucharilla y vierta el jarabe. El charco brillante en el más puro blanco se parece bastante a un «delantal de cuero», los polos dulces que se elaboran en las regiones productoras de arce vertiendo el jarabe cocido en orificios en la nieve hasta que alcanza el punto de caramelo blando (115-116 °C). El resultado es una barrita masticable que a veces se come con un pepinillo y un donut sin azúcar. Una tradición más antigua consistía en mojar los donuts en jarabe de arce caliente y luego morder el pepinillo. Suena interesante, pero quizá no para desayunar.

VERDES OSCUROS

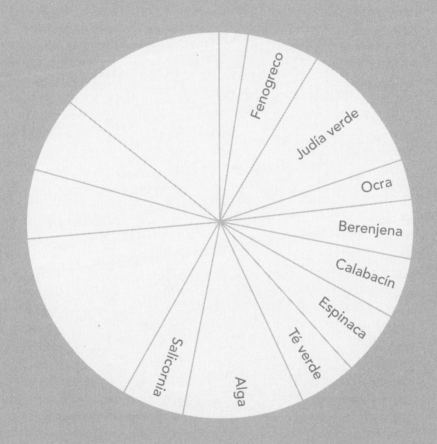

Fenogreco

Judía verde

Ocra

Berenjena

Calabacín

Espinaca

Té verde

Alga

Salicornia

FENOGRECO

La semilla de fenogreco es una extrovertida introvertida. En dosis pequeñas, tiene la dulce fragancia del jarabe de arce. Auméntela y será como estar junto al extractor de un restaurante indio. Directamente del bote, las semillas son duras como el diamante y saben poco menos que a aspirina, pero el sabor se revela cuando se ablandan en agua y aparece un ligero toque a nuez que va virando hacia el apio. Las semillas de fenogreco pueden germinarse, aunque rara vez se dejan crecer más de 5 mm debido a la potencia de su sabor. Las hojas de la planta, *Trigonella foenum-graecum*, también se comen y tienen un gusto suave a judía verde cruda. Igual que las semillas, son muy amargas. A diferencia del fenogreco congelado, quizá no le resulte fácil encontrar hojas frescas de esta planta salvo que viva cerca de una tienda india, pero, si las consigue, recuerde que puede congelar las que no vaya a utilizar. Las hojas secas de fenogreco conservan el amargor, pero tienen un sabor más almizclado. Si es más de pan que de entrañas, puede aderezar una masa hecha con 1 kg de harina con 10 g de hojas secas de fenogreco.

Fenogreco y ajenuz: El *panch phoron* es una mezcla de especias bengalí que incluye fenogreco, ajenuz, comino, hinojo y apio silvestre o semillas de mostaza y que contribuye tanto al sabor del plato como a su textura. Unas mezclas usan todos los ingredientes en la misma cantidad, mientras que otras prefieren utilizar solo una parte de fenogreco por cada 2 de las demás debido, sobre todo, a su implacable amargor. El *panch phoron* a veces se fríe con picatostes para acompañar guisos o platos de coliflor asada. Otra opción, que es deliciosa, es freírlo en gran cantidad de *ghee* e incorporarlo a un puré de patata.

Fenogreco y ajo: Véase *Ajo y fenogreco*, p. 315
Fenogreco y almendra: Véase *Almendra y fenogreco*, p. 142

Fenogreco y anacardo: No sabrá qué sabor tienen en realidad las hojas de fenogreco hasta que las haya probado en grandes cantidades.

De una manera parecida a las espinacas en el *saag aloo*, en la India se utilizan hojas frescas de fenogreco a espuertas para hacer una salsa suntuosa llamada *methi*. Estas se ponen en remojo previamente con un poco de sal para mitigar el amargor, lo cual también puede lograrse acompañándolas de un ingrediente graso. La nata es uno de ellos, pero funciona a costa de atenuar el sabor del fenogreco; el anacardo, en cambio, no es tan dominante. Si desea obtener una pasta fragante, puede añadir otras hierbas aromáticas, pero yo prefiero contenerme y dejar que el fenogreco destaque. Tanto este como el anacardo recuerdan a la combinación clásica de pollo, estragón y nata, con la que comparten cierta intensidad y un toque anisado. La salsa suele emplearse con patatas (*methi aloo*), *paneer* (*methi paneer*) o pollo (*methi murgh*). Si es un entusiasta del *methi*, también le gustarán los platos iraníes en los que se emplean grandes cantidades de hoja de fenogreco, como el *ghormeh sabzi*, un guiso de carne, alubias rojas y limas secas.

Fenogreco y boniato: El fenogreco no es un ingrediente muy habitual en la cocina occidental, por lo que debería usarse con mesura, advierte la chef Anna Hansen, quien propone combinar su «intrigante y almizclado» sabor con boniatos. Para 2-3 raciones, corte 3 boniatos grandes en cuñas y rebócelos con 2 cucharadas de aceite de oliva, sal, pimienta y ¾ de cucharadita de fenogreco molido. (Este es tan fuerte que se mide en cantidades casi infinitesimales). Hornee a 180 °C (marca 4 del gas) hasta que estén blandos y dorados.

Fenogreco y chile: El hinojo y el apio con frecuencia aparecen mencionados entre las notas de sabor del fenogreco, por lo que podría dar por hecho que se trata de una umbelífera. Sin embargo, en realidad se trata de una fabácea y, por lo tanto, pertenece a la familia de las legumbres y las alubias, de ahí que, como algunos de sus parientes, pueda utilizarse para hacer una *aquafaba*, el líquido cargado de fécula que se monta como las claras de huevo, una alternativa vegana a estos últimos. La *aquafaba* de fenogreco es la base del *hilbeh*, un condimento judío-yemení. Las semillas se ponen en remojo y luego se trituran con agua, zumo de limón y chile. Algunas versiones también lo combinan con ajo, hoja de cilantro, comino o tomate. El *hilbeh* se usa como guarnición de guisos o como salsa para mojar pan. En Etiopía, las semillas de fenogreco se majan junto a numerosas hierbas aromáticas, entre ellas distintas variedades de guindilla, para obtener el berbere, una mezcla de especias. En la India se utilizan ramilletes de hojas frescas de fenogreco junto con chile, cebolla, ajo, tamarindo y *jaggery* para elaborar *chutneys*.

Fenogreco y coco: Según la escritora gastronómica india Mallika Basu, las hojas secas de fenogreco «obran maravillas» a la hora de equilibrar la dulzura de muchos curris. Si desea probarlo, tenga en cuenta que aquellos que se elaboran con bases de coco se encuentran entre los más dulces.

Fenogreco y coliflor: Véase *Coliflor y fenogreco*, p. 247

Fenogreco y comino: Unas especias deportistas. El fenogreco es proclive a cierta sudoración. Y todos conocemos el comino y su tufillo a calcetines de gimnasio usados. Sin embargo, eso no impidió que Tom Ford los incluyera en su carísima fragancia Santal Blush. Si prefiere algo un poco más barato, pruebe las sabrosas galletas indias llamadas *methi mathri*, elaboradas con una masa hecha con aceite y aderezada con hojas secas de fenogreco y semillas de comino. Si no le gustan, siempre puede frotárselas detrás de las orejas.

Fenogreco y cúrcuma: Inolvidables. La cúrcuma es ese 0,1 por ciento de los anuncios de detergentes que aseguran que eliminan el 99,9 por ciento de la suciedad. El fenogreco, por su parte, ensucia su sentido del olfato. Es conocido por persistir en el aire y en la piel. Si se come las semillas, a menudo seguirá oliéndolo al día siguiente, e incluso más tiempo. Los perfumistas lo utilizan, pero en dosis muy bajas. La cúrcuma y el fenogreco son, respectivamente, los responsables del color y del sabor del clásico curri en polvo británico.

Fenogreco y espinaca: Según Alan Davidson, en Afganistán utilizan las semillas de fenogreco para aderezar las espinacas. Si tiene antojo de un *methi aloo* o un *methi paneer* (véase *Fenogreco y anacardo*, p. 439), pero no encuentra hojas frescas de fenogreco, utilice espinacas para darle consistencia y aderécelo con hojas secas de fenogreco. El resultado se acercará bastante al plato auténtico.

Fenogreco y garbanzo: Conspiran en un estremecedor encurtido guyaratí. Adivine cuál de los dos ingredientes hace estremecer. Los garbanzos son el contrapunto perfecto. Ni siquiera hay que cocinarlos, sino que se ponen en remojo con las semillas de fenogreco hasta que, de manera un tanto escalofriante, se ablandan, si bien retienen un vestigio crujiente. Podría decirse que es la única parte tierna de este encurtido. Por lo demás, es un trozo de Goma-2 lleno de fenogreco, ajo, asafétida y guindilla. Se ríe en la cara de los encurtidos que contienen fruta o azúcar. Más suave, la misma combinación se encuentra en unos garbanzos cocinados en una espesa y fragante salsa *methi* elaborada con hojas de fenogreco (véase *Fenogreco y anacardo*, p. 439), o en distintas tortas indias hechas con harina *gram* (de garbanzo) y aderezadas con fenogreco fresco o seco como el *missi roti*, el *methi thepla* o el *methi puri*.

Fenogreco y jarabe de arce: Véase *Jarabe de arce y fenogreco*, p. 431

Fenogreco y lenteja: Las semillas de fenogreco realizan una doble función en las masas de lenteja y arroz que se utilizan para elaborar aperitivitos y tortitas indios como *idlis*, *dosas* y *dhoklas*. Además del sabor que les proporcionan, potencian la fermentación, que les aporta una acidez deliciosa. A veces detecto un ligero sabor a fenogreco en las lentejas rojas cocinadas, tal vez porque los dos pertenecen a la familia de las legumbres. En seco, sus hojas tienen una nota picante y a humedad que aparece cuando se espolvorean sobre un *dal* caliente, lo cual es un cambio respecto de la hoja de cilantro, si no le molesta un puntito de amargor. El *rfissa* es un plato marroquí a base de lentejas y pollo aderezado con cantidades industriales de semillas de fenogreco hidratadas. Se sirve sobre trozos de pan. Tradicionalmente, suele prepararse para las mujeres que acaban de ser madres, pues se cree que el fenogreco ayuda a la producción de leche.

Fenogreco y miel: *Abish* es el nombre que recibe el fenogreco en Etiopía, así como una bebida espumosa que se elabora con él. Se espolvorean unas semillas molidas sobre un poco de agua y se deja reposar medio día. Se cuela el agua para que el fenogreco hidratado quede en el fondo y, a continuación, este se mezcla con agua fresca, miel y quizá un chorrito de zumo de limón al gusto.

Fenogreco y patata: Según el chef indio Chintan Pandya, las hojas de fenogreco aportan profundidad a ingredientes insulsos. También sostiene que, si bien al principio resultan amargas, van adoptando un carácter más dulce a medida que se cocinan. El fenogreco y la patata son los ingredientes tradicionales del *methi aloo* (véase *Fenogreco y anacardo*, p. 439), pero también vale la pena probarlos cocinados como si preparara una crema de berros. Asimismo, puede buscar hojas secas de fenogreco cultivado en Pakistán, consideradas las mejores, mezclarlas con mantequilla derretida e incorporarlas a un puré templado de patatas la ratte. Sírvalo como acompañamiento de pescado.

Fenogreco y queso: Véase *Queso y fenogreco*, p. 307

Fenogreco y tomate: En su libro *Moorish*, el chef Ben Tish defiende que el fenogreco tiene «una afinidad natural con los tomates y que cuando se cocinan juntos a fuego lento se obtiene una salsa de una frescura sublime». Él utiliza semillas de fenogreco en remojo con calabacines y tomates estofados, y sirve el plato con migas y cuajada de leche de oveja. Añadir una cucharada de hojas secas de fenogreco a un sencillo guiso de garbanzos, cebolla y pasta de tomate le dará un sabor delicioso que a muchos les costará identificar. El fenogreco y esta solanácea también suelen combinarse en la salsa de tomate para mojar que se sirve con los *idli* indios (tortitas de arroz y lenteja).

Fenogreco y yogur: La chef Einat Admony, criada en Tel Aviv, recuerda la fragancia del pan de fenogreco frito que inundaba la casa cuando su padre volvía de la sinagoga. La torta, esponjosa y moteada de verde, puede comerse tal cual, aunque si desea acompañarla con algo, Admony recomienda el yogur.

JUDÍA VERDE

Saben a crudo incluso cocinadas. Las judías verdes y las encarnadas son vainas inmaduras, una circunstancia que no podría definir mejor su sabor. Un cóctel de hierba y leche de almendra con un matiz alcalino. El sabor persiste incluso cuando las judías se han estado cociendo a fuego lento durante cinco o diez minutos, dado que las metoxipirazinas responsables de este resisten el calor. Comparadas con las judías verdes, las encarnadas prefieren climas más fríos y suelen contener una nota más nítida de tierra, con un toque a alubia. Muchos cultivadores experimentados de judías encarnadas reconocen que no saben distinguir entre una variedad u otra, dado que se recogen antes de que crezcan lo suficiente. El atractivo de las flores a menudo es el factor decisivo a la hora de decantarse por una variedad; de hecho, fueron estas las que contribuyeron a que el vegetal adquiriera popularidad en algunos países. Ken Albala comenta que las plantas de la judía eran habituales de los libros de jardinería antes de que aparecieran en los recetarios. Si tiene sentimientos ambivalentes respecto de las judías verdes, pruebe a cocinarlas durante más tiempo o a combinarlas con algunas de las parejas clásicas de la ocra (véase *Ocra*, p. 448).

Judía verde y ajo: Según el escritor gastronómico John Thorne, la judía verde «no es un vegetal con mil usos», y de ahí que solo proponga una receta, una ensalada, y una muy concreta. Se prepara con judías tiernas, recién recogidas, que han estado cociéndose a fuego lento durante 6-8 minutos. Tras escurrirlas, se rocían con un poco de aceite de oliva para que se vean relucientes y se aliñan con sal, pimienta negra molida y un chorrito de zumo de limón. Deben llevarse a la mesa mientras aún estén calientes y acompañarse de «su mejor pan y la mantequilla más dulce». También se permite una pizca de ajo. A mí me gusta pochar las judías en aceite de oliva y ajo unos 30 minutos, dejando la cazuela destapada los últimos 10 minutos, antes de escurrirlas y servirlas. Puede reservar el aceite para hacer un aderezo con mucho perejil picado o utilizarlo como base de una salsa verde. Véase también *Tomate y judía verde*, p. 103.

Judía verde y almendra: Las judías verdes a veces son amarillas. En Estados Unidos se conocen como «judías de cera», que compiten de cerca con las «judías del gusano» en cuanto a nombres poco apetitosos. Los franceses las llaman *haricots beurre* y las consideran más jugosas que sus homólogas verdes. Independientemente del color, las almendras realzarán cualquier tipo de judías. Mientras estas estén cociéndose, fría unas almendras laminadas en mantequilla hasta que se vuelvan marrones y luego mézclelas con las judías escurridas. Si busca una alternativa vegana más contundente, pruebe a aderezar las vainas con una picada, una salsa española que se elabora majando almendras, aceite y ajo hasta obtener una pasta. En el País Vasco, las judías y las almendras también se combinan en una crema, donde este fruto seco se encarga de la tarea de espesado que suele llevar a cabo la patata o el arroz. Las judías amarillas son la mejor opción en este caso, dado que carecen del sabor herbáceo de las verdes, que se intensifica cuando se trituran.

Judía verde y alubia blanca: Íbamos de camino a una boda cuando pasamos junto a una señal que indicaba la Venise Verte, la zona pantanosa de Poitou llamada así por su laberinto de canales. Exuberante y apenas poblada, era como una Venecia reclamada por la naturaleza. Compramos algo para hacer un pícnic, además de una caja de angélica confitada recubierta de chocolate, de recuerdo, y le alquilamos una barca a un hombre que nos entregó un mapa poco concreto junto con el cambio. Nos recomendó que fuéramos hasta la islita que aparecía marcada con una equis y que amarráramos allí la barca. Al menos eso creo que fue lo que dijo; además de mi rudimentario francés, para colmo el hombre tenía un bigote tan frondoso que funcionaba como amortiguador, así que también podría haber dicho que no fuéramos a la islita marcada con una equis, que acababa de pulverizar la barca con herbicida. Dejamos el mapa a un lado y, siguiendo nuestro instinto, avanzamos por las bóvedas verdes con nuestras bolsas de la compra entre las rodillas. Al cabo de unos veinte minutos llegamos a un bar al que por lo visto solo podía accederse por agua, y amarramos en el embarcadero para ir a tomar un aperitivo. Podría haberme quedado allí toda la tarde —seguramente seguiría allí— de no haber sido por mi marido, quien se había puesto en plan *Aventuras en la isla* e insistió en seguir remando y adentrarnos en el laberinto. Media hora después encontramos la isla. Lo más interesante del pícnic fue un bol de ensalada a base de alubias blancas locales de tipo *mogette*, judías verdes en juliana y patatas nuevas cocidas, y aliñada con una vinagreta de nuez espectacular. Las *mogettes* —haricots secas, de cremosidad mantecosa y piel delicada— tenían un punto de fruto seco que se hacía eco de la vinagreta y que, a su vez, estaba compensado por la dulzura de las judías verdes. Las acompañamos con un pan de ajo llamado *préfou* y un salchichón que sabía a dedo cortado y hebras de grasa de cerdo atascadas entre los dientes. El vino blanco del Loira que bebimos tenía un sabor fuerte y agradablemente mohoso, como de membrillo. A falta de postre, dimos cuenta de las angélicas chocolateadas con un trago de licor. De pronto ya casi era la hora de cierre del lugar donde habíamos alquilado la barca y el mapa parecía mucho más complicado que horas antes. No sé si se debió a las judías verdes, al licor verde o a todo aquel verde que me rodeaba y se desdibujaba a mi alrededor mientras mi marido estaba a los remos, pero empecé a sentirme bastante *verte* yo también (puede que, al final, el hombre que nos había alquilado la barca sí la hubiera fumigado con herbicida). Nunca he sido capaz de recrear aquella ensalada, posiblemente por falta de *mogettes*, pero una vez hice una *aïgroissade toulonnaise*, una ensalada templada de judías verdes, haricots, garbanzos y alcachofas con alioli que, como sucedáneo, resultó bastante gratificante.

Judía verde y canela: Jacob Kenedy comenta que se topó por primera vez con esta maravillosa combinación en un *tarator* de nuez y canela. Caerá igual de rendido que él. Para 2 raciones, cueza 200 g de judías verdes en agua salada hasta que estén blandas, luego tritúrelas con 3 cucharadas de nata espesa, ½ cucharadita de canela molida y un diente de ajo. Ponga a hervir 150 g de pasta (mejor si es enrollada: *gemelli, cavatelli, fusilli* o *trofie*). Corte otros 100 g de judías verdes aproximadamente del mismo tamaño que la pasta y añádalas a la cazuela donde esté cociendo esta cuando le queden unos 4 minutos para estar lista. Escúrralas (reserve parte del agua de cocción) y mézclelas en la cazuela con las judías trituradas. Remuévalo mientras se calienta y clarifíquelo si fuera necesario con un poco del agua de cocción que había reservado. Sírvalo con aceite de oliva virgen extra, parmesano rallado y nueces picadas. La salsa es una especie de milagro, no sabe demasiado ni a judía ni a canela, pero son indivisibles el uno del otro, como un nuevo ingrediente recién descubierto.

Judía verde y chile: Véase *Chile y judía verde*, p. 365

Judía verde y cúrcuma: La judía encarnada y la cúrcuma son originarias de Sudamérica y el sur de Asia, respectivamente, pero la combinación huele a huerto inglés: hierba húmeda, tierra cálida y las emanaciones a aceite de motor de un cobertizo caliente. Pruebe a preparar el clásico *chutney* de huerto —«glutney» creo que lo llaman—, hecho con judías encarnadas, cebollas, cúrcuma, azúcar moreno, mostaza y vinagre de malta. Cuando se mete en los tarros, huele sobre todo a vinagre, pero cultive un poco de paciencia. Se endulzará. En cuestión de pocas semanas, tendrá un sabor tan casero como un viaje al cobertizo una soleada mañana de fin de semana.

El *kuku* —una especie de *frittata*—, que la autora Yasmin Khan hacía con judías verdes, cebollas amarillas, ajo y cúrcuma, es una versión más suave de la combinación.

Judía verde y miso: Las judías verdes sufren una especie de cambio de personalidad cuando se cocinan con mucha sal. En el programa *America's Test Kitchen* hicieron una prueba en la que usaron 2 cucharadas de sal en 2 litros de agua. Adquirieron un «intenso sabor a judía verde muy sazonado y con un toque de carne», concluyeron, sin perder su vivo color verde. El miso aporta una nota de carne salada similar. Para 2-4 raciones, cueza a fuego lento 250 g de judías verdes hasta que estén al dente y refrésquelas en agua fría. Mezcle 2 cucharaditas de miso rojo en 2 cucharadas de mantequilla ablandada. Caliente las judías durante unos minutos en una sartén a fuego medio con 2 cucharaditas de aceite vegetal. Añada 2 cucharadas de chalota picada muy fino y un diente de ajo aplastado y cocínelas otro minuto. Baje el fuego, añada 4 cucharadas de sake y deje que cueza hasta que se haya reducido a la mitad. Agregue 4 cucharadas de agua y continúe cocinándolo hasta que vuelva a reducirse a la mitad; a continuación, incorpore la mantequilla de miso y caliéntelas ligeramente hasta que esta se haya derretido del todo y haya recubierto las judías.

Judía verde y mostaza: Véase *Mostaza y judía verde*, p. 251
Judía verde y patata: Véase *Patata y judía verde*, p. 281
Judía verde y perejil: Véase *Perejil y judía verde*, p. 369

Judía verde y queso: Las judías verdes se deleitan en compañía de los quesos más frescos y ligeros de verano. Pruébalas con burrata en una ensalada con avellanas, o mezcladas con ñoquis de ricota, chalotas crujientes y semillas de amapola.

Judía verde y sésamo: El novato y el veterano. Los opuestos se atraen. Las judías verdes se arrancan de la planta antes de que hayan madurado y de ahí su sabor característico, que ahuyenta a los depredadores. El sésamo, en cambio, anuncia cuándo está listo para consumirse saliendo de su vaina. El aliño japonés *shira-ae* se elabora con semillas de sésamo, miso, vinagre de arroz y tofu, y suele utilizarse con judías verdes. La chef Nancy Singleton Hachisu lo describe como el «sumo complemento de las amargas judías». También puede probar lo siguiente si prefiere un aperitivo sencillo: escalde unas judías verdes durante unos minutos, escúrralas y déjelas secar. A continuación, póngalas en la parrilla hasta que adquieran las rayas y la intensidad de sabor de rigor. Páselas a un plato y aderécelas con un chorrito de tahini.

Judía verde y seta: Igual que las parejas casadas, las judías verdes y las setas se van pareciendo cuanto más tiempo pasan juntas. Durante la cocción, las primeras adoptan un sabor a las segundas y cualidades similares a las de la patata, mientras que las setas también desarrollan notas de este tubérculo. En Estados Unidos, la tradición de preparar «judías verdes al horno» en Acción de Gracias se remonta a mediados de la década de 1950, cuando un chef del laboratorio gastronómico de Campbell's horneó unas cuantas congeladas con crema de champiñones de lata, leche, salsa de soja, cebolla frita envasada y diversos condimentos. «El plato trasciende todas las clases sociales en el sentido de que está al alcance de todos y que nace de una cultura nacional más que de una cultura elitista, aunque es probable que no sea un plato apreciado en comidas gourmet», escribe la experta en folclore Lucy M. Long. Los clasistas, prosigue diciendo, pueden usar una salsa blanca casera, almendras en lugar de cebolla frita envasada y setas y judías verdes frescas.

Judía verde y tomate: Véase *Tomate y judía verde*, p. 103

OCRA

La ocra es la vaina comestible de un miembro de la familia de las malváceas. También es pionera en el campo de la comedia vegetal, pues pega bofetadas y hace cosquillas a sus recolectores. La ocra crece erecta, en ocasiones a una velocidad asombrosa (más rápido de lo que se tarda en captar un doble sentido). Es sorprendente que las flores no te escupan agua cuando te acercas a olerlas. Y, para colmo, está lo que la historiadora gastronómica Jessica B. Harris describe como «su tendencia limosa». Se ha escrito muy poco sobre el sabor de la ocra porque su textura acapara toda la atención. Hablar sobre ella sin mencionar su textura sería como hablar sobre la salicornia sin mencionar su salinidad. La ocra cruda tiene una herbosidad alcalina, es como comerse una judía verde, o una judía verde estando resfriado. Igual que ocurre con los calabacines, muchos consideran que la ocra necesita un punto picante para revelar sus encantos.

Ocra y ajo: Véase *Ajo y ocra*, p. 316

Ocra y alubia blanca: Para hacer un gumbo vegano, recomiendo acompañar unas alubias blancas manteca con ocra. Comparten un toque salado que es esencial para este plato y, por otro lado, sus texturas ofrecen un satisfactorio contraste: las alubias tienden a ser secas, mientras que las ocras suelen ser húmedas. El boniato aporta una dulzura agradable. Un *roux* oscuro, que forma la base para la sopa del gumbo, se prepara cocinando aceite y harina tanto tiempo que acaba desarrollando ese intenso carácter tostado que es fácil asociar con los huesos asados para el caldo. Suelo prepararlo en grandes cantidades y guardar una parte en el congelador para utilizarlo en todo tipo de sopas, cremas y guisos veganos. La escritora y cocinera Zoe Adjonyoh propone una receta para el *akara* ghanés, o buñuelos de alubias carilla con rodajas de ocra. Escurra una lata de 400 g de alubias carilla, tritúrelas y mézclelas con 100 g de ocra cortada en rodajas, un huevo, una cucharada de cayena, una cebolla roja, una guindilla, ½ chile Scotch Bonnet (todo picado muy fino) y ½ cucharadita de sal, y añada agua suficiente para darle a la mezcla una consistencia ligera. Con cuidado, utilice una cuchara para ir metiendo montoncitos de masa en el aceite caliente, luego fríalos hasta que estén dorados y bien hechos y escúrralos sobre papel de cocina. Y no olvide añadir la ocra. Algunas recetas de buñuelos de alubias carilla la omiten, pero el resultado, según André Simon, «sería como Marco Antonio y Cleopatra sin Cleopatra».

Ocra y berenjena: El horticultor estadounidense Jack Staub es un férreo defensor de la ocra ante sus detractores. Según él, su sabor se encuentra «más o menos entre la berenjena y el espárrago». El parecido con la solanácea es sobre todo notable cuando los vegetales están guisados. Ambos desarrollan un carácter meloso y salado que recuerda a la patata o las setas, además de compartir cierta similitud en cuanto a textura. Para sus adeptos, la berenjena guisada es sedosa y untuosa (viscosa y empalagosa para los escépticos). Cuézala con ocra a fuego lento, preferiblemente en una salsa especiada con base de tomate, y obtendrá un plato contundente y delicioso. La ocra asada sin ningún otro acompañamiento sabe más a espárrago un tanto sulfuroso. Sus vainas necesitarán más o menos el mismo tiempo para hacerse al horno que los espárragos: unos 15 minutos a 200 °C (marca 6 del gas).

Ocra y chile: Véase *Chile y ocra*, p. 366
Ocra y comino: Véase *Comino y ocra*, p. 395

Ocra y garbanzo: En un estudio publicado por el Oxford Symposium on Food and Cookery descubrí un plato de ocra rellena de harina de garbanzo. «Madre mía, si la vida ya es demasiado corta para malgastarla rellenando un champiñón, habría que ser una tortuga gigante para perderla con algo del tamaño de un meñique», pensé. Aun así, era un martes por la tarde, los niños estaban en el colegio y yo había terminado de colorear los puntitos de un papel de cocina. Escena siguiente: yo tratando de meter harina de garbanzo especiada en una cavidad del tamaño de un taco de pared. Y esa fue la parte fácil. Primero había tenido que limpiar los nervios y las semillas de la ocra. Para hacerse una idea, imagine que tiene las manos embadurnadas de pegamento escolar y pretende abrir una caja de diminutas bolas de poliéster sin mucha maña. Cuanto más empeño le pone, más pringoso se vuelve todo el asunto. Tenía doce ocras en mi montoncito de prueba. Me rendí después de vaciar la tercera. Sin embargo, cuando las cociné y las probé, me arrepentí de no haber continuado. El exterior, tostado y crujiente, formaba una envoltura suculenta para el relleno especiado y gratamente granulado. Había endulzado la harina de garbanzo con especias y la había animado con guindilla, pero conservaba ese carácter salado y leguminoso. Las vainas rellenas tenían un marcado y delicioso gusto sabroso. Tenía que hacer más. Repasé las recetas que había consultado y descubrí que en ninguna se decía que hubiera que retirar los nervios y las semillas. Para rellenar 12 ocras, mezcle 4 cucharadas de harina de garbanzo con ½ cucharadita de cilantro molido, ½ cucharadita de comino molido, ½ cucharadita de chile en polvo y ½ cucharadita de *amchoor* (mango verde seco en polvo). Corte los extremos de las ocras y luego realice una incisión a lo largo de la vaina. Rellénelas con una cucharita, junte los lados abiertos y fríalas en 2 cucharadas de aceite vegetal, sin amontonarlas. Deles la vuelta con cuidado hasta que estén ligeramente doradas y hechas por completo. Sírvalas con una *raita*, de yogur y pepino. También hice *kurku-ri bhindi* (ocra frita) con harina de garbanzo. El sabor es similar al de la ocra rellena, pero, como cabría esperar, están más crujientes y jugosas. Corte el extremo superior de 200 g de vainas, pártalas por la mitad longitudinalmente (o divídalas en cuatro si son grandes) y embadúrnelas con un diente de ajo machacado, una pizca de comino molido y sal. Déjelas reposar unos minutos antes de rebozarlas en una mezcla de 2 cucharadas de harina de garbanzo y una cucharada de harina de arroz o de maíz. Fría las ocras en abundante aceite hasta que estén crujientes y doradas, procurando no amontonarlas en la sartén. Escúrralas sobre un papel de cocina y aderécelas con sal y *amchoor*.

Ocra y huevo: La ocra y el huevo crudo son *neba-neba*, el término onomatopéyico que en japonés se emplea para los alimentos escurridizos. Un *neba-neba don* es un bol de arroz donde se mezclan distintas viscosidades y que, por lo general, incluye *natto*, las semillas de soja fermentada que arrastran tras de sí filamentos brillantes cuando vas a llevártelas a la boca; *tororo*, o ñame de montaña, también de una viscosidad que no es del agrado del todo el mundo, además de distintas y mucilaginosas algas y setas. El japonés es un idioma en el que abundan las palabras para describir la textura de los alimentos. En 2008, un estudio realizado por la *Journal of Texture Studies* dio con cuatrocientos términos para describir setenta y cuatro alimentos, frente a los setenta y siete propuestos por el equipo angloparlante. De todos ellos, doscientos ochenta eran onomatopéyicos en comparación con las cinco palabras inglesas.

Ocra y lima: Véase *Lima y ocra*, p. 216

Ocra y maíz: En el sur de Estados Unidos tienen varias formas tradicionales de preparar la ocra y una de ellas consiste en cortarla en rodajas finas, rebozarla en harina de maíz y freírla en abundante aceite. El maíz aporta más textura que sabor. También es propia de los estados sureños una versión del *succotash* que goza de bastante popularidad y que combina ocra, maíz y tomates. La cocinera de Nueva Orleans Brittany Conerly propone una adaptación moderna del *cou-cou* (una pasta de harina de maíz y ocras en rodajas) con pez volador, el plato nacional de Barbados, que incorpora nata y mantequilla en los *grits* de sémola de maíz molida en piedra. Lo sirve con una mezcla de rodajas de ocra asadas, queso de cabra y maíz tierno cocinado con cebolla, ajo, jengibre y cayena.

Ocra y mostaza: El escritor Siddhartha Mitter recuerda que le tomó el gusto a la ocra siendo niño, cuando vivía en Calcuta. En la India, esta malvácea se conoce como «dedos de mujer». A la brasa, escribe Mitter, se vuelven «todo lo que su nombre connota: suaves, delicadas y perfumadas». No ha visto los míos. En cualquier caso, la receta de su abuela parece deliciosa: rodajas de ocra infusionada con aceite de mostaza y aderezadas con comino, cúrcuma y guindilla. A mí me gusta bañarlas enteras en aceite de mostaza y hacerlas a la barbacoa. Chris Smith, autor de *The Whole Okra*, considera que en crudo resulta más fácil apreciar la diferencia de sabor de las distintas variedades. La mayoría de las ocras saben un poco a judías verdes crudas, pero él es un incondicional de la Red Burgundy, cuyo sabor recuerda a la rúcula con un toque picante y de fruto seco. Pruébala en crudo en una ensalada aliñada con una vinagreta de granos de mostaza; la combinación tiene una curiosa textura. En Brasil, las vainas de ocra se escaldan y se utilizan en ensaladas al estilo de las judías verdes en una Niçoise.

Ocra y tamarindo: En el sur de la India, la ocra y el tamarindo coinciden en un plato llamado *bhindi huli* («ocra ácida») y se cuecen en una salsa enriquecida con coco rallado para hacer un *vendakkai kuzhambu*. El *pulusu* es un estofado de verduras tradicional del estado sudoriental indio de Andhra Pradesh hecho con agua de tamarindo que suele incluir ocra. Si la viscosidad de esta malvácea no es de su gusto, descubrirá que la acidez del tamarindo la neutraliza, aunque hay quienes buscan precisamente esa textura. En algunos países de África Occidental se añade bicarbonato de soda para darle un toque alcalino a la sopa de ocra y potenciar así la textura gelatinosa. Las fibras viscosas que cuelgan de la cuchara son las que dan nombre al plato: «sopa de arrastre».

Ocra y tomate: En el salón de la fama de la combinación de sabores. Hasta que no pruebe la ocra cocinada a fuego lento con tomates no podrá decir de verdad que no le gusta la ocra, pues se trata de un plato en el que desarrolla un profundo sabor vegetal contrarrestado por la acidez y el umami que aportan los tomates. Lo que verdaderamente sorprende es la textura suntuosa y aterciopelada que los convierte en candidatos a plato principal. Añada montañas de cilantro, comino, jengibre, cúrcuma y *garam masala* molidos a la base de tomate y tendrá un *bhindi masala*, o tómelo tal cual. El historiador gastronómico Michael W. Twitty comenta que la ocra «baila tan bien con el tomate, la cebolla y el maíz que ya nadie recuerda una época en que no estuvieran paseándose por las cocinas de la África atlántica en busca de un poco de calorcito y una guindilla picante con ganas de fiesta».

BERENJENA

La berenjena ligeramente cocida sabe a manzana verde insípida y tiene un amargor desagradable que constituye un recordatorio de por qué dejar que las berenjenas suelten el agua era una magnífica idea. La técnica consiste en espolvorearla con sal una vez cortada en lonchas, rodajas o dados y dejarlos escurrir en un colador durante una media hora; de esa forma se elimina el agua y los componentes amargos de su carne. He dicho que «era» porque las variedades actuales están seleccionadas para que no contengan ese amargor. Aun así, si de todas maneras prefiere realizar el tratamiento previo con sal, tendrá una berenjena deliciosamente condimentada. La carne bien cocida adquiere una textura cremosa y una ligera fragancia almizclada. A pesar de que también tiene una nota de seta, no es tan potente como para limitar su uso a platos salados. De ahí que sea habitual bañar rodajas fritas de berenjena con almíbares o espolvorearlas con azúcar, y están tan ricas que le recomiendo que haga caso omiso de cualquier debate acerca de si son un plato de acompañamiento o un postre y, en su lugar, se concentre en hincarle el diente a la siguiente tanda.

Berenjena y calabacín: Una combinación perfecta, si bien extraña, según el chef francés Alexis Gauthier. Extraña hasta el punto de que no debería funcionar, dado que ambos vegetales son acuosos; sin embargo, funciona. Yo diría que se debe a que la piel del calabacín es deliciosa y agradable de masticar y a que la carne de la berenjena es sedosa. Juntas forman un Frankenstein vegetal, en el buen sentido. Gauthier prepara una crema con berenjena y calabacín a la que añade pimiento rojo, azafrán y nata.

Berenjena y chocolate: Véase *Chocolate y berenjena*, p. 45
Berenjena y granada: Véase *Granada y berenjena*, p. 109

Berenjena y miso: La berenjena suaviza el sabor del miso, absorbiendo su salada desmesura y creando una esponja tierna y sabrosa. El *nasu dengaku*, una variante del *tofu dengaku* (véase *Tofu y miso*, p. 336), es la versión japonesa clásica de este maridaje. Para 2-4 raciones, como aperitivo o guarnición, parta 2 berenjenas longitudinalmente por la mitad. A continuación, practique unos cortes cruzados en los lados y retire una pequeña parte de la piel para que ambas mitades queden niveladas en la bandeja del horno. Pinte con un aceite neutro los lados marcados y hornee las berenjenas a 200 °C (marca 6 del gas) durante al menos 30 minutos, hasta que se ablanden y se chamusquen un poco. En una sartén pequeña y a fuego muy bajo, mezcle 2 cucharadas de miso rojo y una cucharada de mirin, otra de azúcar y otra de sake hasta que el azúcar y el miso se hayan disuelto. Glasee los lados marcados de las berenjenas con la mezcla de miso y, a continuación, póngalas debajo del grill unos minutos hasta que afloren en el glaseado unas manchas de color marrón oscuro y empiecen a burbujear (tenga en cuenta que la mezcla se quema con facilidad, así que vigílelas en todo momento). El *namémiso* o «miso para chuparse los dedos» es una variante a la que se añaden verduras en fermentación; hay múltiples recetas distintas, pero todas tienen como ingredientes en común la berenjena y el jengibre. Se come con arroz caliente, gachas de arroz, tofu frito o natural, o encima de unas patatas asadas.

Berenjena y ocra: Véase *Ocra y berenjena*, p. 449
Berenjena y pimienta en grano: Véase *Pimienta en grano y berenjena*, p. 409
Berenjena y sésamo: Véase *Sésamo y berenjena*, p. 342

Berenjena y yogur: Las berenjenas sueñan con ovejas. Su carne preferida es el cordero y su yogur predilecto, el de oveja. Todo se reduce a la grasa. El contenido graso del yogur elaborado con leche de oveja puede llegar hasta el 7 por ciento y la berenjena ha nacido para absorberlo. Una mezcla de berenjena asada, triturada y escurrida, batida con un yogur cremoso de leche de oveja, una pizca de ajo y un chorrito de zumo de limón podría separarse de los *mezze* y pedir una mesa para sí sola. El *kashke bademjan* es una mezcla persa de berenjena y yogur seco con tanta aceptación que puede encontrarla envasada.

CALABACÍN

¿Delicado o débil? El sabor de los frutos de la *Cucurbita pepo* es un tanto discreto, por decirlo de alguna manera. El interior del calabacín sabe a agua de lluvia, como podría esperarse de un miembro de la familia de las calabazas. Los salva la piel, sobre todo cuando está tostada, ya que entonces contrarresta el dulzor insulso de la carne con su amargor. Los calabacines de menor tamaño —de unos 15-18 cm de largo— suelen ser más sabrosos. A medida que crecen, también lo hacen las semillas y sus membranas, que contribuyen a una fibrosidad muy poco atractiva que recuerda a la madera. También los hay pequeños y redondos e, igual que las calabazas boneteras, con forma de diminuta nave espacial procedente de un planeta de semillas sensibles. Los dos son buenos, tal vez como resultado de su alta proporción entre piel y carne. Los calabacines amarillos y verdes saben más o menos igual, pero algunos aseguran que los estriados son más deliciosos.

Calabacín y acedera: Véase *Acedera y calabacín*, p. 205

Calabacín y ajo: Marcella Hazan reconoce que es adicta a los calabacines. Ese sí que sería un programa de detox al que me apuntaría. («Reconozca que se siente impotente ante los calabacines, que los calabacines son ahora los que controlan su vida»). Según Hazan, cada vez que le preparaba un plato de calabacines a su marido, recordaba la vieja tira cómica del *New Yorker* en la que Monet aparecía delante de un caballete y una mujer decía: «Claude, ¡otro estanque de lirios no!». Hazan incluyó suficientes recetas de calabacines en *The Essentials of Classic Italian Cooking* para volver loco a su marido: ensalada de calabacín hervido, calabacines rebozados y sus famosos calabacines fritos con ajo. Córtelos en bastones largos, sálelos y déjelos en un colador para que escurran el agua durante una media hora antes de secarlos con un papel de cocina. En pequeñas tandas, enharínelos y fríalos en 5 mm de aceite vegetal. Cuando estén dorados, páselos a un plato y rocíelos con vinagre de vino (tinto o blanco). Añada unos dientes de ajo majados, espolvoréelos con un poco de pimienta negra molida y mézclelos. Sírvalos a temperatura ambiente. En Ucrania, el *ikra*, o caviar de calabacín, se hace con la sobreabundancia de esta cucurbitácea que suele darse a finales de verano. Calabacines, ajo, cebolla, zanahoria y tomate rallados o cortados en daditos, a veces mezclados con mayonesa, se cocinan hasta obtener una pasta que se esparce sobre gruesas rebanadas de pan. A menudo, esta se conserva en tarros para el invierno. Una dosis de calabacín para cuando se necesita, la metadona de Hazan.

Calabacín y anacardo: ¿Calabacín y queso? Sí. ¿Cualquier queso? Sí. ¿Queso de anacardo? ¿Cuántas veces tengo que decirlo? ¡Que sí!

Calabacín y berenjena: Véase *Berenjena y calabacín*, p. 453

Calabacín y canela: ¿Calabacines y repostería? No, por favor. Parecen venas varicosas y tienen un sabor peculiar. Si deseamos utilizar el calabacín en un contexto dulzón, quizá la salsa italiana *agrodolce* sea la mejor alternativa. Para 4 raciones, corte 500 g de calabacines en rodajas y fríalas en aceite de oliva hasta que la piel empiece a dorarse y la carne esté blanda. Rebócelas con una pizca de sal y canela en polvo, 2 cucharadas de vinagre de vino tinto y una cucharada de azúcar, y póngalas al fuego durante aproximadamente un minuto. Sírvalo como plato de acompañamiento con pescado a la brasa. ¿Qué mejor solución para la insipidez del calabacín? La salsa se ocupa de la acidez, la dulzura y la sal. El tostado de los calabacines proporciona amargor y la canela, un toque de cedro, cálido y agridulce. Me gustó tanto la combinación que hice unos muffins de calabacín y canela. Sabían mejor de lo que esperaba, pero, *mio dio*, tienen un aspecto espantoso. Véase también *Calabacín y limón*, p. 457.

Calabacín y garbanzo: Una pareja casi tan animada como Jim y Hilda Bloggs en *Cuando el viento sopla*. Aunque no todo el mundo piensa lo mismo. El crítico gastronómico francés James de Coquet disentía en cuanto a que el calabacín necesitara un empujón en cuestión de sabor. El problema residía en que la intensidad estaba sobrevalorada. Según De Coquet, si debíamos limitarnos a ese criterio a la hora de considerar la calidad de un plato, entonces el mejor de todos serían unos arenques escabechados. (Si bien es probable que sea así para muchos escandinavos. Un campo de minas que no voy a pisar). Puede decirse sin temor a equivocarse que si el calabacín le resulta un poco insípido, no debería emparejarlo con el garbanzo, aunque los buñuelos hechos con calabacín seco y ligeramente tostado y una masa de harina de garbanzo son una delicia. Para prepararlos, pruebe la receta para hacer *bhajis* que aparece en *Garbanzo y chile*, p. 287. El chile es opcional. Ralle los calabacines, sazónelos y déjelos reposar 10 minutos. A continuación, exprímalos para eliminar toda el agua posible antes de mezclarlos con la masa.

Calabacín y huevo: Véase *Huevo y calabacín*, p. 294
Calabacín y lima: Véase *Lima y calabacín*, p. 214

Calabacín y limón: Una vez leí que cuando los calabacines pelados se cocinan con limón y azúcar saben a manzana. Lo probé. No es cierto. La mezcla carece de los sabores complejos y expresivos que hacen de la manzana algo más que un fruto dulce y ácido: las encantadoras notas de rosa, fresa y relucientes gominolas de sabor a pera. No obstante, añada un poco de canela y una cobertura de *crumble* a la combinación y puede que obtenga algo parecido. En cualquier caso, la pregunta sigue en pie: salvo que sea alérgico a las manzanas, ¿para qué? Combinado con limón y azúcar, el sabor y la textura del calabacín recuerdan a los del melón verde, con una nota rústica de carne de calabaza si el calabacín es grande y tiene muchas semillas. En la cocina italiana, suele añadirse limón a los calabacines hervidos, o a los pochados en aceite de oliva y sus propios jugos, ya que ayuda a contrarrestar el sabor de seta que puede aparecer durante su cocción. Las flores de calabacín a menudo se rellenan con arroz o queso blando y ralladura de limón. La viveza que aporta esta última contribuye a aligerar el plato cuando las flores se fríen en aceite abundante. Antes de rellenarlas, inhale su leve aroma a pino y humedad.

Calabacín y menta: Como un jardín estival tras la lluvia. Combinados, tienen un aroma verde oscuro, terroso y ligeramente sudoroso. El chef Stephen Harris, de The Sportsman, en Whitstable, detecta un sabor a menta en los calabacines que cultiva en su huerto. Si le ocurre lo mismo con los que compra en la tienda, puede considerarse afortunado, aunque no es difícil añadirles la nota de menta. Para 4 raciones de pasta con menta y calabacín, corte 800 g de calabacines en rodajas y revuélvalas con 2 cucharadas de aceite de oliva. Póngalas en una bandeja de horno baja en una sola capa y hornéelas a 220 °C (marca 7 del gas) durante 10 minutos. Deles la vuelta, sazone con sal, añada 8 dientes de ajo pelados y vuelva a meter la bandeja en el horno otros 10 minutos, hasta que los calabacines estén bastante dorados. Mézclelos —junto con el aceite y los ajos— con 350 g de pasta (*farfalle* o *fusilli*, por ejemplo) recién hervida en agua con una generosa cantidad de sal, y añada 3 cucharadas de hojas picadas de menta, una cucharadita de vinagre balsámico, un poco de ralladura de limón y parmesano rallado al gusto. En Nápoles, los mismos ingredientes, salvo la pasta, se preparan a la plancha, si bien se utiliza bastante mantequilla en lugar de aceite de oliva para darle un toque más dulce.

Calabacín y orégano: Véase *Orégano y calabacín*, p. 384

Calabacín y pasa: Robe una cajita de pasas de la fiambrera del colegio de su hijo. Es bueno tenerlas a mano durante la temporada del calabacín. Sumérjalas en vinagre de vino tinto y luego añádalas a una *agrodolce* (véase *Calabacín y canela*, p. 456), a unos calabacines y unas cebollas fritas o a un pilaf hecho con arroz, bulgur o *frike*. También puede utilizarlas para rellenar calabacines, aunque, si le pasa como a mí, puede que prefiera no vaciar el calabacín. Es muy fácil atravesar la piel y, aunque queden intactos, apenas hay espacio para el relleno. Los calabacines redondos (o «granadas de mano») son la mejor opción para esta receta y cuentan con la ventaja adicional de que resultan fáciles de lanzar por los aires si el plato no sale bien. Cogiendo impulso, puedo lanzarlos hasta diez metros sin problemas y que aterricen en el jardín del vecino.

Calabacín y queso: Deje de buscar en internet «qué hacer con un cargamento de calabacines» y vaya a la quesería. Podría decirse que el *kousa bi gebna*, un plato típico de Oriente Próximo, es una especie de calabacín al gratén o una quiche sin masa, y los círculos que forman la piel verde en contraste con el amarillo del queso y el huevo componen un batik muy atractivo. La empanada griega *kolokithopita* es como una *spanakopita* pero con calabacines en lugar de espinacas, dispuestos en capas y con mucho queso feta entre la pasta filo. La chef británica April Bloomfield cuenta que un día, estando en Roma, se detuvo a tomar un té y la camarera le llevó un muffin inglés coronado con mozzarella y calabacín estofado. Le encantó. El calabacín era un Romanesco, con «surcos, pintitas y cierta cualidad terrosa, como a abono, desde mi punto de vista». Elizabeth David sostenía que, combinado con gruyer, el calabacín es un ingrediente perfecto para elaborar un suflé.

Calabacín y tomate: Jane Grigson afirma que Elizabeth David es la responsable de que se consuman calabacines en el Reino Unido. Existen referencias a esta cucurbitácea anteriores, pero según afirma, David «fue la primera en quitarle la cursiva a los calabacines e introducirlos en nuestra lengua por completo hasta que acabaron naturalizados». Ya en el primer libro de David, *A Book of Mediterranean Food* (1950), cuentan con una entrada propia, «Courgettes aux tomates», aunque les resta importancia llamándolos «calabazas muy jóvenes». Tanto los calabacines como los tomates se cortan y se cocinan en mantequilla a fuego bajo durante 10 minutos. Yo prefiero rociar una bandeja de horno con un poco de aceite, esparcir por encima un poco de ajo picado muy fino y luego alternar capas de tomate y calabacín. Añada más aceite y hornee a 200 °C (marca 6 del gas) durante una hora, hasta que las verduras estén hechas del todo. Visualmente es una maravilla dentro de su sencillez, y la acidez y el umami del tomate animan las rodajas de calabacín. También pueden disponerse de la misma manera en una base de hojaldre, pero deberá tener cuidado de que esta no se humedezca demasiado. A pesar de ser una defensora a ultranza de los calabacines, David los deja fuera del ratatouille, en cuya elaboración solo emplea tomates, cebollas, berenjenas y pimientos.

Calabacín y yogur: La salsa más sencilla para unos buñuelos o unas tortitas de calabacín es un espeso yogur griego frío. Si tiene una montaña de calabacines, ralle alguno y añádalo al yogur como lo haría con el pepino para un tzatziki. Obtendrá la misma textura sedosa —que combina a la perfección con un buñuelo—, pero sin la nota de melón. A veces añado una pizca de *chat masala* al yogur y los calabacines rallados y uso la mezcla como una raita.

Calabacín y zanahoria: Véase *Zanahoria y calabacín*, p. 269

ESPINACA

Según el crítico gastronómico francés Grimod de la Reynière, «La espinaca tiene la capacidad de permitir que todas las huellas queden impresas en ella, es la cera virgen de la cocina». Sin embargo, la insinuación de que la espinaca es un insípido lienzo en blanco no se sostiene cuando se investiga un poco. Las hojas ligeramente cocinadas pueden saber a menta, a té *oolong*, a tabaco, a cera, a rábano o a violeta. (O sea, que no es un calabacín). Sus mejores acompañantes son ingredientes salados y grasos como el jamón fresco, el queso azul y la mantequilla de miso. Al igual que la judía verde y la ocra, la espinaca se transforma cuanto más tiempo se cocine, lo que da lugar a sabores cárnicos, ahumados y fenólicos.

Espinaca y acedera: Véase *Acedera y espinaca*, p. 205
Espinaca y ajo: Véase *Ajo y espinaca*, p. 315

Espinaca y alubia blanca: Prepare una *mirepoix*, abra unas alubias, pique chorizo y añada unas hojas de espinaca.

Espinaca y arroz integral: La *turta verde* es un plato de arroz con espinacas típico de la región italiana del Piamonte a base de espinacas picadas, cebolla, arroz hervido, un montón de huevo, nuez moscada y parmesano. Horneada en un molde, la *turta verde* se sirve cortada en cuñas. Marcella Hazan usa arroz blanco largo en su adaptación, pero también puede hacerse con una variedad integral o de risotto. El *spanakorizo* griego, hecho al fuego, emplea ingredientes similares, aunque el queso —feta en este caso— se reserva como guarnición opcional. A veces se utiliza una sartén de base cóncava para que quede una montañita hemisférica perfecta a la hora de volcarlo en el plato. En el resto de los casos se sirve suelto, como un pilaf. El ajo, el puerro y el eneldo suelen reforzar el sabor de la espinaca, la cual adquiere además notas más intensas y cárnicas cuanto más tiempo se cocine, aunque solo lo notará si prepara grandes cantidades. Por otro lado, todo el mundo sabe que su volumen se reduce más rápido que una pila de patatas chips en una mesa giratoria. Necesitará un kilo de espinacas frescas como mínimo para 250 g de arroz.

Espinaca y fenogreco: Véase *Fenogreco y espinaca*, p. 441

Espinaca y garbanzo: Véase *Garbanzo y espinaca*, p. 287

Espinaca y huevo: Los huevos a la florentina son un clásico. Rectifico: eran un clásico. Espinacas tibias, cocidas y picadas debajo de unos huevos escalfados envueltos en salsa Mornay. El desayuno contundente de toda la vida. Una vez pagada la cuenta, la etiqueta exigía hablar con tu bróker, componer un musical de éxito y luego ir a Bloomingdale's a comprar algo absurdo antes de comer. En la actualidad, los huevos a la florentina son una triste imitación vegetariana de los huevos Benedict. Las espinacas descansan sobre un muffin y la salsa holandesa ha desbancado a la Mornay. ¿Qué hemos aprendido? No mucho, salvo que las espinacas, los huevos, la harina y los lácteos tienen mejores usos. En un suflé, por ejemplo. O en un timbal o una roulada. O en una pizza de un verde intenso con un huevo poco hecho encima, en unos sencillos *gnudi* (una especie de ñoquis de ricota) o en una compleja torta *pasqualina*, la «tarta de Pascua» de Liguria, que se elabora a base de espinacas, ricota y huevos. Los lácteos, por descontado, no son indispensables en un plato de pasta con espinacas frescas, pero se cuelan subrepticiamente en forma de parmesano rallado. Por cierto, es mejor evitar los huevos fritos con espinacas, ya que su ligero sabor metálico mezclado con las férricas espinacas no es la mejor aleación de todas.

Espinaca y limón: La acedera casera. En *Acetaria: A Discourse of Sallets* (1699), el cronista John Evelyn dice lo siguiente acerca de la inclusión de espinacas crudas en una ensalada: «Mejor cuanto más lejos». Desde su punto de vista, estaban mejor «hervidas hasta quedar reducidas a una pasta» en la propia agua que desprenden y luego mezcladas con mantequilla y zumo de limón. En la actualidad, se siguen preparando de la misma manera, aunque en The River Café sustituyen la mantequilla por aceite de oliva. En las tiendas de delicatesen italianas venden apretadas bolas de hojas de espinacas cocidas y envueltas en sus tallos, una práctica que el chef Bartolomeo Scappi ya documentaba en siglo XVI. Las espinacas se comen frías con aceite de oliva y limón.

Espinaca y pasa: «Vamos a buscar Villa America», dije mientras desayunábamos. Estábamos en el casco antiguo de Antibes y la villa quedaba a poca distancia de allí, en el cabo. Gerald y Sara Murphy, los ricos expatriados que convirtieron la Costa Azul en el puesto de avanzada europeo de la generación perdida, habían sido los dueños de Villa America y, hasta cierto punto, las personas en las que F. Scott Fitzgerald se inspiró para dar vida a Dick y Nicole Diver en *Suave es la noche*. Todas las mañanas, Gerald limpiaba y adecentaba la playa cercana para que pudieran utilizarla Scott y Zelda, Ernest Hemingway, Cole Porter o cualquier otro icono de la década de 1920 de dudosa reputación que se hubiera presentado para hacer un pícnic, beber unos cócteles y tomar el sol, una práctica cuya popularización suele atribuirse a los Murphy. No me había molestado en buscar la ubicación exacta de la villa porque: a) había visto una fotografía antigua y borrosa de la casa y b) estaba bastante segura de que se encontraba frente a la carretera de la playita. Solo hacía falta seguir la costa para encontrarla, una tarea poco menos que imposible en una península colonizada por multimillonarios. El paseo se convirtió en una caminata poco grata a lo largo de un sendero pavimentado que se apartaba de la costa con frecuencia para rodear propiedades gigantescas protegidas por muros de tres metros y medio de alto y reforzadas con puertas de acero coronadas por multitud de cámaras de seguridad. Todo aquel que quisiera peinar la playa o preparar un cóctel improvisado no tardaría en verse acompañado por un tipo sin cuello y con un cable enrollado alrededor de la oreja. Finalmente acabamos en un camino que conducía a una cala de guijarros. No había ninguna villa enfrente. Nos sentamos en la playa y sacamos una botella de rosado medio llena que aún aguantaba más o menos fría y una bolsa de papel cuyo aceitoso contenido (dos porciones de *tourte aux blettes* que había comprado esa mañana cuando había salido a buscar cruasanes) había vuelto medio transparente. No hay nada que exprese mejor un «lamento haberte arrastrado a un paseo inútil y muy poco agradable a 35 °C bajo el sol» que un trozo de tarta de espinacas espolvoreada con azúcar. Lo cierto es que estaba deliciosa; tenía un relleno jugoso y afrutado de espinacas mezcladas con pasas, azúcar y manzana. Un follaje denso y verde oscuro envuelto en una masa de tarta firme y azucarada, una postal comestible del cabo de Antibes antes de las pistas de aterrizaje para helicópteros y las cámaras con sensores de movimiento. Nos bañamos en las aguas turquesas y regresamos al pueblo dando un paseo. Por lo visto, en el camino de vuelta pasamos por delante de la Plage de la Garoupe sin saber que aquella era justamente la playa que habíamos estado buscando, a pocos pasos de Villa America, que quedaba oculta tras unos muros de tres metros y medio de alto. Véase también *Espinaca y piñón*, p. 463.

Espinaca y patata: Véase *Patata y espinaca*, p. 279.

Espinaca y pimienta de Jamaica: Dan como resultado algo parecido a la albahaca. Como suele ocurrir con esta, el clavo es la nota dominante en la pimienta de Jamaica. También tiene un toque de nuez moscada, un acompañante clásico de la espinaca, quizá porque desodoriza el regusto terroso ·de la hoja cocida, algo que también puede conseguir espolvoreándola en abundancia con pimienta de Jamaica recién molida, la cual además le aportará mayor frescura que la nuez moscada.

Espinaca y piñón: Si cierra los ojos mientras mastica un piñón tostado, en ocasiones detectará un claro sabor a beicon (como también ocurre con las puntas de los espárragos asados). Esta característica explicaría en parte el cariño que los piñones les profesan a las espinacas. Se combinan en los *fatayers*, unos pastelitos típicos de Oriente Próximo, o en tortas. Véase también *Espinaca y pasa*, p. 461.

Espinaca y puerro: Véase *Puerro y espinaca*, p. 318

Espinaca y queso: En *Mastering the Art of French Cooking*, Julia Child describe su receta de *épinards en surprise* como una «presentación divertida». Cualquier plato que incluya la palabra «sorpresa» debería hacer saltar las alarmas, pues el 90 por ciento de las veces, la sorpresa es fruta en almíbar. Aunque no es el caso de la receta de Child, por descontado. En su plato, las espinacas se estofan en nata o caldo, se mezclan con queso suizo rallado y se cubren con una crepe grande. Me gusta imaginarla retirando la crepe con un «¡tachán!» y sorprendiendo a sus invitados salpicándoles la frente de nata. Yo prefiero servir mis tortitas de espinacas al estilo italiano de unas *crespelle*, abrigadas bajo un manto de bechamel. La *spanakopita*, una empanada griega de espinacas, es clara y directa en comparación con estos suaves y amables platos, donde la espinaca se mezcla con una gran cantidad de feta intenso y salado entre dos capas de pasta filo. En el *palak paneer* indio se invierten las proporciones habituales de espinaca y queso. El delicado pero consistente *paneer* aporta gran parte de la sustancia, mientras que la espinaca especiada languidece en una salsa suave y llena de sabor.

Espinaca y sésamo: Véase *Sésamo y espinaca*, p. 344
Espinaca y seta: Véase *Seta y espinaca*, p. 339

Espinaca y tofu: De acuerdo con Fuchsia Dunlop, el tofu fermentado, o *dou fu ru*, es «una guarnición china deliciosa que puede transformar un sencillo salteado de espinacas en ambrosía». Según lo describe ella, el tofu es fuerte, salado y sabe a queso, en concreto al intenso roquefort. E igual que este, se funde y se combina con los jugos de las espinacas para hacer una magnífica salsa. En China, seguramente se prepararía con espinaca de agua, pero también puede hacerse con espinacas comunes. Asimismo, Dunlop comparte su costumbre de untar un poco de este tofu fermentado sobre una tostada, como si fuera una pasta de anchoa.

Espinaca y vainilla: Jane Grigson ofrece una receta de una tarta dulce rellena con una mezcla de espinacas y crema pastelera con esencia de vainilla. Comenta que puede prepararse para la cena de Nochebuena, antes de la misa del gallo, como parte de los *treize desserts*. Aunque trece postres puedan considerarse una exageración, no lo es tanto como parece, ya que algunos son muy modestos, apenas un plato de frutos secos o una pieza de fruta. He hecho la tarta de espinacas y vainilla y solo puedo decir una cosa: cómase primero los otros doce. Al parecer, no soy la única que aborrece la combinación. El escritor e historiador Robin Weir probó las sesenta y cinco recetas de helado del famoso libro de Agnes Marshall *Book of Ices* (1885) y el de espinaca y vainilla fue uno de los únicos dos que no le gustaron. Su hijo dijo que no estaba mal, aunque no quiso acabarse la cucharadita de helado. El *ispanakli kek* es un bizcocho turco elaborado con espinacas y vainilla. Por lo visto, la verdura no se nota, pero no sé yo... Es de un verde tan intenso como el césped de Gleneagles.

Espinaca y yogur: Según Claudia Roden, tienen una extraordinaria afinidad. En su libro *The Book of Jewish Food*, la escritora gastronómica ofrece una receta de una sopa que llama *labaneya*. Se fríen cebolla, ajo y espinacas troceadas, a las que se añaden cebolleta, arroz y caldo o agua, y se cocina todo junto hasta que el arroz esté blando. Se bate con un poco de yogur con ajo y se calienta ligeramente antes de servir. Roden también apunta que hay una sopa persa similar llamada *pshal dueh* que se adereza con eneldo. En la India, la espinaca y el yogur se emplean en una raita que resulta sedosa en comparación con la de pepino, más habitual. También es más eficaz a la hora de calmar su esófago cuando ha sobrevalorado su tolerancia al picante. Cocine 2 puñados de hojas de espinacas lavadas en una cucharada de *ghee* hasta que hayan encogido y el agua se haya evaporado. Páselas a un bol y déjelas enfriar mientras tuesta ¼ de cucharadita de semillas de mostaza parda y ¼ de cucharadita de semillas de comino en una sartén hasta que empiecen a saltar. Pique las espinacas frías, mézclelas con 300 ml de yogur y las semillas tostadas, y sazónelo al gusto. Guárdelo en la nevera y consúmalo antes de 4 días. La versión iraní añade zumo de limón y cebolla cruda picada muy fina a las espinacas cocidas y frías y, a continuación, lo mezcla todo con yogur y un poco de menta seca. Existen tantas y tan magníficas combinaciones de espinaca y yogur que es lógico preguntarse por qué nadie ha sacado una línea de yogures salados (véase *Yogur y zanahoria*, p. 203).

TÉ VERDE

Las hojas de té verde se clasifican en atención a tres características principales: amargor, astringencia y sabor. La cafeína y las catequinas son en gran medida responsables de las dos primeras y se aprecian menos en las hojas recolectadas al principio de su ciclo de crecimiento. El sabor dependerá de la variedad y el origen geográfico de la hoja y de las moléculas que crean los distintos procesos a los que se someten, como el cocinado al vapor o el horneado. El matcha es un té verde japonés que se muele hasta obtener un polvo muy fino. Está disponible en tres grandes grados: ceremonial, premium y culinario o básico. El primero, como su propio nombre insinúa, debe prepararse con mimo y paladearse. El segundo se emplea en bebidas o para cocinar, mientras que el tercero solo se utiliza para cocinar y suele considerarse más amargo. Además del matcha, este capítulo también trata de otros tés verdes como el Gunpowder, el *gyokuro*, el *sencha*, el *genmaicha* y el *hojicha*.

Té verde y aguacate: Combinado con aguacate, el sabor levemente marino del té verde atraerá a los aficionados del California roll. Hará más por su tostada de aguacate que el café, siempre y cuando preste atención a su preparación. En el caso del té verde, la temperatura del agua es esencial para que libere sus aromas. Por encima de 90 °C beberá un aguachirle caliente. La temperatura ideal con que maximizar la dulzura natural del té verde suele estar en 80 °C, si bien algunos tés también lo hacen a 50 °C. Beba el primer sorbo tras 2-3 minutos de reposo.

Té verde y arroz integral: Los mejores tés imperiales *gyokuro genmaicha* son una mezcla de té verde y granos de arroz integral tostados, los cuales flotan en la superficie mientras las hojas de té se hunden. La variante elaborada con arroz blanco es menos preciada, puesto que el arroz integral aporta a la bebida un carácter más dulce e intenso. No dude en acompañar el sushi y el sashimi con un *genmaicha*, que también puede hacer las veces de caldo. El plato rápido conocido como *ochazuke* consiste en arroz sumergido en *dashi* o té verde. En cierta ocasión, Akira Kurosawa dijo que las películas japonesas eran «insulsas, como un té verde con arroz», pero siempre puede animar sus platos un poco más con encurtidos, setas, salmón o los paquetitos de mezcla de condimentos que se venden para los boles de *ochazuke*.

Té verde y boniato: Véase *Boniato y té verde*, p. 178
Té verde y chocolate: Véase *Chocolate y té verde*, p. 48
Té verde y ciruela pasa: Véase *Ciruela pasa y té verde*, p. 151

Té verde y coco: Tal vez el coco parezca un acompañante frívolo para el austero té verde, pero algunos de estos tienen un toque de mango, piña o lichi que combinan a la perfección con la dulzura tropical propia del coco.

Té verde y granada: Véase *Granada y té verde*, p. 111

Té verde y grosella espinosa: En *The Modern Pantry Cookbook*, la chef Anna Hansen ofrece una receta de *scones* de té verde con compota de grosella espinosa y vainilla: «[...] el aroma herbáceo y salado del té verde funciona a la perfección con unos *scones*». Para 12-14 unidades, desvíese de la receta habitual para los *scones* y mezcle 2 cucharitas y media de matcha con 500 g de harina. Eso sí, evite beber té verde con platos de grosella muy ácida, dado que dicha acidez le dará un desagradable regusto astringente al té.

Té verde y huevo: Los entendidos en té verde lo clasifican según su carácter ahumado, afrutado o vegetal. La variedad china es fundamentalmente ahumada; la india o ceilandesa, afrutada, y la japonesa, vegetal. Esta última me recuerda mucho a la espinaca y, por lo tanto, combina de manera natural con el huevo. La sal de matcha, que en ocasiones acompaña a la tempura en Japón, se hace mezclando ½ cucharadita de matcha por cada 2 cucharadas de escamas de sal molidas, y es el aderezo ideal del huevo duro, sobre todo el de codorniz.

Té verde y lima: Véase *Lima y té verde*, p. 216

Té verde y menta: Una combinación fuera de serie. Cuando un comerciante de té británico no lograba vender su remesa de té Gunpowder chino en el Báltico, siempre encontraba compradores en Marruecos, donde se mezclaba con hierbabuena fresca y se endulzaba. El té Gunpowder («pólvora») podría deberle su nombre a su apariencia. Para conservar el aroma y evitar la oxidación que resulta de picar las hojas, estas se enrollan hasta formar unas bolitas que parecen metralla. Se desenrollan al sumergirse en agua caliente y desprenden aromas ahumados, a menudo más oscuros e intensos que los de otros tés verdes, con los que la menta combina a la perfección. Tenga en cuenta que algunos tés Gunpowder son muy ahumados, por lo que la combinación puede saber a un cigarrillo mentolado de la tía Beryl. La mezcla de una variedad más suave con menta puede ser un jarabe perfecto para unos buñuelos como los *loukoumades* o servir de base de un ponche elaborado con un rosado espumoso.

Té verde y miel: John Whaite, el ganador del programa de televisión *The Great British Bake Off* de 2012, dice lo siguiente acerca del té verde: «cuando se endulza, su sabor ligeramente férrico y vegetal me recuerda a unas galletas Rich Tea mojadas en un té muy fuerte». Podría ser, pero no lo pruebe en un *washitsu* o lo perseguirá una geisha enfurecida. La miel es el mejor medio de endulzar el té verde, ya que prolonga la nota melosa natural de las hojas. Pruébelo con la de acacia, cuya suavidad no desviará su atención del té. La miel suele ser el endulzante habitual de los matcha con leche, en cuya preparación no se emplea agua, aunque a menudo tengo la sensación de que su color emite cheques que su sabor no puede pagar. Por fortuna, la Rare Tea Company, con sede en Londres, comercializa un matcha para preparar con leche cuya robustez es capaz de hacer frente a esta última.

Té verde y queso: Véase *Queso y té verde*, p. 310

Té verde y sésamo: El *gyokuro* es un tipo de té verde japonés de cultivo peculiar, ya que las primeras hojas se mantienen a la sombra durante unos veinte días antes de recolectarlas, lo cual impide que se formen unos flavonoides antioxidantes conocidos como catequinas, un procedimiento mediante el cual se obtiene un té más intenso y menos astringente. Esta variedad, en la que se combinan una fragancia voluptuosa de hierba fresca con notas dulces y de umami, es la de mayor calidad, por lo que unos 50 g pueden llegar a costar unas cien libras esterlinas. Según Will Battle en su *The World Tea Encyclopaedia*, invariablemente copa los primeros puestos en las catas a ciegas. Algunos entusiastas del *gyokuro* no pueden soportar la idea de desperdiciar las hojas usadas, así que se las comen. Dado que su sabor suele compararse con el del alga nori, sustituyen a esta en las ensaladas, que aliñan con aceite de sésamo, salsa de soja y vinagre de arroz. Véase también *Boniato y té verde*, p. 178.

Té verde y tofu: Véase *Tofu y té verde*, p. 337
Té verde y trigo sarraceno: Véase *Trigo sarraceno y té verde*, p. 78

Té verde y vainilla: Como en muchas familias, el chocolate cuenta con su rama refinada y estirada (negro), sus afables y pragmáticos igualitarios (con leche) y esa otra ramificación ordinaria, escandalosa y sin gusto a la que prefieres no invitar a ninguna fiesta. El chocolate blanco —«porque sabrás que no es chocolate, ¿verdad?»— la mayoría de las veces es su peor enemigo: blando, blancuzco, empalagosamente dulce y ahogado en vainilla, como la prima que se ha pasado con el último perfume que ha sacado Britney Spears. No tiene por qué ser así. El chocolate blanco combinado con el té verde se parece más a la prima que aparece con un conjunto exclusivo de Issey Miyake de color verde *wasabi*. La primera vez que los encontré combinados fue en un KitKat japonés de edición especial que no tardó en inspirar mi propia versión de la ceremonia del té: sorbito, mordisco, masticar despacio y, con los ojos cada vez más abiertos a medida que crece la alarma, destapar la basura, escupir y enjuagarse la boca con té. Sin embargo, debí de perderme algo, porque desde el desastre del KitKat vi la misma combinación en una bebida caliente, un tiramisú, una salsa para salmón y una caja de trufas bastante caritas que compré en una chocolatería. Incapaz de detectar el té verde en estas últimas, hice un par de tandas en casa usando chocolate blanco de distintas calidades y un matcha fino como el talco. Las trufas hechas con el chocolate más caro, que contenía mucha vainilla, solo sabían a vainilla, lo que hacía que el mareante color a rana Gustavo fuera aún más incongruente. Un chocolate blanco menos imperativo dejó que el té contrarrestara la ofensiva dulzura con un grato filo amargo y cierto sabor herbáceo, como si la exótica y floral vainilla descansara sobre un lecho de hojas. Sin embargo, entendí por qué los chocolateros son prudentes a la hora de utilizar té verde. Si te pasas, las notas saladas de hoja de espinaca y orilla de mar emergen y recuerdan a un caldo de fideos de soba más que a un capricho dulce.

ALGA

Comemos más algas de lo que creemos. La industria alimentaria utiliza el musgo de Irlanda o musgo carragenano (una deformación del término irlandés *carraigín*, que significa «roca pequeña») como espesante de helados, batidos y yogures, aunque en la lista de ingredientes suele aparecer con su nombre menos presuntuoso: E407. El alga nori que se usa para envolver los makis se ve a simple vista, pero el alga *kombu*, o kelp, que enriquece el caldo *dashi* con el que se hacen muchas sopas y platos de fideos japoneses, pasa desapercibida para todos salvo para los paladares más educados. Este capítulo también trata sobre las algas *dulse*, *wakame*, *hijiki* y el espagueti de mar. Los sabores marinos son los más perceptibles en un primer momento, pero también pueden tener gusto a heno, regaliz, Marmite, tabaco, té *oolong*, geranio, pimienta, humo, *tamari* (una variedad de salsa de soja), cecina, anchoa e incluso beicon y trufas. Básicamente, existen dos opciones a la hora de combinarlas con un alimento: o bien usar una cantidad pequeña para condimentar un ingrediente insulso como la patata, o bien convertirla en el elemento principal del plato y acompañarla de un ingrediente refrescante como un cítrico o jengibre para moderar su acritud abisal.

Alga y aguacate: Véase *Aguacate y alga*, p. 362
Alga y arroz integral: Véase *Arroz integral y alga*, p. 26
Alga y avena: Véase *Avena y alga*, p. 79

Alga y cebada: La Williams Bros. Brewing Co. de Clackmannanshire (en Escocia) aromatiza con alga una cerveza oscura llamada Kelpie, como el espíritu del agua con forma de caballo negro y capacidad para transformarse que habita en lagos y estanques turbios. Igual que la cerveza, se dice que devora hígados humanos. En cuanto a la bebida en sí, se inspira en las que elaboraban las cerveceras escocesas de la costa, que recordaban ligeramente al alga que se utilizaba para abonar la cebada. La Williams Bros. añade kelp a la malta para obtener una cerveza con notas de chocolate y café con cierto regusto a alga salada. También sugiere acompañarla con marisco.

Alga y centeno: Al centeno le va lo duro y picante. En los países nórdicos se emplea con marisco, y da un contrapunto intenso y dulce a los extremos sabores marinos del arenque en escabeche y el salmón ahumado. Las ostras a menudo se sirven con rebanadas finas de pan de centeno. Puede probar a hacer lo mismo con la *Osmundea pinnatifida*, una especie de *dulse* picante que algunos aseguran que sabe a ostras. Otros defienden que se aproxima más a una mezcla de pescado y pepino, lo cual, hay que reconocer, no se aleja demasiado del sabor de algunas ostras. La *dulse* picante es un alga poco corriente en tanto que se come cruda.

Alga y ciruela: Mara, el productor de algas escocés, recomienda usar la *dulse* con alimentos rojos —tomates, cerezas, fresas y ruibarbo— para hacer la mejor compota de fruta que comerá nunca. Los golosos deberían probar el alga *dulse* con «yellowman», una especie de *toffee* elaborado con panal que suele venderse durante la Auld Lammas Fair, una feria tradicional que se celebra en Ballycastle, Irlanda. Resulta esta una combinación de dulce y salado que lo hará viajar en una montaña rusa.

Alga y coco: Historia de dos playas. El alga es un paseo matutino por Morecambe bajo la lluvia; el coco, un atardecer en Antigua, tumbado en una hamaca. La primera se acerca con sigilo al segundo para interrumpir la ensoñación. En realidad, son una delicia combinadas en una granola salada. No pierde nada por dar a su fantasía tropical una dosis de dura y fría realidad. Mezcle 100 g de semillas de girasol y 50 g de coco deshidratado con 2 cucharadas de jarabe de arce, 3 cucharaditas de salsa de soja y 4 cucharadas de aceite de sésamo. Reparta la mezcla en una bandeja de horno y cocínela a 170 °C (marca 3 y media del gas) durante 15 minutos, removiéndola de cuando en cuando, hasta que esté dorada y tostada. Añada unos copos de alga nori y vuelva a meter la bandeja en el horno otros 5 minutos. Déjela enfriar y luego trocéela y guárdela en un tarro hermético, donde se conservará hasta un mes. Úsela en un *dal*, con verduras cocidas o en un simple arroz con tofu o pescado.

Alga y huevo: Un *tamago-nigiri* pasó por debajo de la cubierta de plástico. Una amistad con más mundo que yo me había invitado a probar mi primer sushi. «¿Qué pescado es... ese?», pregunté señalando el trozo rectangular de esponja amarilla ceñido a un bloque de arroz blanco como un colchón atado a una baca. Lo probé. Para mi sorpresa, el huevo sabía dulce y estaba agradablemente blando y jugoso, el cinturón de alga nori le prestaba su sal y gomosidad a modo de contraste, y el arroz estaba aderezado con un poco de vinagre. Descubrí que el *tamago-nigiri* es un prodigio de equilibrio y sutileza. El *chawanmushi* es una natilla salada japonesa hecha al vapor en la que el huevo se mezcla con un caldo ligero de alga y varios ingredientes propios de la estación. En Gales, puede que para desayunar le sirvan unos huevos sobre pan de *laver*; una experiencia similar a la del *nigiri*, salvo en que puedes llevártelo a la boca con un tenedor.

Alga y jengibre: Véase *Jengibre y alga*, p. 264
Alga y lichi: Véase *Lichi y alga*, p. 122
Alga y limón: Véase *Limón y alga*, p. 208
Alga y miso: Véase *Miso y alga*, p. 19
Alga y naranja: Véase *Naranja y alga*, p. 221

Alga y patata: En 1860, Louisa Lane Clarke, en referencia a la composición artística de álbumes de algas, sostenía que la *dulse* es bastante gruesa y no se pega a las páginas tan bien como otras variedades. También reveló que las familias pobres irlandesas solo disponen de *dulse* para acompañar las patatas. *Dillisk champ*, así se llamaba el plato (*dillisk* es el término irlandés para esta alga). El autor y recolector John Wright recomienda combinar los dos en un *rösti*. De modo parecido, puede pedir patatas de alga nori en las franquicias singapurenses de McDonald's. Se ha sugerido que las famosas patatas nuevas Jersey Royal debían su sabor tan característico al alga local que tradicionalmente se usaba para abonarlas; sin embargo, no todas se cultivan de esta manera.

Alga y rábano: Véase *Rábano y alga*, p. 238

Alga y salicornia: En el restaurante de *fish and chips* Sutton and Sons del norte de Londres hacen un «pescado» vegano a base de flor de plátano marinada con alga y salicornia. El motivo por el que usan la flor de plátano es porque su textura laminada recuerda a la del bacalao y, además, absorbe bien los sabores marinos. El tipo de pescado o marisco con que pueda compararse un alga dependerá de cada variedad. Algunos dicen que la nori sabe a vieira ligeramente salteada o a chipirones a la plancha. El sabor del alga *dulse* seca suele compararse con el de la anchoa, mientras que cocinada se aproxima más al del kale «con una envoltura de yodo y orilla de mar», según John Wright.

Alga y sésamo: En Corea, las *gim*, las hojas de alga seca que en Japón se conocen como nori, se condimentan con sésamo y se toman como aperitivo. También se tuestan —en una sartén, por ejemplo—, se trocean y se mezclan con un adobo hecho con aceite de sésamo, salsa de soja, azúcar, ajo y cebolleta. Se sirven con arroz. En Japón, el *furikake*, condimento omnipresente, se espolvorea sobre el arroz hervido. El término hace referencia a una multitud de mezclas, aunque casi todas contienen copos de nori y semillas de sésamo. Este último también se emplea en las ensaladas de «algas» a las que solo hay que añadir agua y que pueden comprarse en los supermercados japoneses. El «alga chukka», unos filamentos de un color verde intenso recubiertos de aceite y semillas de sésamo y con una pizca de guindilla, goza de gran popularidad en los restaurantes japoneses de Estados Unidos, aunque existe cierta controversia en cuanto a qué tipo de alga es en realidad. Algunos dicen que son fideos de agar teñidos de verde.

Alga y seta: Piérdase en un caldo rico en umami hecho con *kombu* y *shiitake*: el *dashi* vegano. La combinación es menos intuitiva de lo que imagina, dado que no se basa en ninguna armonía o contraste aparentes. En 1908, el químico japonés Kikunae Ikeda descubrió que el alga *kombu*, o kelp, es una rica fuente de glutamato monosódico (GMS). En 1960, Akira Kuninaka, un investigador químico, dio con otro compuesto umami, un nucleótido llamado guanilato, presente en las setas *shiitake* secas. Tanto este como el GMS tienen un efecto multiplicador mutuo: umami al cuadrado. El alga kelp es fácil de recolectar en la playa, aunque lo mejor es hacerlo en verano, cuando, con un poco de suerte, hará suficiente calor para colgarla a secar en su tendedor haciendo creer a sus vecinos que le ha dado por las prendas extremas de vinilo para ir de clubes.

Alga y tofu: O se hunden o continúan a flote en una sopa de miso clásica. Las finas hojas de *wakame* se deslizan por los fondos limosos. El tofu cabecea en la superficie. El alga adereza el *dashi* que se emplea para diluir la pasta de miso. El caldo también se utiliza para hacer la balsa en la que suele asentarse el *agedashi tofu*, que está frito en abundante aceite. Los *ganmodoki* son unos buñuelos elaborados con tofu y verduras, normalmente una mezcla de alga *wakame* y zanahoria, y se sirven con una salsa para mojar. Sin embargo, todo esto palidece junto al *unagi modoki*, la falsa anguila glaseada que se hace con láminas de nori cortadas en tiras sobre las que se extiende el tofu aderezado con alga y al que se le hacen unas marcas para simular la carne del pez; las «anguilas» se fríen a continuación en abundante aceite y se glasean. Más cosas hay en el cielo y la tierra, Horacio, que las que se sueñan en tu filosofía.

Alga y trigo sarraceno: Véase *Trigo sarraceno y alga*, p. 73
Alga y zanahoria: Véase *Zanahoria y alga*, p. 269

SALICORNIA

Un cruce entre un coral y un cactus. La salicornia (*Salicornia europaea*) es una suculenta salada de tallos articulados y jugos ligeramente amargos que abunda en las marismas de agua salobre y en las llanuras de marea. Se usa como guarnición, condimento o, si dispone de bastante cantidad, como plato de acompañamiento. Su carácter salado realza la dulzura del marisco, los huevos y el pan. También suele acompañar el cordero. La salicornia está en su mejor momento en verano y va adquiriendo cierto amargor a medida que avanza la temporada. Este capítulo también trata sobre el hinojo marino (*Crithmum maritimum*), que puede recolectarse durante todo el año y ya no es tan difícil de cosechar como en tiempos de Shakespeare: «Hay uno, a mitad de altura, que recoge, peligrosa tarea, hinojo marino», apunta Edgar en *El rey Lear*.

Salicornia y ajo: Sabe a alga en ciernes. La salicornia no es una verdadera alga, sino una halófita (plantas que pueden vivir en terrenos salinos) de la familia de las amarantáceas, de la que también forman parte la espinaca y la remolacha. En Turquía, donde se conoce como *deniz börülcesi* («judía de mar»), la salicornia se cocina en aceite de oliva con ajo y zumo de limón y se sirve como un *mezze* o simplemente sobre una tostada. Esta combinación también funciona con ñoquis de patata o servida en un montoncito con marisco.

Salicornia y alga: Véase *Alga y salicornia*, p. 472
Salicornia y haba: Véase *Haba y salicornia*, p. 302

Salicornia y huevo: Hugh Fearnley-Whittingstall recuerda que fue así como realizó sus sándwiches de huevo y mayonesa durante un paseo por la costa escocesa, y recomienda escoger la salicornia que más le guste cuando se lleve la comida preparada de casa. Resulta un acompañamiento excelente para una tortilla o un desayuno de huevos revueltos mantecosos. Para su desayuno de bodas, los (entonces) príncipes Carlos y Diana tomaron salicornia como guarnición junto con pechuga de pollo rellena de mousse de cordero y rebozada con migas de brioche, acompañada de una salsa de menta cremosa.

Salicornia y lechuga: Prepare una ensalada de un intensísimo verde con salicornia, cogollos Little Gem, acedera y achicoria y obtendrá un plato salado, dulce, ácido y amargo que eclipsará cuanto le ponga al lado. Los obsesionados con la completitud tendrán que solucionar la parte del umami con el aliño.

Salicornia y limón: La acidez del zumo de limón neutraliza el carácter salado de la salicornia, lo cual le permitirá detectar, con mucho esfuerzo, su sabor ligeramente herbáceo. Esta halófita también se conocía como «espárrago de pobre» y, en la actualidad, cualquiera que se encuentre cerca de la costa o de un humedal salado puede conseguirla gratis. Llévese solo la que necesite y procure no pisotear las demás plantas. Funciona a la perfección como aperitivo o como acompañamiento de un pescado blanco, junto a una salsa holandesa de limón o una *beurre blanc*. Como ocurre con el espárrago, hay quien prefiere comerla con los dedos, tallito por tallito. El truco consiste en morder el cordón que recorre el tallo y tirar para que la parte carnosa se desprenda. El cordón se descarta.

Salicornia y patata: Patatas con el toque crujiente y salado de la salicornia, algo así como unas patatas fritas deconstruidas. Añada la salicornia escaldada a una ensalada de patata templada o utilícela como guarnición de una sopa de patata al horno con mantequilla. Véase también *Salicornia y ajo*, p. 474.

Salicornia y tomate: Una vez estaba en una playa de Mallorca en temporada baja, cuando me quedé mirando a una pareja de ancianos que disfrutaban de un momento superromántico cogiendo algas. Resultó ser hinojo marino, *Crithmum maritimum*. En Cataluña lo sirven con *pa amb tomàquet*, la famosa tostada catalana con tomate, ajo y aceite de oliva. Mary Stuart Boyd, en su diario de viajes balear *The Fortunate Isles*, publicado en 1911, habla acerca de una «planta encurtida que ninguno de nosotros conocía» que les sirvieron en un restaurante junto a «una salchicha negra enorme, una pirámide de panecillos, una frasca de vino tinto [y] sifones de soda». Luego les llevaron una tortilla, a la que siguieron dos platos de pescado, uno crujiente y el otro no, y finalmente «una plétora de mandarinas dulcísimas». Tom Stobart describe el sabor del hinojo marino como una mezcla de apio y queroseno, mientras que el recolector y escritor John Wright detecta en él algo similar a «zanahorias y aguarrás». Pamela Michael, autora de *Edible Wild Plants & Herbs*, apunta que el «extraño olor a barniz de la planta cruda se aprecia con mucha intensidad en ensaladas, e incluso cuando está cocinada, el primer bocado resulta impactante para las papilas gustativas porque, al no haber probado nunca nada similar, se es como un niño que acaba de descubrir un gusto totalmente nuevo». Si un bocado de aguarrás no es lo que más le apetece en el mundo, no se preocupe porque, según Wright, el hinojo marino es más suave en primavera. Asimismo, puede ceñirse a la salicornia, que también suele comerse encurtida. Las patatas paja con sal y vinagre de pobre.

Salicornia y trigo sarraceno: Un texto de finales del siglo XIX recoge la descripción de un mercado cubierto de Brest, en la Bretaña, donde se dice que vendían salicornia «para encurtidos o ensaladas» junto a tortitas de trigo sarraceno y *crumpets*, una especie de tortitas esponjosas. Es poco probable que se sirvieran juntas, pero es una feliz coincidencia que las colocaran la una al lado de las otras. Una tortita de trigo sarraceno con salicornia suena a combinación apetitosa, como suele ser la de ingredientes supersalados como el pescado ahumado y el caviar con los terrosos blinis. Un poco de crema agria y eneldo también se agradecerían. La salicornia cocinada al vapor puede añadirse a unos fideos de soba, igual que la *oka hijiki*, el «alga de tierra» japonesa, que es salada y con un toque de rúcula picante, más frondosa que la salicornia.

BIBLIOGRAFÍA

Libros

Acevedo, Daniel, y Sarah Wasserman, *Mildreds: The Vegetarian Cookbook*, Londres, Mitchell Beazley, 2015.

Adjonyoh, Zoe, *Zoe's Ghana Kitchen*, Londres, Mitchell Beazley, 2017.

Admony, Einat, *Balaboosta: Bold Mediterranean Recipes to Feed The People You Love*, Nueva York, Artisan, 2013.

Alexander, Stephanie, *The Cook's Companion*, Nueva York, Viking, 1996.

Alford, Jeffrey, y Naomi Duguid, *Seductions of Rice*, Nueva York, Workman Publishing, 1998.

Allen, Gary, *The Herbalist in the Kitchen*, Illinois, University of Illinois Press, 2007.

Anderson, Tim, *Nanban: Japanese Soul Food*, Londres, Square Peg, 2015.

—, *Tokyo Stories: A Japanese Cookbook*, Londres, Hardie Grant, 2019. [Hay trad. cast.: *Tokyo stories*, Gemma Fors (trad.), Barcelona, Cinco Tintas, 2019].

Andrews, Colman, *Catalan Cuisine*, Boston (Massachusetts), Harvard Common Press, 1999. [Hay trad. cast.: *Cocina catalana*, J. A. Bravo (trad.), Barcelona, Martínez Roca, 1989].

Arctander, Steffen, *Perfume and Flavour Chemicals*, vol. 2, Carolina del Norte, Lulu.com, 2019.

Arndt, Alice, *Seasoning Savvy*, Londres, Haworth Herbal Press, 1999.

Artusi, Pellegrino, *The Art of Eating Well* (1891), trad. al inglés por Kyle M. Phillips hija, Nueva York, Random House, 1996. [Hay trad. cast.: *La ciencia en la cocina y el arte de comer bien*, Juana Barria (trad.), Barcelona, Alba, 2010].

Ashton, Richard, con Barbara Baer y David Silverstein, *The Incredible Pomegranate: Plant and Fruit*, Chippenham, Third Millennium, 2006.

Ashworth, Liz, ilustrado por Ruth Tait, *The Book of Bere: Orkney's Ancient Grain*, Edimburgo, Birlinn Ltd., 2017.

Babyak, Jolene, *Eyewitness on Alcatraz*, Oakland, Ariel Vamp Press, 1990.

Bharadwaj, Monisha, *The Indian Kitchen*, Londres, Kyle Books, 2012.

Baljekar, Mridula, *Secrets from an Indian Kitchen*, Londres, Pavilion, 2003.

Balzac, Honoré de, *La Rabouilleuse*, Filadelfia, George Barrie & Son, 1897. [Hay trad. cast.: *La cangrejera*, Juana Barria (trad.), Barcelona, Alba, 2010].

—, *The Brotherhood of Consolation*, Boston (Massachusetts), Roberts Bros, 1893. [Hay trad. cast.: *El reverso de la historia contemporánea*, Buenos Aires, Losada, 2009].

Banks, Tommy, *Roots*, Londres, Seven Dials, 2018.

Bareham, Lindsey, *In Praise of the Potato*, Londres, Michael Joseph, 1989.

Barrington, Vanessa, y Steve Sando, *Heirloom Beans: Recipes from Rancho Gordo*, San Francisco (California), Chronicle Books, 2010.

Barth, Joe, *Pepper: A Guide to the World's Favourite Spice*, Maryland, Rowman & Littlefield, 2019.

Basan, Ghillie, *The Middle Eastern Kitchen*, Londres, Kyle Books, 2005.

Basu, Mallika, *Masala: Indian Cooking for Modern Living*, Londres, Bloomsbury, 2018.

Battle, Will, *The World Tea Encyclopaedia*, Leicester, Matador, 2017.

Behr, Edward, *The Artful Eater*, Nueva York, Atlantic Monthly Press, 1991.

Belleme, John y Jan, *The Miso Book: The Art of Cooking with Miso*, Nueva York, Square One, 2004.

Beramendi, Rolando, *Autentico: Cooking Italian, the Authentic Way*, Nueva York, St. Martin's Press, 2017.

Bertinet, Richard, *Crust: From Sourdough, Spelt and Rye Bread to Ciabatta, Bagels and Brioche*, Londres, Octopus, 2019.

Blanc, Raymond, *Kitchen Secrets*, Londres, Bloomsbury, 2011.

Bond, Michael, *Parsley the Lion*, Nueva York, HarperCollins, 2020.

Bonnefons, Nicolas de, *Les Delices de la Campagne*, 1654.

Boyce, Kim, *Good to the Grain: Baking with Whole Grain Flours*, Nueva York, Abrams, 2010.

Boyd, Alexandra, ed., *Favourite Food from Ambrose Heath*, Londres, Faber & Faber, 1979.

Boyd, Mary Stuart, *The Fortunate Isles: Life and Travel in Majorca, Minorca and Iviza*, Londres, Methuen, 1911.

Bremzen, Anya von, y John Welchman, *Please to the Table: The Russian Cookbook*, Nueva York, Workman Publishing, 1990.

Broom, Dave, *Whisky: The Manual*, Londres, Mitchell Beazley, 2014. [Hay trad. cast.: *Whisky: el manual*, Alfredo Brotons (trad.), Madrid, H. Blume, 2015].

Brown, Catherine, *Classic Scots Cookery*, Glasgow, Angel's Share, 2006.

Bunyard, Britt, y Tavis Lynch, *The Beginner's Guide to Mushrooms: Everything You Need to Know, from Foraging to Cultivating*, Beverly (Massachusetts), Quarry Books, 2020.

Burroughs, John, *Locusts and Wild Honey*, Boston (Massachusetts), Houghton Mifflin, 1879.

—, *Signs and Seasons*, Boston (Massachusetts), Houghton Mifflin, 1886.

Calabrese, Salvatore, *Complete Home Bartenders Guide*, Nueva York, Sterling, 2002.

Campion, Charles, *Fifty Recipes to Stake Your Life On*, Londres, Timewell, 2004.

Chartier, François, trad. al inglés por Levi Reiss, *Tastebuds and Molecules*, Toronto, McClelland & Stewart, 2009. [Hay trad. cast.: *Papilas y moléculas*, José Luis Díez (trad.), Barcelona, Planeta Gastro, 2015].

Chatto, James S., y W. L. Martin, *A Kitchen in Corfu*, Ámsterdam, New Amsterdam, 1988.

Child, Julia, Simone Beck y Louisette Bertholle, *Mastering the Art of French Cooking*, Nueva York, Alfred A. Knopf, 1961.

Christensen, L. Peter, *Raisin Production Manual*, Los Ángeles, UC ANR Publications, 2000.

Christian, Glynn, *Real Flavours*, Londres, Grub Street, 2005.

Chung, Bonnie, *Miso Tasty: The Cookbook*, Londres, Pavilion, 2016.

Clarke, Louisa Lane, *The Common Seaweeds of British Coast and Channel Isles*, Londres, Warne, 1865.

Clarke, Oz, *Grapes and Wines*, Nueva York, Time Warner, 2003.

Cobbett, James Paul, *Journal of a Tour in Italy*, Londres, A. Cobbett, 1829.

Cobbett, William, *The American Gardener*, Illinois, Orange Judd & Co., 1819.

Contaldo, Gennaro, *Gennaro's Italian Home Cooking*, Londres, Headline, 2014.

Corbin, Pam, *Pam the Jam: The Book of Preserves*, Londres, Bloomsbury, 2019.

Costa, Margaret, *Four Seasons Cookery Book*, Londres, Grub Street, 2008.

Cotter, Trad, *Organic Mushroom Farming and Mycoremediation*, Vermont, Chelsea Green, 2014.

Cowan, John, *What to Eat and How to Cook It*, Nueva York, J. S. Ogilvie, 1870.

Craddock, Harry, *The Savoy Cocktail Book*, Londres, Constable, 1930.

Crane, Eva, *Honey: A Comprehensive Survey*, Portsmouth, Heinemann, 1975.

Dabbous, Ollie, *Dabbous: The Cookbook*, Londres, Bloomsbury, 2014.

Dağdeviren, Musa, *The Turkish Cookbook*, Nueva York, Phaidon, 2019.

David, Elizabeth, *An Omelette and a Glass of Wine*, Londres, Penguin Books, 1986.

—, *French Provincial Cooking*, Londres, Michael Joseph, 1960.

—, *Spices, Salt and Aromatics in the English Kitchen*, Londres, Penguin Books, 1970.

Davidson, Alan, *The Oxford Companion to Food*, Oxford, OUP, 1999.

—, y Jane, *Dumas on Food*, Londres, Folio Society, 1978.

Davis, Irving, *A Catalan Cookery Book*, Londres, Prospect Books, 2002.

Diacono, Mark, *Herb: A Cook's Companion*, Londres, Quadrille, 2021.

Dixon, Edmund Saul, *The Kitchen Garden*, Londres, Routledge, 1855.

Dowson, Valentine, Hugh Wilfred y Albert Aten, *Dates: Handling, Processing and Packing*, Roma, FAOUN, 1962.

Dull, S. R., *Southern Cooking*, Mississippi, Ruralist Press, 1928.

Dunlop, Fuchsia, *Every Grain of Rice*, Londres, Bloomsbury, 2012.

—, *The Food of Sichuan*, Londres, Bloomsbury, 2019.

Eagleson, Janet, y Rosemary Hasner, *The Maple Syrup Book*, Ontario, Boston Mills, 2006.

Ecott, Tim, *Vanilla: Travels in Search of the Ice Cream Orchid*, Nueva York, Grove Press, 2005. [Hay trad. cast.: *Vainilla: en busca de la orquídea silvestre*, Yolanda Fontal (trad.), Barcelona, Océano, 2007].

Ellis, Hattie, *Spoonfuls of Honey*, Londres, Pavilion, 2014.

Ellwanger, George Herman, *The Pleasures of the Table*, Nueva York, Singing Tree Press, 1902.

Estes, Rufus, *Good Things to Eat*, 1911.

Evelyn, John, *Acetaria: A Discourse of Sallets*, Londres, B Tooke, 1699.

FAO, *Pulses: Nutritious seeds for a sustainable future*, 2016.

Farrell, Kenneth T., *Spices, Condiments and Seasonings*, Nueva York, AVI, 1985.

Faulkner Wells, Dean, ed., *The New Great American Writers Cookbook*, Mississippi, University Press of Mississippi, 2003.

Fernandez, Enrique, *Cortadito: Wanderings Through Cuba's Cuisine*, Florida, Books & Books Press, 2018.

Fidanza, Caroline, Anna Dunn, Rebecca Collerton y Elizabeth Schula, *Saltie: A Cookbook*, San Francisco (California), Chronicle Books, 2012.

Field, Carol, *The Italian Baker*, Nueva York, HarperCollins, 1991.

Finck, Henry T., *Food and Flavor: A Gastronomic Guide to Health and Good Living*, Nueva York, The Century Company, 1913.

Fischer, John R., *The Evaluation of Wine: A Comprehensive Guide to the Art of Wine Tasting*, Nueva York, Writers Club Press, 2001.

Frost, Robert, *New Hampshire*, Nueva York, Henry Holt, 1923.

Fussell, Betty, *The Story of Corn*, Nueva York, Alfred A. Knopf, 1992.

—, *Masters of American Cooking*, Nueva York, Times Books, 1983.

Garrett, Guy, y Kit Norman, *The Food for Thought Cookbook*, Londres, Thorsons, 1987.

Gavin, Paola, *Italian Vegetarian Cooking*, Boston (Massachusetts), Little, Brown & Co., 1991.

Ghayour, Sabrina, *Simply*, Londres, Mitchell Beazley, 2020. [Hay trad. cast.: *Simple*, Inmaculada Morales (trad.), Madrid, Neo Person, 2022].

Gauthier, Alexis, *Vegetronic*, Nueva York, Random House, 2013.

Gayler, Paul, *Flavours*, Londres, Kyle Books, 2005.

Gill, A. A., *The Ivy: The Restaurant and Its Recipes*, Londres, Hodder & Stoughton, 1999.

—, *Breakfast at The Wolseley*, Londres, Quadrille, 2008.

Ginsberg, Stanley, *The Rye Baker*, Nueva York, W. W. Norton & Company, 2016.

Glasse, Hannah, *The Complete Confectioner*, Londres, Peter J. Cook, 1760.

Klee, Waldemar Gotriek, *The Culture of the Date*, 1883.

Gray, Patience, *Honey from a Weed*, Nueva York, Harper & Row, 1986.

Gray, Rose, y Ruth Rogers, *River Cafe Cook Book Two*, Londres, Ebury, 1997.

Grigson, Jane, *Good Things*, Londres, Michael Joseph, 1971.

—, *Jane Grigson's Fruit Book*, Londres, Michael Joseph, 1982.

—, *Jane Grigson's Vegetable Book*, Londres, Michael Joseph, 1978.

Groff, George Weidman, *The Lychee and Lungan*, Illinois, Orange Judd Company, 1921.

Grylls, Bear, *Extreme Food: What To Eat When Your Life Depends On It*, Nueva York, Bantam, 2014.

Hallauer, Arnel R., *Speciality Corns*, Florida, CRC, 2000.

Hamilton, Gabrielle, *Prune*, Nueva York, Random House, 2014.

Hansen, Anna, *The Modern Pantry*, Londres, Ebury, 2011.

Harris, Jessica B., *Beyond Gumbo: Creole Fusion Food from the Atlantic Rim*, Nueva York, Simon & Schuster, 2003.

Harris, Joanne, *Chocolat*, Nueva York, Doubleday, 1999. [Hay trad. cast.: *Chocolat*, Roser Berdagué (trad.), Barcelona, Debolsillo, 2003].

Harris, Thomas, *The Silence of the Lambs*, Nueva York, St. Martin's Press, 1988. [Hay trad. cast.: *El silencio de los corderos*, Montserrat Conill (trad.), Barcelona, Ultramar, 1990].

Hashimoto, Reiko, *Japan: The World Vegetarian*, Londres, Bloomsbury Absolute, 2020.

Havkin-Frenkel, Daphna, y Faith C. Belanger, eds., *Handbook of Vanilla Science and Technology*, Nueva Jersey, Wiley, 2010.

Hazan, Marcella, *Marcella Cucina*, Nueva York, HarperCollins, 1997.

—, y Victor Hazan, *Ingredienti*, Nueva York, Scribner, 2016.

Hearn, Lafcadio, *Glimpses of Unfamiliar Japan*, Boston (Massachusetts), Houghton Mifflin, 1894.

Hemingway, Ernest, *In Our Time*, París, Three Mountains Press, 1924. [Hay trad. cast.: *En nuestro tiempo*, Rolando Costa (trad.), Barcelona, Lumen, 2018].

Henderson, Fergus, y Justin Piers Gellatly, *Beyond Nose to Tail*, Londres, Bloomsbury, 2007.

Hill, Tony, *The Spice Lover's Guide to Herbs and Spices*, Oregón, Harvest, 2005.

Hughes, Glyn, *Lost Foods of England*, Carolina del Norte, Lulu.com, 2017.

Iyer, Rukmini, *India Express*, Londres, Square Peg, 2022.

Jaffrey, Madhur, *Eastern Vegetarian Cooking*, Londres, Jonathan Cape, 1993.

Jones, Bill, *The Deerholme Vegetable Cookbook*, Victoria (Columbia Británica), TouchWood, 2015.

Joyce, James, *Ulysses*, París, Shakespeare & Co., 1922. [Hay trad. cast.: *Ulises*, José Salas Subirat (trad.), Barcelona, Galaxia Gutenberg, 2022].

Kahn, Yasmin, *Zaitoun: Recipes and Stories from the Palestinian Kitchen*, Londres, Bloomsbury, 2018.

Katz, Sandor, *The Art of Fermentation*, Vermont, Chelsea Green, 2012. [Hay trad. cast.: *El arte de la fermentación*, Alejandro Pareja (trad.), Madrid, Gaia, 2016].

Kays, Stanley J., y Stephen F. Nottingham, *Biology & Chemistry of the Jerusalem Artichoke*, Florida, CRC, 2008.

Kellogg, Ella Eaton, *Science in the Kitchen*, Chicago, Modern Medicine, 1892.

Kenedy, Jacob, *The Geometry of Pasta*, Londres, Boxtree, 2010.

Kennedy, Diana, *Recipes from the Regional Cooks of Mexico*, Nueva York, HarperCollins, 1978.

Kerridge, Tom, *Tom Kerridge's Proper Pub Food*, Londres, Absolute, 2013.

Kinch, David, y Christine Muhlke, *Manresa: An Edible Reflection*, Berkeley (California), Ten Speed Press, 2013.

Kochilas, Diane, *My Greek Table*, Nueva York, St. Martin's Press, 2018.

Koehler, Jeff, *Morocco: A Culinary Journey*, San Francisco, Chronicle Books, 2012.

Kurihara, Harumi, *Harumi's Japanese Cooking*, Londres, Conran Octopus, 2004.

Lanner, Ronald M., y Harriette, *The Pinon Pine: A Natural and Cultural History*, Nevada, University of Nevada Press, 1981.

Law, William, *The History of Coffee*, Edimburgo, William & George Law, 1850.

Lawson, Nigella, *Feast: Food that Celebrates Life*, Londres, Chatto & Windus, 2004.

—, *How to Eat*, Londres, Chatto & Windus, 1998.

Lea, Elizabeth E., *A Quaker Woman's Cookbook*, Pennsylvania, University of Pennsylvania Press, 1982.

Lee, Lara, *Coconut and Sambal*, Londres, Bloomsbury, 2020.

Leigh, Rowley, *A Long and Messy Business*, Londres, Unbound, 2018.

Lepard, Dan, *Short and Sweet*, Nueva York, Fourth Estate, 2011.

—, *The Handmade Loaf*, Londres, Mitchell Beazley, 2004. [Hay trad. cast.: *Hecho a mano*, Ibán Yarza (trad.), Barcelona, Glutton Books, 2012].

Levi, Gregory, *Pomegranate Roads: A Soviet Botanist's Exile from Eden*, California, Floreant Press, 2006.

Levy, Roy, y Grail Mejia, *Gail's Artisan Bakery Cookbook*, Londres, Ebury, 2014.

Liddell, Caroline, y Robin Weir, *Ices*, Londres, Grub Street, 1995.

Locatelli, Giorgio, *Made in Sicily: Recipes and Stories*, Nueva York, Harper-Collins, 2011.

Lockhart, G. W., *The Scots and their Oats*, Edimburgo, Birlinn Ltd., 1997.

Lowe, Jason, *The Silver Spoon*, Nueva York, Phaidon, 2005. [Hay trad. cast.: *La cuchara de plata*, Nueva York, Phaidon, 2007].

Man, Rosamund y Robin Weir, *The Mustard Book*, Londres, Grub Street, 2010.

Manley, Duncan, ed., *Manley's Technology of Biscuits, Crackers and Cookies*, Cambridgeshire, Woodhead, 2011. [Hay trad. cast.: *Tecnología de la industria galletera: galletas, crackers y otros horneados*, Mariano González (trad.), Zaragoza, Acribia, 1989].

Marina Marchese, C., y Kim Flottam, *Honey Connoisseur: Selecting, Tasting, and Pairing Honey, With a Guide to More Than 30 Varietals*, Nueva York, Running Press, 2013.

Marshall, Agnes, *The Book of Ices* (1885), Londres, Grub Street, 2018.

Mayhew, Henry, *Young Benjamin Franklin*, Nueva York, Harper & Bros., 1862.

McCarthy, Cormac, *All the Pretty Horses*, Nueva York, Alfred A. Knopf, 1992. [Hay trad. cast.: *Todos los hermosos caballos*, Pilar Giralt Gorina (trad.), Barcelona, Literatura Random House, 2008].

McCausland-Gallo, Patricia, *Secrets of Colombian Cooking*, Nueva York, Hippocrene, 2009.

McEvedy, Allegra, *Leon Ingredients and Recipes*, Londres, Conran Octopus, 2008.

McFadden, Christine, *Pepper: The Spice That Changed the World*, Londres, Absolute, 2008.

McGee, Harold, *Nose Dive*, Londres, John Murray, 2020. [Hay trad. cast.: *Aromas del mundo*, Marcos Pérez Sánchez y Francesc Pedrosa Martín (trads.), Barcelona, Debate, 2021].

—, *The Curious Cook*, Nueva Jersey, John Wiley & Sons, 1992.

McWilliams, James, *The Pecan: A History of America's Native Nut*, Texas, University of Texas Press, 2013.

Medrich, Alice, *Flavor Flours*, Nueva York, Artisan, 2014.

Meller, Gill, *Gather*, Londres, Quadrille, 2016.

Michael, Pamela, *Edible Wild Plants and Herbs*, Londres, Grub Street, 2007.

Monroe, Jack, *A Girl Called Jack*, Londres, Penguin, 2014.

Montagné, Prosper, *Larousse Gastronomique*, Londres, Hamlyn, 2001. [Hay trad. cast.: *Larousse Gastronomique en español*, Josep María Pinto González e Imma Estany Morros (trads.), Barcelona, Larousse, 2015].

Morgan, Joan, y Alison Richards, *The New Book of Apples*, Londres, Ebury, 2002.

Motoviloff, John, *Wild Rice Goose and Other Dishes of the Midwest*, University of Wisconsin Press, 2014.

Mouritsen, Ole G., *Seaweeds: Edible, Available, Sustainable*, Chicago, University of Chicago, 2013.

—, y Klavs Styrbæk, *Tsukemono*, Nueva York, Springer, 2021.

Murdoch, Iris, *The Sea, The Sea*, Londres, Chatto & Windus, 1978. [Hay trad. cast.: *El mar, el mar*, Marta Guastavino (trad.), Barcelona, Debolsillo, 2005].

Narayan, Shoba, *Monsoon Diary*, Nueva York, Villard Books, 2003.

Nasrallah, Nawal, *Dates: A Global History*, Edimburgo, Reaktion Books, 2011.

Nguyen, Andrea, *Asian Tofu*, Berkeley (California), Ten Speed Press, 2012.

Nichols, Thomas L., *How to Cook*, Londres, Longmans, Green & Co., 1872.

Norman, Jill, *Herbs and Spices: The Cook's Reference*, Nueva York, DK, 2015.

Norman, Russell, *Venice: Four Seasons of Home Cooking*, Londres, Penguin, 2018.

Ottolenghi, Yotam, y Sami Tamimi, *Jerusalem*, Londres, Ebury, 2012. [Hay trad. cast.: *Jerusalén*, Mariona Barrera (trad.), Barcelona, Salamandra, 2015].

Owen, Sri, *The Rice Book*, Nueva York, Doubleday, 2003.

Paterson, Daniel, y Mandy Aftel, *The Art of Flavor*, Nueva York, Riverhead, 2017.

Perry, Neil, *The Food I Love*, Nueva York, Atria Books, 2011.

Peter, K. V., ed., *Handbook of Herbs and Spices*, vol. 3, Cambridgeshire, Woodhead, 2006.

Presilla, Maricel, *Gran Cocina Latina*, Nueva York, W. W. Norton & Company, 2012.

Ptak, Clare, *The Violet Bakery Cookbook*, Nueva York, Random House, 2015.

Rakowitz, Michael, *A House With a Date Palm Will Never Starve*, Londres, Art/Books, 2019.

Redzepi, René, y David Zilber, *The Noma Guide to Fermentation*, Nueva York, Artisan, 2018. [Hay trad. cast.: *La guía de fermentación de Noma*, Ainhoa Segura Alcalde (trad.), Madrid, Neo Person, 2019].

Reshli, Marryam H., *The Flavor of Spice*, Delhi, Hachette India, 2017.

Rhind, William, *The History of the Vegetable Kingdom*, Glasgow, Blackie & Son, 1863.

Rhodes, Gary, *New British Classics*, Londres, BBC, 2001.

Riley, Gillian, *The Oxford Companion to Italian Food*, Oxford, Oxford University Press, 2007.

Roden, Claudia, *The Book of Jewish Food,* Nueva York, Viking, 2007.
—, *A Book of Middle Eastern Food,* Londres, Penguin, 1985.
Rodgers, Judi, *The Zuni Cafe Cookbook,* Nueva York, W. W. Norton & Company, 2003.
Root, Waverley, *Food,* Nueva York, Simon & Schuster, 1981.
Rosengarten, Frederic Jr., *The Book of Edible Nuts,* Nueva York, Walker & Co., 1984.
Roth, Philip, *Sabbath's Theater,* Boston (Massachusetts), Houghton Mifflin, 1995. [Hay trad. cast.: *El teatro de Sabbath,* Jordi Fibla (trad.), Barcelona, Debolsillo, 2011].
Saran, Parmeshwar Lal, Ishwar Singh Solanki y Ravish Choudhary, *Papaya: Biology, Cultivation, Production and Uses,* Florida, CRC, 2021.
Seymour, John, *The New Self Sufficient Gardener,* Nueva York, DK, 2008. [Hay trad. cast.: *Guía práctica para el horticultor autosuficiente y la vida en el campo,* Remedios Diéguez (trad.), Barcelona, Blume, 2021].
Scheft, Uri, *Breaking Breads: A New World of Israeli Baking,* Nueva York, Artisan, 2016.
Simmons, Marie, *A Taste of Honey,* Missouri, Andrews McMeel, 2013.
Skilling, Thomas, *The Science and Practice of Agriculture,* Dublín, James McGlashan, 1846.
Sheraton, Mimi, *The German Cookbook,* Nueva York, Random House, 1965.
Shimbo, Hiroko, *The Japanese Kitchen,* Boston (Massachusetts), Harvard Common Press, 2000.
Shurtleff, William, y Akiko Aoyagi, *The Book of Miso,* Berkeley (California), Autumn Press, 1976.
—, *The Book of Tofu,* Berkeley (California), Ten Speed Press, 1998.
Simon, André, *Andre L Simon's Guide to Good Food and Wines,* Londres, Collins, 1956.
—, y Louis Golding, *We Shall Eat and Drink Again,* Londres, Hutchinson, 1944.
Singh, Vivek, *Cinnamon Kitchen: The Cookbook,* Londres, Absolute, 2012.
Singleton Hachisu, Nancy, *Japanese Farm Foods,* Missouri, Andrews McMeel, 2012.
Slater, Nigel, *Real Fast Puddings,* Londres, Penguin, 1994.
Smalls, Alexander, y Veronica Chambers, *Meals, Music and Muses: Recipes from my African-American Kitchen,* Nueva York, Flatiron Books, 2020.
Smith, Andrew F., ed., *The Oxford Companion to American Food and Drink,* Oxford, Oxford University Press, 2007.
Smith, Chris, *The Whole Okra: A Stem to Seed Celebration,* Vermont, Chelsea Green, 2019.
Smith, Patti, *Just Kids,* Londres, Bloomsbury, 2011. [Hay trad. cast.: *Éramos unos niños,* Rosa Pérez Pérez (trad.), Barcelona, Debolsillo, 2012].

Sociedad Agrícola de Japón, *Useful Plants of Japan*, 1895.

Srulovich, Itamar, y Sarit Packer, *Honey & Co: The Cookbook*, Boston (Massachusetts), Little, Brown & Co. 2015.

Staib, Walter, *The City Tavern Cookbook*, Nueva York, Running Press, 2009.

Staub, Jack, *75 Exciting Plants for Your Garden*, Utah, Gibbs Smith, 2005.

Steinkraus, K., ed., *Handbook of Indigenous Fermented Foods*, 2.ª ed., Nueva York, Marcel Dekker, 1996.

Stella, Alain, y Anthony Burgess, *The Tea Book*, París, Flammarion, 1992.

Sterling, Richard, Kate Reeves y Georgia Dacakis, *Lonely Planet World Food Greece*, Fort Mill (Carolina del Sur), Lonely Planet, 2002.

Stewart, Amy, *The Drunken Botanist*, Oregón, Timber Press, 2013.

Stobart, Tom, *Herbs, Spices and Flavourings*, Londres, Grub Street, 2017.

Stocks, Christopher, *Forgotten Fruits*, Londres, Windmill, 2009.

Tan, Terry, *Naturally Speaking: Chinese Recipes and Home Remedies*, Times Editions, 2007.

Taylor, Fitch W., *The Flag Ship*, Nueva York, D. Appleton & Co., 1840.

Terry, Bryant, *Vegan Soul Kitchen*, Boston (Massachusetts), Da Capo, 2009.

Thakrar, Shamil, Kavi Thakrar y Naved Nasir, *Dishoom: from Bombay with Love*, Londres, Bloomsbury, 2019.

Thompson, David, *Thai Food*, Londres, Pavilion, 2002.

Thorne, John, *Simple Cooking*, Nueva York, North Point Press, 1996.

Tish, Ben, *Moorish*, Londres, Bloomsbury Absolute, 2019.

Tosi, Christina, *Momofuku Milk Bar*, Londres, Bloomsbury Absolute, 2012. [Hay trad. cast.: *Momofuku Milk Bar*, Ainhoa Segura Alcalde (trad.), Madrid, Neo Person, 2020].

Traunfeld, Jerry, *The Herbfarm Cookbook*, Nueva York, Scribner, 2000.

Travers, Kitty, *La Grotta Ices*, Londres, Square Peg, 2018.

Trutter, Marion, *Culinaria Russia*, Rheinbreitbach, H. F. Ullmann, 2008.

Tsuji, Shizuo, y Koichiro Hata, *Practical Japanese Cooking*, Nueva York, Kodansha America, 1986.

Tulloh, Jojo, *East End Paradise*, Nueva York, Vintage, 2011.

The Vegetarian Messenger (1851), Londres, Forgotten Books, 2019.

Updike, John, *Rabbit at Rest*, Nueva York, Alfred A. Knopf, 1990. [Hay trad. cast.: *Conejo en paz*, Iris Menéndez (trad.), Barcelona, Tusquets, 2010].

Vongerichten, Jean-Georges, *Asian Flavors of Jean-Georges*, Nueva York, Broadway Books, 2007.

Warner, Charles Dudley, *My Summer in a Garden*, Boston (Massachusetts), James R. Osgood, 1870.

Waters, Alice, *Recipes and Lessons from a Delicious Cooking Revolution*, Londres, Penguin, 2011.

Weygandt, Cornelius, *Philadelphia Folk*, Nueva York, D. Appleton & Co., 1938.

Whaite, John, *A Flash in the Pan*, Nueva York, Hachette, 2019.

White, Florence, *Good Things in England*, Londres, Jonathan Cape, 1932.

Wilk, Richard, y Livia Barbosa, *Rice and Beans*, Londres, Bloomsbury, 2011.

Willis, Virginia, *Okra*, Chapel Hill, University North Carolina Press, 2014.

Wolfert, Paula, *The Food of Morocco*, Londres, Bloomsbury, 2012.

Wong, James, *Homegrown Revolution*, Londres, Orion, 2012.

Woodroof, Jasper, *Commercial Fruit Processing*, Dordrecht, Springer Países Bajos, 2012.

Wright, John, *The Forager's Calendar*, Londres, Profile, 2020.

—, *River Cottage Handbook N.º 12: Booze*, Londres, Bloomsbury, 2013.

—, *River Cottage Handbook N.º 5: Edible Seashore*, Londres, Bloomsbury, 2010.

Young, Grace, *The Wisdom of the Chinese Kitchen*, Nueva York, Simon & Schuster, 1999.

Ziegler, Herta, *Flavourings: Production, Composition, Applications*, Regulations, Nueva Jersey, Wiley-VCH, 2007.

Artículos

Buist, Henry, resumen del informe del doctor Robert H. Schomburgk de una expedición al interior de la Guayana británica, *The Naturalist*, vol. 4 (octubre de 1838-junio de 1839), pp. 247-255.

Gray, Vaughn S., «A Brief History of Jamaican Jerk», *The Smithsonian Magazine* (diciembre de 2020).

Griffin, L. E., L. L. Dean, y M. A. Drake, «The development of a lexicon for cashew nuts», *Journal of Sensory Studies*, vol. 32, núm. 1 (febrero de 2017).

Hansen, Eric, «Looking for the Khalasar», *Saudi Aramco World* (julio–agosto de 2004).

Koul, B., y J. Singh, «Lychee Biology and Biotechnology», en *The Lychee Biotechnology*, Nueva York, Springer, 2017, pp. 137-192.

Kummer, Corby, «Tyranny—It's What's For Dinner», *Vanity Fair* (febrero de 2013).

Loebenstein, Gad, y George Thottappilly, eds., *The Sweetpotato*, Nueva York, Springer, 2009.

Long, Lucy M., «Green Bean Casserole and Midwestern Identity: A Regional Foodways Aesthetic and Ethos», *Midwestern Folklore* vol. 33, núm. 1 (2007), pp. 29-44.

Mitter, Siddhartha, «Free Okra», *The Oxford American*, vol. 49 (primavera de 2005).

Motamayor, J. C., *et al.*, «Geographic and Genetic Population Differentiation of the Amazonian Chocolate Tree (*Theobroma cacao* L)», PLoS ONE, vol. 3, núm. 10 (2008), p. e3311, <https://doi.org/10.1371/journal.pone.0003>.

Nilhan, Aras, «Sarma and Dolma: The rolled and stuffed in the Anatolian Kitchen», en *Wrapped and Stuffed: Proceedings of the Oxford Symposium on Cookery*, Londres, Prospect Books, 2013.

Nishinari, K., F. Hayakawa, Chong-Fei Xia y L. Huang, «Comparative study of texture terms: English, French, Japanese and Chinese», *Journal of Texture Studies*, vol. 39, núm. 5, pp. 530-568.

Ranck, D. H., «Scotch Oatmeal Cookery», *Milling*, vol. 3 (junio–noviembre de 1893).

Sweley, Jess C., Devin J. Rose y David J. Jackson, «Composition and sensory evaluation of popcorn flake polymorphisms for a select butterfly-type hybrid», *Cereal Chemistry*, vol. 88, núm. 3, pp. 223-332.

Tran, T., M. N. James, D. Chambers, K. Koppel y E. Chambers IV, «Lexicon development for the sensory description of rye bread», *Journal of Sensory Studies*, vol. 34, núm. 1 (febrero de 2019).

The Garden, Royal Horticultural Society (1994).

The Journal of the Society of Arts, vol. 39 (noviembre de 1990-1991).

The Magazine of Domestic Economy, vol. 5, W. S. Orr (1840).

The North Lonsdale Magazine and Lake District Miscellany (1867).

Páginas web

<Africacooks.com>.
Alton Brown, <altonbrown.com>.
America's Test Kitchen, <americastestkitchen.com>.
<Azcentral.com>.
Ballymaloe Cookery School, <ballymaloecookeryschool.ie>.
Bateel, <bateel.com>.
Bois de Jasmin, <boisdejasmin.com>.
Chicago Tribune, <chicagotribune.com>.
Difford's Guide for Discerning Drinkers, <diffordsguide.com>.
Eater Los Angeles, <la.eater.com>.
L'express, <lexpress.mu>.
Fiona Becket: Matching food & wine, <matchingfoodandwine.com>.
Firmenich, <firmenich.com>.
Fragrantica, <fragrantica.com>.
Fuss Free Flavours: Affordable Eats, Occasional Treats, <fussfreeflavours.com>.
Gernot Katzer's Spice Pages, <gernot-katzers-spice-pages.com>.

Great Italian Chefs, <greatitalianchefs.com>.

The Guardian, <theguardian.com>.

Heghineh Cooking Show, <heghineh.com>.

<Howtocookgreatethiopian.com>.

Hunter Angler Gardener Cook, <honest-food.net> (Hank Shaw).

The Independent, <independent.co.uk>.

In my Iraqi Kitchen, <nawalcooking.blogspot.com>.

kitchn, <thekitchn.com>.

Main Street Trees, <mainstreettrees.com>.

Mara Seaweed, <maraseaweed.com>.

Mauritius Restaurant Guide, <restaurants.mu>.

The New York Times, <nytimes.com>.

The New Yorker, <newyorker.com>.

<Phys.org>.

Pom, <pomwonderful.com>.

Punch, <punchdrink.com>.

Rare seeds, <rareseeds.com>.

Rare Tea Co., <rareteacompany.com>.

Rogue Creamery, <roguecreamery.com>.

The Spice House, <spicehouse.com>.

The Times, <thetimes.co.uk>.

Tina's Table: Exploring and Celebrating Italian Cuisine, <tinastable.com>.

Torrazzetta Agriturismo, <torrazzetta.com>.

Vegan Richa, <veganricha.com>.

The Wall Street Journal, <wsj.com>.

Williams Bros. Brewing Co., <williamsbrosbrew.com>.

World of Pomegranates, <pomegranates.org>.

AGRADECIMIENTOS

A mi marido, Nat: gracias por todo. Las animadas discusiones, las charlas de motivación, las notas de cata, los viajes (véase *Piñón y manzana*, *Espinaca y pasa*, etc.). Y por las numerosas sugerencias y mejoras. No podría hacerlo sin ti.

También estoy en deuda con mi agente, Zoë Waldie, por su apoyo y por ayudarme a centrarme en lo que de verdad importa.

Estoy eternamente agradecida a Richard Atkinson por encargarme este libro y por haber desempeñado un papel tan valioso en el primero. Gracias también a Rowan Yapp y a sus colegas de Bloomsbury UK —Lauren Whybrow, Elisabeth Denison, Ben Chisnall, Joel Arcanjo y Carmen Balit, entre otros— por todo su fantástico trabajo. Peter Dawson, de Grade Design, Diana Riley, Sam Payne y Emma Finnigan hicieron un trabajo extraordinario para que este libro fuera hermoso y saliera al mundo. Y gracias a Morgan Jones, Laura Phillips, Marie Coolman, Amanda Dissinger y Lauren Moseley de Bloomsbury USA por sus incansables esfuerzos en la preparación de la edición estadounidense.

Me encantó que Alison Cowan aceptara corregirme de nuevo. Es un placer trabajar con ella.

El proyecto no pudo tener un comienzo más feliz que con el tiempo que pasé en el Marble House Project de Vermont. Es difícil imaginar una residencia artística más hermosa y estimulante, o mejores anfitriones que Danielle Epstein, Dina Schapiro y Tina Cohen. La granja y sus productos, los jardines formales, nuestros compañeros de residencia, la piscina de mármol, los niños fuera recogiendo arándanos mientras escribíamos. Era el paraíso.

Lillian Hislop es ayudante de investigación en el Programa de Fitomejoramiento y Fitogenética de la Universidad de Wisconsin-Madison. Su trabajo sobre el maíz demuestra cuál es la clase de experiencia que me hace pensar que ojalá fuese yo experta en algo. Lo mismo puede decirse de Alice Jones, que sabe todo lo que hay que saber sobre las flores de saúco y las bayas de saúco. Estoy en deuda con Neil McLennan, de Clean Bean, en el este de Londres, por explicarme cómo crea el sabor en su fabuloso tofu fresco y cuáles son sus maridajes favoritos. Ned Palmer escribe libros magníficos sobre el queso británico e irlandés, y fue mi voz de autoridad en todos los aspectos relacionados con el queso, como por qué el queso y la mostaza no forman una combinación frecuente, y si debería serlo o no. Sarah Wyndham-Lewis no solo compartió sus profundos conocimientos sobre la miel, sino que me dio acceso ilimitado a su biblioteca de la miel. También me prestó un maravilloso libro de Eva Crane, la matemática cuántica reconvertida en experta en abejas, y me regaló un bote de mermelada de saúco de su amiga que estaba tan deliciosa que aún la guardo como oro en paño en la nevera, a pesar de que un homeópata sin duda arrugaría el ceño al ver la cantidad que queda en el bote.

Debo un agradecimiento especial a mi amiga Ophelia Field, quien de forma muy generosa me invitó a elegir entre la extensa colección de libros de gastronomía de su difunta madre, Michelle. Los libros de Michelle ahora ocupan un lugar especial en mi propia biblioteca gastronómica, han sido una ayuda indispensable en la investigación para este volumen y me han entusiasmado con las notas y los recortes que caen de sus páginas de vez en cuando.

Por último, sería imperdonable no dar las gracias a los grandes valedores de la primera *Enciclopedia de los sabores*: los lectores que me han escrito con sus propias notas de cata, los cocineros que cuelgan fotos de sus maltrechos ejemplares junto a sus libretas, los mixólogos que tienen el libro apoyado junto a sus cocteleras, los panaderos, cerveceros y destiladores que lo han utilizado como fuente de inspiración, el sorprendente número de cocineros caseros a cuyos gatos les gusta acurrucarse en él, y la señora que me dijo que nunca, jamás de los jamases, iba a cocinar nada a partir de él, pero que le gustaba leerlo como si fuera la carta excepcionalmente larga de un restaurante.

ÍNDICE DE RECETAS

ÍNDICE ALFABÉTICO

ikra (caviar de calabacín), 456
imam bayildi («el imán se ha desmayado»), 67
imokoi (dulces de mochi al vapor), 176
inari (bolsitas de tofu frito), 271
indios nativos americanos, 28, 114, 419,
    425, *véase también* iroqueses; navajos
Indonesia, 161, 175, 267, 335
infinocchiare, engañar a alguien, 371
Instituto del Arándano Rojo, 112
inulina, 275, 276
IPA, 328
Irani, Meherwan, 216
iridofu («tofu revuelto»), 341
iroqués, 60, 85
islas Orcadas, 40
ispanakli kek (bizcocho turco), 464
Ivy, The, 139
Ivy Cookbook, The, 345
Iyer, Rukmini, 395

Jackson, Veronica, 179
Jaffrey, Madhur, 62, 153, 373
jallab, 424
Jampel, Sarah, 343
jarabe de arce, 430-435
jarabe de baya de saúco, 132
Java, 161
Jefferson, Thomas, 426
jengibre, 264-268
    gari (jengibre rosa encurtido), 67
jerk, condimento, 400
jicama, 224
Jinich, Pati, 305
Johnnie Walker Black Label, 179
Jones, Alice, 124, 125
Jones, Bill, 365
Jones, Lily, 218
Jordan, Louis, 84
Journal of the Society of Arts, 234
Joy of Cooking, The, 190
Joyce, James, *Ulises*, 195
«judías de cera», 444
judías *mogette*, 445
judías verdes, 443-448
judíos asquenazíes, 153

Kahlua, 42
kailyard, 243
kaju tonak (coco y anacardo), 180
Kalamata, 346
kale, 241-246
    cavolo nero, 246

couve galega («col gallega»), 245
kale marino, 242
kalonji aloo (patatas con ajenuz), 279
kama, 37
kamote cue, 177
kanchemba, 79
karanji (empanadillas fritas de Maharash-
    tra), 183
karashi renkon (raíz de loto rellena), 252
Karp, David, 398
kasha, 73
kashke badjeman (berenjena y yogur seco),
    455
Katz, Sandor, 24, 335
kedgeree, 27
Keller, Thomas, 119, 308
Kellogg, Ella Eaton, 114
Kellogg, John Harvey, 89, 114
Kelly, Grace, 151
Kelpie, cerveza, 470
Kenedy, Jacob, 446
Kennedy, Diana, 420
kepta duona (pan moreno frito), 314
Kerala, 181
Kerridge, Tom, 119, 205, 224
kétchup, 55, 64, 158, 212, 254, 255, 404
khaman dhokla, 289
Khan, Yasmin, 28, 447
kheer, 154
Khoshbin, 164
khus khus halwa, 183
Kiazim, Selin, 109
kifli (pan de levadura), 352
kimchi de col *baechu*, 240
kimchi *kakdugi*, 240
Kinch, David, 403
Kirkham, 157
kishk (yogur seco), 199
Kitab-al-tibikh («El libro de cocina»), 346
kitchuri (arroz y *mung dal*), 28
KitKat, 469
kitsune («fideos de zorro»), 338
kleicha (galletas iraquíes), 163
Knedle ze śliwkami, 138
Kochilas, Diane, 106, 178, 211
Koehler, Jeff, 343
Koffmann, Pierre, 48
koji, 19, 23, 24, 29, 283
kolokithopita (empanada de calabacín), 458
Kondo, Marie, 327
korma, 180
koshari, 27

ÍNDICE DE COMBINACIONES